읽기교육과 현장조사연구

Teaching and Researching Reading

언어교육 06

읽기교육과
현장조사연구

Teaching and Researching Reading

윌리엄 그레이브·프레드리카 L. 스톨러 지음
허선익 뒤침

뒤친이 머리글

읽기에 대한 논의는 상당히 이뤄졌기 때문에 굳이 다른 나라의 책을 뒤쳐서 펴내는 일이 의의가 있을지 의문을 품을 수 있다. 그럼에도 그에 얽매이지 않고 이 책을 출간하는 일은 여러 면에서 의의가 있다. 먼저 이 책은 제1 언어와 제2 언어 맥락에서 최신의 이론들을 널리 아우르고 있다는 점이다. 읽기에 대한 논의와 교육의 실천 사례가 해마다 쌓이고 불어남에 따라 이론의 깊이와 넓이도 해마다 발전하고 있다. 이런 점에서 지금까지의 이론을 정리하고, 소개하는 이 책의 값 어치가 자연스레 드러나리라 생각한다. 두 번째로 이 책을 우리말로 뒤치게 된 가장 중요한 동기이기도 한데, 읽기에 대한 현장조사연구의 방법과 절차를 제시하고 있다는 점이다. 지금까지 읽기에 대한 현장조사연구가 없지는 않았지만, 그 방법과 절차를 알뜰히 소개하고 있는 책은 거의 없다. 『듣기교육과 현장조사연구』(글로벌콘텐츠, 2014)의 뒤친이 머리글에서도 언급하였듯이, 국어교육이 한 걸음 더 앞으로 나아가기 위해서는 그리고 실질적으로 학습자들에게 혜택을 입힐 수 있도록 하기 위해서는 더 많은 현장조사연구가 쌓이고 불어나야 한다. 그런 점에서 이 책이 제시하고 있는 현장조사연구의 영역과 방법, 절차는 귀중한 길잡이가 되리라 생각한다. 아울러 시대적으로 외국어로서 한국어 교육이 강조되고 있는 시점에서 때에 맞다는 점이다. 이 책은 제1 언어로 읽기뿐만 아니라 제2 언어로 읽기에 대한 이론과 실천 사례들을 제공하고 있다. 제1 언어로 읽기교육을 위해 제공되는 이론과 연구방법은 국어교육에서 읽기교육을 좀 더 확고하게 하는

데 밑거름이 될 것이다. 제2 언어로 읽기교육에 대해서는 이미 앞서 외국어로서 영어를 가르쳐 온 영어권 나라들의 방법이나 지혜를 엿볼 수 있는 기회를 제공하고 있다. 서로 다른 언어 체계에서 온 여러 나라의 학습자들을 다양한 측면에서 살펴보고 그들이 맞닥뜨린 어려움을 보는 안목을 폭넓게 제공하고 있다. 이런 점은 한국어 읽기교육에서도 챙겨볼 만한 점이라 생각한다.

1부는 이론적 논의로서 읽기의 본질을 다루는 1장과, 제1 언어로 읽기와 제2 언어로 읽기를 견주는 2장으로 되어 있다. 독자가 읽는 방식에 대해 접근하기 위해서 읽기 모형에 대한 이해가 필요하며, 읽기에 대한 교육적인 접근을 위해서는 읽기의 구성능력에 대한 이해가 앞서야 한다. 그런 점에서 1장은 이 책 전체에 대한 맥락을 제공할 뿐만 아니라, 읽기에 대한 현장조사연구가 겨냥해야 하는 여러 연구 영역을 안내하는 의미가 있다. 아울러 제1 언어로 읽기와 제2 언어로 읽기에서 있을 수 있는 두드러진 차이를 지적하고 있는 2장은 현장조사연구를 실천할 수 있도록 탐구 주제를 확인하고 안목을 열어 주는 데 이바지하고 있다.

2부 읽기에 대한 조사연구에서는 제1 언어로 읽기와 제2 언어로 읽기에서 각각 열 개의 핵심적인 조사연구를 소개하고 있다. 이들은 매체로 이용되는 언어에 상관없이 읽기교육의 효과를 실질적으로 드높일 수 있는 요인들을 중심으로 하고 있다. 독자들은 가르치고 있는 자신의 교육 상황에서 효과가 있는 것으로 요인들을 적용하거나 문제의식을 가지고 새롭게 검정해 볼 수 있을 것이다. 각주(이 책에서 대부분의 각주는 몇 개의 〈원저자 주〉를 빼면 뒤친이가 읽기의 편의를 위해 덧붙인 것임)에서 정리(136쪽과 188~189쪽)해 놓았듯이, 변인들의 폭도 넓을 뿐만 아니라 사용하는 분석 방법도 다양하다는 점에서 교사들의 현장조사연구를 위한 훌륭한 길잡이가 되어 줄 것이라 생각한다.

3부 증거에 바탕을 둔 가르침과 4부 현장조사를 통한 읽기 탐구는 현장조사연구와 읽기 가르침을 연결하는 논의들과 실천 사례들을 제시한다. 현장조사연구의 궁극적인 목적은 가르침에 도움을 주고, 학습자들에게 혜택이 돌아가도록 하는 데 있다. 이는 현장에서 교사들의 연구가 필요함을 드러내는 것이면서 동시에 현장조사연구의 귀결점이 어디에 있는지를 잘 보여 준다. 읽기 가르침을 위한 읽기 조사연구로부터 나온 함의(223쪽)나, 아홉 개의 교육과정 원칙(225쪽)은 현장조사연구의 필요성을 더욱 부각시켜 주고 있다. 아울러 이런 튼실한 기반 위에서 교육과정이 마련되어야 한다는 사실도 보여 준다. 6장에서 9장은 읽기에서 핵심적인 요인들 특히 어휘, 유창성, 동기부여, 전략, 읽기 지도의 단계, 널리 읽기 등을 다루고 이들을 현장조사연구에서 어떻게 다루어 나갈지를 조사연구의 차례와 단계에 맞추어 시범으로 보여 주고 있다. 이는 새내기 교사나 연구자들뿐만 아니라 중견 교사와 연구자들에게도 읽기교육의 현실에 문제의식을 가지고 접근하고, 해결하고자 하는 노력이 어떻게 이뤄져야 하는지 그 방법을 제시하여 보여 준다는 점에서 의의가 크다.

　교실수업의 품질이 결국 교육의 품질이라는 점에서 이를 드높이기 위한 노력들이 계속되어야 한다. 그런 점에서 이 책을 뒤치면서, 경쟁의 공정성도 문제이지만 보여 주기 위한 일회성 대회와 그것이 승진과 갖추어야 할 조건으로 다루어지고 있는 현실에 눈 돌리지 않고 묵묵히 자기의 자리에서 확고한 신념을 가지고, 실천하면서 문제를 발견하고, 이를 개선하기 위한 노력을 하는 교사들과 연구자들이 더욱 많이 필요하다는 생각을 거듭해 보게 된다.

　책을 뒤친다는 것은 영어로 된 원서를 우리말로 옮긴다는 의미를 넘어선다. 있는 그대로 옮긴다면 우리말 화자로서 영어를 잘하는 사람이 옮기면 그만일 것이다. 그렇지만 영어로 된 낯선 구문들을 우리말답게 표현하고, 낯선 용어들을 우리말에 맞게 그 뜻이 담기도록 뒤치는 과정은 국어에 대한 감각과 안목을 지닌 국어교사나 국어교육 연구자의 몫이라 생각하며 이 책을 뒤치었다. 이공계열은 학부과정에서부터 영어로 된 원서를 읽고, 용어를 영어 그대로 쓰는 학문 분야가

적지 않다. 이는 우리말로 학문을 할 수 있는 풍토가 사라져 가는 뼈아픈 현실을 그대로 보여 준다. 이런 현실을 한꺼번에 바로잡을 수는 없을 것이다. 자기의 학문 분야에서 우리말로 학문하려는 노력이 국어교육 연구자나 국어교사만의 몫은 아닐 것이다.

뒤친 책이 출간되고 나서 되돌아보면 아쉬움이 늘 남는다. 저자의 관점이나 생각을 제대로 살피었는지 확신이 줄어들기도 하고, 교정의 그물을 빠져나가 걸리지 않는 비문들과 용어들이 얼굴을 달아오르게 한다. 매번 이번 책에서는 제대로 해야지 하는 각오로 임하지만, 이번 책에도 역시 자신할 수 없다는 점은 숙제이다.

끝으로 어지러운 원고를 책으로 다듬어 만들어 주신 글로벌콘텐츠 직원 여러분과 좋은 책을 고르는 혜안으로 출간에 뜻을 내어 주신 양정섭 이사님께 거듭 고마움을 전하고자 한다. 학부과정 이후 제자의 모자람 때문에 늘 걱정을 하고 계시는 김지홍 선생님을 비롯한 모교의 선생님들께도 학문하는 즐거움을 주신 고마움을 전하고자 한다. 늘 가까이 있지만 챙겨주지 못한 아내와 수빈, 수정 두 아들딸에게도 미안함과 함께, 마르지 않는 기쁨을 주는 고마움을 전한다.

늘 자연을 보는 즐거움을 주는 창원 남산자락에서
2014년 푸른 초여름에
뒤친이 씀

묶음 도서 엮은이 머리글

현장 연구에서 응용 언어학 묶음 도서는 그 이름이 암시하듯이, 응용 언어학 분야에서 조사연구자와 교사들에게 도전거리와 쟁점에 초점을 맞추며 실천 사례와 관련되는 자신의 조사연구를 실행하는 데 필요한 도구들을 제공하기 위해 묶음으로 간행되는 도서이다.

이 묶음 간행 도서는 응용 언어학 안에서 독자에게 자신이 선택한 분야에 대하여 분명하고 새로우며 접속 가능하고 권위 있는 설명을 제공한다. 해당 분야의 전체를 조망하는 지도로 시작하여 각 권에서는 중심 생각과 개념들, 다툼이 있는 쟁점들과 해결되지 않은 탐구거리에 대한 정보를 제공한다. 거기에서부터 그와 같은 쟁점들과 탐구거리 속에서, 독자들은 조사연구의 실질적인 응용의 범위를 탐색할 수 있다. 그 다음에 자신의 연구 수행에서 도전거리를 선택하고 제공되는 명시적이고 자세한 조사연구로부터 안내를 받을 것이다. 마지막으로 각 권마다 풍부한 자원들과 정보, 더 읽을거리의 묶음뿐만 아니라 해당 분야의 중요한 개념에 대한 핵심적인 내용을 제공받을 것이다.

이 혁신적인 묶음 출판물에 있는 다음과 같은 질문들은 응용 언어학에서 매우 경험이 많든 적든 관계없이 모든 교사들과 조사연구자들에게 낯이 익을 것이다.

- 조사연구가 무엇을 말해 주는지, 무엇을 말해 주지 않은지 그리고 그 분야에서 무엇을 말해 주어야 하는가? 어떻게 관련 분야들이 자리 잡고 있으며 어떤 모습을 보여 주는가? 그 지형이 어떠한가?

- 조사연구가 어떻게 응용되었고 실천 사례들이 어떤 조사연구 가능성을 끌어올렸는가? 탐구하고 설명할 필요가 있는 쟁점들은 무엇인가?
- 실천가들이 수행할 수 있는 조사연구로서 있을 수 있는 핵심적인 주제는 무엇인가? 조사연구를 어떻게 실천 행위로 바꿀 수 있을까?
- 교사와 조사연구자가 필요로 하는 중요한 자원들이 어디 있는가? 누가 정보를 가지고 있는가? 그것을 어떻게 평가할 수 있을까?

묶음 기획 도서에 있는 각각의 책들은 일정하게 정해진 특징을 유지한 채 독자들이 원하는 것을 빠르게 찾을 수 있으며 그들에 관련되는 핵심적인 문제와 주제에 가능한 한 접속할 수 있도록 조심스럽게 기획되었다. 그 구조는 실천 사례에서 이론으로 그리고 다시 실천 사례로 돌아오는 식으로 해당 분야에 대한 이해의 발전 주기를 따라 움직인다.

묶음 기획물의 첫 번째 판은 저자들과, 설계, 내용에서 폭넓은 칭찬을 받았고, 실천과 조사연구를 뒷받침하기 위해 널리 쓰였다. 앞서 출간되었던 묶음 기획물의 성공과 새로운 조사연구가 빠른 속도로 수행되고 출판되는 세상에서 적절한 자리를 차지하고 있다는 깨달음은 이 두 번째 판을 추진하는 원동력이 되었다. 이 새로운 판은 다른 관련되는 자료들의 추가와 함께 첫 번째 판 이후에 나타나는 조사연구에 대한 설명으로 온전하게 경신되었다. 학생들과 교사들, 조사연구자들이 이 책에서 자신들의 탐구를 뒷받침하는 영감을 계속해서 발견하게 될 것이라고 믿는다.

크리스 캔들린Chris Candlin·데이비드 홀David Hall

저작권 알림

저자들은 다음에 대해 복사 자료로 다시 만들도록 허락해 주신 점에 감사드립니다.

인용 1.12와 2.7은 앨더슨(C. Alderson), *Assessing Reading*(Cambridge University Press, 2000), 인용 1.5와 1.6, 1.8은 프레슬리(M. Pressley), *Reading Instruction that Works* 3(Guilford Press, 2006), 인용 3.20과 3.21, 3.22는 거드리와 맥래, 클로다(J. T. Guthrie, A. McRae, and S. Klauda), "Contributions of Concept-Orientated Reading Instruction to knowledge about intervention in reading", *Educational Psychologist* 42, pp. 237~250(Taylor and Francis, 2007), 인용 4.19와 4.20은 알 호무드, 슈밋(F. Al-Homoud and N. Schmitt), "Extensive reading and a challenging environment; A comparison and extensive and intensive reading approaches in Saudi Arabia", *Language Teaching Research* 13, pp. 383~401(Sage Publication, 2009)로부터 나왔습니다.

몇몇 자료들에서 저자들은 저작권의 소유자를 추적할 수 없었으며, 추적할 수 있도록 해 주는 어떤 정보에 대해서도 감사드릴 것입니다.

저자의 감사 글과 바치는 글

저자들은 ALIA(Applie linguistics in Action Research) 묶음 간행물의 편집자이신 크리스 캔들린(Chris Candlin)과 데이비드 홀(Daivd Hall)에게 그 분들의 지도와 되짚어주기에 대해 감사드립니다. 이 묶음 도서에 대한 그 분들의 통찰력은 전체적으로 여러 가지를 생각해 보게 해 주었고 이 책이 그 분들의 입력물로 인하여 훨씬 나아졌습니다. 두 번째 판에서 이 책을 경신할 기회를 주신 점에 대해서도 그 분들께 감사드립니다. 교열 담당자이신 미카엘 피치(Michael Fitch)와 피어슨 에듀케이션의 수석 편집자이신 멜라니 카터(Melanie Carter)에게도 감사를 드립니다. 북부 애리조나 대학의 응용 언어학부 TESL 석사과정 학생들과 박사과정 학생들에게도 감사를 드립니다. 이들은 여러 해에 걸쳐 다양한 관점으로 읽기를 생각해 보게 함으로써 도움을 주었습니다.

저자들의 교사이자 스승이며 친구이며 너무나 그리운 데이비드 이스키(David E. Eskey)에게 이 책을 바친다.

목차

|제1부| 제2 언어로 읽기에 대한 이해

두 번째 판의 소개

『읽기교육과 현장조사연구』의 두 번째 판의 머리글에서는 이 두 번째 판에서 변화를 밝히는 것으로 시작하기로 한다. 그 다음에 제2 언어로 읽기의 맥락에 대한 소개, 읽기 조사연구와 읽기교육의 연결, 제1 언어로 읽기 능력과 제2 언어로 읽기 능력의 연결과 함께 이 책의 내용을 자리매김하고자 한다. 끝으로 이 책과 이 책의 5부의 내용을 개관하기로 한다.

두 번째 판을 쓰면서

『읽기교육과 현장조사연구』의 두 번째 판을 쓸 기회를 부여받은 것은 기쁜 일이다. 새로운 두 번째 판을 쓰면서 첫 번째 판을 철저하게 고치고 경신하였다. 처음의 두 장은 여전히 읽기 능력에 대한 기술을 위해 이론적 토대를 제공하고 있지만 조사연구 자원 부분은 완전히 경신하였으며 읽기에 대한 이 책의 기술에 맞추어 어느 정도 조정을 하였다. 그러나 이 두 번째 판에서 제공한 읽기 이론에 대한 설명이, 본질적으로 첫 번째 판에서 제시한 것과 온전히 같다는 깃을 말할 수 있어서 다행이다(10년 전에 첫 번째 판에서 분명하게 제시된, 읽기에 대한 저자들의 관점이 두 번째 판의 조사연구에서 군건하게 자리를 잡아가고 있다는 것을 안다는 것은 좋은 일이다). 비록 제2 언어에서 이중언어 체계와 관련되는 제2 언어 읽기 부분이 또렷해지기는 했지만 제1 언어로 읽기와 제2

언어로 읽기 사이의 관계에 대한 저자들의 관점도 여전히 같다. 3장과 4장은 거의 완전히 새롭다. 3장은 제1 언어에서 읽기에 대한 열 개의 본보기 조사연구로 이뤄져 있다. 오직 시작하는 조사연구 '이야기'만이 첫 번째 판으로부터 남아 있다. 4장은 제2 언어의 본보기 조사연구에 초점을 맞추었는데 열 개의 조사연구가 두 번째 판에서 새롭다. 첫 번째 판에 제시된 연구들을 여전히 좋아하지만(그리고 그것들을 거슬러 올라가 참고하기를 장려하지만) 지난 10년 동안 조사연구에 대한 저자들의 관점을 뒷받침하고, 가르침을 위한 중요한 속뜻을 강조하는 새로운 연구들이 드러나고 있다.

어떻게 조사연구에서 나온 함의를 가르침에 응용할 것인가를 기술하는 5장은 이 두 번째 판에서 전적으로 새롭다. 이 장은 증거에 바탕을 둔 실천 사례로부터 나온 가르침을 위한 여러 선택내용들의 전체적인 얼개를 제시하였다. 이 장에서 제시한 가르침을 위한 착상과 자원들이 읽기 가르침의 품질을 끌어올리기 위하여 교사들에 의해 채택될 수 있고 수정될 수 있다. 때로 저자들은 가르침의 적용에 직접적으로 초점을 맞추고 있는 장이 첫 번째 판에서 유일하게 아쉬운 점이었는데 두 번째 판에 있는 5장은 그와 같은 간격을 메워 준다.

6장~9장은 다시 독자들에게 현장조사연구를 소개하고 교사가 자신의 가르침 맥락에서 쉽게 적용할 수 있는 다수의 읽기 관련 현장조사연구거리의 얼개를 제시한다. 교사들이 좀 더 효율적인 읽기 교사가 되기 위해 자신들의 가르침 실천 사례들과 자신들이 가르치는 학생들의 학습을 살펴봄으로써 혜택을 입는다는 생각에 여전히 군건히 사로잡혀 있다. 동시에 이들 네 장들은 상당할 정도로 고쳤다. 대부분의 현장조사연구거리가 새롭지만 첫 번째 판에서부터 수행된 조사연구거리들을 실질적인 면에서 수정을 하였다. 연구거리들을 의미 있는 덩이로 묶으면서 이들을 재구성하였다. 곳곳에 (순위표, 표, 본보기 자료, 점검표 등등의 형태로 제시한) 제시된 자원들은 두 번째 판을 위해 새롭게 하거나 경신되었고 많이 확장되었다. 이들 자원들은 현장조사연구의 길잡이로 활용할 수 있는데 더 중요한 것은 교사들이 현장조사연구에 참여하든 하지 아니하든 교실수업에서 곧장 쓰일 수 있도록 교사들이 적용할 수 있는 추가적인 착상으로 활용될 수 있다는 것이다. 저자들의 수정이 이들 장의 장점을 강화하였다고 느끼며 여러 가지 면에서 교사들이 이들 장으로부터 많은 혜택을 입으리라 믿는다. 끝으로 10장은 이 두 번째 판에서 새로운 많은 도서와 학술지 목록, 누리집 주소를 포함하여 완전히 경신된 자원들을 제공한다.

제2 언어로 읽기의 맥락

첫 번째 판이 나온 지 10년 뒤에도 여전히 저자들은 대략 세계 인구의 80%가 읽을 수 있다고 생각한다고 말할 수 있다. 그런 큰 눈금으로 나타낸 숫자가 잘못일 수 있지만 사람들의 대부분은 자신들의 제1 언어로 어느 정도 기본적인 수준에서 읽을 수 있다고 말하는 것이 믿을 만하다. 읽을 수 있는 사람들 가운데 알 수 없는 퍼센트는 다양한 수준에서 하나 또는 그 이상의 언어로 읽을 수 있다. 세계 곳곳에 기본적인 글말 능력의 수준은 놀랍지 않은데 글말 능력(읽고 쓰는 능력이지만 여기서는 읽기에 초점을 맞춤)이 잠재적으로 수입을 나아지게 하고 삶의 품질을 위해 (충분하지는 않지만) 필요하다고 간주하기 때문이다.[1] 동시에 조금만 살펴본다면 읽기 좀 더 넓게는 글말 능력이 좀 더 나은 수준의 삶을 위해 특별한 권리를 제공하지는 않는다는 것이 드러난다. 우리 모두는 그것이 없다면 개인의 삶을 개선하기 위한 기회가 제한된다 21세기에 새로운 10년이 시작되면서 창조적이고 교육을 받은 시민들이 훨씬 더 점점 넓어지는 사회 환경에서 (읽기와 쓰기 둘

---

1) 이는 논리적으로 필요충분조건은 아니라는 의미이다. 즉, 당연한 말이지만 읽기가 수익이나 삶의 품질을 완전히 보장하지 않는다는 의미이다.

다를 포함하는) 더 강력한 글말 능력을 필요로 하게 될 것이다. 이와 마찬가지로 기술력이 높아진 시대는 사람들의 읽기 능력을 더 작게 요구하는 것이 아니라 더 많이 요구할 가능성이 높다.

사회에서 읽기의 역할은 매우 복잡하기 때문에 읽기의 역할과 학생들의 학습의 역할을 자리매김하기 위해 그렇게 많은 말이 필요하지 않다. 세계 곳곳에 있는 여러 교육 기관들의 중요한 목표는 글말 능력을 향상시키는 것이고 우리들은 문맹을 몰아내기 위한 노력들에 대해서 듣고 있다. 우리들 대부분은 이런 관점을 당연한 것으로 받아들이며 세계 곳곳의 사회에서 글말 능력2)의 역할에 대해 거의 비판적으로 고려하지 않는다. 실제로 보편적인 [문맹-뒤친이] 퇴치는 어느 정도 순진하다. 모든 사회들이 같은 교육 목표를 가치 있다고 여긴다는 것을 믿을 가능성이 높지만, 어떤 사람들은 자신들의 사회 맥락에서 글말 능력의 순기능을 필요로 하지 않는다. 다른 사람들은 비교적 낮은 수준의 글말 능력으로 사회적 성공을 거둔다. 끝으로 글말 능력 그 자체가 모든 사회에서 단일하게 적용되는 단순한 개념이 아니라는 것이다. 여러 갈래의 읽기 능력과 읽기 방식이 있는 것처럼 여러 갈래의 글말 능력이 있다(예를 들면 읽기, 쓰기, 읽고 쓰기, 문서 해석하기, 줄글과 시각적인 보여 주기를 통합하기, 여러 덩잇글로 공부하기가 있음). 이렇게 지적할 수 있지만 그럼에도 불구하고 대다수의 개인들에게는 자신들의 목적과 더 나은 삶을 위해서 글말이 필요하다는 것도 참이다.

이와 같이 더 넓어진 맥락에서 제2 언어로 읽기의 환경은 계속해서 더 중요해지고 있다. 세계 곳곳에 있는 대다수의 사회들은 여러 언어가 쓰이는 사회이며, 시민들은 하나 이상의 언어로 더 좋은 역할을 수행하도록 기대한다. 이미 영어가 전 지구적인 언어일 뿐만 아니라

---

2) literacy는 맥락에 따라 글말 능력 혹은 글말 문화의 의미를 지닌다. 더러 literacy를 문식력으로 옮기어 쓰고 있으나 이는 우리말에 들어와 있는 한자어 조어법에 맞지 않다. 글말 능력은 글로 이루어지는 활동, 즉 읽고 쓸 수 있다는 의미이다. 이에 대한 설명은 허선익 뒤침(2008), 『쓰기 이론과 실천사례』(박이정)의 뒤친이 각주 참고.

과학과 기술, 조사연구의 언어로서 계속해서 퍼져 나감에 따라 제2 언어 읽기 능력 특히 제2 언어로서, 영어로 읽는 능력은 상당할 정도로 요구된다. 여러 언어 환경에 있는 많은 사람들은 직업에서 목표와 개인적인 목표를 달성하기 위하여 상당할 정도로 유창하게 (제2 언어로서 영어뿐만 아니라) 제2 언어로 읽어야 한다. 그러나 제2 언어에서 읽기 유창성은 온전하게 발달하지 않거나 제1 언어에서 그러한 것처럼 분명히 '쉽지' 않다. 실제로 제1 언어로 읽기의 발달이 상당할 정도의 시간이 걸리며 K-6학년(유치원에서 6학년까지)의 일차적인 목표 가운데 하나이다. 때로 제1 언어 읽기를 가르치기 위해 어른이 되기까지 교육 체제에서 집중한 시간과 자원들을 종종 무시하기도 한다. 성공에 대한 비슷한 요구를 함에도 불구하고 굳건한 읽기 능력을 발달시키기 위해 그와 같은 많은 시간들이 제2 언어 학생들에게 제공되지 않는다.

실제로 어떻게 사람들이 훌륭한 제2 언어 독자가 되는가에 대하여 비교적 적게 알고 있지만 제1 언어 환경과 제2 언어 환경에서 읽기를 배우는 중요한 차이가 있다는 것을 알고 있다. 또한 제2 언어 맥락에서 읽기교육과 현장조사연구 사이의 연결이 여러 다양한 이유 때문에 잘 뒷받침되고 있지 않다는 것도 참이다. 경우에 따라서는 제한된 수효의 잘 이뤄진 조사연구로부터 일반화하기에는 너무나 많은 갈래의 학습자들이 있다. 어떤 경우에는 서로 다른 제1 언어 학생들이 조사연구로부터 나온 결과들의 일반화를 제한하기도 한다. 한편으로는 학생 집단 사이에서 제2 언어 유창성에 너무나 큰 차이가, 연구로부터 나온 주장들의 일반화를 제한한다. 조사연구와 가르침의 연결에서 이와 같은 몇 가지 쟁점들이 이 책을 통해서 남구된다.

제2 언어 읽기 조사연구에 대해 한 가지로 일치된 관점이 없기 때문에 이 책의 중요한 목적은, 조사연구에서 나온 주장과 효과적인 가르침을 위한 실천 사례 사이의 연결을 강화할 수 있는 읽기의 다른 측면들에 대한 소규모의 조사연구를 수행하도록 교사들을 설득하는 것이다. 조사연구와 가르침의 실천 사례들 사이의 연결을 수립하는 데 현장 연구(action research)[3]가 관련되는데, 이는 교사들이 가르침과 배움에 대한 내부자의 관점을 얻기 위하여 자신들의 교실수업을 비판적이고 체계적으로 관찰하는 교사가 주도하는 탐구의 형식이다. 현장 연구를 통하여 교사 자신의 가르침 실천 사례와 학생들의 학습 향상에 대해 알 수 있다. 또한 현장 연구의 결과들은 정보를 양방향으로 흐르게 함으로써 좀 더 공식적인 조사연구에 영향을 미칠 수 있다.

[인용 1.1] 현장조사연구의 토대[4]

> 교사의 현장연구에서 토대는 실천 사례이고 현장 중심이라는 것이다. 즉, 자신의 가르침과 실천 사례를 반영하고 그것에 회의하고, 탐구하며 그것을 개선하거나 바꾸기 위해 어떤 조처를 취하는 일과 관련된다. … 우리는 교실수업에 관련되는 회의가 가르침과 배움에 대한 교육자의 관점을 바꿀 수 있다는 것을 교사 자신의 조사연구로부터 알고 있다.

---

3) (원저자 주) 이 책 전체를 통해 굵은 글씨로 인쇄된 구절들이나 낱말들은 이 책의 마지막에 있는 용어 풀이에 뜻매김된다. 여러 경우에 굵은 글씨의 용어가 하위 절들의 핵심 용어임을 의미할 뿐만 아니라 좀 더 설명이 필요할 경우 용어 풀이를 찾아보는 실마리가 됨을 의미한다.

(뒤친이) 이 책 전체를 통하여 (원저자 주)는 세 개다. 본문의 끝에 제시되는 대부분의 각주는 위와 같이 (원저자 주)로 표기하지 않으면 뒤친이가 읽기의 편의를 위해 덧붙여 놓은 것임을 밝혀 둔다. 용어 풀이에서는 배열의 편의와 찾아보기의 편의를 위해서 영어의 자모순으로 늘어놓는다. 구를 이루어 용어로 쓰이는 경우가 많기 때문에 우리말 자모 순서대로 하면 어지럽기 때문이다. (한때 학술지에 투고를 할 때 핵심어를 몇 개 쓰라는 제약이 있었는데, 구를 이룬 낱말을 써서 핵심어 조건을 만족시키지 못한다고 지적당한 기억이 있다. 아직도 그런 규정을 엄격하게 적용하는지 알 수는 없으나) 낱말 하나만으로 핵심어가 되는 경우는 드물고, 구적 낱말이 오히려 학문 분야의 낱말로 굳어지고 있는 흐름을 고려할 필요가 있다고 생각한다. (실제로 이 책의 용어 풀이에 보면 하나의 낱말이 표제어로 올라와 있는 경우가 많지 않다.) 이는 개념을 나타내기 위해 새로운 낱말을 만들기보다 이미 있는 낱말을 주로 그리고 즐겨 사용하기 때문일 것이다. 아울러 동사는 용어 풀이에서 우리말에 '-기'를 써서 올리기로 한다.

4) 원서에 〈개념〉에는 제목이 붙어 있지만, 〈인용〉에는 제목이 붙어 있지 않은데 읽기의 편의를 위해 뒤친이가 제목을 붙여놓기로 한다.

읽기 조사연구와 읽기 가르침

공식적인 조사연구로부터 이로움을 취할 수 있는 능력, 그 다음에 (현장조사연구를 통해 나온) 조사연구를 알려 줄 수 있는 능력에는 읽기와 그 발달에 대한 조사연구에 동기를 부여한 기본적인 쟁점들에 대해 이해한다는 것을 전제로 한다. 읽기 조사연구에서 무엇이 중요한가에 대한 개념을 발전시켜 나갈 때 새로운 발견사실들을 통합할 수 있도록 전체적인 읽기 과정에 대한 머릿속 그림을 떠올리고 새로운 주장의 값어치를 평가하는 경향이 있다. 이와 같은 갈래의 지도(map)는 읽기와 읽기에 대한 주장이 지니는 함의를 주장하는 경쟁하는 주장들에 대한 이해에 본질적이다. 그리고 가르침에서 혁신을 통하여 학생들이 얼마나 효과적으로 배우며 효과적으로 배울 수 있는가에 대하여 비판적으로 평가를 할 때 유용한 것도 그와 같은 지도이다. 읽기 가르침의 영역에 대한 지도(mental map)와 관련된 지식은 교육과정 설계, 강좌 설계, 자료 계발과 적응 연구에 종사하고 있는 다른 사람들에 의해 이뤄진 주장들을 평가할 수 있는 방법을 제공해 준다. 따라서 이 책의 두 번째 목적은 읽기 조사연구의 전체적인 모습에 대한 개념적인 지도를 만들고 이와 같은 정보를 목적에 맞게 활용하는 일을 도와주는 것이다.

효율적인 개념 지도의 완성에 따르는 어려움은 읽기라는 분야가 지난 25년 동안 두드러지게 발전해 왔다는 것이다. 읽기가 제1 언어 환경에서 검토되는 방식은 25년 전의 일반적인 가정과는 매우 다르다. 어떤 실천가들에게는 5~10년 전의 신념과도 다르다. 따라서 저자들은 이 책을, 읽기 조사연구자들이 현재 이해하고 있는 것으로 읽기의 '영역'에 대한 지도를 제시하면서 지난 십 년 동안의 조사연구에서 발견된 사실들과 중요한 쟁점들을 강조해야 될 필요성을 채워주는 것으로 보고자 한다. 그렇게 하기 위해 저자들은 몇몇 응용 언어학자들과 제2 언어 교사들에게는 온전하게 낯익은 것은 아닌 방식으로 읽기와 읽기 가르침을 기술하지만 읽기와 읽기 가르침에 대하여 이와 같은 관점을 강하게 옹호하는 주장들이 있을 것이다. 이와 같은 관점들은 저자가 믿기에는 좀 더 많은 정보가 제공되는 가르침, 교사들의 더 큰 자각, 교사들의 좀 더 의미 있는 탐구거리, 제2 언어 학생들에게는 좀 더 효과적인 학습으로 발전하는 데 도움을 줄 것이다.

읽기 능력에 대한 임시적인 개념

읽기는 덩잇글로부터 정보를 끌어오고 그 정보에 대한 해석을 하기 위한 방법으로 볼 수 있다. 그러나 이런 '뜻매김'은 우리가 읽을 때 어떤 일이 일어나며 어떻게 덩잇글을 이해하는가에 대해 실제로 많은 것을 알려 주지 않는다. 실제로 이 책의 1장에서 보여 주듯이 효율적인 조합이 되도록 조정하는 여러 처리 기술이 개입하면서 독해는 복잡하다. 우리는 또한 다른 목적을 위해 읽기 때문에 어떤 덩잇글을 읽는 많은 방법들이 있고, 더 나아가 그것이 읽기에 대한 뜻매김을 더 복잡하게 한다. 이와 같은 관점에서 보면, 읽을 수 있는 능력은 대부분의 사람들이 발전시키는 전문적인 능력의 두드러진 유형이다. 그렇지만 일반적으로 잘 이해되지 않으며 중요한 인지적 성취를 위한 발달에 대해서도 잘 인식되지 않은 것이 이것이다. 저자들은 이 책의 독자들이 독해에서 어떤 지속적인 노력으로, 필요로 하는 전문 기술에 더 큰 관심을 발전시켜 나가기를 희망한다. 또한 독해와 시간에 걸친 발달에 관련되는 능력을 분명하게 하는 조사연구 노력들과 그와 관련된 가르침의 실천 사례에 대한 매력들을 공유하기를 바란다.

읽기에 대한 논의를 시작하는 논리적인 지점 가운데 하나는 (1장에서 저자들이 한 것처럼) 유창한 제1 언어 화자에 의해 활용되는 것으로서 이 능력을 자리매김하는 것이다. 어떻게 숙달된(skilled) 읽기가 학습되고 그와 같은 능력들을 가르치기 위해 학습자들에게 할 수 있는 것이 무엇인지 탐구하기 위하여 그 개념을 이해할 필요가 있다. 똑같은 논리가 제1 언어, 혹은 제2 언어 그리고 그와 같은 이유에서 제3 언어에 상관없이 읽기를 어떻게 배우는지 이해하는 것이 목표인 문제에 잘 적용된다. 그리고 발달 경로와 향상의 속도가 서로 다른 제2 언어 독자마다 다를 수 있음에도 고급수준의 전문 능력이 나타나는 때에 제1 언어와 제2 언어 둘 다에서, 고도의 숙달된 읽기의 최종 목표는 매우 비슷해 보인다. 동시에 많은 조사연구들뿐만 아니라 가르침 자료와 교사 연수 자료들은 읽기 능력의 본질과 그것이 어떻게 학습되는가에 대한 서술에 관련된 어려움을 강조한다. 이와 같은 어려움들은 자신들의 교실수업에서 탐구의 실천 사례들을 계발할 필요성을 드러낸다. 학생들의 학습을 관찰하고 분석하는 원리에 따른 방법들의 묶음은 서로 경쟁하는 주장들을 이해하고 좀 더 효율적인 교사로 만들어 주는 데 도움을 줄 것이다.

이 책에 대한 개관

다섯 개의 큰 부분으로 되어 있는 이 책은, 조사연구와 가르침 사이의 연결이 이뤄지도록 할 뿐만 아니라 학생들의 학습과 교사의 실천 사례에 대한 중요한 탐구거리를 형식화하는 데 도움을 주고 교실수업 탐구를 위한 적절한 방법으로 그것을 하도록 하려고 하였다. 이 책은 다음의 부분들로 나뉜다.

1부: 제2 언어로 읽기에 대한 이해
2부: 읽기에 대한 조사연구 탐색
3부: 증거에 바탕을 둔 실천 사례를 활용한 읽기 가르침
4부: 현장조사연구를 통한 읽기 탐구
5부: 자원들

1부의 두 장은 제1 언어와 제2 언어의 관심사를 아우르는 쟁점들과 핵심적인 생각들의 요약된 안내로서 읽기 이론을 두루 살핀다. 제1장의 목적은 세부 내용들을 철저하게 다루는 것이 아니라 읽기 영역에 대한 탐구 영역의 얼개를 제공하고 앞으로의 가르침에서 있을 수 있는 실천 사례들과의 연결을 제시하는 데 있다. 이와 같은 개관은 제1 언어와 제2 언어 사이의 차이에 대한 논의로 2장에서 이어진다. 이와 같은 차이들은 학생들의 요구를 충족시키고자 할 때 그리고 가르침과 관련된 자료들로 혁신적인 생각들을 통합하고자 할 때 신중하게 고려되어야 한다.

　두 장으로 되어 있는 그 다음 부분은 읽기 조사연구를 위한 핵심적인 문제들을 두루 살핀다. 1부에서 있었던 조사연구에 대한 개관을 끌어들이면서 3장은 제1 언어 환경에서 효과적으로 탐구되었던 여러 핵심적인 탐구거리를 강조하였다. 이 장에서 제시한 연구들은 1장에서 개관한 읽기 능력의 관점들을 뒷받침한다. 4장은 이 책에서 제시한 읽기 능력에 대한 설명을 뒷받침하면서 조사연구를 수행하는 일정한 범위의 방법들을 예시하는, 제2 언어 읽기 조사연구의 본보기 사례들을 보여 준다.

　3부는 증거에 바탕을 둔 가르침의 실천 사례들에 초점을 맞추고 있는데 조사연구로부터 나온 함의를 가르침의 응용에 연결하고 있다. 5장에서 소개한 가르침 활동에 대한 토대를 제공하기 위하여 이론적인 설명과 처음의 네 장에서 얼개를 잡은 조사연구의 근거를 끌어들인다. 이와 같은 이유로 가르침을 위한 착상들은 '증거에 바탕을 둔' 가르침의 실천 사례들로 간주하고 있다.

　네 개의 장으로 이뤄진 4부는 현장에서 이뤄진 조사연구로부터 그리고 읽기 교실수업 환경에서 일어나는 관심사로부터 제기된 구체적인 읽기 관련 탐구거리에 바탕을 둔 현장조사연구에서 가능한 일련의 범위를 개관한다. 6장은 (a) 의미 있는 현장조사연구를 수행하고 교실수업에 관련되는 훌륭한 탐구거리를 제시하며, (b) 자료를 모으고 분석하고, (c) 제시된 탐구거리에 대하여 공정하고 이치에 맞는 답변에 도달하기 위한 지침을 제공한다. 나머지 네 장(7장~9장)은 서로 다른 읽기 관련 주제에 초점을 맞춘 27개의 현장조사연구를 자세히 제시하고 교실수업에 바탕을 둔 조사연구를 수행하기 위한 다양한 절차들에 대한 시범을 보인다.

5장의 확장인 6장~9장에는, 가르침의 착상과 자원들이 포함되어 있는데 이들은 일정한 수준에서 가르침에 대한 명시적인 강조를 할 수 있게 되었다. 6장~9장을 통해 제시된, 읽기 가르침에 대한 실제적인 제안과 자원들은 읽기 교사들이 자신들의 현장조사연구의 초점과/초점이나 자신들의 가르침 목록으로 통합될 수 있는 착상으로 활용할 수 있다.

이 책의 5부(10장)는 교사를 위한 자원들을 정리하였다. 이들 자원들은 읽기 조사연구라는 더 큰 세계로 교실수업 조사연구가 자리를 잡도록 교사들의 탐구거리를 안내하려는 의도가 있었다. 더 나아가 이들 자원들은 교사들이 학생들의 가르침에 대하여 스스로 질문해 볼 수 있는 추가적인 조사연구를 위하여 교사들에게 착상을 제공해 줄 것이다.

이 책의 일차적인 목적 가운데 하나는 교사들에게 읽기 교사로서 자신들의 전문 능력에 대한 기본적인 조사연구 거리를 더하는 데 도움을 주는 것이다. 훌륭한 읽기 교사들은 학술지, 교사 협의회 자료, 학술회의 자료들이 하고 있는 주장에 대하여 정보를 잘 받아들이고 비판적으로 평가할 수 있다. 특히 교사들은 학습 과정과 가르침의 실천 사례들을 더 잘 이해하기 위해 자신들의 교실수업과 학생들을 활용하면서 체계적인 관찰과 자료 수집, 자료 분석과 비판적인 뇌살림을 통하여 이와 같은 주장들을 '검증해' 볼 수 있다. 안내가 덧붙은 이런 유형의 탐구거리가 핵심적인 조사연구에 돌파구가 되지는 않겠지만 제2 언어 읽기 교실수업에서 가르치고 배우는 실천 사례들에 대한 인식을 분명히 드높여 줄 것이다. 더 나아가 조사연구 굳건한 토대와 교실수업 탐구에 대한 개인적인 경험으로 미루어 보아 교사들은 교재와 교육과정 혁신, 새로운 가르침의 실천 사례들을 평가하고 비판하는 데[5] 훨씬 더 준비가 잘 될 것이다. 이 책의 또 다른 목표는 교사들에게 증거에 바탕을 둔 가르침의 실천 사례들을 소개하는 것이다. 교사들은 이와 같은 실천 사례들을 읽기 단원 수업과 교실수업을 위한 교재 계발, 전체적인 읽기교육과정을 위하여 창안한 읽기 관련 과제에 쉽게 적용하고 통합할 수 있다. 저자들이 바라건대 이 책의 최종 결과는 좀 더 자신 있는 교사, 좀 더 많은 정보가 깃든 가르침, 좀 더 숙달된 학생 독자가 되게 하는 것이다.

---

5) 우리말에 들어와 있는 일본어 낱말이 적지 않다는 점에서 국어가 많이 더럽혀지고 있다. 여기에 더하여 너나없이 쓰는 일본어 말투는 '~에 있어서'라는 구절이다. 이 표현은 일본어 'にあって'를 우리말로 옮겨 놓았는데 우리말에서는 이렇게 쓸 필요가 없는 표현이다. 대부분의 경우는 '~에'로 표현하면 된다. 이와 마찬가지로 고쳐야 하는 표현은 '~하는 관계로'이다. '하기 때문에'로 쓰면 훨씬 더 의미가 분명하다. 한때 일본어 'より'를 우리말에 부사처럼 써서 '보다 빠르게'와 같이 썼지만 이 표현도 우리말 어법과 맞지 않은 표현이다. 우리말에서 '~보다'는 조사로만 쓰인다. 이 경우에 우리말로는 '좀 더'라는 표현으로 써야 한다. 다행스럽게도 이 표현은 요즘 그렇게 많이 쓰고 있지 않다.

제2 언어로 읽기에 대한 이해

제1장 **읽기 능력의 본질**

이 장에서는 다음을 제시함으로써 읽기의 설명을 위한 지도의 얼개를 그려 보인다.

- 읽기에 대한 애초의 자리매김
- 읽기의 목적에 대한 논의
- 유창한 이해에 대한 자리매김
- 읽기가 이뤄지는 방식에 대한 설명
- 읽기에 대하여 자주 인용되는 모형에 대한 소개

읽기에 대한 논의를 시작하는 일반적인 방식은 그 개념에 대한 뜻 매김을 제공하는 것이다. 그러나 이 전략은 뒤에 이어지는 논의를 분명하게 하는 데 중요하지만 쉽지는 않다. 이 도입 부분에서는 다음과 같이 한 문장으로 된 읽기 뜻매김을 제시하는 것이 가능하다는 것을 지적하기로 한다. '읽기는 인쇄된 지면으로부디 의미를 끌어낼 수 있으며 이런 정보를 적절하게 해석할 수 있는 능력이다.' 그러나 이와 같은 뜻매김에서 정확하게 용어에 대한 구차스러운 변명이 없다면 그것은 그럼에도 불구하고 읽기 능력의 참된 본질을 이해하는 방법으로서 불충분하다. 왜 이 간단한 뜻매김이 불충분한가 하는 데에는 다섯 가지 이유가 있다.

- 첫째로, 읽기에 몰두할 수 있는 여러 방법들이 있다는 생각을 담지 않았다. 독자는 읽기에 대한 있을 수 있는 여럿의 목적을 지니고 있고 각각의 목적은 기술과 다른 전략들의 조합을 강조한다.
- 둘째로, 유창한 읽기 능력을 자리매김하는 많은 기준들을 강조하지 않았다. 우리가 일반적으로 생각하는 전체적인 독해 능력을 생겨나도록 결합하지만 때로는 각각 작용하는 지식 기반과 기술, 과정들을 드러내지 않는다.
- 셋째로, 강도 높은 시간 제약 아래서 작동하는 인지적 처리로써 읽기가 어떻게 수행되는가를 설명하지 않는다. 그럼에도 불구하고 매우 빠르게 처리해야 하는 읽기에서 제약은 읽고 이해하기가 어떻게 유창한 독자들에게서 일어나는가를 이해하는 데 본질적이다.
- 넷째로, 어떤 덩잇글로부터 의미를 끌어내고 그 다음에 해석하는 것이 독자의 제2 언어 유창성에 따라 얼마나 다양한지 강조하지 않는다.
- 다섯째로, 읽기가 일어나는 사회적 맥락과 덩잇글이 왜 다른 방식으로 해석되고 활용될 수 있는지 그 이유를 언급하지 않는다.

이 다섯 가지 논쟁거리는 유창한 읽기 능력의 본질을 기술하는 방법으로 이 장에서 다루어진다. 이 장은 읽기의 다양한 모형에 대한 촌평으로 마무리한다. 이 모형들은 읽기에 대해 우리가 알고 있는 것을 종합하며 읽기 발달과 읽기 수행에 대해 설명해 준다.

이 시점에서 이 장이 제1 언어(L1)로 유창한 읽기 처리에 주로 초점을 맞춘다는 점을 지적하고자 한다. 제2 언어로 읽기에 대한 책이 제1 언어의 유창한 읽기로부터 시작하는 이유를 물을 것이다. 이런 전략을 채택하는 데에는 여러 가지 충분한 이유가 있다. 먼저 읽기에 대한 상당히 많은 조사연구가 제2 언어 맥락보다 (특히 제1 언어가 영어인) 제1 언어 맥락에서 수행되어 왔다는 것이다. 두 번째로 제1 언어에서 독자가 되기를 배우는 학생들이 일반적으로 읽고 이해하기 능력에서 상당한 수준의 유창성에 이르는 반면 제2 언어 맥락에서 읽기를 배우는 학생들에 대해 그와 같은 주장을 할 수 없다는 것이다. 세 번째로 다수의 가르침 기법과 실천 사례의 효율성을 보여 주는 가르침 연구를 포함하여 조사연구로부터 가르침을 위한 함의를 끌어낼 수 있는 능력이 제2 언어 맥락에서보다 제1 언어 맥락에서 훨씬 더 많이 계발되어 있다. 네 번째로 제1 언어 맥락에서 읽기 가르침은 조사연구의 수준에서나 실천의 수준에서, 제2 언어 맥락에서 아직껏 폭넓게 탐구되지 못한, 가르침의 혁신을 위한 여러 원천이 되어 왔다. 이러한 요인들은 교사들이 제1 언어로 읽기를 배우고 있는 학생들의 읽기 능력을 매우 잘 기술할 수 있음을 암시한다. 제2 언어를 배우는 많은 학생들이 제2 언어의 유창한 독자가 결코 되지 않는 경우에도 올바른 방향으로 이끌어 주고 가능한 한 많이 향상되는 데 도움을 줄 수 있는 방법으로 가르칠 수 있음을 암시다. 성공적인 종결점을 향한 이와 같은 방향이 제1 언어로 읽기에 대한 조사연구가 바칠 수 있는 무엇[기여-뒤친이]이다.

제1 언어로 읽기에 대한 조사연구에 가치를 두는 저자들의 입장이, 제1 언어로 읽기와 제2 언어로 읽기 사이의 중요한 차이를 무시하자고 주장하는 것은 아니다. 실제로 2장에서 그런 차이들이 언급되고 있다. 그러나 가장 높은 수준에서 제1 언어로 읽기 능력과 제2 언어로 읽기 능력은 같은 비중으로 합쳐지며 매우 비슷한 것으로 비춰진다. 따라서 읽기 능력에 대한 도달점, 즉 유창하고 비판적인 독자라는 점을 이해하는 데 제1 언어로 읽기의 발달에 대한 조사연구가 좀 더 완결뒤 이해를 제공하여 준다.

1.1. 읽기의 목적

읽기를 시작할 때, 실제로 해야 하는 여러 가지 결정 사항이 있는데 보통은 매우 빠르게 그런 결정을 하고 대부분은 무의식적으로 일어난다. 예컨대 신문을 집어들 때 우리는 탐색 절차와 일반적인 읽고 이해하기, 골라 읽기(skimming)를 어느 정도 결합하여 신문의 앞면을 읽는다. 부분적으로는 정보를 얻기 위하여 읽지만 신문 읽기를 상당히 빠르게 끝내고자 하는 목적으로 읽는데, 매우 적은 수의 사람들만이 신문의 모든 줄들을 읽어내려고 하기 때문이다. 우리는 신문의 첫 면에 있으리라 예상하는 특정의 이야기를 찾기 위해 그곳을 살펴볼 수 있다. 만약 표제에 담긴 실마리가 우리에게 올바른 실마리를 제공해 준다면 기사의 분량을 점검해 보고 (신문에서 이야기 전달 갈래에 적절하게 영향을 받았다면 '무엇을, 누가, 언제, 어디서, 왜, 어떻게'에 대한 보도를) 이해하기 위해 여러 단락을 읽어 나갈 것이다. 충분한 정보를 얻게 되었다는 것을 어느 시점에서 결정할 것이고 신문 기사 읽기를 그만둘지 혹은 놀랄 만한 부분의 일부를 놓치지 않았다는 확신을 가지고 나머지 부분을 훑어볼지 결정할 것이다.

다른 환경에서, 즉 학업을 위한 환경이나 전문 직업 환경에서는 일반적으로 여러 읽기 자원으로부터, 길고 복잡한 덩잇글의 서로 다른 부분으로부터 혹은 줄글로 된 덩잇글과 딸린 도표나 그림으로부터 나온 정보를 자주 종합하기도 한다. 그와 같은 읽기는 탐색하기나 훑어보기, 일반적인 이해를 위한 읽기와는 매우 다르다(Grabe, 2009[1] 참조).

---

1) 이 책의 사람 이름 표기는 본문에 이름이 나오는 경우는 최대한 외래어 표기법에 맞추어 적기로 한다. 그렇지만 괄호에 묶여 제시되면서 최소한의 서지 정보(사람이름, 연도)만을 제공하는 경우에는 로마자 표기를 그대로 옮기기로 한다. 본문에 나오는 이름의 경우도, 처음 나올 때에만 로마자 표기를 괄호 안에 적어 두고 두 번째부터는 우리말 표기만 제시하기로 한다. 현재 쓰이는 외래어 표기법이 지니고 있는 문제점은 여러 곳에서 지적되고 있지만, 학교 문법에서는 표기법 제정자의 입장을 옹호하는 논의만 제시하고 있다는 점도 생각해 보아야 한다고 생각한다. 그리고 2009 개정 교육과정에 따라 만들어진 대부분의 교과서에 제시된 외래어 표기법은 빈틈이 많아서 제대로 가르치기가

[인용 1.1] 읽기의 단계

> 덩잇글 혹은 단락 읽기에 관련된 기본적인 다섯 가지 처리가 있다고들 한다. … 예컨대 어떤 사람이 단락을 읽을 때 기본적으로 서로 다른 다섯 가지 처리 가운데 하나가 관련될 가능성이 높다. 이들 처리 혹은 읽기 단계는 훑어보기(scanning, 5단계), 골라 읽기(skemming, 4단계), 소리 내어 읽고 듣기(rauding, 3단계), 배우기(learning, 2단계), 기억하기(memorizing, 1단계)라고 불렀다.
>
> 3단계인 (일반적인 읽기의 속도와 듣기의 속도로) 소리 내어 읽기 처리 는 대부분의 독자들이 일정하게 활용하는 처리 단계이다. 이는 읽기의 한 유형으로써 가장 전형적인데 정상적인 읽기, 보통의 읽기, 자연스러운 읽기 혹은 간단한 읽기이다. 이는 어른들이 비교적 이해하기 쉽다는 어떤 것, 즉 잡지나 신문, 소설, 일터에서의 적어 두기(memo), 친구로부터 온 편지를 읽을 때 가장 많이 쓰이는 처리이다. 세계 곳곳에서 일어나는 대부 분의 읽기가 소리 내어 읽기와 관련이 있다는 증거는 샤론(Sharon, 1973)에 나온다. 그는 국가 수준의 통계 표본에 있는 5,067명의 어른들을 현지 조사 하고 나서 그들의 읽기에서 1% 미만이 매일 두 시간의 읽기 동안에 이해하 기 어려운 무엇에 관련되는 읽기임을 발견하였다.
>
> ▶▶▶Carver, 1997: 5~6

이와 같은 환경에서 더 중요한 목표들의 묶음이 효과적으로 통합되기 위해 설정되어야 한다. 이를테면 독자는 비교 내용이나 반대되는 점 을 기억해야 하고 정보의 상대적인 중요성을 평가하며 정보나 얼개를 구성하여야 할 것이다.

끝으로 그리고 거의 대부분의 제1 언어 환경에서 사람들은 (정보를 얻기 위해서든 즐거움을 얻기 위해서든) 일반적인 의미의 이해를 목적으

쉽지 않기 때문에 그 교육적인 효과나 가치도 따져볼 필요가 있을 것이다.

[인용 1.2] 배경 지식의 구실

> 매우 기본적인 수준에서 어떤 덩잇글 주제에 대한 지식이, 처리되고 있는 덩잇글의 언어 표현과 상관없이 성공적인 읽기에 중요하다는 것이 분명하다. 기본적인 지식이 없다면 필자가 의도한 메시지에 접근하기도 불가능할 것이다. 그러나 상호작용의 정확한 본질은 분명하지 않다. … 여전히 배경 지식에 대한 고려가 이해를 하고자 할 때 … 독해하고자 할 때 무시할 수 없다.
>
> ▶▶▶Hudson, 2007: 293

로 읽는다. 덩잇글에 있는 정보를 이해하기 위해, 즐기기 위해서, 혹은 특별한 목적을 위해, 그리고 정보를 부려 쓰기 위해 소설이나 단편 소설, 신문 기사, 혹은 이러저런 종류의 보고서를 읽을 수 있다. 전체적인 목표는 특별한 세부 내용을 기억하는 것이 아니라 중심 생각과 뒷받침 생각을 잘 파악하는 것이며 적절한 **배경 지식**(background knowledge)과 중심 생각을 관련짓는 것이다.

읽기에 대한 이런 모든 방법들과 몇몇 다른 것들이 읽기에 대한 전체적인 설명 안에서 설명되어야 한다(Grabe, 2009; Linderholm and van den Broek, 2002). 저자들은 읽기 목적이 일곱 개의 주요 표제 아래 분류될 수 있을 것이라고 믿지만(개념 1.1 참조), 이들 표제들의 인식은 스스로 발견2)을 통해 이뤄지며, 많은 변이 형태들이 제안될 수 있다(예를 들면 Khalifa and Weir, 2009가 있음). 읽기를 위한 목적들은 개별적으로

---

2) 우리말로 뒤치기 어려운 단어 가운데 하나가 heuristic이란 단어인 듯싶다. 이 책과 함께 묶음 간행 도서인 『듣기교육과 현장조사연구』(미카엘 로스트 지음, 허선익 뒤침, 2014, 글로벌콘텐츠)에서도 이 낱말이 나오는데 기억에서 배경 지식이 활성화되는 원인으로 이 낱말을 들고 있다. 즉, 머리에서 활성화가 어떤 구조물로 미리 짜여 있는 것이 아니라 그때그때 필요에 따라 발견되는데 그런 점을 활성화의 속성으로 들 수 있다는 것이다. 여기서도 읽기의 목적은 아래에 있는 일곱 개의 구조물로 확정되어 있는 것이 아니라는 점을 드러내기 위해 이 낱말을 쓰고 있다.

이 장을 뒤따르는 장들에서 더 설명된다.

[개념 1.1] 읽기 목적

1. 간단한 정보를 찾기 위한 읽기
2. 재빠르게 골라 읽기를 위한 읽기
3. 덩잇글로부터 배우기 위한 읽기
4. 정보를 통합하기 위한 읽기
5. 쓰기를 위한 읽기(쓰기를 위해 필요한 정보를 찾기)
6. 덩잇글을 비판하기 위한 읽기
7. 일반적인 이해를 위한 읽기

1.1.1. 간단한 정보를 찾기 위한 읽기와 골라 읽기를 위한 읽기

비록 비교적 독립되어 있는 인지 처리로 간주되기는 하지만 단순한 **정보를 찾기 위한 읽기**(reading to search)는 보편적인 읽기 능력이다(Guthrie & Kirsch, 1987). 읽기에서 너무나 자주 쓰이기 때문에 아마도 읽기 능력의 유형 가운데 하나로 보는 것이 가장 적절할 것이다. 정보를 찾기 위한 읽기에서는 일반적으로 특정의 낱말 혹은 정보의 특정 부분, 또는 몇몇의 대표적인 구절에 대하여 덩잇글을 **훑어본다**(scan). 예컨대 본보기로 주소나 전화번호라는 핵심 정보를 찾기 위하여 대체로 전화번호 책자를 찾아본다. 줄글로 된 덩잇글에서 해당되는 어느 쪽이나 절, 장에 있는 실마리를 찾기 위하여 그리고 어떤 구절이나 문장의 의미를 처리하기 위하여 (읽기 속도를) 늦추기노 한다. 이와 비슷하게 골라 읽기(skim)(예를 들면 일반적인 이해를 위하여 덩잇글의 부분을 표본으로 뽑기)는 그 자체로 유용한 기술이고 다수의 읽기 과제에서 일반적이다. 본질적으로 이들은 덩잇글에서 어디에 중요한 정보가 자리 잡고 있을 것인가에 대한 추측을 하기 위한, 그리고 일반적인 생각이 형성될 때까지 그와 같은 덩잇글의 부분들에 바탕을 둔 기본적인 독해 기술을 활용하기 위한 전략들의 결합이다.

1.1.2. 덩잇글로부터 배우기 위한 읽기

배우기 위한 읽기(reading to learn)는 일반적으로 학업 맥락과 전문 직업 맥락에서 나타나는데 이런 맥락들은 어떤 덩잇글로부터 상당한 분량의 정보를 배울 필요가 있는 곳이다. 여기에는 다음과 같은 능력을 필요로 한다.[3]

- 덩잇글에서 중심 생각[4]과 뒷받침 생각을 정교하게 하는 여러 세부 내용들뿐만 아니라 중심 생각을 기억하는 능력
- 덩잇글에서 정보를 조직하는 수사적 얼개(rhetoric frame)를 인식하고 구성하는 능력
- 덩잇글을 독자의 지식 기반과 연결하는 능력

배우기 위한 읽기는 일반적으로 읽기 속도에서 일반적인 이해를 위

---

3) 넓은 의미에서 배우기 위한 읽기는 인간의 인지 체계와 관련하여 자리매김되어야 한다. 좀 더 구체화시켜 말한다면 읽기도 방정식의 풀이나 일반적인 문제해결 과정과 구별되지 않는다(Kintsch, 1998; 김지홍 뒤침, 2010, 『이해 1·2: 인지 패러다임』, 한국학술재단 명저번역 지원도서, 나남). 본문에 제시되어 있는 세 항목은 킨취(1998)의 구성-통합 모형에 성글게 대응한다. 킨취의 구성-통합 모형에서는 덩잇글 이해를 세 층위를 제시하는데 표면구조-덩잇글 기반-상황모형이 있다고 한다. 맨 마지막에 있는 덩잇글을 독자의 지식 기반과 연결하는 능력이 상황 모형을 구성하는 일과 관련을 맺을 수 있다.

4) 중심 생각(main idea)은 국어과 교육과정의 용어로 텍스트언어학에서는 거시명제로 다루고 있다. 반데이크(van Dijk, 1980), *Macrostructure: An Introduction Study of Global Structures in Discourse, Interaction and Cognition*, Lawrence Erlbaum)에서는 한 편의 덩잇글에서 거시명제를 형성하는 규칙으로 다섯 가지를 제안하였다. 삭제 규칙과 선택 규칙, 영 규칙, 일반화 규칙과 구성 규칙이 있다고 하였다. 이를 킨취(1993, Information accretion and reduction in text processing, *Discourse Process 16*, pp. 193~202)에서는 더욱 간결하게 정보 더해 놓기와 덜어내기로 제시하였다. 한편 이 논의들이 이해와 인지의 패러다임으로 체계화된 모습을 킨취(Kintsch, 1998; 김지홍 뒤침, 2010) 제시하고 있는데 구성과 통합으로 제시되어 있다.

한 읽기보다 더 느리게 수행된다(주로 정보를 기억하는 데 도움을 주기 위해 다시 읽기와 되살피기 전략들이 있기 때문이다). 게다가 덩잇글 정보와 배경 지식을 연결하기 위해 일반적인 이해보다 더 강한 **추론하기**(inferencing)[5]를 요구하게 된다(예를 들면, 어떤 인물이나 사건 혹은 개념을 다른 알려진 인물, 사건, 개념과 연결하거나 혹은 알려진 사건에 있을 수 있는 원인을 연결하기).

1.1.3. 정보를 통합하고 쓰며 덩잇글을 비판하기 위한 읽기

정보를 통합하기 위한 읽기(reading to integrate information)[6]는 뒷받침 정보들의 상대적인 중요성과 뒷받침하거나 서로 부딪히는 정보들을 결정하고 여러 원천으로부터 나온 정보를 수용할 수 있는 수사적 얼개를 재구성해야 할 가능성이 높다. 이런 기술들은 피할 수 없이 독자의

---

5) 킨취(Kintsch, 1998; 김지홍 뒤침, 2010)에서는 자신의 이전 논의(Kintsch, 1993)에 바탕을 두고 정보 더해놓기와 정보 덜어내기라는 관점에서 추론을 분류하였는데 이를 간단히 표로 나타내면 다음과 같다. 여기서 눈여겨 볼 점은 추론이 자동적인 과정과 통제된 과정으로 나뉜다는 점인데 통제된 과정이 배경 지식과 장기기억의 도움으로 자동적인 과정으로 넘어올 수 있도록 읽기교육의 초점을 잡을 수 있으리라 생각한다.

	정보 더해놓기		정보 덜어내기	
	인출(retrieval)	생성(generation)	삭제	일반화
자동적인 과정	A 교량(연결) 추론. 연상에 의한 정교화	B 친숙한 영역에서 다른 것으로 전이되는 추론	E 중요하지 않은 세부 내용의 삭제	F 친숙한 영역에서 구성하고, 일반화하기
통제된 과정	C 교량(연결) 지식에 대한 탐색	D 논리적 추론	G 요점의 발췌	H 낯선 영역에서 구성하고, 일반화하기

6) 이런 목적을 위한 읽기는 학업을 위한 읽기에서 중요하다. 설명문이나 논설문 등 글의 갈래에 관계없이 중요한 목적임에도 지금까지 명시적으로 나투지 않았다. 읽기 능력이 학생들 사이에 고르지 않기 때문에 이와 같은 높은 수준의 읽기가 이뤄지기 힘들더라도 학생들이 자신의 수준에 맞는 글감을 고르고 글감에 관련되는 여러 글들을 읽고, 한편의 온전한 덩잇글로 산출하는 일이 필요하다. 이런 가운데 저자 의식(authorship)이 길러지고, 읽기와 쓰기의 통합도 자연스럽게 이뤄진다고 생각한다. 우리말 자료를 써서 과학고등학교 학생들을 대상으로 설명문 쓰기에서 덩잇글을 활용하는 모습을 질적으로 분석한 논문으로 허선익(2007, 「설명문 쓰기에서 덩잇글 활용 양상」, 『배달말』 41, 299~338쪽)을 참조.

목적을 위해 정보를 어떻게 통합하고 어떤 정보를 통합하는지 결정할 수 있도록, 읽고 있는 정보에 대한 비판적인 평가가 필요하다. 이런 점에서 읽기 위한 쓰기나 덩잇글을 비판하기 위한 읽기는 정보를 통합하기 위한 읽기 과제의 변이형태일 수 있다. 둘 다 어떤 덩잇글로부터 정보를 구성하고 선택하며 비판하는 능력을 필요로 한다. 둘 다 정보를 통합하기 위해 필요한 읽기 능력을 요구하는 일반적인 학업 과제를 대표한다('정보를 통합하기 위한 읽기'를 해석하는 방법에 대해서는 Enright, Grabe, Koda, Mosenthal and Mulcahy-Ernt, 2000; Perfetti, Rouet and Britt, 1999를 참조할 것).

1.1.4. 일반적인 이해를 위한 읽기

일반적인 독해라는 개념은 두 가지 이유에서 오랫동안 이 분야의 논의에서 의도적으로 잘 쓰이지 않았다. 먼저 이 개념은 읽기의 가장 기본적인 목적으로서, 읽기에 대한 다른 대부분의 목적 밑바탕에 있으며 이를 떠받친다. 두 번째로 일반적인 읽고 이해하기는 널리 가정되는 것보다 실제로 더 복잡하다('일반적'이라는 용어가 '간단하거나', '쉬움'을 의미하지 않는다는 점을 주목할 것). 이런 가정들은 이 장의 나머지 두 절에서 자세하게 언급된다. 일반적인 이해를 위한 읽기는 능수능란한 유창한 독자가 이뤄내는 것으로 낱말들에 대해 매우 빠르고 자동적인 처리를 필요로 하며 중심 생각을 표상하기 위해 일반적인 의미를 형성하는 우수한 기술이 필요하다. 그리고 매우 제한된 시간 제약 아래서 다수의 처리를 효과적으로 조정하는 일도 필요하다.

이런 능력들은 유창한 독자에게는 당연한 것으로 간주되었는데 일반적으로 자동적으로 일어나기 때문이다. 말하자면 우리가 만약 유창한 독자라면 그렇게 많은 생각을 하지 않고도 이런 능력을 활용한다는 것이다. 그러나 제2 언어 맥락에서는 시간 제약 아래에서 더 긴 덩잇글을 유창하게 읽는 사람이 되기에는 여러 가지 어려움이 있다. 이러한 어려움은 일반적인 이해를 위한 읽기의 복잡성을 드러낸다. 처리 효율성에 대한 요구 때문에 때로 일반적인 이해를 위한 읽기는 일반적인 이해 능력의 확장으로 종종 간주되고 있는, 배우기를 위한 읽기를 통달하는 것보다 더 어려울 수도 있다. (일반적인 이해를 위한 읽기에 대한 오해는 읽고 이해하기와 배우기 위한 읽기가 학교에서 보편적으로 평가되는 방법 때문일 것이다.)[7]

유창한 읽기를 뜻매김하기 전에, 읽기 활동을 기술하기 위해 일반적으로 사용되는 두 용어에 대해 언급하고자 한다. **기술**(skill)과 **전략**(strategies)[8]이 그것이다. 저자[9]들의 입장에서 기술은 사용과 결합에서 비교적 자동적인 처리 능력을 나타낸다(예를 들면, 낱말 인지, 통사적인 처리). 기술에 대한 대부분의 교육 심리학적인 논의에서는 목표 중심의 과제에서 일반적인 학습의 결과로 간주하는데 점진적으로 습득되

---

7) 일반적인 이해나 독해에 대하여 인지 심리학적 접근과 읽기교육에서 접근이 어느 정도 차이가 있다. 읽기교육에서는 우리나라의 국어과 교육과정에서도 알 수 있듯이 제시된 덩잇글의 갈래를 중심으로 하여 글의 처음부터 끝까지 읽어내는 일에 초점을 맞추고 있다. 그에 비해 인지 심리학에서는 학습에 더 강조점을 두고 있는 듯하다. 당장 제시된 덩잇글에 대한 처리뿐만 아니라 덩잇글이 처리되는 과정에 일차적인 초점을 둔다. 그 다음에 이들이 인지 구조에서 어떻게 자리 잡고, 어떻게 다음의 이해 처리에 쉽게 활용될 수 있을 것인지에 대해서도 관심을 둔다. 이는 인지 심리학의 성과들이 좀 더 이해 처리에 응용될 수 있도록 구체화되어야 국어과 교육과정에서도 반영될 수 있을 것이라 생각한다. 그런 점에서 인지 심리학의 연구 성과들이 비단 읽기뿐만 아니라 다른 말하기, 듣기, 쓰기에도 논의되고 비판되며 적용될 수 있는 길을 열어 두어야 한다고 생각한다.

8) 이 책에서 저자는 이 두 개념을 자질들의 대비로 설명하고 있다. 즉, [±의도성]에 따라 [−의도성]은 기술, 전략은 [+의도성]으로 뜻매김한다. [±자동성]은 점진적인 변화를 반영한다고 지적하고 있다. 한편 전략은 궁극적인 상위 목표를 달성하기 위해 설정되는 다양하고 융통성 있는 하위 목표들의 상정 및 실천과 관련되는 정신작용이다. '전략'이라는 용어가 전쟁과 관련되기 때문에 쓰기를 꺼려서 다른 용어를 쓰기도 한다. '인지활동'이나 '인지 능력'이란 말을 쓰자는 제안도 있다(Levy and Ransdell, 1996, *The Science of Writing: Theories, Methods, Individual Differences and Applications*, Lawrence Erlbaum 참소).

9) 이 책에서 'we'라는 영어 인칭 대명사가 별다른 구별 없이 자연스럽게 쓰이고 있는데, 맥락에 따라 구별된다. 국어에서 '우리'라는 대명사가 포괄적인 용법과 배타적인 용법으로 쓰인다. 즉, 청자를 포함하는지 여부에 따라 의미에서 차이가 나타나는데 여기서도 이 점을 고려하기로 한다. 말하자면 맥락에 따라 배타적인 용법으로 쓰일 때는 저자들로 해석을 하고, 그렇지 않은 경우에는 독자들을 포함한다는 의미에서 포괄적인 용법에 따라 '우리'로 뒤친다. 한편 이 책에는 writer 혹은 author라는 명사도 쓰이는데 이 책의 저자가 아닌 경우에는 이를 구별하여 필자로 뒤치기로 한다.

[인용 1.3] 읽기의 기술과 전략 1)

　　1970년대에 읽기 풍경화에 처음 점을 찍었을 때 전략이라는 용어는 전통적인 기술 중심 읽기에서 벗어난 정신적인 처리의 한 형식을 의미하였다. 그러나 그때에는 분명해 보였던, 기술과 전략들 사이의 어떤 구별은 흐릿해지기 시작하였으며 어느 지점에서 기술이 끝나고 어떤 시점에서 전략이 시작하는가에 대한 의문의 여지를 남겼다. 그와 같은 차이를 밝혀 내기 위하여 덩잇글에 기반을 둔 학습과 관련하여 기술에 매인 처리와 전략적인 처리 사이의 두 가지 차이를 제안하였다. 자동성과 의도성이 그것이다. … 본질에서 기술은 학업에 관련되는 특성이다. 이들은 판에 박혀 있고, 중대한 과제에 몰두할 때 우리가 채택하는 자동적인 절차들이다. 따라서 숙달된 독자들은 숙달된 요리사나 계산원처럼 주요 영역에 있는 절차들을 자동성의 수준으로까지 갈고 닦게 된다.

　　같은 절차들(예를 들면, 중심 생각 찾기)이 기술과 전략의 범주에 들어 맞을 수가 있다. 적절한 이름은 독자가 의식적으로 그 절차들을 불러오거나 전형적이고 자동화된 방법으로 간략하게 그 기능을 하게 하는지 여부에 달려 있다.

▶▶▶Alexander and Jetton, 2000: 295~296

지만 결국 자동화된다고 본다(Anderson, 1995; Proctor and Dutta, 1995;

[인용 1.4] 읽기의 기술과 전략 2)

　　파리(Paris)와 그의 동료들(Paris, Wasik and Turner, 1991)은 같은 활동이 기술이나 전략이 될 수 있다는 점을 드러내기 위해 '고려하고 있는 기술'로 읽기 전략을 기술하였다. 이때 기술은 독자의 자각, 통제, 의도, 특정의 읽기 상황에 달려 있다.

▶▶▶Afflerbach, Pearson and Paris, 2008: 17

Schunk, 2000). 전략은 비록 온전하게 맞지는 않다하더라도 종종 독자의 의식적인 통제 아래에 있는 능력들의 묶음으로 뜻매김된다(Afflerbach, Pearson and Paris, 2009)도 참조할 것). 일반적으로 전략들로 밝혀진 많은 능력들은 유창한 독자들이 지니고 있는 것으로 비교적 자동적이다(예를 들면, 모르는 중에 모르는 낱말들을 건너뛰거나 덩잇글의 의미를 다시 설정하기 위해 다시 읽기). 따라서 기술과 전략들 사이의 구별은 전적으로 명확하게 분명하지 않은데 (뜻매김에서 문제 때문이 아니라) 바로 읽기의 본성 때문이다(Anderson, 2009 참조). 마무리하기 위하여 언급한다면 **읽기 처리**(reading process)라는 용어는 기술과 전략, 주의집중의 자원, 지식 자원과 의도가 관련되는 인지 활동을 가리킨다. 능력이라는 용어는 독자들이 이용할 수 있는 이해 기술, 전략과 지식 원천을 아우르는 일반적인 용어로 쓰인다.

예컨대 여러 사례에서 기술은 전략들을 배우는 것으로 학습되지만 온전하게 자동화된다(예를 들면, 친구에게 신문에 있는 이야기를 전달하기 위해 마음속으로 요약하기). 그럼에도 불구하고 '전략'은 여전히 읽기 능력에서 중요한 개념이다. 뜻매김을 하기 위한 목적으로는 전략은, 잠재적으로, 의식적으로 되살필 수 있으며, 읽는 도중에 특정의 목적이나 문제를 다루어 가기 위한 독자의 의도를 반영하는 능력으로 가장 잘 뜻매김된다(Anderson, 2009 참조). (몇 가지 본보기 전략들에 대해서는 개념 1.2를 참조하고 8장에 있는 현장조사연구 시범 연구 8.1.1에서 8.1.3을 참조할 것.)

[개념 1.2] 읽기의 본보기 전략들

- 읽기 목적을 구체화하기
- 무엇을 하고 어떤 조처를 취할지 계획하기
- 덩잇글을 훑어보기
- 덩잇글이나 덩잇글 부분의 내용을 예측하기
- 예측한 내용을 점검하기
- 덩잇글에 대하여 의문을 제기하기
- 제기한 의문에 대한 답을 찾아내기
- 배경 지식에 덩잇글을 연결하기
- 정보를 요약하기
- 추론하기
- 덩잇글의 한 부분을 다른 부분에 연결하기
- 덩잇글 구조에 주의집중하기
- 다시 읽어보기
- 맥락으로부터 새로운 낱말의 의미를 추측하기
- 관계를 알아내기 위해 덩잇글 표지를 활용하기
- 이해를 점검하기
- 어려움을 밝혀내기
- 오해를 수정하기 위해 조처를 취하기
- 필자를 비판하기
- 덩잇글 비판하기
- 읽기를 위한 목적이 얼마나 잘 충족되었는지 판단하기
- 덩잇글로부터 무엇을 배웠는지 되살피기

1.2. 유창하게 읽고 이해하기에 대한 자리매김

일반적인 읽기를 위한 읽기는, 가장 분명한 의미에서, 어떤 덩잇글에 있는 정보를 이해하고 그것을 적절하게 해석하는 능력이다. 그러나 이해 능력은 이 뜻매김이 제안하는 것보다 훨씬 더 복잡하다. 읽고 이해하기에 대한 좀 더 정확한 밑그림을 제시하기 위해 저자들은 필수적인 절차의 묶음에 따라 그것을 뜻매김한다(개념 1.3 참조). 어떤 하나의 절차도 그 자체로 읽고 이해하기를 뜻매김하지 않지만 이들 절차는 한 묶음으로 유창한 읽기에 필요로 하는 절차들에 대하여 꽤 정확한 설명을 제공한다(좀 더 자세한 논의를 위해서는 Grabe, 2000; Hudson, 2007; Koda, 2005를 참조할 것).

[개념 1.3] 유창하게 읽고 이해하기에 관련되는 절차들

유창한 읽기는

1. 재빠른 처리
2. 효과적인 처리
3. 상호작용적인 처리
4. 전략적인 처리
5. 유연한 처리
6. 평가하는 처리
7. 목적에 맞는 처리
8. 파악하는 처리
9. 학습하는 처리
10. 언어 처리

유창한 읽기는 거의 대부분 어떤 목적에 맞춘 맥락에서 재빠르게 일어나는 것이 틀림없다. 그리고 어떤 덩잇글을 더 재빠르고 (성공적으로) 처리할수록, 다양한 처리 구성요소들이 작동될 가능성이 너 높다. 따라서 훌륭한 제1 언어 독자는 모든 덩잇글을 1분에 200에서 300개의 낱말의 속도로 읽을 것이다. 속도와 관련하여 이해가 일어난다면 구체적인 절차가 결합되어 효과적으로 수행되어야 한다. 즉, 이해와 관련된 다양한 절차가 조정되고 어떤 절차가 자동적으로 수행될 필요

[개념 1.4] 작업 기억이란 무엇인가?

작업 기억(working memory)이란 용어는 이제 일반적으로 단기 기억이란 용어보다 더 선호되고 있다.10) 작업 기억은 즉각적인 저장과 처리를 위해 활성화된 정보, 즉 특정의 정신 자극을 가리킨다. 읽기를 위한 작업 기억은 낱말 정보를 저장하고 인지하며 통사적 정보를 활용하고 대명사 지시표현을 연결하며, 전체적인 덩잇글 구조를 설정하여 정보를 재구조화하고 통합하며, 추론을 평가하고, 독자의 목적을 조정하는 것과 같은 인지적 처리의 능동적인 활용과 관련된다. 배들레이(Baddeley, 2007)에 따르면 작업 기억은 중앙 실행 장치와 세 개의 하위 구성요소로 이뤄진다. 시공간 잡기장(visual-spatial sketchpad)과 일화적인 임시 저장고(episodic buffer), 음운 임시 저장 장치(phonological loop)가 여기에 포함된다.

가 있는 것이다(Breznitz, 2006).

읽기는 또한 적어도 두 가지 면에서 상호작용(interactive)이 이뤄지는 처리이다. 먼저 읽기에 관련되는 다양한 처리가 실질적으로 동시에 수행된다. 낱말들을 매우 빠르게 인지하는 동안 우리의 **작업 기억**(working memory)에서 그것들을 활성화된 채로 유지한다(Baddeley, 2007; Baddeley, Eysenck and Anderson, 2009와 개념 1.4 참조). 그리고 문장들의 구조를 가장 논리적인 절-수준의 의미를 수집하기 위해 분석하고 있으며 우리의 마음에서 중심 생각에 대한 모형을 수립하고 이해를 점검하는 일 등등을 한다. 효율적으로 이들 기술들을 결합하는 것은 시간이 걸리는 일반적인 이해를 통달할 수 있게 해 준다.11) 읽기는 또한

---

10) 인간의 기억에 대한 논의에서 출발은 장기 기억과 단기 기억으로 나누고 각각의 역할에 대하여 언급하였다. 그렇지만 최근에는 단기기억이란 용어가 거의 쓰이지 않음을 지적한 표현이다.

11) 제1 언어 독자의 경우에는 거의 자동적으로 이해를 위해 읽는 과정에서 대부분의 시간을 소비하지만, 제2 언어 독자의 경우에는 이해뿐만 아니라 언어 자체의 해득(decoding)에도 많은 시간을 들이기 때문에 이를 지적하고 있다.

덩잇글로부터 나온 언어적인 정보를, 배경 지식으로서 장기 기억으로 부터 독자에 의해 활성화된 정보와 상호작용하도록 한다는 의미에서 상호작용적이다. 이 두 가지 지식 원천들(언어 정보와 배경 지식)은 덩 잇글에 대한 독자의 해석이 이루어지도록 하기 위해 필수적이다.

　이해를 위해 필요한 여러 기술들의 균형을 맞추는 것은 독자가 **전략 적**으로 읽는 데 필요하다. 독자는 처리의 어려움을 인지하고, 덩잇글 에서 제시하는 정보와 독자의 배경 지식 사이의 불균형을 해결하며 이해를 점검하고 읽기를 위한 목적을 바꾸기 위해 결정을 내려야 한 다(Pressley, 2006). 전략적인 독자가 된다는 것은 목표의 변화와, 파악에 대한 계속적인 점검에 맞추어 유연하게 읽을 수 있음을 의미한다. 이 와 마찬가지로 읽기는 독자가 읽고 있는 정보가 일관되고 읽기 목적 에 들어맞는지 결정해야 한다는 점에서 **평가**가 이뤄지는 처리이다. 이 런 평가는 읽기를 위한 독자의 동기부여에까지 확장되며 덩잇글과 주 제에 대한 독자의 태도와 덩잇글 이해에 성공할 가능성에 대한 독자 의 느낌, 덩잇글로부터 나온 정보가 독자의 예상에 쓸모가 있는지(혹 은 흥미가 있다거나 재미가 있는지) 여부에 대한 평가로 확장된다(Baker and Beall, 2009).

　읽기는 언제나 목적을 지향하는데 독자가 서로 다른 읽기 목적에 바탕을 두고 다른 방식으로 읽어 나가는 점에서 그러할 뿐만 아니라 어떤 제시된 덩잇글을 읽어 나가는 동기가 내재적이든 외재적이든 상 관없이 어떤 개인적인 목적이나 과제에 의해 유발된다는 점에서 그러 하다. 읽기는 또한 **파악**12)하는 과정이다. 파악하기라는 개념은 분명한 동시에 오묘하다. 다음 절에서 보게 되듯이 누구든 어떤 덩잇글을 파 악하는 것이 읽기의 목적이라고 말한다는 점에서 **분명**하지만 독자에

---

12) 우리말의 파악과 이해는 영어 comprehend와 understand에 각각 대응된다. 파악은 글 내용을 '붙들다'와 같이 고유어로 풀어쓸 수도 있다. 이에 대한 설명은 킨취(Kintsch, 1998; 김지홍 뒤침, 2010)의 뒤친이 각주를 참조할 수 있다. 킨취(Kintsch, 1998; 김지홍 뒤침, 2010)에서도 그러하듯이 이 두 낱말의 의미가 엄격히 구별되지는 않으므로 이 책 에서도 파악/이해를 뒤친 문장을 매끄럽게 하기 위해 넘나들면서 쓰기로 한다.

의해 수행될 수 있는 방법들과 관련하여 볼 때 덜 분명하다. 읽기의 결과 가운데 하나가 목적 지향적인 이해 처리라는 것은 또한 읽기가 **배우는** 과정이라는 것이다. 읽기의 이런 측면은 새로운 정보를 배우는 가장 보편적인 방법이 읽기를 통해서 이뤄지는 학업 맥락에 있는 어떤 누구에게든 분명할 것이 틀림없다.

끝으로 읽기는 (1980년대와 1990년대에 보편적인 관점이었던 추론 과정이라기보다는) 기본적으로 **언어적** 처리이다. 비록 이런 측면이 (시각적인 측면에서 그러하듯이) 무시되지만 말이다. 언어적으로 덩잇글에 몰두하지 않고 어떤 덩잇글을 해석하고 논의하는 것은 아무런 의미가 없다. 예컨대 중국 말이나 핀란드 말(글자 체계가 비슷하다고 하더라도 핀란드 말을 모르는 채)로 쓰인 정책에 대한 어떤 덩잇글을 읽으려 하는 어떤 사람이든, 읽고 이해하기를 위해 언어적인 처리의 중요성을 재빨리 알아차릴 것이다. 어떤 낱말도 이해할 수 없다면 그 덩잇글을 제대로 파악하고 있는 것이 아니다.

1.3. 읽기가 어떻게 일어나는가를 기술하기: 읽기 능력의 구성요소

지금까지 저자들은 읽고 이해하기 능력들이 상당히 복잡하고 과제, 동기, 목표와 언어 능력에 따라 여러 가지 방법으로 다양하다는 점을 독자들에게 납득시키고자 하였다. 읽기의 다양한 방법들 사이에 커다란 차이가 있다는 인상을 받았을 것이다. 그러나 기저에는 일련의 공통적인 처리가 읽는 동안에 활성화된다. 이 절에서는 (밤에 잠들기 전에 어떤 책을 읽는 경우처럼) 더 긴 덩잇글에 대한 일반적인 이해라는 목표를 가정하며 읽고 이해하기 처리가 숙달된 독자들에게 적용될 가능성이 높은 방법들을 개관한다. 간단하게 하기 위해 숙달된 읽기에 대한 설명을 두 부분으로 나누었는데, 뒤따르는 부분에서 설명하게 될 일반적인 은유에 따라 이름을 붙인 것으로 낮은 수준의 처리와 높은 수

[개념 1.5] 읽기를 위한 작업 기억 처리

낮은 수준의 처리	높은 수준의 처리
• 어휘 접속	• 이해에 대한 덩잇글 모형
• 통사적인 분석	• 독자가 해석한 상황 모형
• 의미론적인 명제13) 형성	• 배경 지식 활용과 추론하기
	• 통제 처리 실행

준의 처리가 그것이다(개념 1.5 참조). 더 낮은 수준의 처리일수록 더 자동적인 언어 처리가 이뤄짐을 나타내며 일반적으로 기술을 더 많이 지향하는 것으로 간주된다. 일반적으로 더 높은 수준의 처리는 독자의 배경 지식과 추론 능력을 더 많이 활용하는 이해 처리를 가리킨다. 저자들이 낮은 수준의 처리가 높은 수준의 처리보다 어떤 식으로든 더 쉽다고 가정하지 않는다는 점을 주목하기 바란다.

1.3.1 읽기를 위하여 작업 기억에서 처리

작업 기억은 일상적으로 정보의 연결망으로서 그리고 특정 시점에 활용과 관련되는 처리로서 가장 잘 이해되고 있다[『**작업 기억 활성화** (working memory activation)』(Baddeley, Eysenck and Anderson, 2009)]. 개념 1.5에서 보게 되듯이, (높은 수준의 처리와 낮은 수준의 처리를 아우르는) 작업 기억 처리의 양상으로 낮은 수준 처리와 높은 수준의 처리 둘 다를 알아본다. 접속되는 낱말과 문법적으로 실마리가 주어지는 정보, 새롭게 나타나는 낱말의 의미,14) 이해를 위한 덩잇글 모형의 형성,

---

13) 명제는 인지 심리학에서 의미 처리의 기본 단위로 간주한다. 그런 점에서 sematic proposition 에서 sematic은 필요 없는 단어이다. 대체로 명제는 술어와 그에 딸린 논항으로 구성되어 있는데 논항들은 '언제, 어디서, 누가, 무엇을, 어떻게'에 해당되는 빈칸을 채우는 내용들 이다. 논항 구조 이론에 따르면 이들 빈칸은 필수적인 논항과 수의적인 논항으로 구분된 다.

추론하기와 통제 처리의 수행이 모두 작업 기억에서 활성화된다. 낮은 수준의 처리의 경우, 되풀이되거나 들어오는 정보에 연결되지 않는다면 활성화는 1초나 2초 정도로 짧다. 높은 수준의 처리의 경우, 읽기가 계속되거나 독자가 덩잇글 정보를 곱씹어 보는 동안, 중심 생각에 대하여 지속적인 재활성화가 일어난다. 통합되어야 하는 **새로운** 정보가 있다면 의미의 정확한 경신이 이루어지도록 하기 위해서 그 정보를 빨리 결합해야 한다. 작업 기억은 적절하게 그것이 처리되는 동안 일 초에서 이 초 동안 새로운 정보를 활성화된 상태로 유지한다. 이런 이유로 처리의 속도가 중요하다. 그것은 단순히 이해 능력을 이루는 빛 좋은 부가물이 아닌 것이다. 만약 활성화된 정보의 처리가 충분히 재빠르게 일어나지 않는다면, 그 정보는 기억으로부터 희미해지고 다시 활성화되어야 한다. 이때는 더 많은 자원이 필요하며 읽기 처리를 덜 효율적이게 한다.

저자들은 기억하기 쉽도록 하기 위해 읽기의 다양한 요소별 처리에 간단한 유추를 활용할 수 있다. (일반적으로 말해서, 읽기를 위한 우리의 목적인) 읽고 이해하기는 차와 매우 비슷하다고 생각할 수 있다. 읽기는 차와 마찬가지로 목적지에 이르게 한다(덩잇글 이해에 이르게 한다). 차의 유추에서 낱말 인지를 차에 대한 연료로 생각해 볼 수 있다. 낱말의 인지는 읽고 이해하기와는 다르다. 만약 낱말 인지가 연료라면 다른 낮은 수준의 처리는 차를 움직이게 하는 엔진이다. 이해를 위해 활용되도록 (의미론적인 명제 형성과 통사적인 분석을 통하여) 의미론적 정보를 설정하는 것은 차의 엔진과 매우 비슷한데 그 처리가 이해의 발달을 주도하기 때문이다.

물론 차가 엔진에 지나지 않는다는 것을 주장하고 싶지는 않다. 왜냐 하면 엔진이 아니라 차가 우리를 목적지로 데려다 주기 때문이다.

---

14) 낱말의 의미는 기본적으로 정해져 있지 않다. 유의어적인 측면과 다의어적인 측면은 기본적으로 대부분의 언어에서 나타나는 낱말의 기본적인 특성이다. 따라서 낱말의 의미는 심성 어휘집(mental lexicon)에 저장되어 있다가 맥락에 따라 때때로 경신된다.

그러나 차가 목적지로 우리를 데려가려면 효율적으로 작동하는 엔진이 있어야 할 것이다. 읽고 이해하기를 위해서 낮은 수준의 처리에서 작업 기억이 그와 똑같은 일을 한다는 것을 마음속에 그려볼 수 있을 것이다. 이와 같은 방식으로 이뤄지는 자동적이고 재빠른 처리로부터 나오는, 정보의 효율적인 조정이 유창하게 읽고 이해하는 능력의 필수적인 구성요소이다. 마지막으로 높은 수준의 처리는 기본적인 정보를 취하고 덩잇글을 독해하도록 하는데 차가 목적지로 우리를 데려가는 것과 매우 비슷하다.

1.3.2. 낮은 수준의 처리

유창한 독해를 위해 가장 기본적인 요구 사항은 자동적이고 빠른 낱말 인지(혹은 어휘 접속, 즉 낱말이 인지되자마자 낱말의 의미를 불러옴)이다. 유창한 제1 언어 독자들은 그들이 마주치는 대부분의 낱말을 적어도 어느 정도 기본적인 수준에서 인식할 수 있다. 일 초마다 네댓 개의 낱말을 인지하며 평균으로 낱말마다 대략 23/100초가 걸린다(Pressley, 2006).

　놀랄 만한 것은 유창한 독자들이 어떤 낱말에 실제로 초점을 맞추고 그것을 1/10초보다 적은 시간에 그것을 인식한다는 것이다. 따라서 매초에 네댓 개의 낱말을 인지하고도 뛰어난 독자로 하여금 다른 처리를 위해 시간을 허용해 준다.15) 유창한 독자의 경우, 어휘 접속은 자동적이다. 빨라지는 것에 더하여 그것은 의식하게 쉽게 되살필 수

---

15) 유창한 어른 독자의 경우 1초에 네댓 개의 낱말을 인지한다고 하는데 여기서 소개하고 있는 유창한 독자는 1초에 10개 정도를 인지한다고 한다. 그런 점에서 보면 일반적인 독자보다 유창한 독자들에게서 네댓 개의 낱말을 처리할 만한 시간적인 여유가 생긴다는 의미로 이해가 가능하다. 그에 따라 유창한 독자는 쉬운 글이라면 더 빨리 읽을 수 있을 것이고, 어려운 글이라면 같은 시간을 들이고도 다른 독자들보다 처리 시간이 길기 때문에 더 잘 이해할 수 있게 되는 것이다.

[인용 1.5] 읽기에서 낱말의 인지 속도

독자가 덩잇글에 있는 무엇인가를 배우려고 시도할 때, 읽기는 거의 대부분의 낱말에 고정이 이뤄지는 낱말-낱말에 관련되는 문제이다. 읽기 자료를 신중하게 읽어 나가는 숙달된 어른 독자의 경우 일반적으로 각각의 낱말은 1/4초 동안 고정이 된다. 이는 독자가 자료를 통해 배우고 있을 때 일 분마다 대략 200개의 낱말이 이해되는 셈이다. … 긴장을 좀 덜할 경우 일 분마다 대략 250개에서 300개의 낱말을 읽는 속도가 나타난다.

▶▶▶Pressley, 2006: 51

없고 억제될 수 없다(자동성에 대한 훌륭한 뜻매김이다). 어떤 낱말을 보았을 때 독자는 자신이 의미에 접속하는 것을 멈출 수 없다. (수많은 낱말들에 대한) 낱말 인지에서 빠른 처리와 자동성은 일반적으로 읽기에서 수천 시간의 연습을 필요로 한다.

다수의 제1 언어 조사연구자들은 낱말 인지 능력에 초점을 맞추었다. 그들은 낱말 인지가 독해라고 믿었을 뿐만 아니라 독해가, 훌륭한

[인용 1.6] 낱말 인지에서 자동성

왜 자동성이 문제되는가? … 해득과 이해는 이용 가능한 단기 [기억] 용량을 놓고 서로 다툰다. 독자가 어떤 낱말 구성을 이루는 말소리로 느리게 분석하고 그것을 뒤섞을 때 상당한 용량이 소비되는데 그에 따라 그 낱말을 포함하고 있는 문장과 그 문장을 포함하는 그 단락의 전체적인 의미는 고사하고, 낱말의 이해를 위해서 상대적으로 적은 용량이 남게 된다. 이와는 달리 자동적인 낱말 인지는 매우 적은 용량을 소비하고 따라서 낱말을 이해하고 낱말의 의미를 문장, 단락, 덩잇글 전체의 의미와 통합하는 과업을 수행하기 위해 단기 [기억] 용량에 여지가 있게 된다.

▶▶▶Pressley, 2006: 68

낱말 인지 기술 없이는 길어지는 읽기 시간 동안 수행될 수 없다고 믿었기 때문에 이런 읽기의 측면을 탐구하였다(Perfetti Landi and Oakhill, 2005; Stanovich, 2000). 그러나 이들 기술은 (읽기 실천을 위한 수많은 시간을 통하여) **인쇄물에 대한 접촉**(exposure to print) 없이는 향상되기 어렵다. 제2 언어로 읽기 맥락에서, 소수의 논의들만이 이 주제에 바쳐졌다(Birch, 2007; Eskey, 1998). 이와 같은 주제에 대한 회피는 부분적으로 읽기에서 일어나는 빠르고 자동적인 낱말 인지 처리에 대한 이해의 제약 때문이다. 또한 제2 언어 학생들에게 매우 많은 인지 어휘를 드넓히기 위해 필요한 시간과 자원, 실제 연습을 제공하는 것과 관련된 상당한 어려움 때문이다. 그러나 목표 가운데 하나가 학생들이 유창한 제2 언어 독자가 되도록 도와주는 것이라면 낱말 인지 능력은 제2 언어 맥락에서 무시될 수 없다.

낱말 인지에 더하여 유창한 독자는 절 수준의 의미를 뒷받침하는 기본적인 문법 정보가 추출될 수 있도록 낱말들을 저장하고 받아들일 수 있다(**통사적인 분석**(syntactic parsing)으로 알려진 처리). 구 단위의 묶음, 어순 정보, 절들 사이의 접속과 내포 관계를 재빠르게 인지하는 능력은 낱말들이 어떻게 이해될 것이라는 점을 독자가 분명하게 하도록 해 준다(예를 들어 낱말 'book'은 호텔에 있는 경우의 '예약하다(to book)'에서와 같이 동사가 아니라 '그 책이 떨어졌다(the book fell)'에서와 같이 명사로 인지될 것이다. 그리고 그것은 절의 주어로 기술될 것이며 '떨어지는' 사건의 기술을 따르는 무정물 대상으로 인지될 것이다). 통사적인 분석은 맥락으로부터 여럿의 의미를 지니는 낱말들(예를 들면 bank, cut, drop)의 의미를 분명하게 하는 데 도움을 준다. 게다가 어떤 대명사와 정관사가 앞선 덩잇글에서 지시되고 있는지 독자가 결정하는 데 도움을 준다(Grabe, 2009).

독해에서 통사적인 분석의 중요성에 대한 확고한 증거가 있다. 제1 언어 맥락에서 5학년 278명을 대상으로 한 클라우다와 거드리(Klauda and Guthrie, 2008)는 통사적인 처리가 여섯 가지 읽기 기술 구성요소들

[인용 1.7] 통사 분석의 의미

통사적인 처리[혹은 통사적인 분석]는 필요하지 않다고 … 주장하는 것은 솔직히 말해 믿기 어렵다. 이는 쉽게 예를 들어 증명이 된다. 다음에 나오는 연쇄는 (전부는 아니지만) 대부분의 기능어와 모든 굴절 형태소가 생략된 영어 문장을 보여 준다. 더 나아가 어순이 영어 통사구조에서 중요한 역할을 하기 때문에 나머지 낱말들의 순서도 뒤섞여 있다.

begin several it recogniser module machine digital pass record speech

내용 영역(인공 언어)17)의 전문가이든 아니든 이를 처리하는 도전을 해 보길 바란다. 일은 원래의 순서로 되돌려 놓는다면 시작하기에 더 낫다.

Machine begin digital record speech pass it several digital module

그러나 기능어와 굴절어를 복원할 때에만 정보를 쉽게 얻을 수 있다.

*The machine begins by digitally recording of speech and passing it to several recogniser modules.*18)

▶▶▶Urquhart and Weir, 1998: 60~61

의 측정값 가운데 읽고 이해하기와 가장 강하게 상관이 있음을 발견하였다(*r* =.75). 제2 언어 맥락에서 앨더슨(Alderson, 1993)은 겔데렌 외 (Gelderen, 2004)(*r* =.80)16)에서와 마찬가지로 통사적인 지식과 읽고 이

---

16) 종속 변수와 독립 변수의 관련성을 통계적으로 검정하는 절차가 피어슨 상관 분석이다. 그 절차에 따라 나온 통계 값을 상관 계수(*r*)라고 하는데 일반적으로 *r* =.80 이상일 때 두 변수 사이에 강한 상관이 있다고 한다.
17) 이 낱말 연쇄의 의미가 인공 언어 처리와 관련이 있음을 보여 준다.

해하기 사이에 두드러지게 높은 상관관계에 주목하였다($r = .80$). 제2 언어 학습자들의 경우에도 문법과 읽기 사이의 강한 상관에 대한 설득력 있는 관찰 증거들이 있었다(Urquhart and Weir, 1998).

아마도 가장 중요한 것으로, **분석하기**(parsing)가 그렇게 많은 노력을 들이지 않고 그리고 의식적인 주의집중 없이 재빨리 이뤄진다는 것이다(만약 그렇지 않다면 제대로 작동하지 않을 것이고 그럴 경우 덜 자동적이게 될 것이다). 따라서 여기서도 애초의 통사적 분석 수준에서 빠르고 자동적으로 처리하기가 필요한 능력이다. 통사적인 분석 처리에서 무의식적인 자동성이 제1 언어 환경에서 고등학생이나 대학생을 가르쳐 본 사람들에게는 분명할 것이다. 그러나 대부분의 경우, (미국에서 매우 널리 퍼져 있듯이) 의식적인 수준에서 문법 연습 문제를 끝내는 데는 어려움을 겪고 있다. 따라서 이런 제1 언어 학생들은 명시적으로가 아니라 암묵적으로 '문법'을 알고 있다. 이런 사례는 문법에 대하여 명시적인 상위 언어적인 지식을 지니지 않고도 자동적인 처리를 할 수 있음을 보여 준다. 제2 언어에서 빠르고 자동적인 통사 처리의 필요성은 덜 분명한데 대부분의 제2 언어 학생들이 유창한 제2 언어 독자가 되기 전에 제2 언어의 문법 구조에 대한 명시적인 지식을 발휘하기 때문이다. 제2 언어 학생들의 경우 종종 무시되는 것은, 독자가 되기 위해 제2 언어 학생들에게 문법 지식이 필요하다는 사실이 아니라 오히려 읽기에서 향상을 보이고 있는 제1 언어 독자와 마찬가지로, 읽기에 도움을 받기 위해서 문법 구조로부터 정보를 자동적으로 활용할 수 있을 정도의 발전을 보이려면 인쇄물에 (이해를 성공적으로 할 수 있는) 셀 수 없는 많은 시간의 접속이 필요하다는 사실이다.

어떤 읽기 과제이든 시작할 때 자동저으로 개시되는 세 번째 기본적인 처리는 낱말 의미와 구조적인 정보를 기본적인 절 수준의 의미 단위

---

18) 이 부분은 "그 기계는 숫자 정보로 발화를 기록하고 여러 인지 장치 단원체로 그것을 건네주는 일로부터 시작한다"는 의미를 지니고 있다.

로 통합하는 처리이다[**의미론적인 명제 형성**(semantic proposition formation)].
문법적인 실마리와 함께 낱말을 인지하고 나서 일이 초 동안 활성화
상태로 유지된 낱말에는 유창한 독자가 이전에 읽었던 것과 관련하여
의미를 이해하도록 정보를 통합하기 위한 시간이 주어진다. 의미 요소
를 받아들이고 그 다음에 이것이 연결됨에 따라 이들은 기억에서 더
활성화되고 만약 그들이 되풀이되거나 여러 차례 다시 활성화된다면
중심 생각이 된다.

[개념 1.6] 의미론적 명제 형성의 보기

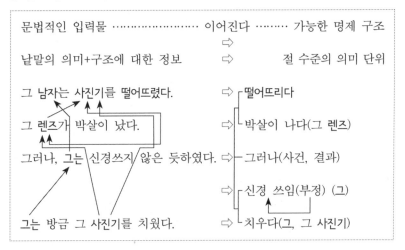

이 처리는 개념 1.6에서 묘사되었다(여기서 굵은 글씨들은 되풀이되거
나 다시 활성화됨을 뜻한다). 어떤 덩잇글로부터 각각의 문장을 읽음에
따라 (오른쪽에 보인 것처럼) 그 정보에 대한 의미론적인 명제가 구성된
다. 각각의 의미론적인 명제는 입력물(낱말과 구조)의 핵심 요소를 반
영하고, 관련이 있는 곳에서 중요한 단위들(여기서는 동사)에 걸친 연
결도 강조한다. 다시 활성화된 개념인 '남자'와 '사진기'는 이 작은 덩
잇글에서 중심 생각을 반영하는데 말하자면 이 덩잇글은 어떤 남자와

어떤 사진기와 관련하여 일어난 무엇인 것이다.[19]

개념 1.6에 있는 문장들에서 첫 번째 행위와 두 번째 행위, 세 번째 행위와 네 번째 행위사이에 원인-결과 관계가 있다. 구성된 의미론적인 명제 연결망에서 이들 관계들도 통합된다(첫 번째 동사 서술어로부터 두 번째 동사 서술어에 있는 묶음 기호로, 그리고 세 번째 동사 서술어로부터 네 번째 동사 서술어에 있는 묶음 기호로 보여 주었다). 문법적인 입력물의 세 번째 문장은 실제로는 두 개의 명제이다. 그 가운데 하나는 '그러나'로 알려 주고 있는데 이는 명제들 묶음 사이의 더 큰 관계를 나타낸다. 다른 명제는 문장에서 나타내고 있는 새로운 정보를 반영한다. 의미론적인 명제들은 이렇게 형성되고 덩잇글 의미의 명제 연결망이 생성된다. 덩잇글의 의미 연결망 구성에서 이와 같은 과정은 다음 절에 있는 논의, 즉 이해에 대한 덩잇글 모형 수립에 대한 논의를 예측하게 해 준다는 점에서 주목할 만한 가치가 있다.

여기에서 기술된 것처럼, 계속해서 이뤄지는 의미론적 명제 형성의 과정은 (유창한 낱말 인지와 통사적인 분석하기와 매우 비슷하게) 어떤 의식적인 방법으로 쉽게 통제 가능하지는 않다. 이해의 어떤 측면이 제대로 작동하지 않을 경우나 혹은 의미가 적절하지 않을 듯한 경우에만 읽고 있는 덩잇글로부터 가장 적절한 의미를 어떻게 뽑아낼 것인가를 고려하기 위해 독자는 멈출 것이다. 그와 같은 환경에서 문제를

---

19) 실제로 연결망들의 교점도 영어 원문에 있는 표현에서 he, camera에서 자주 활성화될 것이고, 어휘 사슬을 통한 연결도 많이 일어남을 알 수 있다. 덩잇글다움의 여러 특성들에 대한 논의[대표적인 논의로 Beaugrande and Dressler(1982; 김태옥·이현호 뒤침, 1990), 『談話·텍스트 言語學 入門』(양영각)]에서 가장 핵심적인 특성으로 지적되는 것이 의미연결(coherence)과 통사결속(cohesion)이나. 이늘은 각각 학교문법에서 통일성과 응집성으로 표현되어 있다. 그런데 학교 문법에서 쓰이고 있는 용어에 문제가 있어 보인다. 의미연결에 대응되는 통일성은 뜻넓이가 넓고, 통사결속에 대응되는 응집성은 서로 결속되어 있다는, 즉 서로 덩잇글이 묶여 있다는 점을 제대로 드러낼 수 없다. 통사결속을 이루는 실제사례로 어휘사슬(lexical chain)이 있는데, 이를 다룬 대표적인 논의로 Hoey(1991, *Patterns of Lexis in Text*, Oxford University)가 있다. 한편 우리말을 대상으로 하여 읽기와 어휘 지도에서 어휘 사슬을 활용하는 방안으로는 허선익(2009, 「읽기와 어휘 지도에서 어휘 사슬 활용 방안」, 『배달말교육』 29, 131~163쪽)이 있다.

자각하고 명시적으로 설명할 만한 시간을 갖게 되는 것이다.

지금까지 세 가지 과정들, 즉 어휘 접속이나 낱말 인지, 통사적 분석과 의미론적인 명제 형성은 일반적으로 유창한 독자에게서 비교적 자동적으로 일어날 수 있는 낮은 수준의 처리로 볼 수 있다. 이들 기능이 잘 작동된다면 작업 기억에서 아무런 노력 없이 함께 작동한다. 함께 묶여서 이들이 부드럽게 작동하지 않을 때 읽고 이해하는 처리가 상당히 느려지고 이해는 지속되기 더 어려워진다.

1.3.3. 더 높은 수준의 처리

이들 낮은 수준의 처리에 더해지는 것은 높은 수준의 이해 처리 묶음으로 우리가 일반적으로 읽고 이해하기로 간주하는 것에 더 가깝다. 유창한 독자로서 우리는 덩잇글이 의미할 가능성이 높은 것에 대한 요약 모형을 형성한다. 또한 우리는 덩잇글 의미를 어떻게 이해하고자 원하는가에 대한 좀 더 다듬어진 해석을 구성하기도 한다. 덩잇글에 의해 표상되는 생각을 해석하고 이해하는 것을 넘어서 읽기에 대한 목표를 설정하고 필요한 경우에는 읽기 전략을 결합하고 여러 유형을 추론하며, 폭넓게 배경 지식을 끌어들이고 이해를 점검하며, 덩잇글과 필자에 대한 태도를 구성하고 적절한 것으로 목표를 조정하며, 읽고 있는 정보를 비판적으로 평가한다. 간단하게 차에 대한 유추로 돌아가 보면, 이와 같은 모든 높은 수준의 처리가 모두, 당연히 차에 연료와 엔진이 있다고 가정할 때, 그 차(와 숙달된 운전수)는 독자들을 목적지로 데려가게 되는 차를 의미한다.

가장 기본적인 높은 수준의 이해 처리는 덩잇글의 의미 표상을 하기 위하여 핵심적인 사항들과 뒷받침 생각들을 기술하는 어떤 덩잇글로부터 나온 개념들에 대한 조정이다(이는 **독해에 따른 덩잇글 모형**(text model of reading comprehension)으로 이 장의 뒷부분에서 논의되는 읽기의 일반적인 모형[20]과 혼동하지 말 것(Kintsch and Rawson, 2005 참조)). (통사적인 분석과 의미론적인 명제 형성으로부터 나온 정보를 끌어 쓰면서) 절 수준의 의미 단위들이 형성됨에 따라 이들은 덩잇글로부터 나온 불어나는 개념들의 연결망에 더해진다. 새로운 절들은 여러 가지 방식으로 연결망에 고리를 걸게 된다. 이들은 개념, 사건, 인물들의 반복을 통해서, 같은 대상을 다른 낱말로 지시하는 표현을 통해서, 새로운 의미 단위를 연결망에서 적절한 지점으로 연결하는 방법(예를 들면, 전체–부분, 종속–지배. 되돌아가서 개념 1.6 참조)을 만들어내는 단순한 추론을 통해서 이뤄진다. 독자들이 덩잇글 정보를 계속해서 처리함에 따라 그리고 새로운 의미 단위들이 추가됨에 따라 반복적으로 사용되고 다른 정보와 쓸모 있는 연결을 이루는 개념들은 덩잇글의 중심 개념으로 간주되기 시작한다. 좀 더 전문적으로 이야기한다면 연결망에서 좀 더 활성화되기 시작하며 그런 상태로 남아 있게 된다. 새로운 정보와의 연결에서 더 이상 아무런 구실을 하지 않는 개념이나 연결 추론을 뒷받침하지 않는 개념들은 재빠르게 활성화된 성질을 잃어버리고 연결망으로부터 사라져 간다. 이런 방식으로 덜 중요한 개념들은 연결망에서 잘려 나가고 오직 유용하고 중요한 개념들만 활성화 상태를 유지한다.

덩잇글의 이해를 위해 독자가 계속 읽어나가는 동안 독자가 구성한 중심 개념들의 묶음은 이해에 대한 덩잇글 모형이다. 덩잇글 모형[21]은 중심 개념들에 대한 내적인 요약에 해당한다(이것이 학습 목적을 위해 요약 과제가 실천할 만한 과제인 이유 가운데 하나이다). 덩잇글 정보가 너무 새로워서 독자에게 이해의 어려움이 있지 않는 한 혹은 독자의

---

20) 이 글에서 저자는 킨취(Kintsch, 1998; 김지홍 뒤침, 2010)의 이해 모형을 따르고 있다. 킨취는 읽고 이해하기(≒독해)에서 표면 구조로부터 덩잇글 기반 모형, 상황 모형이라는 세 가지 층위가 있다고 한다. 김지홍(2012, 「언어의 산출과 이해에 대한 '다중 처리' 모형」, 『日本語敎育』 62집, 1~20쪽)에서는 이 세 층위에 대하여 대상, 저장 장소, 작용 방식을 가지런히 설명하고 있어서 참고가 된다.

21) 이 글에서 덩잇글 모형은 Kintsch(1998); Perfetti, van Dyke and Hart(2001)의 덩잇글 기반 모형과 같은 의미로 쓰인다. 1장 4절에서 다루고 있는 읽기 모형과는 다르다.

[인용 1.8] 읽기 과정에서 통합과 추론

사람들이 기억하는 것은 핵심이다. … 예컨대 한 단락 길이의 덩잇글을 읽기 시작한다고 가정해 보자. 첫 번째 문장에는 다수의 개념들이 포함되어 있고 독자들은 그 문장의 중심 개념을 등재한다. 이 개념은 그 단락에 있는 다음 문장을 읽는 동안 활성화된다. 단락의 처음 두 문장에 표현된 의미를 통합하면서 첫 번째 문장으로부터 나온 중심 개념과 두 번째 문장으로부터 나온 중심 개념을 연결하려는 시도가 이뤄지는데, 이들의 조합으로 또 다른 새로운 중심 개념이 있게 된다. 때로 이전 문장들의 의미와 새로운 문장에 있는 개념들 사이를 조정하기 위하여 교량 추론을 할 필요가 있을 것이다. 훌륭한 독자들은 그러나 마구잡이로 추론하지는 않는다.

요약하자면 이와 같이 처음에서 끝으로 이어지는 읽기가 이뤄지는 동안 독자들은 개별적인 개념들을 처리하지만 핵심을 기억한다. 덩잇글 처리와 요약을 구성하는 과정에서 배경 지식은 그 덩잇글을 이해하는 데 필요한 추론들이 일어나도록 해 주면서 중요한 역할을 한다.

▶▶▶Pressley, 2006: 53~54

유창성 수준이 이해를 방해하지 않는 한, 이 덩잇글 모형을 독자가 지속하기 위해서 필요로 하는 추론은 일반적으로 폭넓지 않다. 배경 지식(재구성된 지식의 연결망이든 개념틀 이론이나 정신 모형 혹은 기억의 사례들로 이해되든 상관없이)은 독자로 하여금 덩잇글의 담화 구조(discourse organization)를 예상하고 유지하는 역할을 할 뿐만 아니라 새로운 덩잇글 정보가 덩잇글 모형에 통합될 때 낱말 수준의 의미와 절의 의미를 분명하게 해 준다(덩잇글 모형 구성과 지시표현에 대한 좀 더 자세한 기술은 Grabe(2009) 참조).

이해에 따른 덩잇글 모형이 독자에 의해 수립되는 것과 동시에 독자는 읽기에서 취하게 될 가능성이 높은 방향을 투영하기 시작한다. 이와 같은 투영은 배경 지식, 추론, 독자의 목표, 독자의 동기, 과제,

덩잇글 어려움과, 덩잇글과 과제, 필자에 대한 독자의 태도에 의해 영향을 받는다. 따라서 거의 대부분의 경우 즉각적으로 독자는 자신의 목표와 느낌, 배경이 되는 경험에 기대어 덩잇글로부터 나오는 정보를 해석하기 시작한다. 이와 같은 독자의 해석[**독자의 해석에 의한 상황 모형**(situation model of reader interpretation)]은 덩잇글 모형에 기대며 이 모형을 중심으로 새롭게 나타난다. 만약 독자가 탐정 소설의 시작이라는 점을 알고 있다면 그는 그 덩잇글을 잘 알려진 사진사의 전기나 사회에서 소비에 대한 사회적인 발언과는 다르게 덩잇글을 해석할 (그리고 어떤 상황 모형을 만들어내기 시작할) 가능성이 높다.

[인용 1.9] 덩잇글 기반 모형과 상황 모형

[덩잇글 이해로서] 중요한 것은 독자가 어떻게 그 덩잇글의 정신 모형을 구성하고 덩잇글에서 기술된 상황을 구성하게 되는가 하는 것이다.

두 갈래의 정신 모형이 필요한데 덩잇글이 언급하는 것에 대한 모형(덩잇글 기반)과 덩잇글에 대한 것(상황 모형)이 있다. … 덩잇글 기반은 덩잇글에 있는 명제들에 대한 정신적 표상으로, 잇대어 있는 문장들의 읽기로부터 추출되고 덩잇글을 의미연결된 것으로 만드는데 필요한 추론에 의해서만 보완된다. 독자는 추가적인 추론 처리를 통하여 지식 자원들을 결합함으로써 덩잇글로부터 상황 모형을 수립한다. 따라서 덩잇글 기반은 근본적으로 언어적이고, 문장들로부터 끌어낸 명제들로 이뤄져 있지만 상황 모형은 그 표상의 형식에서 본질적으로 논쟁의 여지(agonistic)가 있다.[22] …

덩잇글 기반 모형과 상황 모형 사이의 중요한 차이는 추론에 있는 것으로 가정하는데 덩잇글 기반의 경우 추론이 빈약하고 상황 모형에서는 추론이 풍부하다는 것이다.

▶▶▶Perfetti, van Dyke and Hart, 2001: 133~134

---

22) 킨취(Kintsch, 1998; 김지홍 뒤침, 2010)에서는 반드시 언어로만 표상되지 않을 것이라고

덩잇글을 이해하는 데 별다른 큰 어려움이 없는 유창한 독자의 경우 발전되고 있는, 독자의 해석에 의한 상황 모형은, 독해의 목표일 가능성이 높다.23) 상황 모형은 독자의 배경 지식으로부터 잘 전개된 연결망으로서 덩잇글 정보를 **통합한다**(integrate). 그리고 새로운 정보를 독자의 배경 지식, 태도, 동기, 목표와 과제에 비추어 **해석한다**(interpret) (Kintsch, 1998).24) 덩잇글과 배경 정보를 적절하고 효율적으로 통합할 수 있는 유창한 독자의 능력은 교과내용 영역(예를 들면 역사, 생물학, 심리학)에서 전문적인 읽기의 두드러진 특징이다.

독자의 해석에 의한 상황 모형은 (덩잇글 기반으로서) 독자가 어떻게 저자가 말하고자 하는 것과 독자가 자신의 목적을 위하여 그와 같은 정보를 해석할 수 있는가(상황 모형)에 대하여, 이 둘 다를 어떻게 이해하는가를 설명해 준다. 이해가 이와 같이 두 가지로 나뉘어질 수 있는 성질은 어떻게 독자가 어떤 덩잇글의 요약을 할 수 있으며 덩잇글에

가정한다.

23) 이 책에서는 읽기의 발달에 대한 관점은 거의 논의되고 있지 않다. 아마도 읽기에 대한 미국의 주류 논의에서 고려되지 않고 있는 점을 반영하고 있는 듯하다. 읽기의 발달에 대한 논의들에 직관에 바탕을 두고 있는 듯하지만, 모국어 교육에서 반드시 필요한 논의이다. 말하자면 읽을거리를 학년 수준에 맞추어 제시하고, 과제를 제시하는 데 필요하다는 것이다.

읽기의 단계에 대한 대표적인 논의는 찰(Chall, 1996, 2e), 『Stages of Reading Development』 (Harcourt & Company)인데 심리학, 언어학, 신경과학, 교육학에 바탕을 두고 발달 단계를 5단계로 나누고 있다. 찰(1996)의 분석이 양적이라는 비판을 받고 있지만, 대체적인 얼개를 제공하였다는 점에서 의의가 있다(찰은 이미 작고하였고, 저작권 상속자와의 연결도 되지 않아, 우리말로 뒤쳐서 출간할 수가 없다. 이 책은 경남과학고 윤창욱 선생의 도움으로 받아 읽어볼 수 있었다. 감사드린다). 찰의 이론을 국내에 소개한 초기의 논의는 천경록(1992), 「덩잇글의 주제 구성 방법 연구」, 한국교원대 석사논문이 있으며, 윤창욱(2006), 「비문학 지문 이독성 공식 개발에 관한 연구」, 한국교원대 석사논문은 찰의 방법을 좀 더 엄밀히 적용하여 덩잇글의 수준을 정하고자 한 논의이다. 최근에 이뤄지는 논의로는 서혁 외(2013, 「읽기교육 체계화를 위한 텍스트 복잡도 상세화 연구 2」, 『국어교육학연구』 47, 253~290쪽)를 참조할 수 있다.

24) 이 책은 킨취(Kintsch, 1998; 김지홍 뒤침, 2010, 『이해』 1·2(나남출판, 한국학술진흥재단 명저 번역 지원도서))를 가리킨다. 이에 대한 논의를 바탕으로 하여 요약하기와 상황 모형에 대한 논의가 있었는데, 허선익(2010, 「논설문의 요약글 산출 과정에 관련된 변인 분석」, 경상대 박사논문)과 오정환(2010, 「덩잇글 이해에서 학습자의 상황모형 구성 사례들에 대한 분석」, 경상대 박사논문)이 있다.

나타난 입장에 대하여 어떻게 비판할 수 있는가 하는 것을 설명해 준다. 또한 이는 어떤 덩잇글[혹은 특정의 **갈래**(genre)]을 읽을 때 독자나 저자가 뜻하고자 할 가능성이 높은 것이나 독자가 덩잇글이 의미하기를 바라는 것 가운데 어느 하나에 비중을 두며 어떻게 읽는지를 설명해 준다. 따라서 어떤 시는 독자가 해석을 하기 위하여 읽지만 전문적인 안내 지침은 그와 관련하여 필자가 선호하는 해석이 있을 것이라는 가정을 가지고 읽는다. 이런 식으로 어떻게 다른 갈래들이 다른 방식의 읽기를 알려 주고 다른 방식의 읽기로 이어지는지 알 수 있다. (그렇다면 어떤 의미에서 서로 다른 갈래들의 존재를 어느 정도 정당화해 주기도 한다.)

두 개의 높은 수준의 처리에 대한 이와 같은 설명은 읽기에서 어디에 배경 지식이 가장 중요한지 그리고 언제 추론 능력이 더 중요한 역할을 맡게 되는지 보여 준다. 절 수준의 의미로부터 이해에 따른 덩잇글 모형으로 독자들이 정보를 변형함에 따라, 그리고 그 다음에 독자의 해석에 의한 상황 모형이 변형을 겪게 됨에 따라 배경 지식과 추론 둘 다 더 큰 중요성을 띠게 된다. 흥미롭게도 독자가 덩잇글을 해석할 때(독자의 이해 상황 모형), 잘못되거나 불완전한 배경 지식 혹은 오류투성이의 추론이 독자, 심지어 유창한 독자로 하여금 길을 잃어버리게 할 지점이 여기이다.

덩잇글 모형 구성과 상황 모형 구성에는 통제와 조정, 파악과 필요할 때 전략들의 사용, 목표에 대한 재평가와 재설정, 이해 문제 수정과 같은 능력을 필요로 한다. 어떻게 그와 같은 주의집중에 대한 조정이 (혹은 작업 기억에서 실행 통제 처리의 한 측면으로서) 인지적으로 조작되는가에 대해서는 완전히 분명하지는 않지만(Baddelcy, 2007; Baddeley, Eysenck and Anderson, 2009를 참조), 상당수의 조사연구가 주의집중 처리에 중심을 두었다(Robinson, 2003; Styles, 2006 참조). 세부 내용이 부족하지만 실행 통제 처리 부서(혹은 점검 부서)는 어떤 덩잇글에 대하여 이해하고, 이해를 평가하며, 성공 여부를 평가하고 있는 동안 우리가 선택적인 주의집중에 초점을 맞추는 방법들을 보여 준다.25) 따라서 덩잇글 정보 그 자체에 대한 우리의 평가나, 덩잇글에 대하여 어떻게 느끼는가 하는 것은 일반적으로 전개되고 있는 독자의 해석에 의한 상황 모형의 일부이다. 덩잇글을 얼마나 잘 이해하는가에 대한 평가는 실행 통제 부서에 달려 있다.

요약하자면 여기서 훑어본 높은 수준의 처리는 앞서 논의하였던 낮은 수준의 처리와 결합하여 다양한 목적을 위한 읽기를 수행할 수 있도록 해 주는 인지적 처리의 원천을 이룬다(Grabe, 2009 참조). 일반적으로 읽기의 특정 목적이 다른 읽기 처리에 대한 강조로 이어질 것이다. 따라서 단순한 정보를 찾아내기 위한 읽기는 낱말 인지 능력과 찾고 있는 항목들(예를 들면 낱말, 숫자들)에 대한 배경 지식에 따른 예측을 강조할 것이다. 일반적인 이해를 위한 읽기는 덩잇글 모형 이해와 상황 모형에서 해석 사이의 균형 잡힌 조합을 활용할 것이다. 배우기 위한 읽기는 처음에는 이해에 따른 정확한 덩잇글 모형 수립을 강조할 것이다. 그 다음에 이미 있는 배경 지식이나 수정된 배경 지식을 잘 통합하는, 해석을 위한 강력한 상황 모형을 강조할 것이다.26)

이런 식으로 본다면 읽고 이해하기 처리에서는 독해에서 놀랄 만한 것으로 보이는 특성을 강조하게 된다. 유창한 독자들에게 독해는 이해하기가 아무런 노력을 들이지 않고, 즐길 만한 행위로 만들어 주는, 복잡하고 재빠른 처리의 묶음들에서 균형을 맞추고 조정을 하는 특별한 능력이다. 실제로 여기서 기술된 다수의 처리가 모두 작업 기억에서 일어나며 이해에 아무런 문제가 없다면 매우 재빠르게 일어난다.

---

25) 이와 같은 점들이 언어 처리에서, 즉 이해와 산출에서 병렬 분산처리 이론이나 단원체 가정을 반영한 연산주의 이론으로 설명하고 이들 가운데 어느 하나만으로는 만족할 만한 설명을 할 수 없는 이유가 된다.

26) 이와 같은 설명에서 염두에 두어야 할 것은 읽기가 한 길을 따라 이뤄지지 않고, 복선으로 이뤄진다는 것이다. 읽고 이해하기에서 중요한 것은 읽는 목적과 과제이며, 이들에 따라 대부분의 독자들은 처리의 수준을 결정한다. 읽기교육에서도 중요하게 고려해야 하는 변인으로 과제를 설정하는 일이 중요한 이유가 될 것이다.

[개념 1.7] 읽고 있는 2초 동안 그리고 2초마다 일어나는 읽기 처리

어림잡아서 읽고 있는 2초 동안 그리고 2초마다 유창한 독자는
1. 여덟에서 열 개의 낱말 의미에 접속하고 초점을 맞춘다.
2. 정보를 얻기 위하여 절을 분석하고 의미 단위를 구성한다.
3. 새로운 의미 단위를 불어나는 덩잇글 모형에 어떻게 연결할 것인지 이해한다.
4. 필요하다면 자신들의 목적, 태도, 배경 지식에 따른 예상에 따라 정보에 대한 해석을 점검한다.
5. 필요하다면 적절한 추론을 하고 이해를 점검하며 전략을 바꾸고, 오해를 고친다.
6. 필요하다면 어려움을 설명하고 덩잇글에 담긴 정보를 비판하며 흐릿한 점을 해결한다.

따라서 어림잡아 이야기하면 2초 동안의 읽기 시간 동안 유창한 독자는 다양한 조작들을 마무리한다(개념 1.7 참조).

2초마다 그리고 2초 안에 일어나는 다수의 읽기 처리를 고려할 때 세 가지 결론이 분명해졌다.

1. 읽고 이해하기 처리는 여러 기술들이 비교적 자동적일 때 동시에 작동한다.
2. 만약 읽기가 효율적으로 이뤄진다면 몇몇 처리는 자동적으로 이뤄질 필요가 있다.
3. 빠르고 효율적인 처리는 유창하게 읽고 이해하는 능력의 두드러진 특징이다.

이 시점에서 독자들에게 너무 어려운 덩잇글(그리고 그에 따르는 과제)에 맞닥뜨렸을 때 이런 과정이 아무런 노력을 들이지 않거나 효율적으로 작동하지 않는다는 것을 강조할 필요가 있다. 독자들이 충분한 배경

지식을 지니고 있지 않을 때, 필요로 하는 언어적인 원천 자원들을 지니고 있지 않았거나 읽기에서 능률을 끌어올리기에 충분할 정도로 읽지 않았다면 어려움이 나타날 수 있다. 그와 같은 어려움에 맞닥뜨린 독자들 특히 제2 언어 독자들은 그와 같은 어려움들을 느리고 기계적인 옮김(translation) 처리를 활용함으로써 덩잇글을 이해하려고 한다. 다른 방법으로 그들은 과거의 경험으로부터 상황 모형을 세우고 덩잇글을 지각한 개념에 억지로 맞추려고 노력해 볼 수 있을 것이다. 첫 번째의 경우 작업 기억의 능률이 제대로 잘 작동하지 않을 수 있다. 두 번째의 경우 부적절한 배경 정보를 활성화하고 빈약한 이해로 이어지면서 읽고 이해하는 과정에 덩잇글 정보와 연결되지 않는 상황 모형을 억지로 두게 된다. 어떤 경우이든 성공적으로 읽고 이해하기가 일어날 가능성은 없다.

제2 언어로 읽기 맥락에서 그와 같은 문제가 일반적으로 일어나면 독자들은 덩잇글에 대한 의미연결된 설명을 하기 위해, 그와 같은 설명이 덩잇글에 들어맞든 그렇지 않든, 추측하거나 옮기(translating)는 대응 전략에 기댄다. 만약 이와 같은 경험이 계속된다면, 이런 학습자들이 유창한 독자가 되고자 하는 동기를 잃게 될 것임을 알기는 어렵지 않다. 그럼에도 불구하고 이와 같은 문제는 장기적인 해결책을 암시한다. 학생들은 자신들의 능력에 맞는 덩잇글 수준과 과제 수준으로 많은 시간을 읽기에 몰두할 필요가 있다는 것이다. 학생들이 유창한 독자로 발전할 수 있는 것은 덩잇글을 효율적으로 처리할 수 있는 인쇄물에 대한 폭넓은 접촉을 통해서만 가능하다.

1.4. 종합적인 조사연구 관점: 읽기의 모형

많은 조사연구와 교사들은 몇 가지 타당한 정신 얼개를 통하여 읽고 이해하기 처리에 대한 일반적인 이해를 하고자 시도하였다. 그에 따라 우리는 종종 일반적인 **읽기 모형**(models of reading)[27](앞에서 저자들이 논의하였던 이해 과정에 대한 개념인 덩잇글(기반) 모형과 상황 모형을 혼동하지 않도록 할 것)에 대한 논의를 읽을 수 있다. 읽기에 대한 일반적인 모형 가운데 가장 일반적인 것은 읽고 이해하기에 관련되는 여러 과정들에 대한 비유적인 해석을 제공함으로써 여러 가지 목적에 이바지한다(Grabe, 2009; Hudson, 2007; Urquart and weir, 1998 참조). 다른 모형들은 성질에서 특징이 있는데 여러 조사연구 결과를 설명하고 해석하고자 하고 있다. 이 절에서 저자들은 짧게 일반적으로 알려진 은유 모형을 언급하고, 좀 더 구체적으로 조사연구의 종합에 바탕을 두고 있는 몇 가지 읽기 모형을 논의한다(개념 1.8 참조).

[개념 1.8] 읽기 모형을 보는 두 가지 방법

읽기에 대한 비유적 모형	읽기의 세부과정에 바탕을 둔 모형
1. 상향식 모형	1. 상호작용 보완 모형
2. 하향식 모형	2. 낱말 인지 모형
3. 상호작용 모형	3. 읽기 모형에 대한 간소화된 관점
	4. 이원 부호화 모형
	5. 심리언어적인 추측 놀이 모형

1.4.1. 읽기에 대한 비유적 모형

우리는 일반적으로 특히 제2 언어 논의에서 읽기의 상향식 모형, 하향식 모형, 상호작용 모형에 대해 듣게 된다. 이들 모형들은 지난 40년 동안 수행되었던 이해에 대한 조사연구로부터 살라져 나온, 비유를 통한 일반화를 보여 준다. 읽고 이해하기에 대한 생각의 관문으로서 이들 모형은 여러 가지 목적에 이바지한다. 그러나 최근의 조사연구

---

27) 여기에서 모형은 [개념 1.8]에서 언급하고 있는 모형이다.

발전을 분명하게 드러내지 못한다. 비유적으로 상향식 모형(bottom-up models)에서는 독자 자신의 배경 지식으로부터 나온 추론을 거의 하지 않은 채 모든 읽기가 덩잇글에 있는 정보의 부분-부분에 대한 정신적 번역을 하는 기계적인 방식을 따른다는 것을 주장한다. 극단적인 관점에서 독자는 글자-글자로 처리하며 엄격하게 선조적인 방식으로, 각각의 문장은 글자-글자로, 각각의 덩잇글은 문장-문장으로 처리한다는 것이다. 우리는 그와 같은 극단적인 관점은 전적으로 올바르지 않다는 것을 알고 있다. 동시에 이와 같은 관점이 지니고 있는 측면들(예를 들면, 낱말 인지 능력과 통사적인 분석과 같은 낮은 수준의 처리)은 이 장에서 제시한 읽기 처리에 대한 관점에 반영되어 있다.

하향식 모형(top-dwon models)에서는 읽기가 주로 독자의 목표와 경험에 의해 주도된다고 가정한다. 여기서도 그와 같은 관점은 일반적이고 비유적이다. 하향식 모형에서는 독자는, 덩잇글 정보에 대하여 일련의 예상을 하고 있으며 덩잇글로부터 이런 예상을 확정하거나 거부할 수 있을 정도로 충분한 정보들에 대한 표본 사례들을 지닌 사람이라고 간주한다. 이와 같은 표본 사례들을 효율적으로 뽑아내기 위하여 독자들은 덩잇글에서 유용한 정보를 발견할 가능성이 높은 지점에 눈길을 준다. 예상을 하는 기제는 분명하지 않지만 이와 같은 예상은 일반적인 조정 기제에 의해 이뤄질 것이다(예를 들면, 실행 통제 처리부서). 추론하기는 독자의 배경 지식이 중요한 만큼이나 하향식 모형의 두드러진 특징이다. 하향식 관점은 중앙 조정부서의 일반적인 통제 아래에서 모든 처리(낮은 수준의 처리와 높은 수준의 처리)에서 있을 수 있는 상호작용을 강조한다. 극단적인 해석에서 만약 독자가 먼저 덩잇글에 있는 모든 정보에 대해 예상을 하여야 한다면 어떤 덩잇글로부터 배울 수 있는 것이 무엇인가에 대한 질문이 있다. 실제로 읽기 조사연구자들은 하향식의 강한 관점을 거의 지지하지 않는다.

[인용 1.10] 상향식 모형의 몰락

이십여 년에 걸친 경험적인 조사연구로 대체로 상향식 모형을 지지하는 논의들은 … 사라졌다. 낱말 인지에 도움을 받기 위하여 맥락의 실마리를 더 많이 활용하는 것은 훌륭한 독자의 특징이 아니며 음운론적인 민감성의 발달은 이른 시기의 읽기 습득에서 중요하고, 철자-말소리 해득 기술을 강조하는 가르침 교육거리가 더 나은 결과를 가져오는 것은 자모 해득이 유창한 읽기를 뒷받침하는 중요한 세부과정이기 때문이다.

▶▶▶Stanovich and Stanovich, 1999: 29

모든 사람을 만족시키기 위한 절충안은 읽기의 **상호작용 모형**(interactive models)을 제안하는 것이다. 여기서도 일반적인 비유에 바탕을 둔 설명이다. 이와 같은 관점의 뒤에 있는 단순한 생각은, 하향식 관점으로부터 유용한 생각을 가져와 상향식 관점으로부터 나온 핵심적인 생각과 결합할 수 있다는 것이다. 따라서 낱말 인지는 빠르고 효과적이어야 하며 배경 지식은 덩잇글에서 무엇이 다음에 올 것인지 추론하고 예측하는 것만큼이나 덩잇글 이해에 중요한 요인으로 이바지한다. 불행하게도 이와 같은 논리를 활용하는 것은 자기 모순적인 모형으로 이어진다. 밝혀지겠지만 상향식 모형 접근에서 핵심적인 처리의 측면은, 말하자면 낱말 인지와 같이 작업 기억에서 효율적으로 조정하는 자동적인 처리가 읽고 이해하기에서 하향식 통제와 양립할 수 없다는 점이다. 이해에서 자동적인 처리의 측면은, 분명히 배경 지식이나 상당한 분량의 추론으로부터 얻는 순간순간의 정보로 이뤄지는 추론을 많이 하지 않아도 작동될 수 있다. 이해에 대한 하향식 처리의 이와 같은 측면들은 높은 수준의 처리가 이뤄지는 동안 유지되어야 한다.

비유적인 경우에도 읽고 이해하기를 좀 더 정확하게 이해하는 방법은 몇 개의 처리 특히 다른 처리 수준이나 지식 자원으로부터 거의 아무런 추론을 하지 않은 상향식 처리에 의해 주로 수행되는 자동적 처리를 강조하는 '수정된' 상호작용 모형이 필요하다. 따라서 낱말 인지에는 낱자,28) 낱자의 모양, 음운과 전체 낱말의 철자법으로부터 나온 정보와의 상호작용이 관련될 것이다. 그러나 유창한 낱말 인지에는 일반적으로 맥락이나 배경 지식으로부터 나온 정보가 개입하지 않는다. (독해에 유용할 정도로 그와 같은 지원 정보(supporting information)를 활성화하기에는 너무나 많은 시간이 걸리고 처리의 효율성을 상당히 떨어뜨릴 것이기 때문이다.) 마찬가지로 문법 지식을 활성화하기 위한 애초의 노력은 유창한 독자들에 의해 비교적 자동적으로 수행되는 듯하다. 대부분의 경우 유창한 독자는 재빠르게 짜 맞추어지는 구문 정보(예를 들면 주어, 동사, 목적어=행위 주체, 행위, 행위 대상) 때문에 잘못 이해하지는 않는다. 그리고 추론하기나 맥락 실마리로부터 정보를 확정하기 위해 기다리는 것이 비효율적일 것이다. 때때로 독자들은 낱말의 의미를 분명하게 하기 위해 맥락을 활용한다(예를 들면 bank, bug, dope).29) 이런 경우 맥락 정보는 이미 활성화된 낱말 형태에 대하여 다른 낱말보다는 있을 수 있는 낱말 의미를 지지한다. 때때로 복잡한 문장의 경우 독자들은 잘못된 길로 갈 수 있고 그때 그 문장의 구조는 여러 문제 해결을 위한 (그리고 더 느린 처리를 위한) 의식의 수준에 갑자기 나타난다.

읽기에 대한 수정된 상호작용 모형이 유용할 것이라고 주장하는 것은 이 장의 출발 지점에서 주목하였던, 읽기에 대한 다양한 목적을 고려할 때 복잡한 문제를 불러일으킨다. 만약 어떤 독자가 여러 덩잇

---

28) 여기서 '낱자'는 영어의 letter를 가리킨다. 영어의 경우 글자 체계와 음소 체계의 대응이 불규칙적이지만 기본적으로는 자음과 모음을 구별하여 적는 글자 체계이다. 이와 같은 점을 음절 문자인 우리말 체계에 대응시킬 수 없지만 원저자의 의도를 고려할 때 영어 자모의 글자 하나를 언급한다고 해석이 가능하다. 그런 점을 고려하여 여기서는 낱자라고 하였다. '낱글자'라고 뒤치면 우리말의 음절을 가리키는 오해를 볼 수 있으므로 꺼려 하였다.

29) 이들은 맥락에 따라 다른 의미를 지니는 대표적인 사례인데 bank는 강둑/은행, bug는 벌레/고장, dope는 마약/흡수제의 의미로 자주 쓰인다. 이들은 널리 알려진 의미의 짝들이기 때문에 맥락이 제시되지 않는다면 의미를 파악하기 어려워진다는 말이다.

글에 걸쳐 정보를 통합하는 일의 일부로서 어떤 덩잇글을 이해하고자
한다면 배경 지식과 추론이 덩잇글 이해를 나아지게 하는 데 중요한
역할을 할 것이다. 이와 비슷하게 중심 생각을 얻기 위해 덩잇글을
훑어보는 일은 그 본질에서 하향식 처리인 것으로 보이는 처리가 관
련될 가능성이 높다. 왜냐 하면 독자들은 상당한 배경 지식을 끌어들
일 것이기 때문이다. 이런 유의 사항을 염두에 둔다면 일반적인 읽고
이해하기 처리의 유용한 해석 내용으로서 수정된 상호작용 모형 혹은
하향식/상향식 모형의 혼성 모형을 언급할 수 있다.

1.4.2. 조사연구의 종합으로서 읽기에 대한 세부과정에 바탕을 둔 모형

읽기에 대한 일반화된 비유적 모형의 또 다른 접근은 조사연구로부터
읽기에 대해서 최소한 현재 우리가 알고 있는 것에 대해 훌륭한 설명
을 해 주는 어느 하나를 결정하기 위하여, 읽고 이해하기에 대한 최근
의 설명을 고려하는 것이다. 지난 20년 동안 그와 같은 모형이 여럿
제안되었다. 저자들은, 차례대로, 두드러진 성취를 보였고 읽기에 대
한 다수의 논의에 등장하는, 다섯 가지 유형의 읽기 모형을 소개하기
로 한다. 다섯 가지 모형은 상호작용적 보완 모형, 낱말 인지 모형,
읽기 모형에 대한 간소화된 관점, 이중 부호화 모형, 심리언어학적인
추측 놀이 모형이 있다.

　1970년대 후반에 처음 제안한 읽기 모형이면서 여전히 읽기 조사연
구자의 관점과 관련이 있는 모형은 상호작용적 보완 모형(Stanovich,
2000)이다. 이 모형에서는 (a) 독자들은 읽기 처리의 효율을 높이며
(b) 덜 자동적인 처리가 규칙적으로 상호작용하며, (c) 자동적인 처리
가 비교적 독립적으로 작동하고, (d) 읽기의 어려움이 없다면 자동적이
었을 처리 가운데서도 어려움이 나타나면 상호작용과 보완의 증가로
이어진다는 것을 주장한다. 예컨대 정상적으로 기대하였던 능력이 무
너지거나 아직 발달되지 않았을 경우 덩잇글을 잘 이해하기 위하여

혹은 어떤 낱말의 의미를 결정하기 위하여 맥락 단서를 활용하는 것은 보완 전략이다. 이런 경우들에서 맥락 정보를 효율적으로 이용하기 위해 필요한 시간에 맞추어 읽기 처리 속도를 늦추어 준다. 따라서 독자들은 속도를 줄이고 부가적인 주의집중 자원의 활용을 통하여 덩잇글의 자동적인 처리에서 한계를 보완한다(Stanovich, 2000 참조).

자이덴베르그와 맥클랠랜드(Seidenberg and McClelland, 1989)의 낱말 인지 모형은 유창한 독자에게서 나타날 가능성이 높은 낱말 인지 처리에 대해 지금은 인정되고 있는 설명을 제공한다(널리 인정되고 있는 다른 관점에 대해서는 Coltheart(2005) 참조). 낱말 인지 모형들과 그 외 여러 모형들은 그 자체로는 읽고 이해하기의 모형으로 보이지는 않고 효율적인 읽고 이해하기를 위해 (높은 수준의 처리에 대한 언급을 하지 않고) 중요한 입력물에 대한 설명으로 간주되기도 한다(Harm and Seidenberg, 2004; Plaut, 2005). 낱말 인지에 대한 대부분의 모형들은 마음이 어떻게 정보를 구성하고 덩잇글에 대한 접촉으로부터 배우는가에 대한 **연결주의자 이론들**(connectionist theory)[30]에 바탕을 두고 있다. 즉, 우리의 머리에 있는 정보는, 관련되는 어휘 항목이나 개념, 비언어적 정보를 표상하는 더 큰 신경 연결망을 생성하는 수만 개의 뉴런 연결망으로 이뤄져 있다. 비슷한 의미를 지닌 낱말을 마주치거나 여러 차례 사용하면 뉴런 연결망은 근소하지만 더 쉽게 그것들을 다시 조합한다. 이런 방식으로 이전의 입력물이나 경험에 바탕을 두고 낱말 형태의 인지에서 자동성을 발전시킨다. 핵심은 이와 같은 모형들이 그 방향에서 상향식이라는 점이고 이들은 시간 제약 아래서 이뤄지는 낱말 인지 처리에 대해 우리가 지금 알고 있는 것의 상당 부분을 설명한다는 점이다.

---

30) 핑커(2002; 김한영 뒤침, 2004), 『빈 서판』(사이언스북스)에서는 연결주의자 이론을 비판하고 있다. 인간 게놈 프로젝트나 연결주의자, 신경의 가소성(유연성)에 대한 이론이 인간 본성의 가능성을 근본적으로 부정한다고 비판하고 있다. 연결주의자 이론들이 신경의 복잡한 연결에 의한 학습의 가능성을 명시적으로 언급할 가능성을 보여 준다는 점에서 긍정적이지만, 핑커의 말처럼 인간의 두뇌가 컴퓨터처럼 만능 학습장치는 아닌 것이다.

[인용 1.11] 읽기 능력 = 해득 능력과 이해 능력

> 능숙한 읽기에는 분명히 해득하기와 이해하기라는 기술이 둘 다 필요하다. … 해득할 수 없는 어린이는 읽을 수 없고 이해할 수 없는 어린이 역시 읽을 수 없다. … 글말 능력, 즉 읽기 능력은 해득과 이해가 있을 때에만 찾을 수 있다. 두 가지 기술이 필요하며 어느 하나로는 충분하지 않다.
>
> ▶▶▶Gough, Hoover and Peterson, 1996: 3

읽고 이해하기 능력과 읽기 발달에 대하여 명성이 높은 세 번째 중요한 설명은 읽기 모형에 대한 간소화된 관점으로 알려져 있다(Hoover and Gough, 1999). 이 모형에서는 읽고 이해하기가 낱말 인지 능력과 일반적인 이해 능력(일반적으로 듣고 이해하기에 의해 측정됨)의 결합으로 이뤄져 있다고 주장한다.31) 기본적인 생각은 해득 기술 측정과 (듣고) 이해하기 기술 측정(둘 다 백분율 점수임)을 곱하였을 때 결과로 나오는 점수가 읽고 이해하기에 대한 정확한 점수라는 것이다. 이런 관점은 낱말 인지 모형, 읽기 능력에서 개인별 차이에 대하여 합리적인 설명을 제공하는 상호작용적 보완 모형과 모순이 없으며 지난 10년 동안 읽기 조사연구자들 사이에 여러 논의를 불러일으켰다. 문제는 얼마나 정확하게 해득 기술과 이해 기술이 측정되는가, 어떻게 해득 점수와 이해 점수가 조합될 것인가, 그리고 다른 어떤 요인들(단락 읽기 유창성, 동기, 배경 지식, 상위 인지적 자각 등등)을 읽기 능력에 대한 더 나은 설명을 위해 더할 수 있을 것인가 하는 점이다(Adolf, Catts and Little, 2006; Kirby and Savage, 2008 참소). 시금으로서는 읽기에 대한 간소화된 관점이 읽기 조사연구자들 사이에서 읽기 능력에 대하여 가장

---

31) 이런 주장은 rauding이란 개념을 제안한 것과도 관련이 있다. 이 용어에 대한 풀이는 부록에 있는 용어풀이를 참조할 것.

영향력 있는 관점들 가운데 하나이다.

네 번째 중요한 읽기 모형은 이원 부호화 모형(Sadoski, 2009; Sadoski and Paivio, 2001, 2007)이다. 이 모형은 지난 10년 동안 조사연구자들 사이에 명성이 높아지고 있다. 이 모형은 다른 읽기 모형으로부터 여러 가지 핵심 개념들을 끌어오는데 여기에는 상호작용적 보완 모형, 읽기 모형에 대한 간소화된 관점과 언어 처리 효율성 모형(Perfetti, 1999)이 포함된다. 그러나 여기서도 언어 정보와 시각 정보는 둘 다 연결되어 있지만 서로를 강화해 주는 별개의 인지 처리 체계라는 생각을 강조한다(따라서 학습의 효율성은 핵심적인 정보에 대한 시각적 표상이 덩잇글에 있는 정보와 일치하고 정보를 뒷받침할 때 나아진다). 읽기 입력물에 대한 시각적인 처리와 언어적인 처리 둘 다(예를 들어 이미지와 시각적 표상, 이해를 보여 주는 행위 반응뿐만 아니라 읽기를 위해 일반적으로 인식되고 있는 읽기의 세부 기술들) 읽고 이해하기 능력의 향상을 위해 함께 작용한다(Sadoski, 2009). 인지에서 이해를 뒷받침하기 위해 분리 가능하지만 서로를 뒷받침하는 세부체계로 되어 있다는 이와 같은 관점에 대한 상당한 분량의 증거들이 파이비오(Paivio, 2007)에 제시되어 있고 다매체 학습(multimedia learning)에 대한 수십 편의 조사연구에 의해 직접적으로 뒷받침되고 있다(Mayer, 2009). 파이비오(Paivio, 1986/2007)에 바탕

[인용 1.12] 읽기 처리와 듣기 처리

조사연구 문헌에서 늘어나고 있는 일반적인 견해는 읽기가 근본적으로 두 부분, 즉 해득(낱말 인지)과 이해로 나뉜다는 것이다. 후자는 종종 낱말 분석과 담화에서 문장 이해, 담화 구조의 설정이며 그 다음에 이와 같이 이미 알고 있는 것을 이해한 것과 통합하는 것으로 구성되어 있다고 기술된다. 그러나 이와 같은 이해 처리는 읽기에만 독특한 것이 아니라 듣기의 처리도 기술하여 준다.

▶▶▶Alderson, 2000: 12

을 두고 이 모형에서는 의미 정보에 대한 추상적인 표상과 덩잇글 모형 연결망(예를 들어 의미론적인 명제, 개념틀)이 필요하지 않다고 주장한다. 오히려 이해는 언어 입력물과 시각 입력물로부터 직접적으로 이뤄진다는 것이다.

끝으로 읽기에 대한 심리언어학적인 추측 놀이 모형은 응용 언어학자들 사이에 잘 알려져 있다(Goodman, 1986/1996). 이 모형도 읽기 조사 연구자들 사이에서는 근본적으로 잘못된 것으로 인식되고 있다(Gough and Wren, 1999; Pressley, 2006; Stanovich, 2000). 이 모형은 읽고 이해하기를 (a) 가설 세우기, (b) 표본 뽑기, (c) 덩잇글에 대한 예상과 배경지식, 덩잇글의 표면 구조에 대한 표본 뽑기, 덩잇글로부터 맥락 정보 도출하기에 바탕을 두고 정보를 확정하기라는 보편적으로 적용 가능하며 반복되는 처리로 묘사하였다. 켄 굿맨(Ken Goodman)의 주장에도 불구하고 이는 읽고 이해하기에 대한 하향식 접근의 고전적인 본보기이다. 이와 같은 강한 하향식 모형을 옹호하는 사람들은 모형의 대중성에도 불구하고, 학생들의 읽기 발달에 특별히 유익하지 않았던 읽기 가르침에 대한 제안을 뒷받침하기 위하여 활용하였다. 훌륭한 독자는 일반적으로 덩잇글에서 다음에 어떤 낱말이 올 것인지 짐작하지 않으며 훌륭한 독자는 그렇지 않은 독자보다 맥락을 덜 활용하는 반면 유창한 읽기에 몰두한다(Pressley, 2006; Stanovich, 2006 참조).

게다가 추측 놀이 모형은 모든 유창성 수준과 모든 언어에 걸쳐 읽기의 모든 사례들이 같으며, 모든 읽기 능력이 여러 언어들에 걸쳐 자동적으로 전이된다고 주장한다. 그러나 읽기 발달은 여러 언어와 유창성 수준에 걸쳐 보편적으로 같지 않으며 (다음 장에서 보게 되듯이) 모든 읽기 능력이 쉽게 한 언어에서 다른 언어로 전이되지도 않는다. 관련되는 읽기 모형은 일반적으로 **구성주의 모형**(constructivist model)[32]

---

32) 이른 시기에 국어교육에서 구성주의 읽기 방법을 도입한 논의로 김명순(2000), 「구성주의 읽기교육의 방향」, 『청람어문』 22, 43~65쪽과 김도남(2003), 『상호텍스트성과 텍스트 이해 교육』, 박이정이 있다.

[인용 1.13] 반응 중심의 교육과정에서 유의점

독자 반응 이론에 바탕을 두고 반응 중심의 교육과정이 고등학교 문학 수업과 대학교 문학 수업을 위해 계발되었다. … 학생들이 읽었던 것에 대한 개인별 반응을 토의하도록 한 반응 중심 교실수업은 [전통적인 가르침에] 대한 다른 방법을 뒷받침해 주는 것으로 보였다.

[그러나] 문학에 대한 반응 중심 접근의 적용을 발달의 이른 시기로 끌어내림으로써 일련의 새로운 문제를 야기하였다. … [먼저], 적절하지만 충분한 호소력이 없는 덩잇글은 자잘한 세부사항에 대한 정도에 지나친 질문만큼이나 망연자실하게 할 수 있을 것이다. 두 번째로 어떤 작품에 대한 반응은 그 작품을 읽을 수 있다는 점을 가정하고 있다. …

비록 어린 학생들이 덩잇글을 스스로 읽는다고 하더라도 오랜 토론은 읽기에서 더 많은 실습을 할 시간을 빼앗을 수 있다. 해리스와 서워(Harris and Serwer, 1966)는 언어 경험 학급에 있는 어린 학생들이 전통적인 학급에 있는 어린이들보다 실제 읽기 시간은 더 적고, 토의하는 데 더 많은 시간을 보낸다는 것을 발견하였다. 이 토의 시간은 성취도와 부정적으로 상관이 있었다.[33)

▶▶▶Stahl, 1997: 22~23

과 **상호작용 모형**(transactional model)이라고 부르는데 기본적인 읽고 이해하기 처리가 어떻게 작동하는가 또는 어떻게 발달하는가를 설명하기보다는 독자들이 그것을 수행할 수 있다고 기본적으로 가정한다(인용 1.13 참조). 어떤 점에서 추측 놀이 모형은 읽기 발달의 이른 단계에 대한 유용한 설명을 제공하지만 읽기 발달의 단지 한 단계를 보여 주려는 것이 굿맨의 의도가 결코 아니었다.

---

33) 이는 한 면, 즉 읽기의 측면만을 지적한 것이라고 보아야 할 것이다. 국어교육 전반에서 목표로 하는 능력의 측면에서 본다면 지나치게 좁은 관점으로 볼 수 있을 것이다.

1.5. 결론

이 장에서는 영어를 제1 언어로 쓰는 맥락에서 현재의 조사연구에 의해 잘 뒷받침되고 있으며, 지난 20년 동안 제2 언어로 읽기 조사연구에서 적합한 읽기의 관점들을 훑어보았다. 읽기의 목적과 읽고 이해하기에 대한 좀 더 확장된 뜻매김에 대한 논의로부터 시작하면서 가르침의 맥락에서 실제적인 함의를 지니는 설명을 제시하려고 하는 한편, 읽고 이해하기에 대한 현재의 조사연구 관점을 기술하려고 하였다. 또한 개별 독자의 처리에 초점을 모은 설명을 전개하였다. 개인별 처리에 대한 이와 같은 강조는 읽기 발달에서 사회적 요인들의 관련성—이를테면 가족들의 글말 문화 경험, 사회 집단 경험, 초등학교 다니기, 글말 능력에 관련된 일들을 중심으로 하는 또래 상호작용과 형제자매들의 상호작용이 있다(Grabe, 2009 참조)—혹은 목적과 처리 그 자체에 대한 사회적 맥락의 관련성(2장 참조)을 부인하려고 한 것은 아니었다. 오히려 저자들의 의도는 읽기 교사들 사이에 잘 알려지지 않은 정보에 초점을 맞추는 것이었고, 읽기 가르침이 학생들의 욕구와 교육 기관의 기대에 들어맞으려면 교육과정 설계자와 교사들이 고려해야 하는 쟁점들에 대한 자각을 드높이려고 하였다. 그림 1.1에 요약되어 있듯이 읽기에 대한 저자들의 관점은 읽기의 복잡한 성질과 학생들의 욕구와, 의미 있는 읽기 가르침을 평가할 때 고려해야 하는 많은 요인들을 보여 주고 있다.

앞서 지적한 것처럼 이 장에서 제시한 입장을 뒷받침하는 조사연구의 다수가 제1 언어 맥락으로부터 나왔다. 다음 장에서 저자는 제1 언어로 읽기와 제2 언어로 읽기 사이의 차이들을 탐색할 것이다. 이와 같은 차이들은 제2 언어로 읽고 이해하기 능력과 제2 언어 능력의 발달, 읽기 가르침에 지니는 함의에 대한 해석에 영향을 미칠 가능성이 높다.

읽기의 목적

- 간단한 정보를 찾기 위한 읽기
- 재빨리 훑어보기 위한 읽기
- 덩잇글로부터 배우기 위한 읽기
- 정보를 통합하기 위한 읽기
- 쓰기 위한 읽기(혹은 쓰기를 위해 필요한 정보를 찾기 위한 읽기)
- 덩잇글을 비판하기 위한 읽기
- 일반적인 이해를 위한 읽기

유창한 읽기를 위해 필요한 처리

- 재빠른 처리
- 효율적인 처리
- 상호작용을 통한 처리
- 전략적인 처리
- 가변성이 있는 처리
- 평가를 하는 처리
- 목적에 맞는 처리
- 파악하는 처리
- 학습을 위한 처리
- 언어 처리

읽기의 복잡성:
고려해야 하는 요소들

읽기의 구성요소

- 작업 기억 처리
- 낮은 수준에서 구성요소
  - 어휘 접속
  - 통사적인 분석
  - 의미론적 명제 형성
- 높은 수준에서 구성요소
  - 이해에 대한 덩잇글 모형
  - 독자의 해석에 대한 상황 모형
  - 배경 지식 활용과 추론하기
  - 실행 통제 처리

읽기의 모형

- 읽기에 대한 비유적 모형들
  - 상향식 모형
  - 하향식 모형
  - 상호작용 모형
- 읽기의 세부과정에 바탕을 둔 모형들
  - 상호작용적 보완 모형
  - 낱말 인지 모형
  - 읽기 모형에 대한 간소화된 관점
  - 이원 부호화 모형
  - 심리언어학적인 추측 놀이 모형

[그림 1.1] 읽기의 복잡한 본질을 참작할 때 고려해야 하는 요인들

■■■■ 더 읽을거리

이 장에서 자주 나타나는 인용은 더 세부적인 내용을 위해 중요한 참고 문헌이다. 이 장에 있는 다수의 핵심 쟁점에 대한 추가적인 읽기는 10 장(주로 10.1과 10.2)을 보고 다음을 참조할 것. 예를 들면 다음과 같다.

- 읽기의 목적에 대한 다른 관점은 Carver, 1992 참조.
- 읽고 배우기 개념의 다른 변화된 형태는 Enright et al.(2000), Khalifa and Weir (2009) 참조.
- 일반적인 읽고 이해하기에 대한 철저한 개관은 Grabe(2009), Pressley(2006), Snow, Griffin and Burns(2005) 참조.
- 읽고 이해하기 과정에 대한 원천 자원들은 Koda(2005); McCardle, Chhabra and Kapinus(2008); Perfetti, Landi and Oakhill(2005); Pressley(2006); Snow, Griffin and Burns(2005) 참조.
- 작업 기억 활성화에 대한 정보는 Baddeley, Eyesenck and Anderson(2009), Gatherole and Alloway(2008), Pickering(2006) 참조.
- 상호작용적 보완 모형과 본질에서 비슷한 읽기의 특정 모형에 대해서는 Kintsch (1998), Perfetti(1999) 참조.
- 읽기 모형의 범위에 대한 폭넓은 논의는 Grabe(2009), Hudson(2007) 참조.
- 읽기 모형에 대한 간소화된 관점의 구체적인 내용은 Gough, Hoover and Peterson (1996), Kirby and Savage(2008) 참조.
- 읽기에 대한 이원 부호화 모형의 구체적인 내용은 Sadoski(2004/2009) 참조.

제2장 제1 언어로 읽기와 제2 언어로 읽기 견주기

이 장은 제1 언어(L1)로 읽기 맥락과 제2 언어(L2)로 읽기 맥락 사이에 있는 차이들을 강조한다. 덧붙여 그와 같은 다른 점들이 교실수업에 미칠 영향을 탐구한다. 세 가지 주요한 차이가 논의의 핵심을 이룬다.

- 언어적 차이와 언어 처리에서 차이
- 개인별 차이와 경험에서 차이
- 사회–문화적 차이와 기관 맥락에서 차이

저자들이 맞닥뜨린 더 어려운 과제 가운데 하나는 우리의 목적을 위해 읽기 조사연구를 어떻게 활용할지를 결정하는 일이다. 제1 언어 맥락에서 읽고 이해하기에 대한 조사연구는 광대하고 복잡하다. 조사연구에서는 세 살에서 대학교에 이르는 어린 아이와 학생들이 널리 퍼져 있다. 어떤 연구들에서는 서로 다른 과제를 통하여 읽기에 대한 목적을 다양하게 함으로써 이해를 탐구하였다. 다른 연구들은 읽고 이해하기에서 일반적으로 고려되고 있는 서로 다른 기술들을 강조하였다. 예컨대 몇몇 연구들은 읽기 전략에 초점을 맞추었고, 다른 연구들은 어휘 발달에, 또 다른 연구들은 담화 구성과 **덩잇글 구조**(text structure)에, 여전히 몇몇은 낱말 인지와 읽기 **유창성**(fluency)을 강조한다. 이런 연구들에 참여하는 학생들은 읽기에 대한 다양한 동기와 태도를 가지고, 일정한 범위의 사회적 배경과 민족적 배경을 지니고 참여한다. 상상해 볼 수 있듯이, 강조의 범위와 독자들이 지니고 있는 변수들이, 조사연구 문헌에서 어떤 특정의 교실수업 맥락으로부터 일반화를 어렵게 한다.

제2 언어 맥락에서 문제는 더 복잡해진다. 제2 언어 학생들과 조사연구 환경은 제1 언어 맥락에 대한 기술에서 그러한 것만큼이나 폭넓게 다양할 수 있다. 덧붙여서 제2 언어 학생들은 다양한 범위의 언어 유창성을 지니고 있는데 이는 대부분의 제1 언어 독자들이 읽기를 시작하는 시점에서부터 상당할 정도로 암묵적인 문법 지식을 지니고 있는 것과는 다르다. (비록 다른 사람들은 아무런 제1 언어의 글말 문화 경험이 없을지라도) 다수의 제2 언어 학생들은 이미 제1 언어로 읽기를 배운 경험을 지니고 있으며 어느 정도 성공적이다. 게다가 그들은 비록 대부분이 암묵적일지라도 자신의 제1 언어에 대한 언어 지식을 지니고 등장한다. 그리고 이런 지식들은 읽기 기술의 전이를 뒷받침하거나 추론의 원천이 될 수 있다. 제2 언어 맥락에서 조사연구를 위한 노력은 제1 언어 연구에서 적절한 논제의 범위를 넘어서 확장된다. 예컨대 연구자들은 읽기에서 낮은 수준의 언어 유창성의 역할에 대해서 탐구하거나 서로 다른 지식의 원천(일반적인 배경 지식, 특정의 주제 영역 지식과 문화에 대한 지식)과 함께 다양한 능력 수준에서 다양한 처리(예를 들면 낱말 인지, 통사 분석, 전략 사용)에 미치는 **전이**(transfer)의 영향을 탐구한다. 제2 언어의 맥락을 더 복잡하게 하는 것은 이중언어를 쓰는 어린이와 제1 언어를 배우고 난 뒤 이어서 제2 언어를 배우는 어린이들을 견주는 것이다.

제2 언어 맥락에서 조사연구에 대한 추가적인 복잡성과는 별도로 다수의 제2 언어 환경에서 대규모의 연구를 수행하는 데에는 운용에서 어려움이 있다. 왜냐 하면 연구를 위한 현장이 제2 언어 학생들을 오랫동안 추적할 수 없기 때문이다. 게다가 제1 언어 환경에서 일반적으로 일어나는 후속 조치에 대한 조사연구가 있지만, 제2 언어 환경에 대해서는 거의 없다. 또한 그와 같은 연구 거리를 수행하는 제2 언어로 읽기에 대한 조사연구자가 더 적다. 이런 요인들이 제2 언어 맥락에서 나온 조사연구를 폭넓게 일반화하는 주장을 하기가 더욱 어렵게 한다. 강력한 일반화는 제2 언어로 읽기의 경우 여러 제1 언어 집단과 제2 언어 유창성의 여러 집단, 여러 사회-문화적 집단, 여러 개의 기관에 따른 학습의 맥락에 걸쳐서 조사연구가 거의 반복에 가깝게 여러 차례 되풀이 된 뒤에야 나타날 수 있다.

제1 언어로 읽기 맥락과 제2 언어로 읽기 맥락들 사이의 차이는 그러나, 여러 조사연구의 수효와 조사연구 방법론의 한계를 넘어선다. 제2 언어로 읽기는 제1 언어로 읽기에 관련되는 쟁점과는 질적으로 다른 여러 쟁점들을 설명해야 한다. 제2 언어 학습자들은 읽기를 배우는 동안 다른 요인들 가운데서도 자신들의 언어 지식도 동시에 넓혀야 하고 전이 효과를 다루어야 하며 제2 언어에 매인 자원들(예를 들면 옮김,[1] 주석, 이중언어 사전)을 활용하도록 배워야 한다. 이런 일들이 충분하지 않다면, 제2 언어 독자는 (제1언어와 제2언어와 함께) 두 개의 언어를 처리하는 체계로 제2 언어에서 읽기를 배우게 된다. 말하자면 제2 언어로 읽기는 하나만의 체계가 아니라 두 언어 체계에 의해 지원을 받는 것이다. (제1 언어는 결코 완전하게 꺼지지 않는다.) 이런 요인들은 모두 제2 언어로 읽기가 제1 언어로 읽기와 매우 다를 수 있음

---

1) 영어의 translation을 옮긴 말로, 제2 언어(혹은 외국어) 학습 맥락에서 제2 언어(외국어)로 된 문장이나 구절을 학습자의 제1 언어(모국어)로 자구에 따라 옮기는 일을 가리킨다. 이는 제2 언어 학습의 맥락에서 이해의 초보적인 과정으로 때로 'mental translation'으로 받아들이기도 한다. 여기서는 이를 옮김으로 뒤친다.

전문적인 학술 활동의 하나로 '번역'이란 용어 대신에, 한자 사용을 꺼려하여, '옮김'이란 말을 쓰고 있으나, 이는 오히려 제2 언어를 배우는 초보 단계를 가리킨다고 보는 것이 온당할 것이다. 그보다는 외국어를 자국어로 곧이곧대로 옮길 수도 없을 뿐만 아니라, 어휘나 통사구조 등의 차이를 반영하지 않는다면 다른 독자들이 읽기에 버거울 것이다. 갈무리하여 모국어로 전달한다는 의미에서 '뒤치다'는 용어를 쓰는 것이 마땅하다. 이와 같은 용어 제안에 대해서는 이 총서의 하나인 『듣기교육과 현장조사연구』(미카엘 로스트, 허선익 뒤침, 2014, 글로벌콘텐츠)의 444~445쪽에 있는 뒤친이의 각주를 참고할 것.

을 암시한다.

이 장에서는 제2 언어로 읽고 이해하기 과정과 가르침이 제1 언어 맥락과 다를 수 있는 14개의 방법들을 훑어본다. 14개의 차이를 세 개의 일반적인 논제로 나눈다. 언어와 처리의 차이, 개인별 차이와 경험에 따른 차이, 사회-문화적 차이와 기관 맥락에 따른 차이가 있다. 이 장은, 언제나 읽을 때는 여러 언어 처리에 몰두하고 있는 사람으로서 제2 언어 독자를 묘사하면서 마무리한다.

2.1. 제1 언어 독자와 제2 언어 독자 사이의 언어적인 차이와 언어 처리에서 차이

이 절에서는 어휘, 문법, 담화, 철자법, 상위 언어적인 문제와 상위 인지적인 문제와 관련하여 제1 언어 독자와 제2 언어 독자 사이의 여섯 가지 중요한 차이를 제시한다(표 2.1 참조). 이런 차이들에 내재한 언어적인 문제와 처리 문제는 실제로 가장 널리 연구된 읽기 발달의 측면이다. 상당할 정도의 조사연구들이 이들 차이와 읽고 이해하기에 있을 수 있는 영향을 이해하는 데 도움을 줄 수 있다. 이들 차이는 언어 전이, 제2 언어의 문턱값, 다양한 제1 언어들에 걸친 차이와 제2 언어로 읽기의 이해 처리에서 두 개의 언어가 관련되는 단순한 사실에 관련된 문제들을 두드러지게 드러낸다.

<표 2.1> 제1 언어 독자와 제2 언어 독자 사이의 언어 차이와 처리에서 차이

1. 제1 언어로 읽기와 제2 언어로 읽기의 시작 단계에서 어휘 지식과 문법 지식, 담화 지식의 양이 다름.
2. 제2 언어 환경에서 상위 언어적 자각과 상위 인지적 자각이 더 크게 일어남.
3. 어떤 두 언어이든 언어적 차이가 다양함.
4. 제2 언어로 읽기를 위한 기초로서 제2 언어 유창성이 다양함.
5. 언어 전이의 영향이 다양함.
6. 두 언어에 작용하는 상호작용의 영향.

2.1.1. 어휘 지식과 문법 지식, 담화 지식의 양에서 차이

첫 번째 차이로, 대부분의 제1 언어 학생들은 4~5년 동안 자신의 제1 언어를 입말로 배운 뒤 읽기를 처음 배운다. 미국에서 학생들은 일반적으로 (공식적으로) 첫 번째 학년인 여섯 살에 읽기를 시작한다. 이때에 이르면 그들은 암묵적인 지식으로서 자신들의 제1 언어의 기본적인 문법 구조를 대부분 배운다(Finegan, 2008; Tomasello, 2003). 덩잇글에 일반적으로 쓰이는 언어 구조에 대한 좀 더 발전된 학습은 열두 살까지 일정하게 계속되지만 기본적인 구조의 대부분은 이미 잘 배웠다. 여섯 살배기의 어휘 지식에 대한 추정량은 상당히 다양하지만 일반적으로 5,000개에서 7,000개의 낱말의 범위 안에 든다는 데 동의하고 있다(Cunningham, 2005). 말하자면 1학년인 여섯 살배기는 읽기 가르침이 시작되는 때에 대략 6,000개의 낱말을 안다는 것이다. 이와 같은 언어적인 자원은 읽기를 배우기 시작하는 어린 제1 언어 학생들에게 대단한 지원이 된다. 이와 같은 상황이 제2 언어 맥락과 얼마나 다른지 인식하는 데는 많이 생각할 필요가 없다(Grabe, 2009).

제1 언어 학생들에게 애초의 언어 자원이라는 토대가 있는 것과는 달리 다수의 제2 언어 학생들은 언어를 입말로 배우기 시작하는 것과 동시에 간단한 문장과 단락들을 읽기 시작한다. 다른 제2 언어 학생들, 주로 학원의 읽기 강좌에 있는 학생들은 자신들의 읽기 발달을 따라잡을 수 있는 제2 언어의 입말 능력을 끌어올릴 것이라는 기대조차 하지 않는다. 어떤 제2 언어 맥락의 교육과정(예를 들면 미국, 영국, 호주에서 이중언어 환경과 초등학교 ESL[2])에서는 읽기 전에 제2 언어의 입말 사용을 장려하기도 하지만, 이런 장려는 매우 가변적이고 교육

---

2) English as a second language의 약자로 '제2 언어로서 영어'를 뜻한다. 일반적으로 두 개의 낱말을 공용으로 하는 언어 환경에서 모국어가 아닌 언어로 주로 학업이나 전문적인 직업을 위해 인정되는 언어를 가리킨다. 우리나라에서 영어는 제2 언어가 아니라 외국어로서 지위를 지닌다.

과정의 원칙으로서는 논쟁거리이다.

대부분의 경우, 제2 언어의 초보 학생들의 어휘 지식과 문법 지식은 제1 언어의 초보 독자와는 매우 다른 출발점을 보인다. 이런 차이들이 지니는 한 가지 분명한 속뜻은 낱말의 의미를 '깨닫기' 위해 말소리를 내도록 하는 것이 (비록 제2 언어 맥락에서 가치가 없는 것은 아니지만) 제1 언어 환경에서보다 덜 효과적이라는 것이다. 제2 언어 초보 학생들의 머릿속에, 이 새로이 소리 내는 낱말들에 대응할 만한 수천 개의 저장된 낱말에 대한 정신적인 자원을 지니고 있지 않은 것이다. 따라서 읽기를 위한 뒷받침으로서 정확한 낱자−말소리 대응이 발전됨으로써 나타나는 혜택 하나가 대부분의 제2 언어 맥락에서 사라진다. 말하자면 제2 언어 학생들은 입말로 알고 있는 낱말과 소리 낸 낱말을 연결할 수 없는데 입말 형태로 그 낱말을 모르기 때문이다.

제2 언어의 암묵적인 문법 지식과 **담화 지식**(discourse knowledge)[3]의 부족은 또한 제2 언어 학생들이 좀 더 효과적인 읽고 이해하기를 위해 제2 언어의 덩잇글 구성과 구조 지식에 대한 토대가 필요함을 암시한다. 얼마나 많은 문법적인 기초 지식과 담화 지식이 필요한가 하는 것은 결정되지 않았다. 그리고 상당할 정도로 다양할 가능성이 높은 것은 가르침을 받는 학생들에 달려 있다. 때로 제2 언어 연구 문헌에 나타나는 주장으로 제2 언어 독자들에게 문법 지식이 필요하지 않다는 주장은 분명히 잘못되었다(Anderson, 2000; Grabe, 2009; Khalifa and Weir, 2009). 담화 구조에 대한 지식은 좀 더 고급 수준의 학업 환경에서 제2 언어로 된 덩잇글을 읽는 학생들에게 매우 중요할 수 있다. 그리고 담화 구조의 유형에 대해서는 명시적인 주의집중이 필요하다. 때로 학생들은 대부분의 어휘를 알고 덩잇글의 중심 생각들을 이해하지만 덩잇글의 구체적인 전개나 제시되는 새로운 정보, 이뤄지고 있

---

3) 국어교육에서 이른 시기의 담화지식에 대한 연구는 이경화(1999), 「담화 구조와 배경 지식이 설명적 담화의 독해에 미치는 효과에 관한 연구」, 한국교원대 박사논문이 있다.

고 있는 논의를 따라가지 못할 수 있다. 어떤 경우에는 제2 언어 학생들이 어떤 유형의 덩잇글(예를 들면 신문에 실린 이야기, 전기, 논문의 요약, 보고문, 메모, 사설)에 대한 갈래의 기대에 전적으로 친숙하지 않을 수 있다. 학생들은 무엇인가 그들이 예상하는 대로 작동하지 않음을 인식하지만 왜 그런지는 모른다.

2.1.2. 제2 언어 환경에서 상위 언어적 자각과 상위 인지적 자각이 크게 일어남

제2 언어 환경에서 매우 이른 시기부터 어휘와 문법, **담화 구조**(discourse structure)를 가르쳐야 할 일반적인 필요성은 이른 시기의 읽기 발달을 위한 지원으로서 역할을 하며 제1 언어-제2 언어에서 저자들이 제시한 두 번째 차이를 두드러지게 한다. 제2 언어 독자들은 종종 자신의 토박이말에 대한 암묵적인 지식을 더 많이 가지고 있는 제1 언어 화자와는 달리 제2 언어 화자는 그 자체에 더 큰 자각이 자라 있다(Koda, 2008).[4] (전부는 아니지만) 다수의 제2 언어 맥락에서 제2 언어에 대한 학생들의 지식 가운데 뛰어난 부분은 교실수업에서 직접 가르침으로부터 비롯되거나 가르침을 위한 과제, 연구 거리, 교실수업 바깥의 읽기로부터 간접적으로 유발되었다. 이런 경우에 학생들은 읽기를 위한 자원으로서 **상위 언어적 자각**(metalinguistic awareness)이 발달한다. 최근에 제2 언어 맥락에서 언어 학습을 위한 자각과 되살핌에 대한 강조로 인하여 더 많은 제2 언어 학생들이 이해에서 도움을 받도록 활용하는 언어 자원들(예를 들면 어휘, 형태론, 문법과 담화 지식)에 대하여 논의하고 깊이 되살피고 있다. 제1 언어 학습자들에게서 전형적으로 암묵적

---

4) 이와 같은 자각(awareness)은 국어의식이란 이름으로 최근에 국어교육, 특히 문법교육에서 강조되고 있다. 그러나 이 용어가 제대로 뿌리를 내려 교육과정에 스며들지 않고 있으며 이에 대한 몇몇 논의들도 구체적인 개념을 붙들지 못하여 가르침의 방법으로 구체화되지 못하고 있다. 다음의 교육과정을 만들 때에는 구체화하고 자각을 높일 수 있는 실천 방안들이 마련되어야 할 것이다.

[인용 2.1] 읽기에서 덩잇글 갈래 지식과 구조에 대한 지식의 구실

> 구조에 대한 지식이 덩잇글을 효율적이고 전략적으로 처리하기 위해 중요하다.
>
> ▶▶▶Goodman and Rakestraw, 2000: 33
>
> 덩잇글 갈래 지식이 읽고 이해하기에서 중요한 요인이다. … [덩잇글] 구조를 지각하지 못하는 독자들은 특정의 덩잇글에 대한 행위 계획과 임의의 방식으로 그 덩잇글로부터 정보를 얻을 수 있는 계획을 갖고 있지 않다. 반면에 덩잇글이 짜여 있는 방식을 자각하고 있는 사람들은 그들이 알고 있는 정보를 더 잘 구성할 수 있다.
>
> ▶▶▶McCardle, Chhabra and Kapinus, 2008: 145~146
>
> 어떤 갈래이든 필자들이 어떤 생각들을 어떻게 관련짓고자 하거나 어떤 덩잇글에 구조를 부여하고자 하는 어떤 식의 시도를 드러내는 실마리에 체계적인 주의집중을 하는 것은, 특히 핵심 개념들 사이의 관계에 대한 시각적인 제시에서, 덩잇글에 대한 이해뿐만 아니라 장기 기억과 단기 기억에 도움이 된다.
>
> ▶▶▶Pearson and Fielding, 1991: 832

인 지식과는 달리, 나이가 든 제2 언어 학생들 다수가 그들이 이용 가능한 언어 자원들에 대하여 토의하고 되살필 수 있다.

언어적인 자각의 자연스러운 연장 형태는 제2 언어로 읽는 동안 일어나는, 배움에 대하여 좀 더 발전된 **상위 인지적 자각**(metacognitive awareness)이다. 이중언어를 사용하거나 제2 언어 환경에서 자란 많은 학생들이 제1 언어 학생들이 지니고 있는 암묵적인 자원들을 지니고 제2 언어 읽기에 접근할 수 있다. 그럼에도 불구하고 제2 언어 학생들의 상당수가 매우 다른 언어 배경과 학습 배경으로 읽기에 접근하며 최소한의

제2 언어 지식으로 시작한다. 여러 제2 언어 학업 환경과 외국어 환경에서 제2 언어 학생들은 여러 해 동안 자신의 제1 언어로 글말 능력을 기르기 위한 기술과 내용 지식을 배운 뒤에야 제2 언어로 읽기를 시작한다. 그 결과 그들은 (a) 제2 언어에서 가르침을 받으면서 학습한 노력 때문에 읽기를 어떻게 배우게 되었는가, (b) 어떤 학습 전략들이 자신들에게 제대로 듣는가, (c) 어떻게 언어 지식이 글말 능력 발달을 지원하는가에 대한 자각이 자라 있다. 제2 언어 학생들은 전략적인 지원을 제공하거나 이해 실패를 이해하기 위하여 의식적인 수준으로 **상위 언어적인 지식**(metalinguistic knowledge)(개념 2.1 참조)을 좀 더 쉽게 불러올 수 있다. 예컨대 우리는 제1 언어 읽기의 모든 전략들이 제2

[인용 2.2] 상위 언어적인 자각의 세부적인 갈래

> 최근에 상위 언어적인 능력, 음운적인 자각의 특정 갈래들(예를 들면, 음소와 구성되어 있는 발화된 낱말로부터 개별적인 말소리의 단위에 대한 되살피기와 다루기)에 주의를 기울여 왔다. 그러나 형태에 대한 자각, 통사에 대한 자각과 같은 다른 갈래의 상위 언어적인 자각도 읽기에서 중요한 역할을 하는 것으로 믿고 있다.
>
> ▶▶▶Nagy and Scott, 2000: 274

[인용 2.3] 상위 언어적인 수행

> [상위 언어적인 분석과 통제 처리]가 더 많이 개입할수록 과제가 더 어려워지는데 이와 같은 어려움은 점점 상위 언어적인 특징을 지니는 수행으로 이어진다. 그러나 위의 두 처리에 대한 발달에서 어떤 범주가 상위 언어적인 수행으로 전환되는 지점은 없다. 그것은 계속해서 향상을 보이는 영역을 향해 점진적으로 일어나는 전환이다.
>
> ▶▶▶Bialystok, 2001: 177

[인용 2.4] 읽고 이해하기에서 상위 인지 지식

뢰츨-하일즈 외(Roeschl-Heils, 2003)에서는 7학년과 8학년 학생들을 대상으로 상위인지, 동기, 이해 사이의 상호관계를 시험하였다. … 회귀 분석에서는 상위 인지 지식이 읽고 이해하기에서 분산의 25%를 설명하였고 읽기 자아 개념(동기)을 더함으로써 5%를 추가로 설명하였다.

▶▶▶Baker, 2008: 37~38

언어 읽기 맥락으로 전이된다고 믿지만, 학습자가 이전에 사용해 보지 않는 전략들의 경우보다는 제1 언어 상황에서 자신들에게 생산적

[개념 2.1] 상위 언어적인 지식과 상위 인지적인 지식

상위 언어적인 지식: 언어가 어떻게 작동하는가에 대한 우리의 지식. 상위 언어적인 지식에는 낱자와 말소리에 대한 지식과 이들이 어떻게 관련되는가에 대한 지식, 낱말과 그 부분들에 대한 지식과 문장과 그 부분들에 대한 지식, 덩잇글과 갈래들에 대한 지식과 이들이 어떻게 구성되는가에 대한 지식을 아우른다.

상위 인지적인 지식: 우리가 알고 있는 것에 대한 지식. 간단하게 설명하면 이런 지식은 우리로 하여금 계획하기, 목표 정하기, 과제 처리하기, 진행에 대한 점검하기, 문제의 인식과 문제 고치기를 되살필 수 있도록 해 준다. 상위 인지적인 지식은 학습 전략들 특히 읽기 전략들의 명시적이고 의식적인 사용을 이해하는 기본적인 방식을 의미한다.

두 경우에서 우리가 지니고 있는 지식은 우리가 알고 있는 것(선언적 지식)뿐만 아니라, 이런 지식을 어떻게 사용할 것인가(절차적인 지식과 조건적인 지식)를 아우른다. 이 두 경우에서 위의 구분에서와 같이, 언어 지식과 상위 언어적인 지식, 혹은 인지적인 지식과 상위 인지적인 지식의 분리를 단언하는 것은 아니다(인용 2.3과 인용 2.4 참조).

이었던 전략들로 연습하고 그것에 대한 학습자들의 자각을 끌어올리는 일이 훨씬 더 쉬울 것이다.

2.1.3. 어떤 두 언어들에 걸쳐 있는 언어적인 차이가 다양함

어떤 두 언어들 사이에 걸쳐 있는 언어적 차이가 상당히 다를 가능성이 높다. 그리고 이런 차이들은 학생들이 서로 다른 제1 언어 출신이고 같은 제2 언어 교실수업에 있을 때 제2 언어로 읽고 이해하기에 다양하게 영향을 미칠 수 있다. 예컨대 자신들의 제1 언어가 로만스 계열의 언어(예를 들면 스페인 말, 불어, 이탈리아 말, 포르투갈 말)인 학생들은 낱말들의 끝에 더 많은 주의를 기울이는 경향이 있는데 영어보다 자신들의 제1 언어에서 접미사에 더 많은 문법적인 정보가 있기 때문이다. 또 다른 사례로 히브리말이나 아라비아말에서 내포적인 문법 정보를 담고 있어서 형태론적으로 더 복잡한 낱말들은 영어와 같은 언어에 있는 낱말들보다 더 느리게 읽힌다(Geva, 2008). 영어를 말하는 어린이들보다 체코 말을 하는 어린이들은 훨씬 더 자음군과 복잡한 자음에 대한 자각이 더 많이 일어났다. 다른 차이로 여러 연구들에 의해 뒷받침되는 것으로 중국과 일본의 독자들은 영어 독자들이 하는 것보다 훨씬 더 많이 시각적인 처리를 활용하는데 이는 이들의 제1 언어 **철자법**(orthography) 때문이라는 것을 보여 주었다(Hanley, Tzeng and Huang, 1999; Koda, 2005). 이와 같은 차이들이 읽기 속도에서 다양성과 낱말 처리의 유창성에서 다양성으로 이어진다는 증거도 있다. 비록 이런 구체적인 문제들이 지니는 함의가 가르침을 위해 제안되기 이전에 더 많은 조사연구가 필요하지만 말이다(Koda, 2005/2008).

　제2 언어로 읽기에 더 일반적인 함의를 지니는 것으로 제1 언어에 걸쳐 있는 또 다른 두 개의 차이는, 철자법의 차이와 낱말들이 공유되거나 **같은 어원을 지니는**(cognate) 정도이다. 언어들 사이에 걸친 철자법의 차이와 관련하여 서로 다른 철자법들은 **낱자-말소리 관계**(letter-sounds

[인용 2.5] 형태론적인 지식

> 형태소[의 복잡성]과 관련하여 부담스러운 처리 요구는 히브리말-영어
> 에 높은 수준의 글말 능력을 갖춘 어른들의 읽기 속도에도 중요한 역할을
> 한다. ⋯ 그것은 제2 언어 초보자들의 덩잇글 읽기를 느리게 하는 제2
> 언어 유창성의 부족뿐만 아니라 히브리말과 같이 굴절이 일어난 언어 표
> 현과 관련하여 형태소의 높은 밀집도 때문이기도 하다.
>
> ▶▶▶Geva, Wade-Wooley and Shany, 1997: 140
>
> 제1 언어의 처리 경험은 제2 언어의 형태론적 자각 형성에 지속적인
> 영향을 미친다. 따라서 ESL 학습자들 사이의 제2 언어 어휘 처리에서 나타
> 나는 수행의 다양성은 부분적으로 제1 언어의 유형론적 다양성으로부터
> 설명이 된다.
>
> ▶▶▶Koda, 2000: 315

relationship)와 관련하여 더 투명하거나 덜 투명하다(때로 철자법 깊이
가설로 부르기도 하는데 개념 2.2 참조). 즉, 철자법의 투명성에 달려 있는

[개념 2.2] 철자법 깊이 가설

> 철자법 깊이 가설(ODH: orthographic depth hypothesis)에서는 철자법에
> 따른 투명성의 연속체가 ⋯ 독자들이 채택하는 전략에 영향을 미친다고
> 가정한다. 철자법 체계가 더 얕거나 투명할수록, 즉 낱자와 발화 조각들
> 사이의 대응 관계가 더 믿을 만할수록 독자들이 인쇄물에서 말소리를 해
> 득하는 선략을 더 많이 사용한다. 철자법 체계가 더 깊이 안겨 있거나
> 불투명할수록 독자들은 낱자-음소 해득을 하지 않고 직접 낱말을 바라보
> 는 전략을 더 많이 쓴다.
>
> ▶▶▶Perfetti and Dunlap, 2008: 18

데 어떤 낱말을 눈여겨보는 독자들은 그 낱말을 다소 쉽게 소리 낼 수(혹은 작업 기억에서 낱말의 소리를 활성화할 수) 있을 것이다. 어떤 언어들은 완전히 투명하며(예를 들면 세르비아-크로아티아 말, 핀란드 말, 터키 말), 다른 말들은 꽤 투명하며(예를 들면 그리스 말, 이탈리아 말, 스페인 말), 어떤 말들은 다소 투명하며(독일 말, 스웨덴 말), 어떤 말들은 비교적 불투명하고(불어, 덴마크 말), 자모로 이뤄진 낱말 가운데 몇몇은 매우 불투명하다(예를 들어 영어). 자음 중심의 낱말들은 더 불투명하고(예를 들면, 구두점이 없는 히브리 말과 아라비아 말), 아주 불투명한 몇몇 말들이 있다(예를 들면, 중국 말과 일본 말은 자모 체계의 글자가 아니다. Frost, 2005; Perfetti and Dunlap, 2008).5) 여기서 핵심적인 문제는 투명한 제1 언어를 갖고 있는 독자가, 다소 불투명한 제2 언어를 읽을 때 어떻게 되는가 혹은 다소 덜 투명한 제1 언어를 지니고 있는 독자가, 투명한 제2 언어를 읽기 시작할 때 어떻게 되는가 하는 것이다. 두 경우에서 만약 두 언어가 완전히 자모 체계의 글자라면 제2 언어로 긍정적인 전이가 있을 것이다(Geva and Siegel, 2000; Harris and Hatano, 1999a). 실제로 독자가 어떤 제1 언어에서 낱자-말소리 대응이라는 개념을 이해하자마자 이런 능력은 읽기에서 다른 자모 체계의 글자로 전이되는 듯하다 (Bialystock, 2002).

당분간 읽기에 영향을 미치는 다른 요인들을 인식하겠지만 조사연

---

5) 굳이 이 맥락에 맞게 해석을 해본다면, 우리말은 완전히 투명하다고 할 수 있다. 낱자와 말소리의 투명성에 대한 이 부분의 논의에서 저자들에게 아쉬운 점은 우리말과 글의 체계에 대한 고려가 전혀 언급되지 않는다는 점이다. 이와 같은 서운함은 김진준(2005) 뒤침, 『총, 균, 쇠』(J. Diamond 지음, 문학사상사)에서도 느낄 수 있다. 세계의 글자들을 논의하면서 한글에 대한 언급은 본문에 거의 나타나지 않으며 한글판 서문에만 조금 제시되어 있다. 이는 일본의 가나 문자나 중국의 한자에 대한 언급과 비교해 보면 한글의 독창성과 그것에 대한 다이아몬드의 인식으로 볼 때 분명히 부당한 처사이다. 또한 이종인(1995) 뒤침, 『문자의 역사』(조르주 장 지음, 시공사)에서는 한글에 대한 언급이 거의 없다. 이 책의 저자나 여기서 소개한 두 권의 책에서 필자들이 한글에 대해 언급해 주지 않는 점이 부당하다고 생각을 하지만, 우리나라 학계의 입장에서 한 번쯤은 반성적으로 생각해 보아야 할 일이라고 생각한다. 한글에 대한 알림 부족뿐만 아니라 인문사회 계열 전반에서 논의를 펼치고 발표하는 범위가 국내를 벗어나지 못하고 있다는 점을 반성해야 할 것이다.

> 이탈리아의 어린이들은 … 읽기를 매우 빠르게 배우며 오직 공식적인
> 읽기 가르침이 시작된 뒤 단 6개월 뒤에 그들은 낱말과 비낱말에 대해
> 매우 정확하다. … 독일어는 … 비록 이탈리아 말보다 덜 투명하지만 자모
> 낱자-음소의 대응이 매우 일관된다. … 읽기에서 낱자-음소의 성공적인
> 대응을 위해 작업 기억에 대한 요구는 영어와 같이 불규칙적인 철자법
> 체계보다도 규칙적인 철자법 체계에서 훨씬 낮다.
>
> ▶▶▶Harris and Hatano, 1999a: 2~3

구에서는 독자들이 투명한 철자법과 불투명한 철자법에서 낱말들을
다르게 처리한다고 주장할 것이다. 일반적으로 제2 언어 학생들은 제
2 언어를 읽으려고 할 때 제1 언어의 처리 기술을 끌어오는 경향이
있다. 비록 그와 같은 경향이 고급 수준의 제2 언어로 읽기보다는 초
급 수준의 제2 언어로 읽기에 영향을 미치지만 말이다. 예컨대 어른일
경우, 초급 수준의 제2 언어 읽기에서, 학생들은 낱말 인지 처리에
적응하기 위하여 생애에 걸쳐 제1 언어의 효과적인 낱말 인지 처리로
부터 고쳐나가야 한다. 불어나는 증거들은 어떤 제1 언어의 철자법이
고급 수준의 제2 언어 독자들의 경우에도 읽기 발달에 영향을 미칠
것이라고 주장한다(Koda, 2005/2008). 제1 언어 학생들의 기술과 철자
법에 대해 더 많이 이해한다면 낱말 인지와 유창성, 읽기 속도에서
제2 언어 학생들의 어려움을 설명하는 데 도움을 줄 것이다(Koda,
2008).

여러 제1 언어들과 어떤 두 언어(제1 언어와 제2 언어)에 설진 차이와
관련되는 마지막 문제는 같은 어원을 지닌 낱말(cognate)의 역할과 관
련된다. 그러나 제2 언어 맥락에서 같은 어원을 지닌 말은 제1 언어와
제2 언어에 따라 읽고 이해하기를 지원하는 데 큰 역할을 할 수 있다.
예컨대 흥미로운 역사적인 이유로 불어와 영어는 수천 개의 어원이

같은 말을 공유하며6) 이들은 특히 고급 수준의 읽기에서 더 유용하다. 더 나아가 스페인 말과 포르투갈 말은 모두 영어와 수천 개의 유용한, 같은 어원을 지닌 말을 공유하고 있다. 만약 학생의 제1 언어가 로만스 계열의 언어라면 그리고 영어로 읽기를 배우고 있는 경우라면 같은 어원을 지닌 말은 우리가 그것들을 학생들이 인지하고 사용하도록 도움을 주도록 활용할 경우 중요한 자원이 될 수 있음을 보여 준다 (Nagy, Garcia, Durguoğlu and Hancin-Bhatt, 1993). 중국 말과 같은 제1 언어 출신 학생들의 경우에 제2 언어 읽기 발달에서 그들을 도와 줄 같은 어원을 지닌 말이 거의 없다.

2.1.4. 제2 언어 읽기를 위한 기초로서 제2 언어 유창성의 다양성

제2 언어 유창성은 제2 언어로 읽기를 위한 기초로서 매우 중요한 역할을 한다(이는 종종 문턱 가설이라는 맥락에서 논의된다). **언어 문턱**(language threshold) 가설에서는, 학생들이 자신의 제1 언어에서 읽고 이해하기 능력의 일부분인 전략과 기술을 충분히 활용하기 위해서는 충분한 양의 제2 언어 지식(예를 들면 어휘, 문법과 담화)을 지녀야 한다고 주장한다(Clarke, 1980). 제2 언어로 읽기 위한 근본적인 문제는 제2 언어 지식과 제1 언어로 읽기 능력 사이의 상대적인 중요성에 모여 있다. 조사 연구자들에 의해 제안된 것처럼 언어 문턱 가설은 학습자가 상당히 유창하게 읽을 수 있을 정도로 충분한 제2 언어 지식을 갖추기 전까지는 제1 언어로 읽는 능력보다 제2 언어 지식이 중요하다고 주장한다.

---

6) 이와 같은 점은 우리말의 경우 중국의 조선족 학습자의 경우와 관련지어 생각해 볼 수 있다. 역사적 문화적 차이로 인해 남한에서 쓰고 있는 언어와 북한의 문화어, 조선족이 쓰는 한국어는 다른 어떤 언어보다 연관성이 크지만 성질이 다른 면도 드러나고 있다. 특히 어휘는 언어 통일에 대한 논의에서 자주 거론되듯이 이질화의 폭이 상당하다는 점이 지적되어 왔다(물론 이것 때문에 통일이 안 되어야 한다거나 언어 통일이 불가능하다는 논의를 펼 수 없다). 만약에 조선족 학습자에게 한국어를 가르친다면 이질적인 어휘를 조사하는 일이 우선되어야 할 것이다.

[개념 2.3] 언어 문턱(language threshold)

언어 문턱: 이 가설에서는 제2 언어 맥락을 이해하는 데 제1 언어 맥락에서와 같이 기술과 전략들이 효과적으로 사용되기 위해서 제2 언어 독자들이 충분하게 제2 언어 지식(어휘와 구문)을 지녀야 한다고 주장한다. 만약에 독자들이 자신들의 인지적 자원 대부분을 제2 언어 덩잇글에 있는 언어를 이해하는 데 바친다면, 일반적으로 제1 언어 독자들을 지원해 주는, 유창한 이해를 위한 인지적 자원이 거의 남아 있지 않게 된다. 독자들은 일반적으로 낱말들의 거의 전부를 알고 그 덩잇글을 유창하게 처리할 수 있는 덩잇글에 맞닥뜨렸을 때 문턱을 넘어선다. 제2 언어 독자들은 제2 언어 지식과 주제 관련 지식, 제2 언어 경험에서 모두 다르기 때문에 모든 독자들이나 모든 덩잇글에 대한 문턱 값으로 간주될 만한 일반적인 언어 유창성에서 한 가지 기준이 있을 수 없다. 문턱 값은 독자, 덩잇글의 난도, 주제 그리고 어떤 경우에는 과제에 따라 다양할 것이다.

비록 어느 정도의 수정이 있었지만 이 가설은 최근의, 제2 언어로 읽기 조사연구에 의해서 강하게 뒷받침되고 있다. 다수의 연구들이 제2 언어 지식이 더 중요하다는 것을 다양한 맥락에 있는 학생들을 대상으로 하여 증명하고 있다(Pichette, Segalowitz, and Connors, 2003; Yamashita, 2002; Bernhardt, 2011; Grabe, 2009).

이 가설에 대한 비판을 하기 위해 필요한 근거(혹은 문턱)를 제시할 때, 규정될 수 있는 한 겹의 언어 지식 묶음이 없다는 것을 주장하여 왔다. 그러나 이와 같은 반대는 읽기에서 성공이 여러 요인들에 따라 다양하기 때문에 강한 비판을 하지는 않는다. 제시된 덩잇글이 언어적인 요구 사항 때문에 어려울 수 있지만, 새로운 주제, 부실한 구성, 읽을 시간의 부족 때문에 유창하게 읽기가 어려울 수 있다. 언어 문턱 가설의 뒤에 가려져 있는 생각은, 학생들이 필요로 하는 고정된 언어 지식 묶음이 있다는 것이 아니다. 오히려 처리의 유창성과 함께, 때때로 바뀌는 분량의 언어 지식이, 특정의 주제와 과제를 위하여 어떤 덩잇글을 읽을 때 필요하다는 것이다. 학생들이 어휘와 문법에 큰 어려움 없이 덩잇글을 읽을 수 있는 충분한 지식을 지니고 있을 때, (아마도 특정한 한 개의 덩잇글에 대하여 일시적으로) 그들은 문턱을 넘어섰다고 말할 수 있다. 학생들이 점점 더 덩잇글을 유창하게 읽을 수 있게 됨에 따라 언어 문턱을 넘어섰다고 말할 수 있겠지만, 그럼에도 불구하고 새롭고 어려운 덩잇글이 덜 유창한 수준으로 되돌려 놓을 수 있

[인용 2.7] 제2 언어 지식과 문턱

언어 지식에 대한 중요성을 가정하는 상식이 있음에도 불구하고, 학생들이 자신의 제1 언어에서 잘 읽을 수 없다면 제2 언어/외국어에서도 잘 읽을 수 없을 것이라는 믿음이 있었던 적이 있다. …

[제1 언어로 읽기 대 제2 언어 지식에 대한] 연구들의 결론은 제1 언어 읽기 능력보다 제2 언어 지식이 더 중요하며, 제1 언어 읽기 능력이 제2 언어 읽기 맥락으로 전이되기 전에 넘어야 하는 언어 문턱이 있다는 것이다. 그러나 이와 같은 언어 문턱이 절대적이지 않고 과제에 따라 다양하다는 것이 분명하다. 즉, 더 많은 요구를 하는 과제일수록, 언어 문턱이 더 높아지는 것이다.

▶▶▶Anderson, 2000: 38~39

모든 연구들에서 제2 언어 변수들은 제1 언어 경험으로 돌릴 수 있는 변화의 양을 압도하면서 더 강한 영향을 미치는 것으로 밝혀지고 있다. 따라서 비록 제2 언어 인쇄물의 정보 처리가 두 언어로부터 나온, 글말 문화 경험을 통해 자라난 통찰의 안내를 받지만, 제2 언어로 된 인쇄물이라는 입력물은 해당 언어에서 읽기 세부 기술의 형성에 주도적인 힘을 지니고 있는 듯하다.

▶▶▶Koda, 2007: 79

고 그에 따라 비효율적인 읽기를 할 수 있다.

언어의 문턱을 넘어서는 결과 가운데 중요한 것 하나는 학생들이 좀 더 전략적으로 읽고 제1 언어의 전략적인 읽기 실천 사례를 제2 언어 환경으로 전이하도록, 이전에는 언어 구조와 어휘를 이해하기 위해 사용되던 인지적 자원들을 자유롭게 해 준다는 것이다. 이 가설에는 유창성과 그렇게 어렵지 않은 덩잇글에 초점을 맞추면서, 학생들이 읽기에 많이 접속하도록 하는 주장에 찬성하는 강한 논의들을 제공하였다.

2.1.5. 언어 전이에 따른 영향의 다양성

언어 문턱 가설에 대한 자연스러운 확장은 제2 언어를 연구하는 주제에만 나타나는 더 큰 문제로 전이가 있다. 전이 논의에서 애초의 쟁점과 때때로 무시되는 쟁점은, 제1 언어 지식이 제2 언어 읽기로 전이됨에 따라 이것이 이해를 뒷받침해 줄 수 있지만 또한 이해를 방해할 수도 있다는 점이다. 전이에 대한 두 번째의 중요 쟁점은 기본적인 읽기 목적(1장 참조)과 (상위)인지적인 지식의 전이에 관련되는데 상위 인지지식에는 전략, 동기, 추론, 태도와 배경 지식 자원들이 포함된다.

방해물로서 전이는 일반적으로 제2 언어 읽기의 초급 단계와 중급 단계의 읽기에 영향을 미치는 것으로 가정한다. 제2 언어 학생들에게 자신들에게 어려운 자료들을 읽게 하였을 때, 그들은 그 덩잇글을 이해(1장에서 상황 모형에 대한 논의 참조)하려고 시도하는 데 이용 가능한 자원들에 기대는 경향이 있다. 초급 수준의 제2 언어에서 학생들에게 가장 강력한 자원은 자신들의 제1 언어 능력이며 자신들의 제1 언어에서 읽기 능력과 낱말들에 대한 지식이다. 때로 이들 자원들은 어떤 이해 과제를 수행하는 데 충분한 뒷받침이 되기도 한다. 때로는 같은 자원들이 제2 언어 처리의 속도를 늦추거나 잘못 이끌기도 한다. 뒤의 상황에서 그와 같은 방해가 학생들의 입장에서 자연스럽고(그리고 제1

언어 자원들이 제2 언어 독자의 경우 어느 정도는 활성화되어 있다) 전략적이기도 하다는 점을 인식하는 것이 중요하다. 더 낮은 수준에서 가르침의 목표가 방해를 할 수도 있는 제1 언어 자원들에 덜 기대도록 하기 위하여 학생들로 하여금 어휘력을 충분히 끌어 올리고 충분하게 읽기 연습을 하며, 처리 유창성을 끌어올리도록 해야 한다. 물론 제2 언어로 읽기에서 제1 언어의 지나친 방해를 넘어서는 가장 좋은 방법은 학생들로 하여금 언제나 그들이 감당하기에 지나치게 어려운 덩잇글을 읽지는 않는다는 것을 분명하게 해 두는 일이다. 말하자면 학생들로 하여금 쉽게 그리고 즐겁게 덩잇글을 읽을 수 있는 충분한 기회를 주어야 한다.

방해의 다른 측면들은 더 긴 시간 동안 지속되어 왔을 가능성이 높은데 고급 수준의 읽기에서도 일관되고 직접적인 교사의 개입을 필요로 할 수 있다. 학생들은 제2 언어 환경 특히 학업 맥락에서 필요로

[개념 2.4] 제2 언어로 읽기에서 전이

전이는 제2 언어 독자들이 자신들의 제1 언어와 경험을 제2 언어 과제를 수행하는 데 도움을 주도록 활용할 것이라는 생각을 가리킨다. 읽기의 경우 전이는 다양한 언어 지식 기반과 인지 능력의 다양성에 적용된다. 이를테면 음운 지식, 형태론적 지식, 내용교과 관련 지식, 일반적인 배경 지식, 문제-해결 전략과 추론 기술에서 전이가 일어날 수 있다. 우리는 또한 앞선 경험들을 다양한 갈래의 과제들에 전이하는 경향이 있는데 여기에는 제2 언어로 읽기와 관련되는 학업 과제도 아우른다. 때로 전이는 읽기 과제를 뒷받침하지만 성공적인 과제 마무리를 때때로 방해하기도 한다. 전이는 또한 학습의 전이라는 관점에서 교육 심리학에서 좀 더 일반적으로 논의되기도 한다. 이런 폭넓은 맥락에서 전이는 일반적으로 어떤 맥락에서 배우고 있는 기술이 새로운 맥락과 상황에 곧바로 전이되기 어렵다는 점에서 문제점으로 비치기도 한다(인용 2.8과 인용 2.9 참조).

하는 읽기 목적의 다변화를 자각하지 못할 수도 있다. 학생들은 여전히 제2 언어 읽기 목적에 적합한 것이 아니라 자신들의 제1 언어 경험에 적합한 읽기의 활용에 대한 가정들을 계속해서 해나갈 수 있다. 이런 가정들은 읽기에 대한 서로 다른 태도와 읽기에 대한 서로 다른 동기부여에 의해 영향을 받을 수 있다. 이런 유형의 방해를 최소화하기 위하여 제2 언어 읽기를 위한 목표를 탐색하는 일이 필요하며, 배경 지식과 덩잇글 정보를 연결하는 추론과 제2 언어로 읽기 과제를 마무리하기 위한 적절한 전략들을 찾아보는 일이 필요하다.

반면에 긍정적인 전이 효과는 제2 언어로 읽기의 발달에 귀한 자원들을 설명하여 준다. 바람직한 환경에서 제1 언어 읽기 능력의 많은 측면들이, 비록 그 학생들의 제1 언어에서 잘 발달된 글말 능력을 일반적으로 가정하기는 하지만, 제2 언어 이해를 지원해 준다. 긍정적인 전이 효과의 본보기에는 다음이 포함된다. 학업 덩잇글을 읽기 위한 전략들, 이해 점검에서 유연성, 새로운 낱말들을 분석하고 학습하기 위한 기술들이 있다. 긍정적인 전이는 교사의 안내와 가르침에 의해 도움을 받을 때 제2 언어 읽기 능력에서 속도를 더 하는 향상이 이뤄지기 위한 수단을 제공해 준다.

언어 가르침에서 가장 잘 알려진 생각은 기술 전이가 한결같이 좋으

[인용 2.8] 전이에 대한 잘못된 생각

전이에 대한 연구문헌에서는 비관적인 경우가 많다.

[L.] 미쿠레키(Mikulecky, 1990: 25)에서는, 글말 능력 연구에서 잘못된 중요한 생각이 '어떤 한 맥락에서 글말 능력의 통달이 실제로 다른 맥락으로 전이된다'고 지적하면서 여기에서 더 나아가 글말 능력의 전이가 한 맥락에서 다른 맥락으로 옮겨갈 때 형식과 사회적인 지원 연결망, 필요로 하는 배경 정보에서 차이로 인해 매우 제한되고 있다고 주장한다.

▶▶▶Urquhart and Weir, 1998: 3

[인용 2.9] 전이의 특징

> 전이를 뜻매김하는 한 가지 방법은 제2 언어 입력물에 의해 촉진되어
> … 제 자리를 찾은 제1 언어 능력의 자동적인 활성화로 보는 것이다. 따라
> 서 전이는 학습자의 의도에도 불구하고 발현되며 … 그 발현은 쉽게 통제
> 될 수도 없다. … 여러 가지 가정들이 전이에 대한 이와 같은 관점에 깔려
> 있다. 먼저 전이가 일어나기 위하여 제1 언어에서 자동성을 띠는 지점에
> 이르도록 해당되는 능력이 잘 학습되어야 한다. 두 번째로 제2 언어 발달
> 이 일어나는 동안 전이가 때를 맞추어 어떤 시점에서 멈출 가능성은 없어
> 보인다. 세 번째로 전이된 능력은 제2 언어의 인쇄된 입력물에 대한 경험
> 을 통하여 계속해서 자라날 것이다. …
> 　제2 언어로 읽기의 세부 기술들은 전이되는 제1 언어의 능력과 제2
> 언어의 인쇄된 입력물 사이를 넘나드는 상호작용을 통하여 시시때때로
> 나타난다. 나타나는 세부 기술들은 점진적으로 제2 언어 입력물의 두드러
> 진 특성에 맞추어 나간다.
>
> ▶▶▶Koda, 2007: 17~18

며 제2 언어 학생들이 쉽게 접속 가능한 자원들이라는 것이다. 이와
같은 관점들에 대한 증거는 매우 적으며, 이제는 그와 같은 생각들이
단순하고 때로는 반대되는 결과들을 가져온다는 증거들이 많다(Baddeley,
Eyesenck and Anderson, 2009; Schunk, 2000). 제1 언어 자원으로부터 비롯
되는 방해를 보고하는 다수의 연구들과는 별도로 언어 문턱 연구와
전략 조사연구로부터 기술 전이가 언제나 자동적이지는 않다는 증거
들도 이제는 불어나고 있다. 그런 것들로부터 나온 한 가지 중요한
결과는 어떤 제1 언어 기술과 전략들이 더 자동적으로 전이되어야 하
는지 그리고 어떤 기술이 제2 언어로 읽기의 발달에 긍정적인 지원을
하는지, 어떻게 긍정적인 전략들과 기술, 이를테면 낱말 인지 기술,
어휘 학습 전략, 같은 어원을 지닌 낱말의 활용과 이해 전략들이 직접

적인 가르침을 통해 강화되어야 하는지 탐구할 필요가 있다.

2.1.6. 두 언어 협력이라는 상호작용의 영향

전이에 대한 논의와 밀접하게 관련된 사실은 두 언어가 제2 언어 이해 처리에 관련된다는 사실에 있다. 제2 언어로 읽기에서 두 언어들 사이의 벗어날 수 없는 상호작용은 낱말 인지, 읽기 속도, 어휘부(lexicon)[7]의 구성, 통사 처리의 속도, 이해를 위한 전략, 과제 수행에서 경험, 성공과 실패에 대한 기대, 읽기를 위한 동기부여와 있을 수 있는 다른 여러 상호작용 내용에 영향을 미친다(Cook and Bassetti, 2005; Koda, 2007/2008; Scott and de la Fuente, 2008). 이와 같은 상호작용은 거의 논의되지 않았는데 아마도 이러한 점에 특별히 초점을 맞춘 조사연구가 비교적 적기

[인용 2.10] 읽기에서 제1 언어와 제2 언어의 상호작용

> 여러 언어에 걸친 상호작용은 제2 언어 읽기 조사연구자들에게 거의 관심을 끌지 못하였다. 분명히 여러 언어에 걸쳐 연구의 초점을 맞추지 못하는 이유는 부분적으로는 의미 있는 차이를 고려하지 않은 채 제1 언어 이론에 지나치게 의존하였기 때문이다. 제1 언어로 읽기와는 달리 제2 언어 처리는 하나 이상의 언어에 관련된다. … 언어 체계들 사이의 상호 교환이 제2 언어 처리의 수행에 영향을 미치는 방법들에 대한 체계적인 탐구가 거의 없었다.
>
> ▶▶▶Moljani, Koda and Moates, 1998: 100

---

7) 일반적으로 학습자의 머리에 있는 머릿속 사전을 가리킬 때 mental lexicon(심성 어휘집 혹은 머릿속 사전)이라는 단어를 사용하고, lexis는 어떤 언어의 전체적인 어휘 묶음을 가리킬 때 사용한다. 제2 언어를 배우는 경우 심성 어휘집은 모국어를 중심으로 구성되지만, 제2 언어의 lexis(어휘 묶음)에 접속의 빈도가 높을수록 제2 언어에 해당하는 머릿속 사전을 구성해 나갈 수 있다. 제2 언어와 관련되는 여러 문제들 특히 온전한 제2 언어의 내재적 문법을 구성을 구성할 수 없듯이 제2 언어에 맞춘 온전한 머릿속 사전을 구성하기는 힘들다.

때문일 것이다. 그러나 이 문제는 더 많은 조사연구에서 이중언어 사용자인 개인들의 인지적인 처리에 대한 보고를 많이 함에 따라 그리고 심리학 분야에서 담화 이해에 대한 조사연구가 불어남에 따라 더 중요해질 수 있다. 이와 같은 관점으로부터 가르침을 위하여 끌어낼 수 있는 함의는 제2 언어 교실수업에서 특히 좀 더 복잡한 이해 과제를 함께 공부할 때 제1 언어를 더 많이 사용할 것이라는 점이다. 동시에 두 언어의 작동이라는 문제는 또한 제1 언어로 읽고 이해하기와 제2 언어로 읽고 이해하기를 구별해 주는 비언어적인 요인들의 범위도 보여 준다. 이들 요인들은 이 장의 다음 절에서 논의된다.

2.2. 제1 언어 독자들과 제2 언어 독자들 사이의 개인별 차이와 경험에서 차이

언어와 처리에 대하여 위에서 제시한 여섯 가지 차이에 더하여 제1 언어로 읽기와 제2 언어로 읽기 사이의 차이가 있다. 이들 차이의 다수가 학생들의 제1 언어에서 글말 능력에 관련되는 기술과 제2 언어로 읽기에서 앞선 경험, 제1 언어로 읽기의 동기와 제2 언어로 읽기의 동기의 차이, 개인 경험의 차이들, 실생활과 관련되는 덩잇글에 대한 태도, 다양한 뒷받침 자원들을 활용하는 연습을 포함하여, 제2 언어로 읽고 이해하기에 영향을 미치는 다른 자원들과 경험을 중심으로 모여 있다(표 2.2 참조). 이들 차이들 각각은 다음 절에서 차례대로 논의될 것이다.

<표 2.2> 제1 언어 독자와 제2 언어 독자들의 개인별 차이와 경험에 따른 차이

1. 제1 언어로 읽기 능력에서 수준의 차이
2. 제2 언어에서 읽기를 위한 동기부여의 차이
3. 제2 언어에 접촉하는 양의 차이
4. 제2 언어 맥락에서 덩잇글 갈래의 차이
5. 제2 언어 독자들을 위한 언어 차원에서 차이

2.2.1. 제1 언어로 읽기 능력의 서로 다른 수준들

제1 언어와 제2 언어의 중요한 차이는 제2 언어 독자들이 자신들의 제1 언어 능력 수준에 의해 영향을 받는다는 것이다. 한 가지 측면에서 이 점은, 전이에 대한 이른 시기의 논의에서 중요하게 주장되었다. 말하자면 제1 언어에서 제한적인 글말 능력은, 제2 언어 읽기 발달에 많은 자원들로 뒷받침을 받게 될 것이라는 기대를 할 수 없다는 것이다. 학생들이 제1 언어로 읽기에서 활용하는 능력들의 유형은 언어적인 전이와 전략 실행, 문제 해결 능력, 과제 수행 기술과 읽기 과정에 대한 상위 인지적인 자각에서 예상할 수 있는 상한선을 보여 준다. 이들은 모두 제2 언어 읽기에 영향을 미칠 수 있는 모든 기술과 자원들이지만 제1 언어로 읽기의 능력으로서 이미 발달되어 있을 때에만 그러하다. 너무나 흔하게 교사들과 조사연구자들은 학생들의 제1 언어에서 읽기 기술을 조사하지 않는다. 그와 같은 지식이 없다면 전이되도록 하기 위하여 어떤 전략들과 기술들에 초점을 모으고 북돋워주어야 하는지 결정하는 데 제약이 있게 된다.

2.2.2. 제2 언어에서 읽기를 위한 서로 다른 동기

제1 언어로 읽기와 제2 언어로 읽기를 비교할 때, 개인에 따라 읽기를 위한 서로 다른 동기뿐만 아니라 자존감, 관심사, 읽기에 몰입하는 정도와 읽기에 대한 감정적인 반응이 다르다는 것을 발견할 가능성이 높다. 서로 다른 교육을 통하여 학생들이 향상을 보임에 따라 그리고 학업 과제의 요구가 불어남에 따라 제2 언어 학생들은 제2 언어로 읽기에 대한 동기의 조합에서 다른(그리고 아마도 좀 더 갈등을 겪게 되는) 경향이 있다. 동기에서 이와 같은 차이는 어느 정도 학업 목표, 가정과 공동체로부터 이뤄지는 사회화 관례, 앞선 교육이나 글말 능력 사용에 대한 폭넓은 문화적 얼개의 다양성에 바탕을 두고 있다. 이런 있을 수 있는 차이들은(예를 들면, 토의를 통하여 그리고 학생들의 관심사에 대한 현지 조사, 학부모와 공동체에 대한 현지 조사, 교사-학부모 사이의 협의회 및 가정에서 글말 능력 향상을 위한 실천 거리 등등을 통하여) 교실수업 환경에서 조사연구해야 한다. 이런 정보는 언어 측정 평가를 넘어서 학생들의 장점과 약점을 이해하도록 도움을 주며 좀 더 나은 효율적인 가르침으로 이어질 수 있다(Dörnyei and Ushida, 2010; Rueda, Velasco and Lim, 2008 참조).

읽기와 과제 수행을 위한 구체적인 동기와는 별도로 학생들은 제1 언어와 제2 언어 맥락에서 이전의 교육 경험과, 제1 언어를 사용하는 사회와 제2 언어를 사용하는 사회 사이의 사회-정치적 차이에 종종 연결되는, 제2 언어 읽기에 대한 기저에 있는 태도의 다양성을 유발하기도 한다. 이와 같은 경험은 제2 언어 독자들이 얼마나 잘 과제를 수행하는가에 대한 인식을 형성하며, 학생으로서 (그리고 독자로서) 얼마나 성공적인가에 대한 자기 인식으로 이어진다. 그 다음에 그와 같은 인식은 학생들의 자존감,8) 읽기에 대한 감정적인 반응, 읽기에 대한 관심과 지속하고자 하는 자발성에 영향을 미친다. 학생들의 자기 인식과 읽기에 대한 감정적인 태도, 구체적인 주제에 대한 관심, 덩잇글을 읽고 그것으로부터 배우고자는 자발성이 교실수업 환경에서 중요한 문제들이라는 사실에 아무도 반박하지 않을 것이다. 불행하게도 이런 문제들은 종종 읽고 이해하기 가르침에 대한 논의에서 무시되었지만 제1 언어로 읽고 이해하기 조사연구에서는 학업에서 성공하기 위한 중요한 예측 요소로 보고 있다(Guthrie, 2008; Guthrie, Wigfield and Perencevich, 2004; Schunk and Zimmerman, 2006). 제2 언어 교사들에게는

---

8) 국어교육에서 학습자의 심리적인 측면에 대한 연구가 강조되면서 효능감에 대해서는 국어교육의 내용 전반에 걸쳐 현장조사연구가 이뤄졌다. 다른 측면에서도 그러하듯이 읽기에 대한 연구가 가장 활발하게 이뤄졌는데 자기 효능감(self-efficacy)의 구성요인의 분석에서부터 실제 수행의 결과와 효능감 사이의 상관 분석을 하는 수준까지 발전되고 있다. 다만 이 효능감에 대한 분석에 더하여 이를 끌어올릴 수 있는 방안에 대한 현장조사연구가 제대로 이뤄져 있지 않기 때문에 연구의 여지가 많이 남아 있다.

이런 문제들에 대한 안내가 거의 제시되지 않은 듯한데(Grabe, 2009 참조), 그에 따라 읽기 동기와 그것이 다양하게 드러나는 모습은 교사들의 조사연구와 교실수업 탐구에서 중요한 주제로 나타난다(7장의 7.3.1, 7.3.2, 7.3.3에서 시범을 보이는 현장조사연구거리를 참조할 것).

2.2.3. 제2 언어로 읽기에 접속하는 양의 다양성

제2 언어로 읽기에서 중요한 차이는 그리고 2.1에서 언급된 것으로 언어 지식의 차이에 강하게 영향을 미치는 것 하나는 제2 언어에 대한 접촉과, 학생들이 경험하는 제2 언어로 된 인쇄물의 전체적인 양이다. 여러 사례에서 제2 언어로 읽기의 연습 정도는 제1 언어 독자와 구별되는 것으로서 전형적인 제2 언어 독자의 특징을 드러낼 것이다. 1장에서 저자들이 강조하였듯이, 낱말 인지와 통사 처리의 유창성과 자동성의 발달은 읽기를 위한 본질적인 토대이다. 대부분의 제2 언어 독자들은 단순하게 (읽기를 통하여) 제2 언어를 유창하게 처리하도록 체질화되기에 충분한 제2 언어 인쇄물을 접촉하지 않았다(Koda, 2005; Lundberg, 1999). 상당한 분량의 인지 어휘9)를 체질화할 정도로 충분히 접촉하지 않았던 것이다.10) 제1 언어 읽기 상황과 제2 언어 읽기 상황에서 이와 같은 차이들은 중요한데 제1 언어 독자들이 자동성과 유창

---

9) 이는 1990년대에 밝혀진 사실로서, 일반적으로 어휘의 이해와 산출이 머릿속 어휘집에서 다르게 처리되고 저장되기 때문에 비롯된다. 이해 어휘의 양이 산출 어휘의 양보다 크다고 가정하는데 이는 학습의 상황에서 일어나는 현상들을 설명하는 데 들어맞기 때문이다. 이와 같은 문제는 또한 개인 학습자가 머릿속에 지니고 있는 어휘의 크기를 정확하게 잴 수 없는 걸림돌이 되기도 한다.

10) 어린이의 어휘 습득에 대해서는 여러 가지 가정이 있는데 온전한 대상물 가정, 상호 배타성 가정, 분류적 가정, 존재 범주에 대한 가정, 모양새에 대한 가정으로 나누기도 한다(김지홍, 2010, 『언어의 심층과 언어 교육』, 도서출판 경진, 36쪽). 말을 배우는 경계가 되는 시기(임계 시기) 이전에 말을 배우는 일과 어른이 된 뒤에 말을 배움에서 차이들이 이와 같은 가정들을 충족시킬 가능성의 차이 때문이라고 생각한다. 어른이 된 뒤에 말을 배우는 것은 상위인지나 상위 언어적인 자각은 일어날지 모르지만, 어린이들이 언어를 자동적으로 배우는 과정들을 많이 잃어버리게 되는 것이다.

성이 발달하는 데 필요한 상당한 분량의 인쇄물을 늘여나가는 데 여러 해를 보내기 때문이다. 제2 언어로 된 인쇄물에 대한 학생들의 접촉 정도는 학생들이 얼마나 많은 연습을 하였는가, 그리고 어떤 갈래의 제2 언어 읽기 연습을 하였고 제2 언어로 된 어떤 덩잇글에 접촉하였는지를 더 잘 이해하기 위해서 학생들을 대상으로 탐구해 볼 수 있는 (혹은 탐구해야 하는) 문젯거리이다.

2.2.4. 제2 언어 맥락11)에서 서로 다른 덩잇글의 갈래

제1 언어 맥락과 제2 언어 맥락에서 개인별로 학생들이 서로 다른 덩잇글을 대상으로 겪은 경험들은 읽고 이해하기의 차이가 추가적으로 나타날 수 있는 원천이다. 제1 언어 독자와 제2 언어 독자들이 서로 다른 덩잇글 갈래에 대한 경험을 지니고 있기 때문에 그들이 마주치는 일련의 덩잇글에 대하여 다양한 접근 방법을 계발할 가능성이 높다. 여러 제2 언어 맥락에서 학생들은 매우 간소한 덩잇글을 읽을 수 있지만, 다른 제2 언어 맥락에서는 학생들이 마주쳐야 하는 것보다 훨씬 어려운 덩잇글을 읽을 수도 있다. (제2 언어로 된 어떤 읽기 교재나 등급이 매겨진 독본에서 그러한 것처럼) 더 간소한 덩잇글의 경우, 이와 같은 읽기 경험은 비교 가능한 인지 능력 수준에서 제1 언어의 독자로서 겪는 경험과 잘 들어맞지 않을 것이다. 제2 언어 학생들에게 어렵고 실생활에 관련되는 덩잇글을 읽으라고 요구하는 환경에서는 읽기 경험이, 언뜻 보기에는 제1 언어 학생들의 읽기와 비슷해 보이지만,

---

11) 최근 몇 년 사이에 여러 차례 국가 수준의 교육과정이 종잡을 수 없이 바뀌고 있는데, 여기에 대한 별다른 교사연수가 이뤄지지 않아, 현장 교사들 대부분이 어리둥절해 한다. 2007년도에 7차 교육과정의 개정이 있었고, 2009년도에 다시 교육과정의 개정이 있었다. 이런 일련의 과정에 현장에서 교육과정 실천가인 교사가 소외되고 있다는 느낌을 지울 수 없다. 2007년도 교육과정과 2009년도 교육과정의 변화가 여럿 있는데 가장 큰 변화는 내용 체계의 변화이다. 2007년도 교육과정에서는 실제, 지식, 기능과 맥락을 설정하였는데 2009년도 교육과정에서는 맥락을 제외하고 태도를 다시 넣었다. 이는 6차 교육과정의 내용 체계와 비슷한 점이 있다. 이밖에도 내용영역, 국어과의 세부 선택 과목들도 바뀌었다.

자세히 살펴보면, 덩잇글이 길이가 더 짧다. 그리고 학생들이 실생활 자료에서 지니게 될 가능성이 높은 어려움은 자료 계발자의 입장에서 [가정한-뒤친이] 인식이라는 것이 드러난다. 제2 언어 학생들은 정해진 일정한 시간 동안에 일반적으로 제1 언어 학생들이 읽는 갈래 전체의 덩잇글에 접촉할 가능성이 낮은데 이는 이들 갈래들이 어느 정도 교실 바깥이나 교육적인 과제 수행의 범위 밖에서 읽히기 때문이다. 그들이 읽을 수 있는 덩잇글의 범위가 일반적으로 제한되어 있다는 (그리고 그 결과 새로운 어휘에 대한 접촉이 좀 더 제한될 수 있다는) 점을 제외하면, 이와 같은 차이들이 제2 언어 학생들에게 어느 정도 영향을 미칠지는 분명하지 않다(Gardner, 2004 참조).

2.2.5. 제2 언어 독자들에 대한 서로 다른 언어 자원들

제1 언어와 제2 언어의 중요한 차이들이 제2 언어 맥락에서 이중언어 사전과 용어 풀이, 번역과 문화적인 배경을 이루는 자원들에 집중되어 있다. 이중언어 사전은 그 자체로 제2 언어 읽기에서 독특하다. 제2 언어 학생들은 낱말들이 뜻매김되는 방식에서 신중한 사전들을 활용한다. 이들 자원 가운데 어떤 것도 제1 언어의 글말 능력을 기르는 일반적인 경우가 아니다. 제2 언어 학생들은 때로 좀 더 어려운 용어들에 대하여 용어 풀이(glossary)와 함께 읽어 나간다. 용어 풀이는 제1 언어 교재에서도 찾을 수 있다는 것이 맞지만(예를 들면, 상당한 전문 어휘나 발달을 필요로 하는 과학 학습 교재), 그러나 이들은 대부분 특이한 어휘, 전문적인 용어나 고어들에 대하여 도움을 준다. 제2 언어 맥락에서 용어 풀이들은 일반적으로 학습자들이 수준 위에 있는 어휘들에 대한 동의어[12]를 제공하고 있지만, 제1 언어 독자들의 예상되는 어휘

---

12) 유의어(≒동의어) 사전의 활용이 국어교육에서 강조되지 않았다. 영어권의 경우 어휘 사슬(lexical chain)의 존재가 확인되고(대표적인 논의로 Hoey(1991), 『*Patterns of Lexis in Text*』(Oxford University Press) 참조), 실제 덩잇글에서 많이 활용된다(어휘사슬을 이

지식 범위 안인 경우가 많다. 게다가 제2 언어 학생들은 덩잇글에 대해 뒤친 내용을 적어 두고, 이해를 도와주는 방편으로 자신의 머릿속에서 번역을 한다(Kern, 1994). 그와 같은 경우 번역 자원은 제2 언어 환경에서만 독특하다. 끝으로 제2 언어 학생들은 제2 언어의 읽기 과제를 위하여 제1 언어에서 특정의 문화적인 지식과 덩잇글(예를 들면, 속담이나 특별한 덩잇글이나 종교적인 덩잇글, 문화적인 이야기 전달글)을 참조할 수 있다. 어떻게 이런 자원들이 독자들의 서로 다른 집단들에서 제2 언어로 읽고 이해하는 데 영향을 미치는지는 잘 알려져 있지 않지만 제1 언어 독자와 제2 언어 독자 사이의 분명한 차이를 보여 준다. 그리고 이들은 교사가 얻을 수 있는 통찰력을 위하여 교실수업을 통해 탐구되어야 한다(Hartmann, 2001; Scott and de la Fuente, 2008 참조).

제2 언어 학생들에 대한 특이하고 구별되는 자원들을 지적하는 것은 문제의 일부일 뿐이다. 이들 자원들의 효율성에 대해 평가할 필요가 있으며, 학생들에게는 이들 자원을 효과적으로 사용할 수 있도록 가르칠 필요가 있다. 예컨대 효율성을 강조하는 교사는 이중언어 사전의 사용에 대해 단호한 입장을 취하지 않을 것인데 어떻게 말을 하던 학생들은 이중언어 사전을 사용할 가능성이 높기 때문이다. 오히려 문제는 어떤 이중언어 사전을 사용하며, 언제 사용하며 그리고 어떻게 효율적으로 활용할 것인가가 된다. 만약 이중언어 사전을 '막는다면' 학생들이 그것을 효과적으로 활용할 필요가 있는 안내를 받지

용하여 읽기와 어휘 지도에 활용하자는 논의는 허선익(2008), 「읽기와 어휘 지도에서 어휘사슬 활용 방안」(『모국어교육』 29), 325~356쪽 참조). 그러나 우리나라에서는 우리말 쓰기 관례에 따라 유의어가 활용되지 않고 있다. 최근에 『넓은 풀이 우리말 유의어 대사전』(전 7권, 서울대학교국어교육연구소 및 (주)낱말어휘정보처리연구소 지음(2010), 낱말)이 출간되었다. 101,781개의 표제어를 중심으로 1차 유의어 283,733개, 2차 유의어 2,001,129개가 수록되어 있는 대사전이다. 개별 어휘의 난이도를 설정하여 1등급부터 7등급까지 나누어 표기하고 있다. 아울러 한 표제어를 중심으로 단어의 의의 상관관계를 2차로 확장하여 학습자들에게 유의어를 배울 수 있는 중요한 자료가 되고 있다. 사전 이용에 대한 기본적인 것만 익히면 여러 가지로 활용의 정도가 큰 사전이라고 생각한다. 방대하다는 점이 이 사전의 장점이면서 쉽게 가지고 다닐 수 없다는 단점이 된다. 이와 같은 단점을 해결하기 위한 『우리말 유의어 중사전(넓은 풀이)』(2010)도 출간되었다.

않는다는 점만 확실해진다. 학생들은 스스로 그것을 활용할 것이라는 점만 확신할 수 있기 때문이다(7장에서 시범을 보이는 현장 연구거리로 사전의 활용에 대해서는 7.1.1, 용어 풀이의 효과에 대해서는 7.1.2 참조).

2.3. 제1 언어로 읽기와 제2 언어로 읽기에서 발달에 영향을 미치는 사회-문화적 차이와 기관 맥락에서 차이

구체적인 개인별 차이와 언어적 차이, 기타 등등의 차이와는 별도로 더 큰 문화적 문제와 사회적인 문제들이 특정의 교실수업 맥락의 바깥에서 작동한다(표 2.3 참조). 읽기 발달과 읽기 가르침은 읽기와 글말 능력의 활용에 대한 학부모의 태도와 지역 공동체의 태도에 강하게 영향을 받는다. 이는 제1 언어 맥락과 제2 언어 맥락에 다 맞지만 뒤따르는 절에서 분명하게 되듯이, 이들 요인들은 제1 언어 맥락과 제2 언어 맥락 사이에서나 혹은 여러 제2 언어 맥락 사이에서 언제나 같은 방식으로 작동하지는 않는다.

<표 2.3> 제1 언어로 읽기와 제2 언어로 읽기에서 발달에 영향을 미치는 사회-문화적인 차이와 기관 맥락에서 차이
1. 제2 언어 독자들의 서로 다른 사회-문화적 배경
2. 담화와 덩잇글의 서로 다른 구성 방식
3. 제2 언어 교육 기관의 서로 다른 기대

2.3.1. 제2 언어 독자들의 서로 다른 사회-문화적 배경

제1 언어로 읽기와 제2 언어로 읽기 환경 사이의 핵심적인 차이는 때로 무시되지만, 학습자들이 제1 언어의 문화적 배경으로부터 가져오는 글말 문화의 관례에 따른 제1 언어의 사회화와 관련이 있다. 어떤 문화에서는 글말 문화가 비교적 덜 보편화되어 있고, 글말 공동체가 종종 전사자와 대서인들과 관련이 있다. 다른 문화에서는 글말 문화를 지나치게 활용하지만 어떤 활용을 다른 활용보다 강조하는데 종종 종교 관련 덩잇글이나 매우 높은 가치가 부여된 고전적인 덩잇글에 더 큰 가치를 둔다. 글말을 부려 쓰는 기술의 개인적인 한계가 보편적이고 사회적으로 용인된다는 사실에도 불구하고, 여전히 글말 문화를 널리 활용하고 있다. 끝으로 미국이나 영국, 호주와 같은 사회에서는 시민들에게 모든 사람이 글말 능력이 있어야 한다고 믿도록 사회화한다. 그와 같은 배경에서 글말 능력을 부려 쓰는 환경은 집요하고 널리 퍼져 있다(예를 들면, 도로 표지, 모든 갈래의 꼬리표와 덩잇글이 곳곳에서 발견된다).

각각의 문화적 맥락에서 기술적인 자원들을 포함하여 덩잇글 자원들을 어떻게 활용하는가에 대한 가정도 다른 경향이 있다(Carton and Pratt, 2009; Wagner, 2009). 몇몇 사회 집단에서는 텍스트[13]를 변하지 않는 것으로 보고 있다. 다른 사회 집단에서는 공리주의적인 목적에 이바지하는 것으로 간주하지만 높은 가치를 부여하지는 않는다. 다른 집단에서는 텍스트를 연구되어야 하는 진리의 원천으로 간주하지만 논박될 수 있는 사실들과 실체에 대한 또 다른 해석으로 텍스트의 값어치를 매긴다.[14] 각각의 환경에서 개인들은 특별한 방식으로 덩잇글을 활용하도록 자신들의 제1 언어 교육에서 사회화된다(Haeri, 2009; Lundberg,

---

13) 이 책의 전체에 걸쳐 text는 덩잇글로 뒤친다. 의미연결(coherence)되고, 통사적으로 결속된(coherent) 글을 가리킨다. 이 문장에서 text를 '텍스트'로 옮긴 것은 넓은 의미에서 해석과 전달의 대상이 되는 글말을 가리킨다고 해석하기 때문이다. 아래에서도 텍스트로 옮기면 그와 같은 의미로 이해한다.

14) 한편 글말과 입말의 사회적 의미에 대한 대표적인 논의는 옹(Ong, 1982; 이기우·임진명 뒤침, 1995)의 『구술문화와 문자문화』(문예출판사)를 참조할 수 있다. 또한 글말 문화가 자리를 잡고 영향을 미친 사례들에 대한 언급은 그레이브와 카플란(Grabe and Kaplan, 1996; 허선익 뒤침, 2008), 『쓰기 이론과 실천사례』(박이정)를 참조할 수 있다. 입말과 글말의 차이에 대한 논의는 허선익(2013), 『국어교육을 위한 말하기의 기본개념』(도서출판 경진)을 참조할 수 있다.

1999). 한 방향에서 다른 방향으로 옮겨가려는 제2 언어 독자들은 문화적인 가정을 보완하지 않은 목적 때문에 덩잇글을 읽을 때 어려움에 맞닥뜨릴 가능성이 높다.15) 이런 학생들은 이와 같은 전환을 하는 데 교사의 도움을 필요로 할 것이다. 대부분의 경우 제2 언어를 배우는 학생들은 덩잇글이 자신들이 공유하지 않는 문화적인 가정을 활용할 때 제2 언어로 된 덩잇글에 제시된 가정들의 얼개를 잡는 데 어느 정도 어려움이 있을 것이다. 문화적인 가정에서 이와 같은 불일치는 제2 언어 학생들이 문학과 같은 시대의 문화에 관련 덩잇글을 읽을 때 더욱 심각한 문제를 유발할 수 있다.

[인용 2.11] 글말 능력에 대한 태도

> 글말 능력을 지닌다는 것이 무엇인지, 이것이 얼마나 가치 있고 어떻게 활용되고 제시되는가 하는 것은 문화마다 다를 것이다. 어떤 문화에서는 인쇄된 매체에 대해 암묵적으로 권위를 지닌 것으로 수용되는 것과 같이 잴 수 없이 존경을 표현하지만, 의문을 가질 수 없다. 다른 사람들은 어떤 인쇄물에 어떤 의견을 제시할 수 있다는 함의를 두려워하는데 그에 대한 의견들에 부여되는 내구성이 의견의 소유자로 하여금 더 많이 해명할 책임을 갖도록 하기 때문이다.
>
> ▶▶▶Alderson, 2000: 25

---

15) 이와 같은 태도는 궁극적으로 제2 언어 문화에 동화되지 않으려는 태도에서 비롯될 가능성이 높다. 문화적인 요소에 대한 강조가 제2 언어 학습에서 강조되지 않았던 이른 시기의 외국어 교육과는 달리 오늘날 우리나라 대학의 대부분에서 제2 언어의 문화에 대한 강조가 이뤄지고 있다. 문화적인 요소와 언어가 밀접한 관련이 있다는 전제에 비춰 보면 너무나 당연한 일이다. 그렇지만 어른이 된 뒤에 제2 언어를 배우는 경우 다른 문화의 영향을 애써 배제하려는 태도를 보이기도 한다.

2.3.2. 덩잇글과 담화를 구성하는 서로 다른 방법들

제1 언어로 읽기 맥락과 제2 언어로 읽기 맥락 사이의 또 다른 구별은 덩잇글과 담화에서 특정의 구성 방식에 대한 문화적인 선호도와 사회적 선호도가 다름에 있다. 글말 문화가 있는 세계 곳곳의 사회에서 사람들은 글말 덩잇글에서 정보를 구성하는 선호되는 방법을 계발하였다(이는 또한 덩잇말16)에 대해서 마찬가지이다). 예컨대, 사람들은 글에서 관찰된 사실과 숫자를 제시함으로써, 설득을 목적으로 하는 사례를 지적하거나 혹은 전통적인 지혜나 종교적인 신념을 언급함으로써 논증을 한다. 논증을 하거나 어떤 입장을 취하기 위한 사회-문화적인 선호도는 쓰기를 위한 구성 계획과 구조가, 논증을 하기 위해 예상되는 방식을 반영하는 경향을 띠도록 관례화되는 경향을 보이기도 한다. 따라서 쓰기의 목적과, 논증을 하고 정보가 쓰기에 반영되는 방법에 대한 믿음이 모두 덩잇글이 어떻게 구성되며 어떻게 자원들을 부려 쓰는가에 영향을 미친다. 이와 같은 현상에 대한 연구는 때로 대조 수사학이나 문화들 사이의 수사학이라 부른다(Connor, Nagelhout and Rozycki, 2008; Hudson, 2007; Kaplan, 2005). 읽기를 위한 목적에 본질적인 사항은 제2 언어로 된 덩잇글이 언제나, 학생들의 제1 언어 읽기 경험과 부합하는 방식으로 구성되지 않는다는 것이다.

제2 언어로 읽고 이해하기에 영향을 미칠 수 있는 덩잇글 구조와 관련되는 부가적인 요인들은 (a) 덩잇글에서 독자와의 상호관계를 표현하는 방식(예를 들면, 대명사 'I'와 너 'you'의 사용), (b) 어떤 덩잇글에 담겨 있는 새로운 정보의 양에 대한 기대(예를 들면, 구적 명사(nominalisations)17)의

---

16) 이 책에서 뒤치면서 대부분의 text는 덩잇글로 받아들였다. 한편 입말로 된 경우는 덩잇글에 대응되게 덩잇말로 받아들인다.

17) 명사의 사용이 많다는 것은 정보의 추상화 수준이 높고 정보 밀집도가 높다는 말이다. 이를테면 '실험〉학생들의 실험〉학생들의 동물 실험〉학생들이 동물 실험을 하였다.'와 같은 구성에서 왼쪽에서 오른쪽으로 올수록 더 구체화된다. 구적 명사가 많다는 것은 또한 형식형태소(기능어)보다 실질형태소가 많고 그에 따라 어휘 밀집도가 높다는 의미

사용이 많음), (c) 어떻게 명시적으로 독자의 해석을 이끌어 줄 것인가 하는 것에 대한 가정(예를 들면, 세부 내용과 묘사, 설명으로 뒷받침하기)에서 차이를 아우른다. 이와 같은 점은 여러 언어들에 걸친 담화의 차이에 대하여 어느 정도 지나치게 일반화된 주장에 주의를 기울이면서 정보가 제시되는 (혹은 제시되지 않는) 방식에 대한 학생들의 자각을 끌어올리는 일과 가르침의 일부로 덩잇글 구조를 탐구하는 일의 장점을 알려 준다(8장의 8.2.1에서는 시범적인 현장조사연구거리를 다루고, 8.2.2에서는 구성 얼개 그림에 초점을 맞추었으며, 8.2.3에서는 연쇄와 대조를 나타내는 신호 낱말들의 확인에 초점을 맞추었다).

2.3.3. 제2 언어 교육 기관의 서로 다른 예상

제1 언어와 제2 언어 사이의 마지막 구별은 제1 언어 교육 기관과 제2 언어 교육 기관 사이의 다른 자원들과 태도에 따라 구체화된다. 제2 언어 학생들은 자신들이 하고 있는 가정과 수행이 이전의 제1 언어 교육 기관의 경험에 따라 발달하는데(Hanley, Tzeng and Huang, 1999; Leki, 1992; Lundberg, 1999), 제1 언어 교육 기관에서 한 경험은 그들이 스스로 발견하게 되는 제2 언어 교육 기관에서 경험과 심한 대조가 있을 수 있다. 추가적인 차이로는 교사 연수를 위해 들인 비용의 양, 교사들의 경험 수준, 교육적인 환경에 대한 금액의 할당, 교육적인 기반 구축을 위한 지원 수준, 교사-학생 사이의 관계, 학급의 크기가 포함된다. 물론 이와 같은 차이들은 제1 언어 맥락에서도 소수민족 집단의 경우, 교육 기관에 대한 지원의 수준이 낮음을 경험할 수 있다. 그러나 이와 같은 차이들은 다수의 서로 다른 사회-문화적인 배경과 언어 배경을 지닌 학생들이 있을 경우 상당히 불어나며 이와 같은 차이들이, 그렇지 않던 경우에는 예상되지 않던 어려움으로 이어질 수 있다(Fairbanks,

---

를 지닌다.

Cooper, Masterson and Webb, 2009; Rueda, Velasco and Lim, 2008).

이와 관련되는 문제들로 기관의 조직 체계에 대한 유용성(혹은 무용성)과 많은 경우에 좀 더 구체적으로 이런 기관의 조직 체계에 대한 잠재적인 가혹함에 대한 집단 사회화의 결과로부터 비롯되는 차이가 있다. 제1 언어 맥락에서 소수 민족들은 학교 기관을 자신들과 일치하지 않은 이익을 대표하는 것으로 바라본다. 그리고 교육적인 노력에 대하여 거부하려는 태도를 드러내는 경향이 있다(Ogbu and Simmons, 1998). 제2 언어 맥락에서 학생들은 제1 언어의 관점으로부터 제2 언어에 대한 강경한 태도를 가져올 수 있는데 더 발전된 학습을 위하여 비교적 실용주의적인 도구로 제2 언어를 수용하려는 여지가 거의 없게 된다. 동시에 제2 언어 학생들 다수가 제2 언어에 대하여 강한 실용주의적 태도를 채택하게 되는데 이런 태도는 자신들의 제1 언어에 대하여 지니는 태도와는 상당히 다를 것이다. 실용주의적 태도는 그 다음에 유창하게 읽을 수 있도록 배우고자 하는 장기적인 노력에 몰입하려는 자발성을 제한한다.

2.4. 결론

제1 언어로 읽기 맥락과 제2 언어로 읽기 맥락에서 여러 차이들은 제2 언어로 읽고 이해하기의 복잡성을 지적하여 준다(차이점에 대한 요약으로는 표 2.4 참조). 제2 언어 학생들과 그 집단은 제1 언어 집단만큼이나 다양할 뿐만 아니라, 대부분의 제1 언어의 글말 문화 환경보다 더 복잡한 학습목표와도 관련이 있다. 제1 언어로 읽기와 연관되는 대부분의 가정들을 이런 차이에 비추어 다시 생각하고 고쳐야 한다. 이 장에서 이루어진 논의를 토대로, 어떤 교사가 어떻게 제2 언어 맥락에 가르침을 적용하여야 하는가를 보여 주는, 곧이곧대로의 간단한 청사진은 없다는 점도 분명하게 하여야 한다. 또한 널리 적용될

<표 2.4> 제1 언어로 읽기와 제2 언어로 읽기 사이의 차이들

언어적 차이와 처리에서 차이

 1. 제1 언어로 읽기와 제2 언어로 읽기의 시작 단계에서 담화 지식, 문법 지식, 어휘
    지식의 양에서 다름
 2. 제2 언어 환경에서 상위 언어적인 자각과 상위 인지적인 자각이 더 큼
 3. 두 언어에 걸쳐 언어적인 차이가 다양함
 4. 제2 언어로 읽기 위한 토대로서 제2 언어 유창성이 다양함
 5. 언어 전이의 영향이 다양함
 6. 두 언어의 작동으로 인한 상호작용의 영향

개인별 차이와 경험에서 차이

 7. 제1 언어로 읽기 능력이 다름
 8. 제2 언어에서 읽기를 위한 동기가 다름
 9. 제2 언어로 읽기에서 접속의 양이 다름
 10. 제2 언어 맥락에서 덩잇글의 갈래가 다름
 11. 제2 언어 독자를 위한 언어 자원이 다름
 12. 제2 언어 독자들의 사회-문화적 배경이 다름
 13. 덩잇글 구성과 담화 구성이 다름
 14. 제2 언어 교육 기관의 기대가 다름

수 있는(one-size-fits-all) 접근법은 없으며 그와 같은 절차들의 묶음도
제공될 수 없다는 것도 분명하다.

　제2 언어로 읽기에 대한 지난 10년 동안의 조사연구에서 강하게
나타난 한 가지 교훈이 있다면 제2 언어 독자가 단순히 제1 언어 독자
와 대조를 이루는 것이 아니라는 것이다. 대신에 제2 언어 조사연구자
들은 제1 언어와 제2 언어, 이들의 글말 능력에 대한 지식을 통합하는
사람들이다. 그와 같은 관점은 제2 언어 읽기 처리와 제1 언어 능력
전이의 역할, 이중언어 어휘의 활용과 발달, 그리고 제2 언어 독자로
발전을 보임에 따라 제2 언어 입력물 지식의 영향력 깅화를 신중하세
탐구하는 길을 열었다. 이와 같은 관점은 케이코 코다(Keiko Koda)의
인용에서 잘 포착되어 있다.

　제1 언어 학생과 제2 언어 학생들 사이의 있을 수 있는 차이를 많이
아는 것은 (a) 읽기 조사연구와 효율적인 가르침에 대하여 이뤄진 많

[인용 2.12] 제2 언어 읽기에서 두 언어의 개입

두 언어가 개입한다는 것은 제2 언어 읽기의 독특한 특징을 가장 잘 드러내는 가장 두드러진 속성이다. 두 언어에서 글말 문화 경험이 제2 언어로 읽기 기술의 형성에 어떻게 상호작용하고 통섭하는가에 대한 분명한 이해가 제2 언어 읽기 조사연구에서 우선순위를 차지한다.

▶▶▶Koda, 2008: 90

은 주장들을 해석하고, (b) 제2 언어 읽기에서 특별한 요구 조건을 인지하며, (c) 교실수업에서 지속적인 관심거리를 탐구하는 우리 모두에게 도움이 된다. 동시에 조사연구로부터 두루뭉술한 주장을 기다릴 수 없으며 완벽한 교실수업 해법에 흔들려서도 안 된다. 오히려 우리들 자신의 교실수업과 우리의 학생들을 의미 있는 교실수업 기반 조사연구를 위한 공개토론으로 활용해야 한다. 실제 교실수업 환경은 종종 효율적인 학습을 위해 중요한, 제2 언어 학습에 대한 쟁점들을 탐구하는 데 가장 좋은 맥락을 제공하기도 한다. 이 장에서 두드러지게 드러난 차이들은 이 책의 4부에서 보여 주게 되는 것처럼 의미 있고, 목적 지향적인 것으로 교사가 시작하는 탐구를 위한 유의미한 출발점을 보여 준다.

어떻게 교사가 자신들의 현장 연구에 참여할 수 있는가에 대한 고려를 하기에 앞서 제1 언어 맥락과 제2 언어 맥락에서 읽기에 대한 현재의 조사연구에 대한 소개를 먼저 하고 싶다. 이야기의 한 갈래로서 조사연구를 살펴보면서 시작하기로 한다. 잘 짜인 이야기와 마찬가지로 어떤 연구이든 배경과 일련의 일화들, 정점에 이른 사건, 독자를 위한 교훈을 포함하고 있다. (3장에서) 제1 언어 읽기 조사연구에 대한 열 개의 훌륭한 이야기를 듣고, (4장에서) 제2 언어 읽기 조사연구에서 훌륭한 열 개의 이야기를 듣게 된다. 다음의 이들 두 장은 읽고 이해하기의 핵심적인 구성요소들의 특징을 강조하면서 앞서 나가는 조사연구자들이 하고 있는 흥미로운 노력들을 소개할 것이다. 그리고 훌륭한 읽기 조사연구가 제1 언어 맥락과 제2 언어 맥락에서 수행되는 일련의 방법들을 예시할 것이다.

■■■■■■ 더 읽을거리

이 장에서 자주 나오는 인용 문헌(citations)은 더 세부적인 내용을 찾아 보는 중요한 참고문헌이다. 이 장에 있는 다수의 핵심 쟁점에 대한 추가적인 읽기는 10장(주로 10.1과 10.2)을 보고 다음을 참조할 것. 예를 들면 다음과 같다.

- 읽기 문턱에 대해서는 Anderson(2000), Bernhardt(2011), Hudson(2007), Koda (2005) 참조.
- 전이에 대해서는 Koda and Zehler(2008), Koda and Reddy(2008) 참조.
- 읽기에서 두(또는 그 이상의) 언어들 사이의 상호작용에 대해서는 Cook and Bassetti(2005), Koda(2005) 참조.
- 학업에서 성공을 예측하는 지표로서 동기에 대해서는 Guthrie, Wigfield and Perencevich(2004), Pressley(2006) 참조.
- 읽기를 도와주는 제2 언어에 특징적인 서로 다른 자원들의 활용에 대해서는 Hudson (2007), Nation(2001), Prichard(2008) 참조.
- 읽기에 관련되는 문화적인 쟁점과 사회적인 쟁점에 대해서는 Goldenberg, Rueda and August(2006), Rueda, Velasco and Lim(2008) 참조.

제2부

읽기에 대한 **조사연구** 살펴보기

제3장 제1 언어로 읽기에서 핵심적인 연구들

이 연구에서는 읽기와 학습에 대한 우리의 이해에 중요한 기여를 하였던 11개의 읽기 조사연구를 강조하여 보여 주고자 한다. 조사연구자들이 어떻게 그리고 왜 자신의 연구를 수행하게 되었는지, 그리고 그 결과들이 어떻게 해석되는지 보여 주기 위해 이해하기 쉬운 표현으로 그 연구들을 설명한다. 이런 연구들에 대한 개관을 통해 읽기 조사연구와 읽기의 중요한 측면들을 이해하는 데 실천가들이 도움을 받을 것이다. 여기에는 다음이 포함된다.

- 어휘와 읽기 능력 사이의 관기
- 읽기 능력 발달에서 유창성의 역할
- 형태론적 지식과 상위 언어적 자각이 읽기 능력에 미치는 영향
- 숙달된 읽기를 위한 전략들과 담화 전략의 가치
- 읽기 기술 발달에 구체적인 가르침 사례와 교육과정이 미치는 영향
- 읽기 교실수업에서 동기부여의 역할

이 책의 처음 두 장은 유창한 읽기에 대한 이론과 제1 언어로 읽기와 제2 언어로 읽기의 차이를 훑어보았다. 이런 도입 장들은 읽기에 대해서 일반적으로 많이 알고 있지만 제2 언어로 읽기에 대해서 그리

고 제2 언어로 읽기를 어떻게 좀 더 구체적으로 가장 잘 가르칠 것인지에 대해, 상당히 모르고 있다는 사실을 강조하였다. 1장과 2장은 또한 읽기 교사로서 우리들이 (a) 읽기 조사연구에 대한 이해를 하고 이론을 수립함으로써, (b) 조사연구들을 평가하고 해석하는 능력을 계발하고 가르침을 위한 함의를 대응시킴으로써, (c) 우리가 처한 지엽적인 맥락에서 작은 규모의 조사연구거리를 수행함으로써 얻을 수 있는 혜택을 구체적으로 제시하였다. 이런 일련의 활동들을 통하여 우리가 배울 수 있는 것은 읽기 가르침을 나아지도록 하는 데 도움을 줄 수 있는 잠재력을 지니게 된다는 것이다. 본질적으로 교사로서 그리고 조사연구자로서 바람직한 목표는, 학술지와 책에 보고된 조사연구로부터 나온 증거이든, 가르침을 위한 새로운 선택내용을 제안하는 자신의 현장조사연구와 다른 사람의 현장조사연구에서 나온 것이든, 증거에 바탕을 둔 가르침의 실천에 참여하게 하는 것이어야 한다. 이 장과 다음 장에서 조사연구가 어떻게 이해될 수 있으며 어떻게 해석될 수 있는지 그리고 읽기에 대한 홀륭한 조사연구가 어떻게 수행될 수 있는지 고려하기로 한다. 3장은 제1 언어로 읽기에서 핵심적인 조사연구의 이해에 초점을 맞추고 4장은 제2 언어로 읽기에 대한 조사연구로 그 초점을 바꾸도록 한다. 특히 이 장에서 중요한 점은 특정의 조사연구를 위한 노력과, 이론 수립과 가르침을 위한 추천으로 이어지는 조사연구부터 나온 속뜻의 갈래들을 연결하는 것이다(뒤의 문제는 5장에서 좀 더 깊이 있게 다룬다).

3.1. 이야기로서 현장조사연구: 확장된 사례들

각각의 조사연구는 본질에서 어떤 이야기를 표현한다. 우리는 거의 매일 이야기를 읽으며 그것을 어려운 것으로 보지 않는다. 실제로는 이야기를 읽고 즐길 만한 것으로 생각한다. 그렇다면 왜 우리들 대부분은 어떤 조사연구 읽기를 즐길 만한 것으로 생각하지 않는가? 분명히 어떤 조사연구 논문의 이야기 구조는 좀 더 표준적인 이야기 전달에서 익숙하게 사용하는 것과 다르다. 조사연구 '이야기'의 많은 관례들에 대해 낯익지 않기 때문에 그 이야기 흐름을 좇아가는 일이 힘들다. 그럼에도 불구하고 조사연구는 이야기이며 이야기 구조의 특징들을 담고 있다. 형식과 격식에 따라 보고를 하는 특징만이 참으로 다를 뿐인데 이는 목표로 하는 독자의 다름과 잘 규정된 기대의 묶음들을 반영한다. 이 절에서는 확대된 조사연구의 이야기를 옮긴다. 그것은 지난 20년 동안 제1 언어로 읽기의 조사연구에 중요한 영향을 미친 조사연구이다.

이 이야기는 8년 동안에 걸쳐 펼쳐지는 서사 이야기로 생각할 수 있는데, 읽기 발달의 이른 단계에서 무엇이 더 나은 독자가 되게 하는지 이해하고자 하는 두 명의 연구자(바이른과 필딩 반슬레이)로 시작한다. 그들은 낱말에서 음소를 확인하는 연습[음소 자각(phonemic awareness)]과 함께, 낱자와 말소리를 연결[낱자-말소리 지식(letter-sounds knowledge)]하는 연습이 더 나은 독자가 되게 하는지 여부를 밝혀보고자 하였다. (다른 훌륭한 이야기에서와 마찬가지로) 이른 시기에 그들이 맞닥뜨린 갈등은 비록 다른 방법으로 어린이들 사이에 더 나은 읽기 발달을 가져온다는 증거가 거의 없음에도 불구하고 읽기를 가르치는 유일한 방법으로 학교 당국에 의해 이들이 제안한 방법과는 다른 교육 방법이 장려되고 있었다는 점이다. 그에 따라 이들 조사연구자들은 초급 수준의 독자들에 대한 자신들의 생각이 학생들에게 혜택을 줄 수 있을지 정하고자 하였다.

그들은 이른 시기에서부터 어느 정도 도전을 예상하였다. 먼저 가르침과 배움에 대한 자신들의 생각이 지니는 장기적인 효과를 측정할 필요가 있음을 인식하였다. 근본적으로 그들은 자신들의 생각이 그 연구가 끝난 3년이나 4년 뒤 학생들의 수행에서 차이를 가져올 수 있을지 알고자 하였다. 두 번째로 자신의 연구로부터 강한 주장을 할 수 있기를 원했다. 그들은 그렇게 하는 최선의 방법이 자신들의 연구가 통제되고 균형 잡혀 있음을 분명하게 하는 것이라는 점을 깨달았다. 만약 자신들의 생각이 옳다면 그들이 얻어낸 결과가 운이 아니라 실제로 학생들의 수행에서 차이를 내기 때문이라는 것을 분명하게 해 둘 필요가 있었다. 그들이 계획한 세 번째 문제는 학생들이 왔다가 간다는 사실과 관련이 있다. 결과적으로 그들은 몇몇 학생들이 옮겨 가고 몇 년 뒤에 머무를 수 없을 경우에도 일반적인 진술을 할 수 있을 정도로 학생들을 충분히 관찰할 필요가 있었다.

조사연구자들은 자신들의 임무를 수행하기 위해 세 개의 도구가 필요하다는 것을 깨달았다. (a) 교육에 들어가기 전에 학생들의 능력을 점검하는 도구, (b) 교육 그 자체를 위한 절차들, (c) 교육이 끝난 뒤 학생들의 수행에서 어떤 변화가 일어났는지를 결정하는 절차가 그것이다. 조사연구자들은 학생들이 비난을 할 것이라는 점을 알고 신중하고자 하였다. 그들은 세 단계의 예방책을 취하였다. 먼저 그들은 자신들의 연구에 적합하고 다른 조사연구자들이 성공적으로 활용하였던 측정 도구를 찾아보았다. 그 다음에 자신들의 조사연구 환경에 맞도록 이들 도구를 채택하고 자신들의 연구 질문에 답할 수 있는 최적의 자료를 모았다. 마지막으로 연구에 참여하고 있는 모든 학생들이 비슷한 교육을 받았다는 것을 분명하게 해 두었다. 이 마지막 예방책을 취한 뒤, 학생 집단들 사이에 차이가 있다면 그 차이는 (정상적인 가르침의 차이라기보다는) 특정의 교육에서 차이일 가능성이 높다고 말할 수 있다는 데 안도감을 느꼈다.

첫 번째 연구(1989)에서 바이른과 필딩-반슬레이는 자신들이 지니고 있는 생각의 중요성을 예증하고자 하였다. 그들은 열세 명의 미취학 아동들을 대상으로 어린이들이 일관된 부호(예를 들면, 푸른색 동그라미와 붉은색 세모와 같이 색깔로 부호화된 기하학 부호)를 연결하도록 가르침을 받을 수 있는지 알아보고자 하였다. 이들은 결합 형태로 사용되었다(예컨대 'little boy'는 붉은색 세모를 뒤따르는 녹색 네모로 나타내었다. 그리고 'big boy'는 푸른색 동그라미를 뒤따르는 녹색 네모로 나타내었다). 'little fish'(붉은색 세모를 뒤따르는 노란색 오각형)와 같은 새로운 형태에 맞닥뜨렸을 때, 붉은색 세모를 'little'과 연결할 수 있어야 한다. 열세 명 가운데 열 명의 어린이들이 이를 잘 하였다. 말하자면 그들은 입말 낱말을 이전에 보았던 대응 부호와 연결할 수 있었다. 그러나 이 열 명의 어린이들은 이 능력을 낱말에 있는 말소리와 일관된 부호로 관련을 짓는 능력(이 경우 낱말이 아니라 말소리를 나타내는 부호로서 'fat'과 'bat'이 세 개의 부호로 각각 이뤄져 있는데 이 두 단에서 처음의 하나만 다르고 나머지 둘은 같음)으로 전이하지는 못하였다. 어린이들은 새로운 입말 낱말에서 반복되는 말소리를 확인하거나 찾아내지 못하였다. 조사연구자들이 이른 결론은 낱말에서 개별 말소리의 확인은 좀 더 일반적인 부호 학습 기술로부터 자동적인 전이에 따라 쉽게 학습되는 것이 아니라는 것이다. 이와 같은 어려움은 초급 수준의 글말 능력에서 특히 낱자–말소리 대응을 명시적으로 가르칠 필요가 있음을 보여 준다.

자신들의 생각을 예증해 보이고 난 다음 그 조사연구자들은 적절한 직접–교수를 위한 교육거리를 계발할 필요가 있었다. 그들은 낱말에서 말소리 확인하기, 낱말들을 구별되는 말소리로 나누기, 말소리–부호 대응을 명시적으로 배우기라는 세 가지 목표를 달성하기 위하여 일련의 일곱 단계를 거쳐 어린이들을 가르쳤다. 각 단계의 마무리 시점에서 학생들에 대한 검사가 끝난 뒤, 어린이들이 낱자–말소리 대응과 말소리 확인 기술에 대해 직접적인 가르침을 받기 전까지 그들에게 **자모원리**(alphabetic principle)(낱자–말소리 관계를 새로운 낱말에 전이함)가 나타나지 않음을 발견하였다. 조사연구자들은 두 능력에서 직접적인 가르침이 자모 원리를 어린 아이들이 배우는 데 도움을 준다는 것을 발견하였다.

이와 같은 결과를 확보한 채로 바이른과 필딩–반슬레이(1991)는 말소리 확인 기술과 낱자–말소리 대응을 가르치기 위해 마련된 교육

연구(training study)를 수행하였다. 네 개의 유치원으로부터 126명의 어린이를 모으고(평균 나이는 4년 7개월), 이들을 두 집단으로 나누었다. 64명은 실험에 따른 **처치 집단**(treatment group)에 62명은 정규 교육과정을 따르는 **통제 집단**(control group)으로 나누었다. 시작하면서 언어 능력과 **인쇄물에 대한 개념**(concepts about print), 운 인식과 **음소-확인 능력**(phoneme-identification abilities)이 같음을 분명하기 위해 두 집단을 검사하였다. 그 다음에 실험 집단 어린이들은 음소 확인, 말소리 마디와 낱자-말소리 대응에 대하여 12주에 걸쳐 모두 여섯 시간의 명시적인 가르침을 받았다(주마다 30분씩). 교육의 막바지에 실험 참여 어린이들은 통제 집단의 어린이들보다 낱말에서 음소들을 유의하게 더 잘 확인할 수 있었다. 이와 같은 결과들은 실제로는 놀랍지 않은데 실험에 참여한 어린들이 교육의 일부로 음소 확인을 연습하고 있었기 때문이다.

그들 연구의 두 번째 국면에서 모든 어린이들은 새로운 세 집단으로 재구성하였는데 (a) 음소 확인에서 성공한 집단, (b) 낱자-말소리 지식에서 성공한 집단, (c) 두 능력에서 성공한 집단이었다. (두 능력에서 성공한 80%의 아이들은 원래의 실험 집단으로부터 나왔고, 20%는 통제 집단으로부터 나왔다.) 그들은 두 능력에서 훌륭하였던 어린들의 75%가 글말 낱말을 보고 두 입말 낱말 사이에서 고르라고 하였을 때 간단한 새로운 낱말 묶음을 '읽을' 수 있었다. (두 가지 능력이 없는) 오직 4%의 어린이들만이 낱말을 '읽을' 수 있었다. 여기서도 조사연구자들은 어린이들에게 음소 확인 능력과 낱자-말소리 대응 지식이 필요하며 이들 능력에서 직접 가르침으로부터 혜택을 입는다는 것을 발견하였다.

조사연구자들은 이 연구로 끝내지 않았는데 좀 더 설득력이 있는 논의를 하고자 하였기 때문이다. 그들의 결과를 본 어떤 사람이든 실험에 참여한 어린이들은 단지 측정하고 있는 기술 바로 그것에 교육을 받았기 때문에 더 나았다고 말할 수 있다. 조사연구자들이 실제로 결정하고자 한 것은 만약 여섯 시간 동안의 직접 가르침이 실험에 참

[인용 3.1] 음소 정체성 인지

이 연구의 목적은 새로운 교육거리를 평가하는 것이었다. … 그 교육거리에서는 여러 낱말들에 걸쳐 음소 정체성의 인지를 강조한다. … 음소자각에 대한 교육 전 측정과 교육 후 측정을 비교해 보면 통제 집단에 비해 실험 집단에서 훨씬 많이 나아졌음을 보여 준다. 음소 자각에 대한 수준이 가르친 말소리뿐만 아니라 안 가르친 말소리에 대해서도 높아진 것으로 나타났다.

▶▶▶Byrne and Fielding-Barnsley, 1991: 451

그 자료들은 음소 정체성의 인지가 이 연구에서 활용한 교육거리로 가르칠 수 있음을 분명히 보여 준다. … 이 결과는 음소 정체성은 한 번 통달하고 나면 안정된 구성물임을 보여 준다.

▶▶▶Byrne and Fielding-Barnsley, 1991: 454

여한 아이들에게 오래 지속되는 혜택을 지니고 있는가 하는 것이었다. 그에 따라 바이른과 필딩-반슬레이(1993)는 그 어린이들을 찾아내기 위한 일 년짜리 추적 연구를 하였다. 비록 어린이들이 그 당시에는 여러 학교에 걸쳐 퍼져 있었지만 그들은 실험 참여 어린이 63명과 통제 집단의 어린이 56명을 찾아내었고(119명에 대한 평균 나이는 6년 0개월이었음) 후속 검사지 묶음들을 학생들에게 제시하였다. 그들은 여섯 가지 기본적인 기술을 검사하였는데 (a) 음소 확인 기술(예를 들면, 어린이들은 네 개 가운데 같은 말소리로 시작하는 사물들의 둘을 대응시킴), (b) 음소-생략 기술(예를 들면, 어린이들은 'small'과 같은 낱말을 보고 그 첫 소리로 시작하지 않는 새로운 낱말을 확인함), (c) 자모 지식, (d) 낱말 확인, (e) 유사낱말 확인(예컨대 어린이들은 'sut'과 같은 낱말을 듣고 'sut'와 'ig'를 보고난 뒤 올바른 글말 형태를 지적함), (f) 간단한 유사낱말을 자모로 적기가 있었다. 유사낱말 검사는 이 연구의 핵심인데 어린이

[인용 3.2] 음소 자각 수준

원래의 연구에서 미취학 아이들은 통제 집단에 비해 12주 동안의 가르침을 받았으며 음소 자각과 자모 원리에 대한 지식을 얻었다. 그 어린이들은 유치원의 막바지에 음소 자각과 낱말 확인하기, 해득하기와 철자법에 대한 검사를 받았다. 높은 수준의 음소 자각 점수를 받고 학교에 들어간 학생들은 각각의 측정에서 점수가 유의하게 더 높았다.

▶▶▶Byrne and Fielding-Barnsley, 1993: 104

들에게 실제 낱말에 대한 앞선 지식을 활용하지 않도록 하였기 때문이다. 유사낱말은 자모 원리의 적용을 좀 더 있는 그대로 측정하도록 해 준다. 실험 참여 어린이들은 애초의 가르침이 있었던 1년 뒤에 음소 확인 기술, 음소 생략 기술, (자모 원리에 대한 굳건한 지식을 요구하는) 유사낱말 인지에서 유의하게 더 나았다. (이들 집단들은 1991년도 연구의 출발에서 언어 능력 검사와 음소 자각 기술에서 비슷하였다는 점을 기억할 것.) 그러나 조사연구자들은 그 차이가, 또 다른 한 해를 보내고 반 년 동안 학교 교육을 보낸 뒤에 할 수 있는 자연스러운 예상으로, 일 년 전보다 크지 않음을 주목하였다.

1993년도 연구의 두 번째 부분으로서 그들은 앞서 미취학 연구의 막바지에 성공적으로 음소 확인을 보여 주었던 집단(실험 집단(80%)과 통제 집단(20%)에 걸쳐 있음)과 그렇지 않은 집단으로 다시 나누었다. 성공적인 집단은 모든 뒤따르는 연구의 측정(음소 확인, 음소 생략, 자모 지식, 낱말 확인, 유사낱말 확인, 철자법)에서 유의하게 더 낫다는 것을 발견하였다. 따라서 비록 가장 적절한 애초의 가르침이라는 **처치** (treatment)가 여전히 혜택으로 남아 있지만 어린이들이 이른 시기에 음소 확인 기술이 필요하다는 원리는 일 년 뒤에 측정되는, 이른 시기 글말 능력 기술에 대한 강력한 예측 지표가 된다.

조사연구자들은 여전히 만족스러워하지는 않으면서 자신들에게 또

> 우리의 표본 집단에서 낱말들이 개별 말소리를 공유할 수 있다고 이해
> 를 하면서 초등학교에 들어간 어린이들은 이와 같은 생각을 이해하지 못
> 하는 어린이들보다 실제 낱말읽기, 유사낱말 읽기와 철자법에서 훨씬 높
> 은 수준의 수행을 하였다.
>
> ▶▶▶Byrne and Fielding-Barnsley, 1993: 109

다른 질문을 하였다. 이와 같은 차이들이 뒤에도 계속될 것인가 하고
말이다. 그래서 1995년에 바이른과 필딩-반슬레이는 애초의 미취학
교육 집단을 대상으로 2년짜리와 3년짜리 후속 연구에 바탕을 둔 다
른 연구를 출간하였다. 1학년의 막바지(호주의 교육 체계)에 64명의 실
험 참여 어린이와 54명의 통제 집단 어린이를 찾아내었다(전체 118명
으로 평균 나이는 7년 2개월임). 그들은 어린이들을 비슷한 검사지와 새
롭게 나타나는 읽기 능력을 반영하는 새로운 검사지로 다시 한 번 검
사하였다. 원래의 6시간 교육거리가 있은 지 2년 더 지난 뒤에 실험에
참여한 어린이들은 여전히, 유사낱말 읽기 능력에서 통제 집단의 어
린이들보다 유의하게 점수가 더 높았다(그러나 실제 낱말 읽기에서는 유
의하게 더 낮지는 않았다). 추가적인 검사가 2학년의 막바지에 62명의
실험 집단 어린이와 53명의 통제 집단 어린이를 대상으로 수행되었다
(전체 115명의 어린이로 평균 나이는 8년 2개월임). 이때에 이르러 앞선
몇몇 검사에서는 더 이상 차이가 측정되지 않았고, 처리 속도, 낱말
인지, 유사낱말 인지, 듣고 이해하기, 읽고 이해하기, 인쇄물에 대한
접속이라는, 학년에 맞춘 새로운 검사기 사용되었다. 실험 집단에 있
었던 어린이들은 여전히 낱말 인지, 유사낱말 인지, 듣고 이해하기,
읽고 이해하기에서 여전히 점수가 높았지만 오직 유사낱말 인지와 하
나의 읽기 측정만이 유의하게 더 나은 상태로 남아 있었다.
  지속적이고 장기적인 그들의 연구에서 마지막 단계로 조사연구자

[인용 3.4] 음소 자각의 영향

> 이 연구는 취학 전에 음소 자각에 대해 가르침을 받았던 1학년과 2학년
> 에 있는 어린이들에 대한 후속 연구이다. 통제 집단과 비교하여 가르침을
> 받은 어린이들은 2년과 3년 뒤에 비낱말 읽기에서 그리고 3년 뒤에는 읽고
> 이해하기에서 우위에 있었다.
>
> ▶▶▶Byrne and Fielding-Barnsley, 1995: 488

들은 (유치원에서 여섯 시간의 가르침을 받았는지 여부에 상관없이) 취학
전에 있을 동안 음소 확인에서 이룬 성공에 바탕을 두고 어린이들을
다시 집단으로 묶었다. 처음에 음소 확인에서 성공하였던 어린이들
대부분은 3년 이상이 흐른 뒤에도 낱말 인지와 유사낱말 인지 측정에
서 유의하게 더 나은 상태로 남아 있었다. (그들은 또한 듣고 이해하기와
읽고 이해하기에서 높은 점수를 얻었지만 그 차이는 모두 유의하지는 않았
다.) 바이른과 필딩-반슬레이는 이 연구로부터 어린이들은 읽고 이해
하기 능력과 관련하여 음소 확인 기술(뿐만 아니라 낱자-말소리 대응에
대한 지식)로부터 혜택을 입었다고 결론을 내렸다. 게다가 그들은 유치
원에서 여섯 시간짜리 교육거리가 유창한 읽기를 위해 필요로 하는
능력에 지속적인 이로움이 있다는 것을 보여 주었다.

이 긴 이야기는 중요하다. 읽기를 뒷받침해 주는 기술로 직접 가르
침 대 전체적이고 자연스러운 접근법의 강점을 그렇게 많은 사람들이
토론하고 있는 시점에서 바이른과 필딩-반슬레이의 장기적인 노력은
어떤 유형의 직접 가르침이 읽기를 배우고 있는 어린이들에 더 이로
울 수 있는 강력한 증거를 더하여 주었다. 누구나 상상할 수 있듯이,
원래 이야기는 여러 다양한 부분에서 여러 가지 다른 방식으로 전달
될 수 있다. 그것은 다른 전문적인 조사연구자들에게서 기대하는 것
처럼 간결하고, 과학적인 방법일 것이다. 그와 함께 다양한 연구들은
전체적으로 7년 이상 지속된 매우 매력이 있는 이야기를 전해 주고

해득에 대한 취학 전 가르침의 지속적인 효과는 맥락에 따라 고려되어야 한다. 가르침은 대부분의 최근 검사에 삼 년 앞서 수행되었고, 전체적으로 여섯 시간뿐이었다. … 따라서 자모 원리의 요소에 대한 취학 전 접촉으로부터 비롯되는 어떤 이로움은 부호 해득에 기반을 둔 가르침을 사용하는 학교 체계에서 몇 해 동안에 씻겨 나갈 것이라 예상할 것이다. 분명히 그렇지 않다.

▶▶▶Byrne and Fielding-Barnsley, 1995: 497

있다. 조사연구자들의 이야기는 착상으로부터 시작한다. 그 다음에 그들은 문제를 제기하고 자료를 계발하며, (집단이 공평해지도록 하며 기준선을 설정하기 위하여) 학생들에게 가르치기 전에 그들을 검사하고, 학생들을 가르치고 그 가르침이 학생들의 능력에 무엇인가를 더하였는지 알아보기 위해 학생들을 검사하였다. 한 해, 두 해, 세 해, 네 해 뒤에 그들은 어린이들을 찾아내고 자신의 조산연구 착상들이 시간에 걸쳐 도움을 주었는지 알아보기 위해 다시 한 번 그들을 검사한다. 이런 연쇄는 분명히 '탐사' 이야기이거나 서사 이야기일 가능성이 높은 것이다.

3.2. 열 개 남짓의 핵심적인 조사연구들

대부분의 조사연구가 바이른과 필딩-반슬레이의 연구와 비슷한 점을 공유한다. 그 핵심에는 이들 이야기를 전달하기 위한 간소하고 간단한 형식이 있다. 실제 관심사, 훌륭한 질문, 정보를 모으는 방법이 있다. 때로 가르침이나 다른 연구로부터 나오거나 만들어진 자료로 함께 이뤄지는 평가가 있으며, 검토를 하고 결과를 해석하기 위한 도구도 있다. 이 간단한 연쇄에서 쉽게 눈에 띄지 않는 것은 이야기의 인간적인 측면이다. 방금 말한 이야기에서 조사연구자들은 함께 할 학교와 교사, 어린이를 찾아내야 한다. 모든 자료들이 제대로 작동할 것이라는 확신을 가져야 한다. 그들은 교사들, 학부모, 행정가들과 어린들에게 검사하는 일이 적절하다는 점을 분명하게 해 주어야 한다. 그리고 그들이 마주치는 문제를 예측하려고 노력하여야 한다. 전체 과정을 통하여 공평하며 믿을 만하고 정확하도록 늘 신경을 써야 하며 학생들의 능력을 측정하고 관찰하는 독창적이고 사려 깊은 방법들을 생각해 내어야 한다.

'이야기의 교훈'은 통제와 통계에 관련되는 어떤 세부 내용이 때로 압도적인 것처럼 보일지 모르지만 조사연구가 이해 가능한 처리라는 것이다. 이 장의 각 절에서 저자들은 간단하게 열 개의 두드러진 조사연구 이야기를 강조하고자 한다(표 3.1 참조). 이들은 제1 언어로 읽기

절	제1 언어 조사연구의 선택된 주제	조사연구자들
3.2.1	매우 이른 시기의 어휘 지식과 읽기 능력	하르트와 리즐리(2003)
3.2.2	이른 시기의 어휘와 이후 읽기 능력의 관계	스노우, 포르쉐, 태버스와 해리스(2007)
3.2.3	읽기 유창성과 읽고 이해하기 사이의 관계	클로다와 거드리(2008)
3.2.4	읽기 발달에 미치는 읽기 유창성 가르침의 영향	쿤 외(2006)
3.2.5	읽기 능력에서 형태론적 자각의 역할	네이지, 베링거와 애버트(2006)
3.2.6	담화 구조가 읽기에 미치는 영향	메이어와 푼(2001)
3.2.7	읽고 이해하기에 미치는 학생 질문의 영향	타보아다와 거드리(2006)
3.2.8	읽기 전략과 학생 질문하기	맥권과 벡(2004)
3.2.9	개념 중심 읽기 가르침과 읽기 발달	거드리, 맥래와 클로다(2007)
3.2.10	전략 중심의 읽기교육과정 설정	프리슬리, 가스킨스, 솔릭과 콜린스(2006)

<표 3.1> 이 장의 뒤따르는 절에서 요약된 제1 언어 조사연구의 주제들[1]

분야에 대한 기여 때문에 선택하였는데 이들 연구들은 (a) 제1 언어 맥락에서 읽기에 대한 핵심적인 탐구거리를 언급하며, (b) 읽기에서 구별되는 논제들에 초점을 맞추었고, (c) 읽기에 대한 조사연구를 수행하는 다른 방법을 드러내고 있기 때문이다. 각각의 경우에 조사연구자들은 읽기와 학습에 대한 이해에 중요한 기여를 하였다. (논의되는 구체적인 조사연구는 일반적으로 해당 분야에서, 조사연구자의 기여가 오직한 측면만을 보여 준다는 점은 주목할 만하다.) 각각의 연구는 교실수업에서 읽기 가르침을 나아지게 하는 데 관심을 가지고 있는 실천가들에게 '생각할 거리'로 이바지할 것이다.

3.2.1. 이른 시기의 어휘 지식과 뒤의 읽고 이해하기 능력에 대한 연구

읽기 능력과 관련된 중요한 성분 기술 가운데 하나는 어휘 지식의 역할이다. 이는 다수의 제1 언어 (그리고 제2 언어) 조사연구에서 다양한

---

1) 이 표에 잇대어 저자들은 제시하지 않지만 읽는 이의 편의를 위해 다음과 같은 표를 만들어 내용들을 메우고 기우고자 한다.

조사연구자들	연구의 갈래	대상	인원	변인/통계분석 방법
하르트와 리즐리(2003)	장기	11개월~36개월	42개 가정	어휘/상관분석
스노우, 포르쉐, 태버스와 해리스(2007)	장기(13년)	3~5세	83명	어휘/상관분석
클로다와 거드리(2008)	단기	5학년	278명	세 수준의 유창성/다중 회귀 모형, 상관분석
쿤 외(2006)	단기(30주 뒤)	2학년	24개 학급	낭독, 널리 읽기/평균 비교
네이지, 베렁거와 애버트(2006)	단기	4~5학년, 6~7학년, 8~9학년	607명	형태론적 자각/구조화된 방정식 모형
메이어와 푼(2001)	단기	청소년, 어른들	111명	구조에 대한 자각/평균 비교
타보ㅅㅣ디와 기드리(2006)	단기	3, 4학년	360명	질문하기/상관분석
맥권과 벡(2004)	단기(7개월)	교사(학급)	여섯 명	저자에게 질문하기/혼합적인 방식
거드리, 맥래와 클로다(2007)	단기(10년전)	이전의 조사연구	11개	동기, CORI/메타분석 (효과크기)
프리슬리, 가스킨스, 솔릭과 콜린스(2006)	단기(60일)	참고전략 학교	1개	대상 학교의 특징에 대한 현지조사

학년 수준에 있는 학생들을 대상으로 그 관계들이 지적되어 왔다. 최근에 중요한 연구에서 어떤 어린이들이 듣고 발화하는 처음 낱말에서부터 시작하여, 어휘 지식과 읽기 능력 사이에 관계가 매우 강하다는 예증을 하였다. 이 장에서 두 개의 연구(여기 하나와 3.2.2에서 하나)가 몇 가지 핵심적인 발견사실들을 강조하고 있다.

20여 년의 과정을 거치면서 베티 하르트와 토드 리즐리(Betty Hart and Todd Risley)는 제1 언어를 쓰는 어린이들의 생애 처음 3년 동안에 일어나는 어휘 접촉과 어휘 지식의 발달을 연구하여 왔다. 1980년대부터 그들은 11개월에서 36개월(세 살)에 이르는 어린이 42명에 대한 자료를 모으고 분석하는 데 여러 해 동안 조사연구 지원을 받았다.[2] 그들이 취한 여러 단계들 가운데 어린이들이 얼마나 많은 낱말들과 발화에 노출되는가에 대한 자료의 수집이 있었다. 그들의 발견사실 가운데 몇 가지는 놀라웠다. 그들의 연구에서 한 가지 중요한 발견사실은 어린이의 어휘 지식에서 성장이 어린이와 **대화 참여자들**(interlocutor)[3]에 의해, 어린이의 환경에서 발화되는 양과 체계적으로 변한다는 것이었다

---

2) 어린이들의 언어 습득과 어휘 습득에 대해 지금의 연구로는 가정이나 추정을 할 수밖에 없다. 특히 어휘 발달은 두 살 전후에서 열 살까지 폭발적인 증가로 이뤄지는데 이를 블룸(Bloom, 2000), 『*How Children Learn the Meaning of Words*』(MIT Press)에서는 다음과 같이 구체화시켜 보여 주고 있다. 12~16개월(0.3개), 16~23개원(0.8개), 23~30개월(1.6개), 30개월~6년(하루 6.6개), 8년~10년(12.1개)(괄호 안의 숫자는 하루에 익히는 낱말의 개수임: 김지홍, 2010, 『언어의 심층과 언어 교육』, 도서출판 경진, 36쪽에서 재인용).

3) 미카엘 로스트 (2011/허선익 뒤침 2014), 『듣기교육과 현장조사연구방법』(글로벌콘텐츠), 135쪽에서는 대화 참여의 수준을 다음과 같이 제시하고 있다.

위 그림에서도 제시되어 있듯이 협력의 수준이 높을수록 능동적으로 대화에 참여하는데, 어린이의 참여 수준은 동심원의 바깥 층위에서 안으로, 즉 엿듣는이<청취자<수신인<참여자로 변한다. 그에 따라 어린이의 참여와 협력의 범위가 점점 늘어난다.

(Hart and Risley, 1995/1999/2003). 그 부모가 전문 직업에 종사하는 어린 이들은 시간마다 800개의 발화를 듣거나 말하였다. 그 부모가 노동자 계급인 어린이들은 시간마다 525개의 발화를 듣거나 말하였다. 그 부 모가 사회 복지비 지원을 받는 어린이는 시간마다 240개의 발화를 듣거나 말하였다.

　이와 같은 언어적 차이를, 개별 어린이들이 듣거나 말하는 낱말로 바꾸고 이들 차이를 어린 아이의 환경에 있는 낱말들의 차이로 확대 하면 전문 직업 가정에서는 해마다 평균 천백만 이천 낱말을 마주치 거나 발화하며, 노동자 계층의 어린이는 6백만 5천 낱말을 해마다 평 균적으로 경험하고, 사회 복지비를 받는 가정에서는 해마다 평균적으 로 3백만 2천 낱말을 경험한다는 결론에 이르게 된다. 그렇다면 어린 이 생애의 처음 4년 동안 전문 직업을 가진 가정에서는 4천 5백만 낱말을 경험하며 노동자 계층의 어린이는 2천 6백만 낱말을, 사회복 지비를 받는 가정의 어린이는 천 3백만 낱말을 경험한다. 더 나아가 어린이가 마주치는 서로 다른 낱말들의 수는 전문 직업을 가진 가정 출신 어린이의 경우 사회 복지비를 받는 가정의 어린이들보다 거의 2.5배 많으며 36개월에 이르기까지 어린이들 스스로도 전문 직업 출 신의 어린이들이 사회 복지비를 받는 가정의 어린이들보다 서로 다른 낱말의 사용이 두 배 이상 많았다. 동시에 하르트와 리즐리는 사회-경 제적 지위 그 자체가 (또한 인종적인 배경도) 중요한 인과적 요인이 아 님을 예증하였다. 오히려 전체 낱말의 실제 숫자뿐만 아니라 어린이 의 환경에서 서로 다른 낱말들의 수가 어린이의 어휘 성장에서 중요 한 인과적 요인이었다. 따라서 사회 복지비를 받지만 좀 더 수다스러 운 가정 출신의 어린이는 가정환경에서 좀 디 많은 낱말을 경험할 뿐 만 아니라 더 많은 낱말을 사용하게 된다. 그에 따라 어린 시절의 환경 에서 낱말에 접촉하고 낱말을 경험하는 것이 뒤에 이어지는 언어 발 달 (그리고 학업 발달)에서 핵심이다.

　조각 그림 맞추기의 마지막 조각은 하르트와 리즐리(2003)에 의해

한 살이나 두 살 어린이가 가정에서 말하기를 배우는 데 어떤 일이 일반적으로 일어나는지 알아보기 위하여 달마다 한 시간씩 42개 가정을 2년 반에 걸쳐 살펴보았다. 그 자료들은 일반적인 가정에서 어린이들에게 규칙적으로 제공하는 언어와 상호작용의 경험 양이 상당히 다르다는 것을 보여 준다. 그리고 어린이들의 경험에서 이런 차이는 세 살에서 어린이의 언어 성취와 강하게 연결되어 있다. …

장기적인 연구의 처음 결과를 보기 전까지 정성을 아끼지 않는 노력을 들인 지 여섯 해가 걸렸다. 그리고 그 자료들이 드러내어 보여 주는 차이에 놀랐다.

▶▶▶Hart and Risley, 2003: 1, 3

보고되었다. 어휘 경험에서 36개월의 어린이에게서 나타나는 차이가 사라지는지 혹은 9~10살에서 언어 기술을 예측하는지 알아보고자 하였다. 학생들이 3학년(9~10살)이 되었을 때 후속 연구의 일부로 원래의 42가정 가운데 29 가정을 간신히 모을 수 있었다. 세 살 때 학생들의 어휘 성장 속도(각 달마다 새로운 낱말들이 사용되는 수로 측정함)는 3학년에서 수용 어휘 지식과 강하게 연관되어 있었으며[.58의 피어슨 **상관**(correlation)], 3학년에서 언어 지식(.74의 피어슨 상관)과도 강하게 연관되어 있었다.[4] 세 살 때 어린이들의 어휘 사용의 크기도 이들 3학년 때의 두 가지 측정과 강하게 연관되어 있다(수용 어휘에 대해서는 .57의 상관, 언어 지식에 대해서는 .72의 상관). 이에 더하여 세 살 때의 어휘 사용은 3학년 때의 읽고 이해하기 점수와 강하게 상관이 있었다(.56의 피어슨 상관). 이런 발견 사실들은 이른 시기 어린이들의 어휘 경험이

---

4) (원저자 주) 언어 지식은 3학년이나 4학년 즈음에 읽기 능력과 강하게 상관이 있었다. NICHD(=미국 국가 어린이 건강과 발달 연구소-뒤친이), 2005; Sorch and Whitehurst, 2002.

7~9년 뒤의 읽기 수행에 영향을 미친다는 점에서 눈길을 끌만 하다. 게다가 하르트와 리즐리(2003), 스노우 외(2007)(아래 참조)에서 탐구되었던, 장기적인 글말 능력 발달에 대한 중요 논점 몇 가지를 제기하고 있다.

이 연구는 또한 전달하고 있는 이야기만으로도 주목할 만하다. 두 명의 조사연구자들은 거의 이십여 년 동안 매우 길고 장기적인 연구를 설계하고, 계발하며 실행하여 왔다. 그들은 자신들의 연구를 위해서 자료를 모으고 분석하는 데 십여 년을 보냈다. 이 기간 동안 자료 수집과 분석에 수십 명의 사람들을 참여시켰으며, 여러 해 동안 42개의 가족과 함께 연구하였다. 들인 힘과 노력의 양은 각별하였다. 그들이 한 일은 주요 조사연구 탐구거리에 도전을 하고 어휘 발달과 읽기 발달에서 드러나는 해답을 찾은 일이었다. 그리고 두 권의 책(Hart and Risley, 1995/1999)에 자세하게 제시된 것처럼 지나칠 정도로 신중하였고, 조사연구를 위한 노력에 엄격하였다. 간단히 말해 그들의 이야기는 감탄하지 않을 수 없다. 언어 배움에 대한 근본적인 질문을 제기하고, 건전한 조사연구 관례에 몰두하였으며, 참을성이 강하고 지칠 줄 몰랐다. 그리고 그 결과는 지난 십 년 동안 많은 논의로 이어졌고 더 발전된 조사연구로 이어지게 하였다. 이 이십 년에 걸친 기획이 매우 훌륭한 '탐사' 이야기로 이룩되었다.

3.2.2. 이른 시기의 어휘 지식으로부터 읽기 능력을 예측하기

다른 조사연구에서는 어휘 지식과 읽기 능력의 연결을 지난 10년 동안 탐구하였다. 하르트와 리즐리가 떠난 지점에서 이야기에 착수한 매우 잘 통제된 **장기적인 연구**(longitudinal study)로 두 개의 연구가 주목할 만하다. 하나는 여기서 짤막하게 살펴볼 것이지만 두 번째 연구는 이 장의 이 절을 위한 '이야기'일 것이다. 모니크 세네칼, 지인 울레트, 도나 로드니(Monique Sénéchal, Gene Ouellette, Donna Rodney)는 두 개의 다른 제1 언어 환경(영어와 불어)에서, 어린이들의 이른 시기 글말 문화 경험(예를 들면, 어린이에게 읽어 주기, 공동의 책 읽기 경험)이 어떻게 뒤에 유치원에서의 언어 능력에 영향을 미치는지 그리고 유치원에서 입말 어휘 지식이 어떻게 3년과 4년 뒤에 어휘와 읽고 이해하기 능력에 영향을 미치는지 탐구하였다. 별개의 두 연구에서 세네칼과 그의 동료들(2006)은 유치원에서 어휘 지식이 (영어를 말하는 어린이든, 불어를 말하는 어린이든) 1학년에서 낱말 읽기 능력에 대한 강력한 예측 지표가 되지 않는다는 것을 발견하였다. 그러나 4년 뒤에 다시 검사를 하였을 때 3학년과 4학년에서 유치원에서 어휘 지식이 읽고 이해하기 수행에서 강력한 예측 지표가 되었다. 이들은 매우 중요한 발견사실이다.

세네칼 등의 연구는 읽기 발달에서 어휘 지식의 역할에 대한 강력한 증거를 제공한다. 좀 더 최근의 연구는 이들 연구를 더 강화하고 확장한다. 캐써린 스노우, 미첼 포르쉐, 패턴 태버스, 스테파니 로스 해리스(Catherine Snow, Michelle Porche, Patton Tabors, Stephanie Ross Harris, 2007)에서는 13년 동안이나 지속되는 장기 연구를 보고하였다. 그 연구의 궁극적인 목표는 미국의 학교 체계에서 사춘기 학생들을 대상으로 학업 발달 특히 글말 능력 기술과 관련된 학업 발달의 경로를 이해

[인용 3.7] 이른 시기의 어휘

> 제시된 발견사실들은 … 이른 시기 어휘 기술이 가르침의 첫 해에 읽기와 간접적으로 관련이 있다는 이전의 연구들과 모순을 보이지 않는다. 그러나 이른 시기의 어휘는 3학년과 4학년에서 읽고 이해하기와 장기적으로 직접적인 관계에 있다. … 이들 발견사실들은 이른 시기 어휘가 읽기에서 궁극적인 성공을 예측하는 중요한 지표라는 부가적인 증거를 제공해 준다.
>
> ▶▶▶Sénéchal, Ouellette and Rodney, 2006: 180

하는 것이었다. 스노우와 그녀의 동료들은 저소득층의 미취학 어린이 세 살, 네 살, 다섯 살 가운데 83명에게 언어 발달과 글말 능력에 관련되는 기술의 발달을 검사하기 위하여 5년짜리 장기적인 연구로 시작하였다. 학생들에 대해서는 1~4학년에 이르는 글말 능력 향상을 추적하였다. 그들의 조사연구의 일부분으로 학생들의 집으로 가서 학부모를 면담하며 어린이들을 관찰하고 학생들의 취학 전 경험을 평가하기 위하여 측정 도구를 계발하였다. 유치원에서 어휘 발달은 (a) 집에서 낯선 낱말(낮은 빈도의 낱말) 접촉, (b) 유치원 학급에서 드문 낱말에 접촉, (c) 유치원 교실수업에서 확장된 교사의 담화(높은 수준의 입말 환경을 보여 주는 모든 것)에 의해 유의하게 예측된다는 것을 발견하였다. 조사연구자들도 지적하듯이 "글말 학습을 위한 준비에서 미취학 기간 동안 고품질 환경의 값어치를 보여 주는 시기는 가정 학습이 이뤄지는 처음의 세 해이다."(Snow at al., 2007: 16, 18) 세네칼, 올레트, 로드니(2006)의 연구와 함께 이들의 발견사실들은 대다수의 학생들에게 저학년의 글말 능력 기술 수행에 대한 논의인 하르트와 리즐리의 결과에 자연스럽게 이어진다.

8년 이상의 장기적인 연구를 계속하면서 스노우와 그의 동료들은 59명의 학생들은 4학년까지, 54명의 학생들은 7학년까지, 41명의 학생들은 10학년까지 추적하였다. 이렇게 매우 긴 학생 추적은 매우 특별하고 매우 설명력이 있는 발견을 가능하게 하였다. 조사연구자들은 읽고 이해하기 능력과 어휘 지식 둘 다를 3개 학년씩 많아지는 학년에서 검사하였다(4학년, 7학년, 10학년). 그들은 유치원에서 수용(=이해를 위한-뒤친이) 어휘 지식이 모든 3개 학년 수준마다 읽고 이해하기와 어휘 능력 둘 다에 강하게 연관되어 있음을 발견히였디(유치원에서 어휘 지식과 4학년, 7학년, 10학년에서 읽고 이해하기의 피어슨 상관은 각각 .62, .69, .60이며 유치원에서 어휘 지식과 4학년, 7학년, 10학년에서 어휘 능력 사이의 피어슨 상관은 각각 .77, .63, .68이었다).[5]

유치원과 10학년 사이에는 학생들의 교육 경험에서 학생들의 수행

방법을 바꿀 만한 변화가 상당히 많이 일어난다는 점을 지적하는 것이 중요하다. 그럼에도 불구하고 11년 뒤에 유치원에서 어휘 지식이 10학년의 어휘 측정에서 수행의 46%[공유 분산(shared variance)]와 10학년 읽기 측정에서 수행의 36%를 설명한다. 이와 같은 결과는 참으로 놀랍다. 스노우와 그의 동료들은 여기서의 요약을 넘어서는 다른 논점들을 보고하였다. 여기서는 그들의 이야기가 인상 깊었다고 말할 수 있다. 조사연구 이야기로서 그들은 큰 도시에서 많은 학생들을 찾아내고 추적을 계속하였다. 그들은 매우 긴 시간에 걸쳐 신중하게 자료들을 보관하고 기록을 유지하였다. 그들은 수십 명의 조사연구자들과 연구하였고 학생들을 졸업시켰다. 그리고 수많은 가정, 학교에 있는 교사와 직원들과 상호작용하였다. 최종 결과는 하르트와 리즐리가 제안하였던 예측을 분명하게 해 주었고 세네칼과 그의 동료들이 한 연구와 매우 가깝게 대응을 시켜 놓았다. 가장 기본적이지는 않더라도 어휘는 본질적이며 읽고 이해하기 능력을 갖추기 위한 세부구성 기술이다. 저자들은 이 연구가 제1 언어와 제2 언어 학생들을 위해

[인용 3.8] 유치원 시절의 지식과 기술

유치원 시절의 측정과 뒤 이은 측정에서 강한 상관 바로 이것이 학교 환경에서 변화량이 대체로 학생들이 얻는 결과물과는 아무런 관련이 없다는 것을 의미한다. 더 많은 어휘량과 새롭게 나타나는 더 나은 글말 기술로 시작하는 학생들은 5년, 8년 심지어는 11년이 지난 뒤에도 더 나은 이해 주체로 끝내게 된다. …

유치원 시절에 그들이 지니게 되는 지식과 기술은 10학년에서 독자로서 어느 지점에서 마치게 될 것인가를 강하게 예측하게 한다.

▶▶▶Snow et al., 2007: 22, 24

---

5) 상관 계수에 대한 일반적인 해석에 비춰볼 때 강한 상관은 아니지만 어휘 지식이 독해와 어느 정도 높은 상관관계에 있다고 해석할 수 있다.

저학년에서 어휘 가르침을 향상시키는 데 앞으로 기본이 되는 참고문헌이 되기를 바란다.

3.2.3. 유창성 기술이 읽기에 미치는 영향에 대한 연구

읽기 유창성의 중요성은 수십 년 동안 옹호되어 왔지만 1학년과 2학년에 관련되는 연구를 넘어서, 읽고 이해하기에 여러 유창성 기술이 미치는 강한 영향력을 예증하는 조사연구들은 비교적 적었다. 수잔 클로다와 존 거드리에 의한 최근의 연구(2008)는, 여러 수준에서 유창성 기술이 각각 직접적으로 5학년에 있는 제1 언어 학생들 사이에서 읽고 이해하기 능력에 영향을 미친다는 힘 있는 증거들을 제공하였다. 클로다와 거드리에 의해 제기된 질문은 중요한 질문이었다. 낱말 수준, 문장 수준, 단락 수준에서 조사연구자들이 학생들이 단락을 읽어내기 위해 배경 지식과 추론 기술을 우선적으로 고려하는 경우에도 유창성 능력이 읽고 이해하기 능력에 영향을 미치는가 하는 것이다. 세 가지 유형의 유창성이 함께 읽고 이해하기 능력의 많은 부분을 설명하는가? 학생들의 읽기 능력이 유창성 기술에서 향상과 함께 하는가?

[개념 3.1] 유창성(Fluency)

유창성은 그 자체로 말하기와 쓰기에서 그러한 것처럼 복합 개념이다. 읽기의 경우, 유창성은 속도, 정확성, 처리의 유연성의 결합이 필요하다 (Segalowitz, 2000). 유창한 읽기의 이와 같은 특징들은 관련되는 읽기 과제에 대부분 적절하도록 자동적이고 주의집중을 필요로 하는 기술이 결합하면서 시각 정보와 의미 정보를 효과적으로 처리할 수 있는 인지 능력을 반영한다. 유창성은 또한 나이와 과제의 난도, 주제와의 친숙성, 제2 언어에 접촉한 전체 양과 같은 중요한 다른 요인들과 관련하여 이해할 필요가 있다. (Kuhn, Schwanenflugel and Meisinger, 2010 참조.)

현재 연구의 주요한 발견사실들 가운데 하나는 유창성의 세 가지 유형, 즉 낱말 수준, 통사 수준, 단락 수준 각각이 표준화된 읽기 이해 검사에서 수행과 개별적으로 관련이 있다는 것이다. 다른 말로 한다면 읽고 이해하기에서 가장 높은 수준의 수행을 보여 준 학생들은 또한 (a) 따로 떨어져 있는 낱말을 빠르게 인지하고, (b) 낭독과 묵독에 몰두하고 있는 동안 통사적 단위로서 문장과 구절 처리에 능숙할 뿐만 아니라, (c) 읽은 이야기와 정보 덩잇글을 소리 내어 말할 때에도 적절하고 일관된 표현을 보여 준다는 것이다.

▶▶▶Klauda and Guthrie, 2008: 317

클로다와 거드리는 13개의 학급으로부터 여러 수준의 읽기 능력에 걸치도록 5학년 학생 278명을 모았다. 그들은 낱말 인지 유창성, 문장 처리 (통사적) 유창성, 단락 읽기 유창성이라는 세 가지 읽기 유창성에 더하여 읽고 이해하기, 읽고 추론하기 기술, 단락의 주제에 대한 배경 지식 측정으로 학생들을 검사하였다. 12주가 지난 뒤 그들은 읽고 이해하기 능력과 문장 처리 유창성에 대하여 학생들을 다시 평가하였다. 이야기로서 이 조사연구자들이 그렇게 많은 학생들을 여섯 가지 다른 측정으로 검사하였다는 점을 상상해 보자. 이 연구거리에는 수많은 연구가 연관되어 있다.

클로다와 거드리는 학생들로부터 모은 측정 자료들 사이의 상관을 검토하고 다중 **회귀 모형**(regression model)을 통한 분석을 수행하였다. 상관 측정에서는 사용된 모든 측정이 유의하게 상관이 있으며 읽고 이해하기와는 강하게 상관이 있음을 보여 주었다. **다중 회귀**(multiple regression) 모형은 한 단계 더 나아가 각각의 유창성 측정이 배경 지식과 추론 기술의 효과를 제거하고 난 뒤에도 읽기 능력을 유의하게 설명하는지 검토할 수 있는 방법을 제공한다. 연구의 결과는 세 개의 유창성 측정 각각이 다른 능력들(추론하기, 배경 지식)과 독립하여 읽기 능력을 유의하게 예측함을 보여 주었다. 실제로 보통의 기대와는 달리 거의 놀라울 정도로 이 연구의 결과는 관련되는 모든 다섯 가지 구성 기술 변인들(추론하기, 배경 지식의 양, 세 개의 읽기 유창성 수준)이 다른 기술들과는 독립적으로 읽고 이해하기 능력에 기여한다는 것이다. 게다가 다섯 개의 능력은 읽기 능력과 관련된 공유 분산의 75%를 설명한다. 이를 다른 식으로 이야기한다면 읽고 이해하기에 사용된 능력이 무엇이든 그것의 75%가 다섯 개의 구성기술로 설명된다는 것이다. 이는 눈길을 끌 만한 결과이다. 언급할 만한 두 개의 더 발전된 결과는 세 개의 유창성 측정값이 그 자체로 읽기 능력과 관련되는 공유 분산의 56%를 설명한다는 것이며 읽기 능력은 읽기 유창성 측정값이 나아짐에 따라 읽기 능력이 발달함을 보인다는 것이다. 뒤의 결과는 적어도 부분적으로 읽기 유창성의 발달 때문에 읽기 능력이 나아졌음을 주장하고 있는데 주목할 만한 발견사실이다.

클로다와 거드리가 제기한 질문은 중요하다. 조사연구자들은 숙달된 읽기의 구성요소로서 유창성의 잠재적인 중요성을 인지할 뿐만 아니라 이전의 조사연구에서 이것의 직접적인 효과에 대하여 일관되고 긍정적인 증거를 제공하지 않았다는 것을 인식하였다. 어려운 작업과 신중한 조사연구 설계의 결과, 읽기 유창성이 읽기 수행과 읽기 발달에서 강력한 요인이 될 수 있음을 예증하였다.

3.2.4. 학생들이 좀 더 유창한 독자가 되도록 하기 위한 가르침의 연구

15년 이상 동안 멜라니 쿤, 파울라 슈와넨플루겔(Melanie Kuhn, Paula Schwanenflugel)과 동료들은 읽고 이해하기의 구성요소로서 읽기 유창성의 중요성을 검토해 오고 있다. 쿤과 슈와넨플루겔은 읽기 발달에서 유창성 가르침의 효과를 결정하는 여러 교육 연구들에 몰두하였다 (훑어보기 위해서는 Kuhn, Schwanenflugel and Meisinger, 2010 참조). 지난

10년 동안 불어나는 조사연구들이 덩잇글에 대하여 입말로 되풀이하여 읽기(전통적인 돌아가며 읽기 방식(round robin reading)이 아님)가 초급 수준의 독자에게 도움이 되며 빈약한 독자들이 유창하게 읽게 되며, 더 이해를 잘 할 수 있다는 것을 보여 주었다. 그러나 신중하게 선택한 통제 집단과 큰 표본 집단을 대상으로 이 주장을 검토한 연구들은 비교적 적었다.

2006년도의 인상적인 연구에서 쿤, 슈와넨플루겔과 동료들은 다양한 기법으로 낭독한 학생들이 (전통적인 **기본 교육과정**(basal curriculum)을 사용하는) 통제 집단보다 낱말 인지와 읽고 이해하기 수행을 더 잘하는지 결정하고자 하였다. 그들은 또한 낭독하기에 참여하지만 다른 덩잇글로 읽고, 되풀이하여 읽기를 덜 한 학생들이 통제 집단보다 수행이 나은지 알고자 하였다. 그들은 2학년 24개의 학급6)을 모았는데 처치 집단과 통제 집단으로 나누었다. 학생들은 (그리고 통제 집단 학생들은) 낱말 인지 기술, 입말 읽기 기술과 읽고 이해하기를 두 개의 교육거리 시작 지점에서 하였다. 학생들을 20주 뒤(겨울에)에 다시 평가하였고, 같은 학년도인 30주 뒤(봄)에 다시 평가를 하였다.

반복적으로 읽기 처치를 한 집단은 처치 활동을 매일 대략 20~30분 동안 수행하였다. 매주 학생들은 (a) 교사가 읽어 주는 내용을 듣고 묵독하거나, (b) (여러 문장들을 읽은 교사를 따라 학급에서 다시 읽는 동안) 되풀이해서 읽기 연습에 참여하거나, (c) 학생들은 맞추어 읽기(choral reading)에 참여하거나, (d) 짝을 지어 읽기뿐만 아니라 이해 활동으로서 토의에 참여하고 읽기의 돋움 활동(extension activity)7)에 참여함으로써 같은 중심 덩잇글을 다시 읽었다. 학생들은 또한 집에서

---

6) 미국의 학급당 인원은 15~20명 정도이므로 대략 450~500명으로 셈이 된다. 우리나라 일반계 고등학교에서는 28~35명을 기준으로 하고 있는데 학급당 인원은 학교별 지역별 편차가 크다. 이와 관련된 문제는 교육의 본질과 무관하게 경제논리에 의해 결정되고 있다는 점이다.

7) 배운 영어 표현을 활용하는 활동으로 정동빈 엮음(2000), 『영어교육 어떻게 할 것인가』, 학문출판주식회사, 324쪽에서는 여러 가지 활동을 제안하고 있다.

[인용 3.10] 글말 가르침에서 유창성 중심의 접근법

유창한 읽기에 대한 최근의 중요한 두 비평(Kuhn & Stahl, 2003; 미국 국가읽기위원회(NRP: National Reading Panel), 2000)에서는 글말 가르침에 대한 유창성 중심의 접근이, 학생들의 정확성을 높이고, 자동적인 낱말 인지를 늘어나게 하고, 이해를 도와주며 강세, 고저와 같은 운율적인 자질의 활용을 촉진하며 적절히 구절을 나누는 데 효과적이라는 점을 지적하였다. … 이와 같은 접근법의 핵심은 이들이 연결된 덩잇글을 읽을 수 있는 폭넓은 기회와 발판의 제공과 결합된다는 것이다. 말하자면 이와 같은 접근법은 학습자들에게 되짚어주기나 적절한 해득, 구절 나누기, 표현을 강조하는 모형화를 통하여 지원을 한다.

▶▶▶Kuhn et al., 2006: 358

부모에게 일주일에 한 번씩 읽어 주고 일주일에 4번 15~30분 동안 **널리 읽기**(extensive reading)에 참여하였다.

두 번째 처치 집단은 폭넓게 읽은 집단으로, 매주의 처음 사흘 동안은 같은 방식으로 중심 덩잇글을 낭독하였지만, 그 다음에는 목요일과 금요일에는 두 번째 덩잇글과 세 번째 덩잇글을 읽었다. 따라서 이 두 번째 집단은 중심 덩잇글을 다시 낭독하였지만 그렇게 잦지 않았으며 매주 한두 차례 다른 덩잇글을 낭독하였다. 폭넓게 읽은 집단은 일주일에 한 번씩 읽고 이에 더하여 일주일에 나흘은 15~30분 동안 널리 읽기에 참여하였다.

이 연구의 결과는 20주나 30주 뒤에 폭넓게 읽은 집단이 모든 측정값(낱말 인지, 입말 읽기, 읽고 이해하기)에서 통제 집단보다 유의하게 나음을 보여 준다. 되풀이해서 낭독한 집단은 20주에서는 통제 집단보다 유의하게 나은 수행을 보이지 않았다. 그러나 되풀이해서 낭독한 집단은 30주의 처치 뒤에 통제 집단보다 나은 수행을 보였다.

이 연구의 결과는 대규모의 학생들을 소리 내어 읽기를 통해 가르

[인용 3.11] 독해와 낱말 읽기 유창성 사이의 관련성

> 이 연구에서는 통제된 학급에서 어린 학생들이 경험하는 발달과 관련하여 독해와 낱말 읽기 유창성(reading efficiency) 사이를 이어 주는 발달이 있음을 알게 되었다. 이와 같은 혜택은 통제 집단과 비교해 볼 때 [되풀이해서 읽은 집단]에서 나타나는 것보다 널리 읽기 접근을 할 경우에 더 일찍 나타났다.
>
> 한 해의 막바지에 [되풀이해서 읽은] 집단과 널리 읽기 접근을 한 집단에서 어린 학생들의 읽기 기술에 긍정적인 영향이 나타났다. 그 결과 적절한 발판의 제공과, 연결되어 있는 읽기 과제에 어린 학생들이 보내는 시간의 양이 낱말 읽기 유창성과 독해의 향상으로 이어질 것이라고 결론을 내렸다.
>
> ▶▶▶Kuhn et al., 2006: 377, 382

칠 수 있고(그리고 집에서 널리 읽으며), 처치 집단만큼이나 많은 시간을 읽기 가르침에 보낸 통제 집단보다 읽기 능력이 유의하게 더 나을 수 있음을 보여 준다. 전체적인 면에서 쿤, 슈와넨플루겔과 동료들은 낭독 실천 사례를 활용한 두 개의 집중적인 교육거리(그리고 낭독을 위해 협력적이고 신중한 발판의 제공)가 학생들을 위해서 매우 효과적인 읽기 교육을 할 수 있음을 보여 주었다. 24개의 서로 다른 학급이 관련되어 있는 이 연구의 규모는 중요한 탐구거리를 탐구하려는 두드러진 노력이었으며 매우 매력적인 이야기를 들려준다.

3.2.5. 읽고 이해하기에서 형태론적 자각의 역할에 대한 연구

지금까지 읽기의 두 가지 매우 중요한 구성 기술들(예컨대 어휘 지식과 읽기 유창성)이 읽고 이해하기에 미치는 매우 의미심장한 영향력을 예증해 주었다. 더 나아가 널리 읽기가 방금 살펴본 쿤 외의 연구(3.2.4)에 영어에서 반 수 이상의 낱말이 형태론적으로 복잡하다. … 각 학년마다 어린이들은 형태론적으로 복잡한 낱말들의 수적 증가에 맞닥뜨린다. 이들 가운데 다수는 그 낱말들의 구성 부분의 의미로부터 추론될 수 있다. … 따라서 낱말들의 형태론적 구조를 인식하는 것은 그들을 해석하고 배우는 데 어린 학생들을 도와줄 것이다. 그리고 실제로 낱말들의 형태론적 구조에 대한 자각은 그들의 어휘 지식과 … 읽고 이해하기에 상관이 있음을 발견하였다.

▶▶▶Nagy, Berninger and Abbott, 2006: 134

서는 중요한 기여를 하고 있는 듯하다. 그리고 클로다와 거드리(3.2.3)에서는 (통사적인 유창성으로서) 문장 처리가 읽기에서 중요한 역할을 한다는 것을 예증하였다. 여기서 논의하게 될 연구는 윌리엄 네이지, 버지니아 버닝거, 로버트 애버트(William Nagy, Virginia Berninger and Robert Abbott)에 의해 수행되었는데 **형태론적인 자각**(morphological awareness), 즉 접두사, 접미사와 어간에 대한 지식도 읽기 능력에 유의하게 기여한다는 것을 보게 된다.

네이지, 버닝거와 애버트(2006)는 두 가지 의문거리를 탐구하기 위해 **구조화된 방정식 모형**(structural equation modelling)으로 알려진 복잡한 통계 기법을 활용하였다. (a) 형태론적 자각이 **음운론적 자각**(phonological awareness)과는 별도로 글말 능력으로부터 나오는 결과(특히 어휘 지식과 읽고 이해하기)에 유의한 기여를 할 수 있는가, (b) 높은 학년에 있는 학생들이 1~3학년에 있는 어린 학생들보다 음운론적 자각을 더 많이 활용하는지 여부를 알아보고자 하였다. 많은 조사연구자들이 형태론적 자각은 음운론적 자각의 한 측면에 지나지 않다고 주장하여 왔기 때문에 이 조사연구 팀은 형태론적 지식이 읽고 이해하기에서 별개의 자원인지 증명하고자 하였다. 두 번째 질문과 관련하여 네이지 외는 나이 든 학생들이 읽기에 미치는 형태론적 지식의 영향을 더 강하게 보여 줄 것이라 예상하였는데 나이든 학생들이 어린 학생들보다 일반적으로 형태론적으로 더 복잡한 낱말에 접촉하기 때문이다.

네이지, 버닝거와 애버트는 4~9학년에 이르는 607명의 학생을 모으고 시험 묶음을 학생들에게 제시하였다. 그들은 학생들을 세 집단으로 묶었다. 4학년과 5학년, 6학년과 7학년, 8학년과 9학년이었다. 검사지는 형태론적 지식, 음운 자각에 대한 검사, (어휘와 읽고 이해하기, 철자법, 낱말 해득을 포함하는) 글말 능력 결과에 대한 선택형 검사가 포함되어 있었다. 형태론적 자각과 어휘 지식, 읽고 이해하기의 상관은 세 집단 모두에 걸쳐 강하였다(형태론적 지식과 어휘 사이의 상관은 각각 .83. .76, .62이었고, 형태론적 지식과 읽고 이해하기의 상관은 각각 .76, .65, .59였다). (음운론적 자각과 같은) 다른 변수들의 영향을 통계적으로 제거하고 (형태론적 자각과 같은) 특정의 변수들의 영향을 보여 주기 위해 통계적 기법인 구조화된 방정식 모형을 활용하였다. 간단히 말해서 이 결과는 나이가 더 많은 세 집단에 대하여 형태론적 자각이 어휘 지식과 읽고 이해하기 능력을 강하게 예측하였음을 보여 준다. 참여한 학생들의 수가 많다는 점 그리고 조사연구자들이 신뢰할 만한 검사를 수행하기 위한 노력, 사용된 정교하고 (그리고 강력한) 통계적인 절차를 고려해 볼 때 이들 결과는 매우 설득력이 있다.

네이지 외는 우리에게 핵심적인 연구와 읽기를 더 잘 이해하기 위

[인용 3.13] 형태론적 자각의 읽기에 대한 기여

> 형태론적 자각, 음운론적인 작업 기억, 음운론적인 해득 사이의 공유 분산이 통계적으로 통제될 때 형태론적인 자각이 결과 측정의 모든 값에 대하여 단독으로 기여하고 있다. ··· 읽고 이해하기, 읽기 어휘, 철자법에서 모든 학년에서 유의한 기여를 단독으로 하고 있다.
>
> ▶▶▶Nagy, Berninger and Abbott, 2006: 143

한 노력에 대해 믿을 수밖에 없는 이야기를 바치고 있다. 그들은 그렇게 많은 학생들을 모으기 위해 매우 열심히 노력하였고 읽기 발달을 도와줄 수 있는 특정의 기술 측정을 어떻게 할 것인가에 대하여 매우 신중하였다. 이들의 연구에 바탕을 두고 형태론적인 지식이 읽기 능력에 이바지하는 중요한 구성 자원이라는 주장을 강하게 할 수 있게 해 준다.

3.2.6. 담화 구조 지식과 그것이 읽기 능력에 미치는 영향에 대한 연구

지난 30년 동안, 담화 구조에 대한 자각은 읽고 이해하기에 이바지하는 중요한 구성 기술로서 간주되어 왔다. 담화 구조 자각에는 더 높은 수준의 덩잇글 구성에 대한 지식이 포함되며 덩잇글에서 중요한 수사적 구성(이 경우에는 상위 수준의 구조)과 덩잇글에서 중심 생각, 덩잇글 구조에 대한 다양한 언어적 신호를 확인하는 능력이 포함된다. 특히 가장 최상위 수준(예를 들면, 원인과 결과, 비교와 대조, 문제와 해결)에서 덩잇글이 어떻게 구성되는가에 대한 자각은 덩잇글 이해에 이바지하는 중요한 능력인 것처럼 보인다. 핵심적인 문제는 이런 지식이 일관되게 특히 설명문을 읽을 때 사용될 수 있도록 담화 구조에 대한 인식을 학생들에게 어떻게 가르칠 것인가 하는 것이다. 보이 메이어와 레

[인용 3.14] 덩잇글 구조에 대한 지식과 정보 회상

> [덩잇글 구조에 대한 지식을] 활용하는 독자들은 … 저자가 예측 가능한 방식으로 … 덩잇글을 구성하는 전략적인 지식을 가지고 읽기에 접근한다.
> 구조 전략을 사용하는 독자들은 이런 전략을 사용하지 않는 사람들보다 그들이 읽은 것을 더 많이 기억하며 중요한 정보를 더 많이 기억하는 경향이 있다.
>
> ▶▶▶Meyer and Poon, 2001: 14

오나르드 푼(Bonnie Meyer and Leonard Poon)은 이 질문을 '구조 전략 가르침'과 관련된 인상적인 연구를 통해 탐색하였다.

메이와 푼(2001)은 피할 수 없는 일련의 조사연구 질문을 제기한다. 구조 전략 가르침, 즉 담화 구조 지식 접근이 덩잇글 이해에서 유의미한 개선으로 이어질 수 있는가? 구조 전략 가르침이 비교 집단 학생들의 덩잇글 내용에 대한 흥미를 불러일으키는 데 월등히 나은 가르침인가? 이들은 핵심적인 질문들인데, 이해 기술에서 실질적인 차이를 가져올 수 있는 구조 전략에 대하여 실행 가능한 교육거리를 조사연구자들이 보여 주고자 하기 때문이다. 그들은 111명의 젊은이와 어른들을 90분짜리 교육거리 주기에 참여시키기 위해 모았다. 이들 주기의 6회(4~9회)에서는 3주에 걸쳐 처치 집단을 대상으로 하는 실제적인 가르침으로 이뤄졌다.

처치가 이뤄지기 앞서 이 주기의 1~3회 동안 모든 참여자들은 어휘, 읽기, 작업 기억, 반응 시간 속도를 측정하는 예비 검사를 받았다. 참여자들은 또한 읽기 활동, 관심사, 건강, 전기적인 정보에 대한 설문조사를 마무리하였다. 교육을 받는 주기 동안, (구조 전략 연습에 참여한) 실험 참여자들은 명시적으로 다섯 가지 기본적인 상위 수준의 덩잇글 구조(기술, 연쇄, 인과 문제와 해결, 비교와 대조)에 대한 가르침을 받았고 여러 교재의 상위 수준 담화 구조를 인식하도록 배웠다. 구조 얼개 그림들이 상위 수준의 구조를 보여 주며 가르침을 뒷받침하도록 사용되었다. 참여자들에게는 요약글[8]을 쓰는 연습과 덩잇글 정보에 대한 정보 회상 연습을 하도록 하였으며 회상 과제(recall task)를 구성하기 위해 기본적인 덩잇글 구조를 사용하도록 가르쳤다. 끝으로 참여자들에게는 주기의 끝마다 덩잇글을 읽어보고 이들 덩잇글에서 그 구조를 확인하는 숙제를 제시하였다. 이 가르침 주기 동안 마이어와

---

8) 요약은 국어교육의 읽기 분야에서 폭넓게 논의되어 있다. 논설문을 대상으로 요약글 작성에서 변인에 대한 논의로 허선익(2010), 「논설문 요약 과정에 관련된 변인 분석」(경상대 박사논문)이 있다.

[인용 3.15] 구조 전략 가르침의 정보 회상으로 전이

구조 전략 가르침이 [유의하게] 전체 회상, 중요 정보에 대한 회상, 회상의 양과 덩잇글 구조 사이의 상응, 다섯 단락에 걸친 구조 전략의 일관된 사용 … 등을 나아지게 하였다.

두 개의 [사후] 전이 과제로부터 나온 자료들은 구조 전략으로 하는 가르침이 일상의 다른 유형에서 나온 자료들을 기억하는 데 전이된다는 가설과 양립한다.

▶▶▶Meyer and Poon, 2001: 151~152

푼은 회상 정보와 덩잇글 요약글을 모았다.

끝으로 메이어와 푼은 두 개의 전이 과제로부터 결과들을 모았다(주기 10). 가르침이 끝난 뒤 과제는 가르침이 그 성질에서 어느 정도 다른 과제들에 전이될 수 있는지를 확인하기 위한 의도를 갖고 있었다(예를 들면, 문제 해결의 구조를 지니고 있는 영양학 관련 시청각 자료). 그와 같은 확장된 전이는 일반적으로 가르침의 효과에 대하여 가장 필요로 하는 평가였다.

메이어와 푼은 연구 참여자들이 덩잇글 구조를 어떻게 인식할지 배웠으며, 정보 회상과 요약에 어떻게 이 자각을 활용하며 여러 덩잇글에 걸쳐 일관되게 이 자각을 끌어오고 좀 더 복잡한 덩잇글 유형에 이런 자각을 전이하는지 배웠다는 것을 발견하였다. 전체적으로 조사 연구자들은 덩잇글이 어떻게 구성되는지 인지하고 그와 같은 정보를 비교 집단(흥미 지도)이 통제 집단(아무런 가르침이 없음)보다 읽고 이해하기 능력을 개선하기 위해 활용하는 데 유의하게 더 나음을 보여 주었다. 게다가 이 결과는 실제 교육 시간이 9시간에 불과한 경우에도 나타났다. 메이어와 푼은 담화 구조에 대한 자각을 적절한 시간 안에 가르칠 수 있을 뿐만 아니라 그것이 읽기 능력에 중요한 영향을 미친다는 것을 증명하였다. 실제로 이 조사연구는 많은 참여자들(청소년이든 어른이든 모두에서)의 모집, 앞선 연구에서 현장 검증된 방대한 가르침 자료들의 생성, 효과적인 교육거리의 계발과 실행, 회상 과제와 요약 과제의 평가를 위해 자세하게 점수를 매기는 절차의 설계와 관련된, 눈길을 끌 만한 이야기를 그려 주고 있다. 전체적으로 말해서 메이어와 푼의 조사연구는 담화 구조에 대한 자각이 어떻게 읽기 능력에 영향을 미치는지 보여 주려는 중요한 역작이다.

3.2.7. 학생들의 질문하기 전략과 읽기 발달에 대한 연구

앞 절에서 탐구되었던 독자들의 담화 구조 자각의 활용은 때로 학생들이 더 나은 독해를 위해 활용할 수 있는 읽기 전략으로 간주되기도 한다. 여러 다른 읽기 전략들이 읽기 발달 특히 학업 목적을 위해 핵심적인 것으로 밝혀졌다. 읽기 전략 가운데 몇몇은 여전히 대중적인 인기를 통해 남아 있지만 조사연구를 통해 뒷받침되지는 않는다(예를 들면 SQ3R-훑어보고, 질문하고, 읽고, 되새기며, 다시보기).9) 다른 전략들은 구체적인 전략으로 명시적인 조사연구에 의해 잘 뒷받침되고 있지 않지만 기법들이 언급하고 있는 기저의 목표에 기대어 지지를 받고 있다(예를 들면 KWL-우리가 아는 것, 우리고 알고자 하는 것, 우리가 알게 된 것).10) 다른 조사연구들은 주목을 받았지만 더 발전된 확인 작업을 선택하고 있다. 현재의 연구에서는 핵심적인 읽기 전략, 즉 학생들의 질문 생성이 읽고 이해하기 향상에 이바지하고 있는지 알아보기 위해

---

9) 이들은 각각 영어로 survey, question, read, recite, review인데 미국의 심리학자 로빈슨(F. Robinson)이 제안하였다. 국내에는 1990년대 후반에 이에 바탕을 둔 연구가 활발하였는데, 최근에는 또래 읽기나 학습 장애자를 중심으로 이를 적용하고 검정하려는 노력이 있었다.

10) 오글(1986)에 의해 처음 제안되었는데 What we Know, What we Want to know, What we Learned에서 따왔다. 여기에 대해서 어떻게(H)가 추가되기도 한다. 국어교육에서 적용 사례는 오주봉(2004), 「KWL 전략을 적용한 읽기 수업 양상 분석」(광주교육대학교 석사논문)이 있으며 이성영(2006), 「KWL 모형의 국어교육적 가치」, 『국어교육학연구』 27집(국어교육학회, 441~465쪽)에서는 국어교육에서 그 모형을 자리매김하고 있다.

검토하고 있다. 안나 타보아다와 존 거드리(Ana Taboada and John Guthrie, 2006)는 학생들에게 질문을 만들어보라고 하였을 때 읽기 전 질문 생성하기가 실제로 읽고 이해하기 능력을 뒷받침하는지 아니면 주제에 대한 앞선 지식이 이해 향상의 기저가 되는 원인인지 결정하고자 하였다.

더 나은 질문을 하는 학생들이 읽고 이해하기 측정을 더 잘 수행하는지 그리고 질문 생성과 관련된 그들의 능력이 읽기 주제에 대한 앞선 지식에 독립적인지 정하기 위하여 360명의 3학년과 4학년 학생들을 모았다. 생태론적 주제(예를 들면 큰 바다, 숲, 호수와 사막)에 대한 여러 개의 덩잇글 묶음으로 학생들은 공부를 하였다. 학생들은 네 개의 측정이 있는 과제를 수행하였다. 측정에는 앞선 지식에 대한 측정, 질문-만들기 능력에 대한 측정, 여러 덩잇글 이해에 대한 측정과 읽고 이해하기에 대한 표준화된 측정이 있었다. 한 과제는 학생들로 하여금 덩잇글 묶음을 2분에 걸쳐 훑어보게 한 다음 그 자료를 없애고 20분 동안 10개의 중요한 질문을 생성하도록 하였다. 이들 질문은 타당한지 여부에 따라 0~4의 눈금으로 평가되었는데 타당한 질문인지, 단순 사실 질문인지, 세 수준의 고차원적인 개념을 반영한 질문으로서 더 큰 개념에 관련되는 질문이거나 개별 항목들을 범주로 묶는 질문인지에 따라 평가를 하였다.11)

타보아다와 거드리는 변수들 사이의 상관관계를 먼저 살펴보면서 질문 생성 능력이 앞선 지식 점수가 그러한 것처럼 두 개의 읽고 이해

---

11) 타보아다와 거드리(2006, pp. 13~15)에 따르면 질문은 네 수준인데 이 책의 저자가 0~4로 표현한 것은 질문이 되지 않거나 무관하거나, 철자법에 맞지 않거나 너무 비문법적이어서 알아 볼 수 없는 경우를 0 수준으로 포함되기 때문이다. 질문이 독해에 미지는 영향을 알아보기 위해서는 질문의 수준이 잘 파악되어야 하는데 원래 논문에서 제시한 질문의 수준은 다음과 같다. 1수준-형식에서 간단하고 사실 명제에 대해 질문하거나 예/아니오 답을 요구하는 질문, 2수준-생태 개념에 대한 전반적인 개념이나 유기체의 살아남음에 대한 진술을 요구하는 질문이나 범주화와 관련되는 질문, 3수준-증거가 수반되는 생태 개념의 구체적인 측면에 대하여 다듬어진 설명(예: 엘프 올빼미는 둥지를 짓기 위해 선인장을 이용한다)을 요구하는 질문, 4수준-생태 개념들의 상호 관계나 생물 군계에 걸쳐서 혹은 그 안에서 독립성을 목표로 하는 최상위 수준의 질문이다.

[인용 3.16] 질문 생성하기 가르침의 구실

　　설명문과 이야기 전달 덩잇글과 관련하여 질문 생성하기 가르침은 초등학생, 중학생, 고등학생, 대학생의 읽고 이해하기에 긍정적인 영향을 미친다는 것을 보여 주었다. … 그러나 이들 연구들 다수에서 한계는 질문하기의 과정이 읽고 이해하기 능력 향상의 원천이라는 증거를 제공하려는 시도를 연구자들이 하지 않았다는 것이다. … 예컨대, 질문하기에 대한 가르침이 학생들의 배경 지식 활성화를 불어나게 하며 그와 같은 활성화는 가르침에 긍정적인 효과를 설명한다는 것이 있음직하다.

　　　　　　　　　　　　　　　　　　　▶▶▶Taboada and Guthrie, 2006: 2

하기 측정과 유의하게 상관이 있다는 것을 보여 주었다. 즉, 앞선 지식 측정값과 질문 생성 측정값은 서로 상관이 있었다. 읽고 이해하기에 미치는 질문 생성의 영향이 앞선 지식의 영향을 받지 않는지 결정하기 위하여 조사연구자들은 두 개의 회귀 모형을 수행하였는데 하나는 3학년을 대상으로, 다른 하나는 4학년을 대상으로 하였다. 앞선 지식

[인용 3.17] 질문의 수준

　　읽고 이해하기에서 질문하기는 [유일한] 분산이라고 설명되어 왔다. … 저자들의 관점에 따르면 질문하기는 앞선 지식에 해당하는 기여를 한다. 질문하기는 앞선 지식의 활용을 촉진하지만 어떤 학생이든 덩잇글에 끌어들이게 되는 아주 최소한의 수준을 넘어설 정도의 앞선 지식을 요구하지 않는다. …

　　더 나아가 저자들이 제시한 자료들은 이해를 촉진하는 것이 일반적인 수준에서 질문이 있느냐 혹은 없느냐가 아니라 높은 수준의 질문이 있느냐 없느냐 하는 것임을 암시한다.

　　　　　　　　　　　　　　　　　　▶▶▶Taboada and Guthrie, 2006: 24, 27

의 영향을 통계적 절차에 따라 제거하였을 때도 질문을 생성하는 능력은 여전히 읽고 이해하기 능력을 유의하게 예측하는 지표(predictor)로 남아 있었다. 따라서 이 연구로부터 질문 형성이 읽기 기술에 영향을 미치는 중요한 읽기 전략임을 나타내 주는 증거를 갖게 된다.

타보아다와 거드리의 연구 결과는 (a) 질문 생성 능력이 읽고 이해하기를 촉진하는 중요한 전략이며, (b) 개념에서 복잡한 질문들을 생성한 학생들의 이해 능력이 훨씬 더 높았음을 보여 주었다. 이 연구는 얻은 결과뿐만 아니라 여러 덩잇글 이해와 질문 생성 능력, 앞선 지식에 대한 통제되고 신중하게 계발된 측정 도구를 계발하려는 노력에 대한 복잡한 이야기를 묘사한다. 이와 같은 측정 도구를 만드는 데 많은 노력과 상당한 재주가 필요하다. 전체 이야기는 주의를 끌 만한 값어치가 있다.

3.2.8. 읽고 이해하기를 나아지도록 하기 위해 좋은 질문을 하도록 학생들을 가르치는 것에 대한 연구

읽고 이해하기에서 질문하기의 역할은 '필자에게 질문하기'라고 부르는 읽고 이해하기의 접근을 통하여 탐구되어 왔다. 1990년대 초반 이래, 이사벨 벡, 마가렛 맥퀀(Isabel Beck〈Margaret McKeown)과 그의 동료들은 읽고 이해하기 기술을 올바로 세우는 중요한 수단으로 그것을 탐구하여 왔다. 그들이 탐구하였던 접근법은 다음과 같은 질문들을 통하여 덩잇글 정보에 대하여 의미 있는 상호작용을 하도록 안내하였다(8장에 있는 표 8.4도 참조).

- 덩잇글에서 필자가 무엇을 하고 있는가?
- 왜 덩잇글이 그와 같은 방식으로 쓰였는가?
- 독자를 위해서 필자가 얼마나 잘 정보를 설명하거나 연결하는가?
- 학생들이 더 잘 이해하도록 도와주기 위해 필자가 무엇을 하는가?

[인용 3.18] 필자에게 질문하기

필자에게 질문하기[는] 학생들로 하여금 필자가 말하고자 하는 것을 반추하고 협력으로 이해하도록 북돋워줌으로써 덩잇글로부터 학생들의 의미 구성을 강조하는 접근법이다. … [그것은] 어떤 덩잇글에 있는 생각들을 이해하기 위해 능동적인 학습을 하게 하는 데 초점을 맞추었다. 의미 이해하기는 … 교사가 제기한 질문에 학생들로 하여금 [응답하도록] 함으로써 촉진된다. … 그와 같은 질문들에 대한 응답은 의미의 구역을 이루게 되는데, 이는 학생들에 대한 교사의 반응과 그에 뒤따르는 학생들의 다듬기와 연결을 통해 발전한다. 따라서 덩잇글을 읽어 나갈 때 덩잇글과 독자의 상호작용에 초점을 맞춘, 필자에게 질문하기에서 의미의 전개는 학급 전체의 토의에서 이뤄지는 독자-덩잇글의 상호작용의 특징을 드러내며 덩잇글에 관련되는 질문들에 대하여 설명을 하는 응답, 증거에 바탕을 둔 응답을 하도록 장려한다.

▶▶▶McKeown and Beck, 2004: 392~393

필자에게 질문하기의 뒤에 있는 목표는 덩잇글에 대하여 학생들이 어떻게 협력적인 토의에 참여하는가 그리고 학생들로 하여금 (a) 더 자세하게 제공되거나 추론되는 정보를 탐구하게 하며, (b) 덩잇글에 있는 개념들을 연결하고, (c) 덩잇글의 중심 생각 발견에서 주도적인 상호작용 주체가 되도록 하는 방법을 보여 주는 것이다.

일련의 연구를 통하여, 벡과 맥퀸은 질문하기에서 능동적인 참여자가 되도록 하며 덩잇글 정보에 대한 답을 하도록 하는 것이 이해를 나아지게 한다는 것을 발견하였다. 그러나 그들은 접근법에 대한 성공을 보여 주는 것이 교사들이 그 접근법을 채택하고 효율적이며 편리하게 사용할 것이라는 점을 보장하지 않는다는 것도 인식하였다(실천 사례들에 대한 조사연구 접근이 지니고 있는 공통적인 문제점). 이와 같은 문제를 다루어 나가기 위하여, 그리고 조사연구자들에 의해 제공된 교사 자료들 위한 자료들을 통하여 저자에게 질문하기의 효율성을 보이기 위하여 맥권과 벡(2004)에서는 (3학년부터 6학년까지) 여섯 명의 교사들과 함께 연구하였다. 그들은 교사들이 읽기와 사회 과목에서 필자에게 질문하기를 활용하도록 일곱 달에 걸쳐 연수를 하였다. 학기의 시작 즈음 처음 사흘 동안에 있었던 방향잡기 연수 모임에 더하여 교사들에 대한 월간 관찰과 되짚어주기를 위해 방문하였는데 맥권과 벡은 교사들 스스로 참고할 수 있도록 짧고 간단한 25개의 접속 가능한 문제에 대한 보고서를 만들었다(McKeown and Beck, 2006 참조). 이 참고서는 연구에 앞서 1년 동안 교사들이 표현한 근심거리에 대한 실질적인 행동 계획을 아우르고 있었다(이를테면 토의가 진행되도록 하기, 예상하지 못한 학생들의 비판을 다루어 나가기, 잘 되어가고 있지 않은 듯한 토의 다루기, 제자리를 못 찾은 생각을 다루기, 뒤따르는 탐구거리 설정하기 등). 이와 같은 참고서를 제공하는 목적은 이해를 위한 질문의 활용에 대한 전통적인 생각으로부터 벗어나도록 도와주고 덩잇글과의 좀 더 복잡한 유형의 탐구와 상호작용, 학생들과 상호작용과 탐구에 좀 더 편안해지도록 하는 것이다.

이 연구의 일부로 조사연구자들은 필자에게 질문하기를 활용하도록 여섯 명의 교사들을 연수하였는데 효과적으로 가르치기 위하여 참고서를 어떻게 이용하는지 보여 주었고 7개월 동안의 처음 단원과 마지막 단원을 녹화하였으며 접근법과 참고서의 효율성에 대해 교사들과 면담하였다. 맥권과 벡의 혼합적인 조사연구 접근법은 측정값에 대한 분석을 결합하고 조사연구 기간을 통하여 교사들에 의해 지적된 비판과 관심사들에 대한 질적인 보고가 포함되어 있었다.

벡과 맥권이 제기한 조사연구 탐구거리를 대상으로 하여 일곱 달 동안에 걸친 양적인 변화를 탐구하였다. 그것은 (a) 교사들이 사용한 질문의 유형, (b) 학생들의 응답이 제시되고 난 뒤 나타나는 교사들의 반응 유형, (c) 학생 발화와 교사 발화의 양, (d) 학생들의 응답에서 제공되는 정보의 유형이었다. 연구의 시작에서부터 마지막까지 녹화된 단원들의 분석을 통해 이와 같은 변화들이 결정되었다. 참고서의 활용에 대한 교사들의 비평도 보고되었다. 네 개의 양적 측정 각각에 대하여 교사 행동과 학생들의 행동은 유의하게 변하였다. 연구의 막바지에 이르러, 교사들은 간단한 정보 회상 질문이 더 줄어들었으며, 의미를 드넓히는 질문을 더 많이 하였고, 학생들의 응답을 되풀이하는 일에 덜 몰두하였으며, 학생들의 반응을 다듬는 일에 더 많이 몰두하였다. 학생들은 덩잇글로부터 곧이곧대로 나오는 응답이 많이 줄었으며, 덩잇글로부터 나온 정보를 통합하는 응답이 더 많아졌다. 참고서 활용에 대한 교사들의 비판은 절대적으로 긍정적이었다. 72%의 교사가 제공하는 자료의 유용성에 대해 평가하였다. 교사들 다수는 참고서가 어떤 "방향을 제시하며, 필자에게 질문하기 토론에서 일어날 수 있는 어떤 상황과 그 상황에서 그들이 다루어 나갈 수 있는 행위들에 대한 감각을 교사들에게 주었다"(McKeown and Beck, 2004: 402)고 언급하였다.

이 연구는 여러 가지 면에서 중요하다. 먼저, 상호작용 목표와 교실수업 상호작용의 복잡성을 더해 주는 새로운 가르침 접근법을 수행하도록 요구를 받았을 때 교사들이 맞닥뜨릴 수 있는 어려움 지적할 수

[인용 3.19] 질문하기에 대한 체계적인 방법 계발의 필요성

여기서 보고된 연구에서 언급한 문제들은, 교사들이 자신들의 교실수업에 활용할 수 있도록, 필자에게 질문하기라는 가르침 방법에 대하여 교실수업의 실행으로부터 얻은 지식을 어떻게 변용할까 하는 것이다. … 문제의 핵심은 학생들의 생각에 반응을 보이고 뒷받침해 주는 교육 방법을 만들어내기 위해서 그와 같은 가르침을 지속하고 수행하도록 교사들이 준비할 수 있는 믿음직하고, 체계적인 방법들을 조사연구자들이 계발할 필요가 있다는 것이다.

▶▶▶McKeown and Beck, 2004: 392, 393

있는 연구이다. 두 번째로 가르침 행위의 복잡성에 대해 교사들에 더 큰 자각을 제공해 주는 현장조사연구로서, 덜 공식적인 맥락에서 실제로 수행될 수 있는 연구 과정을 이 연구에서는 기술한다. 세 번째로 이 연구에서는 연구의 목적과 조사연구 질문을 뒷받침하는 방식으로 양적 분석(quantitative analysis)과 질적 분석(qualitative analysis)을 결합한다. 네 번째로 그리고 끝으로, 가르침의 실천에 대한 교사들의 이해를 탐구하고 새로운 실천 사례에 대하여 교사들의 수용 수준을 어떻게 설정하는지 탐구하였다. 비록 이 연구가 단지 여섯 명의 교사와 그들의 실천 사례가 개입한 소규모의 연구이지만, 훌륭한 참고서를 만들고 자료를 모으며 교사들과 협력하여 연구하기 위해 상당할 정도로 연구하였다. 짧게 말해, 이 연구는 매우 설득력 있는 조사연구 이야기를 만들었다.

3.2.9. 동기와 전략 연습, 내용 중심의 학습을 결합하는 독해에 대한 가르침 접근법 연구

여러 나라에서 교사들은 공통적으로 자신들이 가르치는 학생들이 읽기를 좋아하지 않으며 읽지 않는다고 말한다. 다시 말해 그들은 읽기를 위해 동기부여가 되지 않았다는 것이다. 미국에 있는 학생들이 비슷하게 느낀다는 이야기를 듣고는 놀라는 교사들의 경우도 이는 마찬가지로 사실이다. 읽기 참여에 비자발적임은 교육에서 보편적인 문제이다.

읽기를 위한 동기는 일반적인 학업 성취를 위해서 중요할 뿐만 아니라, 읽고 이해하기 능력을 예측하는 중요한 요소이다. 다수이 연구들이 동기와 독해 사이의 강한 연관성을 밝혀주었고 여러 연구들은 동기가 읽기 능력에 대한 강한 예측 요소임을 보여 주었다(Grabe, 2009; Guthrie and Wigfield, 2000; Taboada, Tonks, Wigfield and Guthrie, 2009). 읽기 발달을 위해 동기의 중요성을 전제로 한다면 물어보아야 하는 탐구거리는 다음을 아우른다. 가르침이 얼마나 잘 학생들의 동기 발달을 도와주는가? 동기에 바탕을 둔 가르침을 어떻게 실제적인 교육 과정 속으로 잘 통합될 수 있을까? (이와 비슷한 질문이 위에서 언급한 저자에게 질문하기 연구에서 제기되었다.) 지금 다루고 있는 연구에서 거드리, 레슬리 맥래와 수잔 클로다는 개념 중심의 읽기 가르침(CORI: concept-oriented reading instruction)이 동기를 설정하고 읽고 이해하기를 직접적으로 나아지게 하는 가르침의 실천 사례로 통합되는 정도를 살피기 위하여 **메타 분석**(meta-analysis)[12]을 수행하였다. CORI는 거드리와 그의 동료들에 의해 계발된 가르침 접근법으로서, 읽기를 격려하는 데 (a) 이해에 핵심적인 전략들과 인지 기술, 동기 부여를 나아지게 하며 (b) 도전적인 과제를 수행하고자 하는 자발성과 인내를 더 나아

[인용 3.20] 읽기에 대한 어린 학생들의 동기

읽기에 대한 어린 학생들의 동기를 객관적으로 표현하든 주관적으로 표현이든 낮다는 증거가 상당히 많이 있다. 2005년도에 4학년을 대상으로 하여 국가 수준에서 이뤄진 대표적인 현지 조사에서 학생들의 65%가 읽기를 재미있는 활동으로 보지 않았다. 같은 현지 조사에서 학생들의 75%가 재미로 자주 읽지 않으며 학생들의 59%가 책을 읽을 때 … 많은 것들을 배운다는 것을 믿지 않는다고 말하였다.

이들 통계 자료는 4학년들의 실제 대다수가 읽기를 위해 내재적인 동기 부여가 되어 있지 않음을 나타낸다.

▶▶▶Guthrie, McRae and Klauda, 2007: 237

---

12) (원저자 주) 메타-분석이 어떻게 수행되는가에 대한 간단한 기술은 4장의 4.2.7을 참조할 것.
  (뒤친이) 흔히 메타-분석은 통계 분석에 대한 분석이다. 주로 양적인 조사연구에서 다양한 표본이나 변수들을 사용한 분석에 대한 문헌조사를 통하여 분석의 주제를 정하고 여러 조사연구들의 연구를 표준화하는 과정을 거친다. 이렇게 함으로써 효과 크기(eta: effect size)를 구할 수 있는데 이를 비교 분석함으로써 어떤 결론을 얻을 수 있다.

CORI 설계에서 우리의 도전거리를, 읽고 이해하기 능력을 나아지게 하기 위해 학생들의 읽기 참여를 높인다는 것을 보여 주기로 결정하였다. … 우리는 … 읽기 참여를 학생들의 행동 속성, 인지 특성, 동기 특성을 융합하는 구성물로 자리매김한다. 간단히 말해, 참여하고 있는 독자는 짧게 말해, 몰입하고 있는 독자는 내재적으로 읽기를 위한 동기부여가 되어 있는 것이다. …

궁극적으로 우리의 가르침 실천사례들은 학생들의 표준화된 읽기 능력 수행을 향상시킬 정도로 충분하게 동기가 높아지고 인지 능력을 늘어나게 하도록 … 마련되었다.

▶▶▶Guthrie, McRae and Klauda, 2007: 238

지게 하는 가르침을 결합한다.

11개의 CORI 실험 연구와 이들 연구가 동기 부여와 그것이 독해에 미친 영향에 대한 분석을 보고하기에 앞서 거드리, 맥래와 클로다는 동기를 설정하고 기술을 확립하는 구체적인 가르침에서 특징들을 설명하고 이런 특징들이 어떻게 CORI 틀에 통합되며, CORI 가르침이 어떠한가를 설명한다. 내재적인 동기부여와 지각하고 있는 자율성, 자기 효능감, 협력하고자 하는 마음, 통달하고자 하는 목표의식(예를 들면, 어떤 주제 영역에서 전문성을 갖추고자 하는 욕망)을 발전시키는 가르침의 실천 사례들은 모두 배우고자 하는 동기의 증가로 이어질 것이 틀림없다. 이들 목표는 다음의 CORI 원리로 옮겨진다. 여기에는 적합성(예를 들면, 학생들의 경험과 연결), 학생들의 선택, 성공을 위한 기회, 협력 활동과 모둠 활동, 내용에서 일관성을 유지하며 내용의 통달을 이루도록 해 주는 교과내용 단원들이 있다. 읽기 발달에 주로 초점을 맞추는 CORI의 교육적인 측면은 (a) 핵심적인 읽기 전략이 이들에 연속을 이루는 토대 위에 대한 명시적인 가르침, (b) 어휘 발달에 대한 강조, (c) 일관된 내용과 학생들이 선택한 일련의 자료들, (d) 읽기 유창성 연습, (e) 폭넓은 읽기를 위한 시간, (f) 읽기-쓰기 통합 과제들을 포함한다.

CORI의 효율성을 평가하는 실험적인 11개의 연구들은 이 메타 분석에 10년 앞서 출간되었다. 이들 연구는 최소한의 12주 가르침으로부터 온전히 일 년 동안의 가르침에 이르기까지 하루에 60~90분 동안 1주일 동안 매일 이뤄졌다. 다양한 연구들은 모두 비교를 위한 통제 집단이 있었으며 CORI 집단과 통제 집단 사이의 비교는 거드리, 맥래, 클로다의 메타 분석에서 효과 크기로 보고되었다. 효과 크기는 CORI 집단의 학생들이 통제 집단보다 나은 수행을 하는 정도를 나타낸다. (통계적으로 .80 이상이 효과 크기가 크며, .50은 중간 효과 크기이고 .20은 효과 크기가 작다는 점을 주목할 것.) 이들 연구 대부분이 유의한데 효과 크기의 관점에서 .75의 비교 값을 가정하였다. 동기 측정과 관련하여 CORI 처치를 받은 학생들은 (행위 결과 측정에서) 호기심, 효능감, 내재적 동기, 읽기 동기와 읽기의 양의 측정에서 통제 집단 학생들의 수행보다 유의하게 더 나았다. 독해 결과 측정과 관련하여 CORI 처치를 받은 학생들이 표준화된 독해 검사(.91의 효과 크기), 여러 개의 시험 출제자가 만든 이해 측정(.93의 효과 크기), 더 효과적으로 설명문 읽기

[인용 3.22] CORI 접근법의 효과 크기

> 독해에 대하여 저자들은 ··· 5개의 효과 크기[ES: effect size]로부터 표준화된 독해 검사에 미친 CORI의 영향을 셈하였다. 효과 크기의 평균은 .91이었다. 이는 CORI 접근법이 읽고 이해하기의 표준화된 검사에 비교적 실질적인 영향력을 지니고 있음을 보여 준다. 저자들은 이와 같은 경우가 드물다고 믿는다. 중간에 끼어드는 대부분의 독서 교육거리들이 표준화된 검사가 아니라 실험 주체가 만든 검사로 그 영향을 보여 준다.
>
> ▶▶▶Guthrie, McRae and Klauda, 2007: 246

(.73의 효과 크기), 읽기 전략의 사용(.91의 효과 크기), 교과내용 학습
(1.34), 낱말 인식 기술(.75의 효과 크기), 낭독 유창성(.59의 효과 크기)에
서 통제 집단 학생들보다 나은 수행을 하였다. 메타 분석에서 나온
이와 같은 결과들은 동기부여와 독해에 미치는 CORI 접근법의 영향
에 대한 힘 있는 증거를 제공해 준다.

　실제 교실수업 환경에서 천여 명이 참여한 11개의 서로 다른 실험
연구에 대한 메타 분석은 특이하다. 이 메타 분석에서는 CORI가 읽기
를 위하여 학생들에게 강한 동기가 일어나도록 하였으며, 학습에 대
한 동기부여와 함께 CORI에서 가르친 인지적 읽기 기술이 통제 집단
과 비교하여 독해에서 더 크고 유의한 향상으로 이어졌음을 보여 준
다. CORI가 학생들과 협력하며 여러 이해 전략들을 가르치기 위해
가장 괄목할 만한 교육과정을 통한 접근 가운데 하나라는 점도 주목
할 만한 값어치가 있다. CORI 조사연구에서는 또한 발견사실을 더
긴 시간에 걸쳐 정규 교실수업에서 쉽게 실행할 수 있는 실용적이고
효과적인 가르침 접근법으로 변형하는 어려운 문제들도 언급을 한다.
중요한 조사연구를 통합하는 이야기로서 이 메타 분석은 백 개 이상
의 교실에서 연구하고 천 명 이상의 학생들을 가르치는 조사연구자들
의 노력을 포착한다. 시간, 계획하기, 연수하기, 기록 유지하기, 사람
들 사이의 의사소통을 유지하려는 노력은 엄청나다. 메타 분석은 어
떤 하나의 조사연구 이야기 그 이상을 보여 준다. 그 이야기는 학생들
이 더 나은 독자가 되도록 도와주는 일에 대하여 많은 인물과 다양한
상황을 배경으로 하는 장편 서사이다.

3.2.10. 효과적인 전략 중심의 교육과정에 대한 시례 연구

이 장에서 소개되는 대부분의 연구들은 학생들과 그들의 수행, 종종
그들이 받은 처치의 결과로서 수행에 대한 증거들을 직접 모으는 일
에 초점을 맞추고 있다. 드물지 않은 사례들에서 학생들과 교사들에

게 자신의 관점을 진술하게 하거나, 특정의 과제에 대한 자신들의 생각을 언어로 표현하게 하거나 현지 조사에 답변하고 질문들을 면담하도록 하는 질적인 구성내용도 있다. 이 마지막 조사연구는 다른 조사연구들과 다소 다른데 학생들 집단에 대한 연구라기보다는 특정의 학교에서 전체 교육과정의 효과에 초점을 맞추고 있기 때문이다. 그 자체만으로도 미국에서 어떤 학교에서 읽기가 어렵고 배우기에 어려움을 지닌 채 들어온 학생들이 어떻게 특별한 성공을 거두는가에 대한 **사례 연구**(case study)이다.

오랜 기간 동안 미카엘 프레슬리와 그의 동료들은 특별히 효과적인 가르침으로 만들어 주는 것이 무엇이며, 학교에서 특별히 성공할 수 있게 하는 것이 무엇인가에 의문을 가졌다. 일련의 연구에서 프레슬리는 매우 성공적이었던 1학년 교사와 매우 효과적이었던 5학년 교사들을 탐구하였다. 그는 또한 학생들과 보통 이상의 성공으로 평판을 얻고 있는 어떤 학교에서도 시간을 보내기도 하였다. 이 연구는 그와 그의 동료들이 한 사례 연구 이야기로서 참고 전략(benchmarking)[13] 학교에 대한 분석이다(다른 학교에 대한 사례 연구를 위해서는 Pressley, Raphael, Gallagher and DiBella(2004)를 참조할 것). 참고 전략 학교는 부분적으로 성공으로 얻은 평판과, 증거에 근거를 둔 조사연구에서 발견 사실을 드넓힐 수 있는 교육과정 때문에 선택하였다. 그런 초등학교와 중학교의 학생들은 평균적으로 표준화된 읽기 검사에서 34번째 백분위수에서 중학교 7학년쯤에 이르면 77번째 백분위수로 향상되었다.[14] 참

---

13) 너나없이 이 외국어를 그대로 끌어 쓰고 있으며 국어사전에도 버젓이 올라와 있는 말이다. 원래 토목 분야에서 강물의 높낮이를 나타내기 위한 기준점을 가리키는 용어이지만 컴퓨터와 경영 분야에까지 하나의 전략으로 받아들이면서 뜻넓이가 넓어졌다. 여기서 소개되는 사례처럼 상대방의 전략이나 방법을 배우고 그것을 통해 상대보다 앞서 나간다는 목표로 추진되는 일련의 활동을 가리킨다. 원래의 말뜻은 좀 더 삭막하기는 하지만 상대방의 전략이나 전술을 보고 배운다는 점에서 참고라는 말을 끌어들이기로 한다.

14) 백분위의 개념은 분포에 있는 사례들에 대하여 제시된 백분율이 그 이하에 놓이게 되는 점수를 말한다. 백분점수(白分點數)라고도 한다. 이는 누적 빈도로 보았을 때 특정

고 전략 학교의 교육과정은 이해로 이어지는 집중 전략으로 알려져 있다. 또한 동기 지도(motivation instruction), 널리 읽기, 교육과정에 걸쳐 교과 학습을 위한 읽기, 어휘력 향상과 유창성 연습을 강조하였다.

　사례 연구로서 프레슬리와 동료들은 2004년 1월부터 7월까지 자료를 모았다. 네 명의 조사연구자들이 힘을 모아 온전하게 60일 동안 참고 전략 학교에서 자료를 모으고, 면담을 하며 관찰을 하고 공책에 적어 두었다. 이와 같은 종류의 사례 연구들은 조사연구자들 사이의 포괄적인 삼각 측량과 적어둔 내용에 대한 지속적인 다시 읽기, 핵심적인 유형과 경향을 끌어낼 수 있는 자료들을 필요로 한다. 조사연구팀은 학교에서 겹치거나 자신들의 자료에서 아무런 중요한 차이를 기록하지 못하는 날에 적은 내용들을 비교하였다. 프레슬리와 동료들은 발견사실들을 여러 차례 검토하고 1~5의 눈금에 따라 참고 전략 학교의 중요한 특징들에 대한 눈금을 도출하였다. 그 눈금으로 4.5나 그 이상의 점수를 얻은 9개의 요소들을 확인하였으며 그 눈금을 통해 교육과정의 효율성에 이바지하는 기준의 얼개의 얻었다.

1. 교사들의 전문성 신장
2. 작은 학급
3. 집중 교육과 확장 교육
4. 낱말 인지 전략
5. 쓰기 전략
6. 이해 전략
7. 되살피기 전략과 조정 전략
8. 동기부여 지도

의 집단 평균 점수가 몇 번째 순위를 차지하는지 보여 준다. 예컨대 이 자료에서 34번째 백분위수라는 의미는 그 학교 집단의 평균 점수가 표준화된 읽기 검사 점수에서 아래로 34번째임을 나타낸다. 이 경우는 표준화하는 의미가 강하기 때문에 단순한 점수보다 더 객관화된 점수를 알려 준다.

9. 교육방법 관리

이들 아홉 가지에 부여된 우선순위는 이 학교의 증거에 기반을 둔 원칙을 반영한다. 이들 각각은 이 사례 연구에서 자세하게 기술된다. 교육과정 성공에 강하게 이바지하였던 부차적인 특징들에는 학부모의 참여와 규칙적인 숙제, 12명을 대상으로 하는 학급 당 세 명의 교사(교사들/보조 교사들), 성공에 대한 높은 기대, 학생들의 책임감, 평가에 대한 규칙적인 되짚어주기, 과제에 대한 높은 수준의 공부 시간, 좀 더 일반적으로 말해서 전략을 중심으로 하는 독본의 계발하기가 포함된다. (**전략 상호작용 가르침**(Transactional Strategies Instruction)으로 알려져 있는 이해 전략 가르침은 거의 대부분의 수업 시간에 나타나고 읽기 가르침은 내용교과에 걸쳐 계속된다. Pressley(2006) 참조).

프레슬리 외의 연구는 우리들로 하여금 성공적인 교육과정과 성공적인 학생 배출에 이바지하는 핵심적인 특징들을 매우 깊이 있게 주목할 수 있게 해 준다. 그와 같은 사례 연구에는 시간, 노력을 들이는

[인용 3.23] 프레슬리 외에서 연구 문제

펜실베니아의 메디아에 있는, 참고 전략으로 삼은 학교는 사립학교인데 … 성취도가 낮은 초등학생과 중학생(1학년에서 8학년)에게 희망을 주고 있다. 참고 전략 학교 대부분의 학생들은 읽기를 배우는 어려움 때문에 이 학교에 왔다. 많은 학생들이 여러 해 동안의 학교생활 실패로 망연자실하고 있으며 그들이 배울 수 있다는 자신감이 거의 없다. … 대부분이 대학에 간다[거의 100%]. 그 학교는 어떻게 해서 학생들에게서 높은 성취도를 일관되게 이루어내며 읽을 수 없는 사람을 읽을 수 있는 사람으로 바꾸고, 정규 학교에 돌려보내고 성공할 수 있게 하는가? 그것이 이 연구에서 다루게 될 문제이다.

▶▶▶Pressley, Gaskins, Solic and Collins, 2006: 282~283

[인용 3.24] 참고 전략 학교의 중점 사항

'매우 중요한' … 목표로 평가된 그런 요소들이 학교의 핵심[중점 사항-뒤친이]에 반영되었다고 생각한다. 여기에는 전문성 신장, 참고 전략 교육과정에서 집중 교육과 확장 교육(특히 이해 전략과 되살피기/조정 전략들), 동기 지도, 교육 방법 관리가 포함된다.

▶▶▶Pressley, Gaskins, Solic and Collins, 2006: 301

몰입과 조사연구 목표에 대한 헌신이 필요하다. 그와 같은 사례 연구의 가치는 발견사실로부터 다른 학교(그리고 교육자들)에서 자신들의 가르침과 학생 배출을 개선하는 데 도움을 줄 수 있는 기준을 끌어내고 선택할 수 있다는 것이다. 실행(그리고 있을 수 있는 조정)이 끝난 뒤 그와 같은 학교에서는 그와 같은 혁신이 학생들의 읽기 향상으로 이어졌는지 결정할 수 있다. 다른 학교들과 이런 학교들이 발견사실을 공유할 때 이 이야기는 계속된다.

3.3. 조사연구의 이야기 구조 살펴보기

이 장에서 기술된 연구는 읽기 능력과 읽기 발달에 대한 핵심적인 쟁점과 질문들 몇몇을 강조하였다. 여러 연구들을 가로질러 연결하는 중요한 사항은 어휘 발달의 중요성, 능동적이고 집중적인 이해 전략 가르침, 동기 지도, 유창성 발달, 교과 학습에 초점을 맞춘 읽기 가르침에 맞추어져 있다. 마지막 세 개의 연구(3.2.8~3.2.10)도 또한 읽기 가르침에 인식된 세 개의 전략들, 즉 필자에게 질문하기, 개념 중심의 읽기 가르침(CORI: Concept-Oriented Reading Instruction), 전략 상호작용 가르침(TSI: Transactional Strategies Instruction)이 결합된 접근법을 강조한다. 게다가 이 장에서 연구들은 질문들을 탐구하고, 정보를 모으며,

질적 분석과 양적 분석을 수행하는 다양한 방법들을 반영한다. 끝으로 비록 다수의 제1 언어 조사연구 지식에 기여를 한 다른 사람들이 많이 있지만 여기서 소개된 연구는 영어를 제1 언어로 읽기를 대상으로 하는 조사연구에서 중요한 조사연구자들을 소개하고 있다.

여기서 기술된 조사연구의 중요성을 넘어서 이들 연구는 이야기를 전달하는 방법들을 보여 준다. 조사연구자들(이야기 전달자들)은 모두 훌륭한 질문을 제안하며 그와 같은 질문의 중요성을 예증하고, 배경 정보를 제공하며 그 연구의 추진 동력을 설명하고 그에 따라 장면을 설정한다. 조사연구자들은 자신들의 연구를 위해 준비하고 제기된 질문들에 답을 하는 방식을 설계한다. 이들은 모두 (어떤 이야기의 자잘한 사건들처럼) 필요로 하는 정보(를 모으는) 일련의 단계들을 거친다. 정보를 모으고 난 뒤, (이야기에서 마지막 대결처럼) 답을 찾는 데 도움을 주도록 그것을 분석한다. 결과가 보고되고 속뜻이 논의된다(이야기의 절정과 결말, 함축된 교훈과 비슷하다). 간단히 말해서 조사연구들은 이야기들로 해석이 가능하다. 이들 이야기들의 이해에서 많은 사람들이 맞닥뜨린 어려움은 그 이야기가 전달되는 압축된 방식과 다루는 방식 때문이지만 읽기에 대해서 더 많이 알기를 원하고 그것을 어떻게 잘 가르칠 것인가를 알기를 원하는 모든 사람들에게 중요하다. 이 장의 마무리에서 조사연구와 그들의 발견사실들에 대한 보고가 종종 몇 년 동안 심지어는 몇 십 년 동안 가르침에 체계적으로 영향을 미치지 못할 수도 있음을 아는 것이 중요하다(이 문제에 대한 또 다른 언급은 4장 참조). 저자들은 이들 조사연구 이야기가 교사들로 하여금 여기서 제안된 교육적 함의를 교실수업에서 탐구하도록 이끌어 주기를 바란다.

3.4. 결론

이 장에서는 제1 언어로 읽기 조사연구와 1~2장에서 있었던 읽기에 대한 논의의 연결에 초점을 맞추었다. 다음 장에서 저자들은 비록 다른 국면들이 있지만 추가로 일련의 조사연구들을 소개한다. 방금 언급된 조사연구들은 다수의 제2 언어 환경으로부터 몇 계단 떨어져 있을 수 있는 학생집단을 아우르는데 이와 같은 차이는 무시할 수 없다. 4장에서 소개하는 조사연구들은 제2 언어 맥락에서 조사연구의 관심사에 초점을 맞추면서 제2 언어를 가르치는 상황에 좀 더 가깝게 데려갈 것이다. 더 나아가서 그 연구들은 독자들에게[15] 제2 언어를 가르치는 실천 사례에 더 가까운 접속을 유지하고 있는 응용 언어학자와 조사연구자들을 소개해 준다. 그 연구들이 지니고 있는 함의는 제2 언어로 읽기의 기술 발달을 촉진하도록 사용하는 교재들을 고쳐 나가며, 가르치고 있는 방법들에 적용하는 교사들을 좀 더 직접적으로 옹호한다.

---

15) 이 책에서 쓰인 대명사 we(그리고 us)는 맥락에 따라 가리키는 범위가 다르다. 대부분의 경우 저자인 그레이브와 스톨러를 가리키지만 경우에 따라 저자들을 포함한 독지를 가리키는 경우도 있다. 이런 누 경우를 구별하기 위하여 앞의 경우는 '저자(들)'로, 뒤의 경우는 '독자'로 뒤친다. 이와 같은 점은 우리말의 '우리'라는 대명사도 비슷한 듯하다. 화자는 어떤 경우에나 당연히 포함되지만 맥락에 따라 청자가 포함될 수도 있고 그렇지 않을 수도 있다. 한편 핑커(1995/김한영 외 뒤침, 2013), 『언어본능』에서는 체로키 말의 복잡한 대명사 체계를 예로 들면서 '우리'라는 대명사가 '당신과 나', '제삼자와 나', '여러 다른 사람들과 나', '당신과 한 사람 혹은 그 이상의 다른 사람들과 나'를 가리킨다고 한다. 이는 대명사 체계가 언어마다 다름을 보여준다.

■■■■■ 더 읽을거리

이 장에서 나타나는 인용 문헌들은 여기서 제시한 연구들의 세부 내용들에 대한 핵심적인 참고문헌들을 대표한다. 이 장에서 언급된 조사연구자들은 읽기 조사연구 학술지에 정기적으로 기고를 한다(10장에 있는 10.1 참조). 이들 학술지 자료 창고를 통하여 이들 연구자들과 동료들에 의해 이뤄진 더 많은 연구가 드러날 것이다. 이 장에서 논의된 쟁점들 다수에 대한 추가적인 읽을거리는 아래에 적어 두었다. 예를 들면 다음과 같다.

- **결합된 전략**(예를 들면, 저자에게 질문하기, 개념 중심 읽기 가르침과 전략들의 상호작용 가르침의 결합)들에 **관련을 맺고 있는 가르침 접근법**에 대하여는 Beck and McKeown(2006), Grabe(2009), Guthrie, Wigfield and Perenvich(2004), Pressley(2006), Swan(2003) 참조.
- **전략 가르침의 효과**에 대하여는 Block and Pressley(2002), Grabe(2009), Janzen (2001), Pressley(2006) 참조.
- **담화 구조 자각**에 대하여는 Dymock and Nicholson(2007), Jiang and Grabe (2007/2009), Williams(2007) 참조.
- **읽기 유창성과 관련되는 가르침 실천 사례**는 Rasinski(2003/2009), Rasinski, Blachowicz and Lems(2006), Kuhn and Schwanenflugel(2008) 참조.
- **어휘 발달**에 대해서는 Beck, McKeown and Kucan(2002), Blachowicz and Fisher(2007), Nation(2001), Stahl and Nagy(2006) 참조.

제4장 제2 언어로 읽기에서 핵심 연구들

이 장에서는 제2 언어 맥락에서 수행된 열 개의 조사연구를 살펴보기로 한다. 그 연구들은 조사연구 수행을 위해 유용한 방법들을 예시하며 제2 언어 환경에서 읽기의 발달에 핵심적인 주제들을 제시하는데 다음의 주제가 포함된다.

- 제2 언어 읽기 발달에서 낱말 수준에 대한 쟁점의 중요성
- 읽기에서 어휘의 역할
- 읽기 발달을 위해 읽기 전략 가르침의 중요성
- 유창성과 널리 읽기의 이로움
- 읽기에서 동기의 영향력

제2 언어(L2) 교실수업에서 조사연구 수행은 제1 언어(L1) 환경에서 수행된 조사연구와 많은 공통점이 있다. 그 주제들이 종종 같으며, 방법들과 절차가 일반적으로 같고 모은 정보를 분석하는 방법도 또한 거의 대부분 같다. 그러나 차이점들이 있다. 제1 언어 조사연구와 제2 언어 조사연구에서 나타나는 차이들은 2장에서 다루었던 문제들이다. 예컨대 제2 언어 조사연구는 제1 언어 조사연구와 달리, 읽기 발달에서 언어 유창성과 언어 지식을 중요한 요소로 간주한다(비록 언어 지식의

영향은 제1 언어로 읽기 조사연구에서도 큰 자리를 차지하고 있기는 하지만 말이다. NICHD, 2005; Snow, Porche, Tabors and Harris, 2007; Storch and Whitehurst, 2002 참조). 제2 언어 조사연구에서는 종종 제2 언어 수행에서 제1 언어의 언어 지식, 전략 지식과 교과 관련 내용 지식의 전이를 탐구한다. 그리고 이와 같은 전이가 긍정적일 수 있는지 부정적일 수 있는지 탐구한다. 제2 언어 조사연구에서는 종종 제2 언어로 읽기의 발달에 대해 설명할 때 제1 언어의 읽기 기술, 상위 인지와 기저에 있는 보편적인 인지의 역할에 대한 설명을 고려한다. 본질적으로 제2 언어로 읽기 조사연구자들은 제2 언어로 읽기를 두 개의 언어로 읽기를 배우는 것으로 본다. 게다가 제2 언어 조사연구는 제2 언어만의 문제로 제2 언어의 문턱이라는 문제를 자주 조사한다. 끝으로 제2 언어 조사연구에서는 읽기 발달에 영향을 미칠 수 있는 문화적 요인들과 독특한 가르침 자원들(예를 들면 이중언어 사전, 옮김, 주석달기)을 탐구한다.

앞선 장에서 저자들은 제1 언어로 읽기 조사연구 분야에서 강하게 영향을 미쳤던 다수의 연구들을 검토하였다. 이런 조사연구 노력들은, 비록 조사연구와 관련되는 지도 실천 사례에 대해 지니는 의미 사이에 커다란 간격이 있기는 하지만, 어느 정도 가르침에도 영향을 미쳤다. 중요한 다수의 조사연구들은 연구의 수행이 마무리된 지 몇 년 지난 뒤에야 가르침에 대한 강한 영향을 미치며 때로 조사연구자들에 의해 처음에 제안된 방식과는 완전히 같지는 않다. 이 장과 앞 장(그리고 이 책 전체에 걸쳐)의 목표 하나는 조사연구와 가르침 사이의 연결이 강화될 필요가 있음을 보여 주는 것이다. 어떤 조사연구가 성급하게 가르침 기법으로 옮겨질 필요가 없는 것이 사실이지만, 읽기 조사연구로부터 자라난 중요한 생각들, 즉 학생들의 학습에 혜택을 줄 생각들이 몇 해 동안이나 종종 사라져 버린다. 이를테면 학생들이 전략적인 독자가 되는 것이 중요함을 기술하는 중요한 연구가 나타난 지 20년 뒤에 제2 언어로 읽기 가르침을 포함하여 대부분의 읽기 가르침에서 좀 더 전략적인 독자로 발전하도록 하는 전략 가르침에 여전히 초점을 맞추고 있지 않다.

어떤 조사연구로부터 나온 생각과 결과가 비교적 재빠르게 가르침에 영향을 미칠 것인지 미리 예측할 수 없지만 교실수업의 범위 안에서 조사연구 착상이나 주장, 해석을 탐색할 수 있다. 예컨대 조사연구를 통해 발전된 어떤 훌륭한 생각이 교실수업 환경에 채택될 때 어느 정도 훌륭한 교육적 의미가 있는지 탐구해 볼 수 있다. 그 목표는 조사연구의 주장을 되풀이하거나 논박하는 정도는 아닐지라도 그 주장이 특정의 가르침 맥락에 들어맞을 수 있는지, 가르침 실천 사례를 개선하게 하고 학생들의 배움을 더 나아지게 하는 대로 이어질 수 있는지, 실행되고 있는 교육과정에 쉽게 적용될(그리고 채택될) 수 있을지 살펴보는 것이다.

이 장에는 위의 언급과 관련하여 두 가지 중요한 목표가 있다. 먼저 제2 언어 읽기 맥락에서 일반적으로 탐구되고 있는 중요한 주제를 개관하고 드넓히는 것이다. 두 번째로 이 장에서는 제2 언어로 읽기의 핵심적인 조사연구를 제시하는 것이다. 3장에서 제시한 연구들과 마찬가지로 이들 연구는 흥미로운 이야기로 소개된다. 이 조사연구들은 제1 언어 맥락과 제2 언어 맥락에 걸쳐 조사연구의 발견사실들을 강화하는 유사점을 발견하기 위하여, 혹은 제2 언어 맥락에서 제시된 구체적인 문제들을 확인할 뿐만 아니라, 제2 언어로 읽기 조사연구에서 사용되는 조사연구 방법들의 범위를 확인하기 위하여 앞 장에서 소개되었던 조사연구들과 비교될 수 있다.

4.1. 제2 언어로 읽기 조사연구에서 탐구할 주제들

이 책의 앞에 있는 장들에서는 제2 언어 읽기 조사연구에서 탐구의 가치가 있는 많은 주제들을 드러내 보였다. 제2 언어로 읽기 조사연구의 논의를 구성하기 위해 그리고 언급할 수 있는 쟁점의 범위를 제시하기 위해, 우리의 논의를, 비록 때로 겹치기도 하지만 여섯 개의 서로 구별되는 영역으로 나누었다. 표 4.1에 늘어놓은 이 영역들은 다룰 수 있는 얼개 안에서 핵심적인 조사연구와 중요한 쟁점들에 대해 이야기할 수 있는 편리한 수단을 제공한다. 이 얼개를 사용함으로써 저자들은 읽기에 대한 어떤 특정의 통찰에 대해 아무런 주장을 하지 않으며 읽기의 여러 영역들이 뒤따르는 논의에서도 언급하지 않는다(그러나 1~3장에서는 언급하였다). 그러나 이들 영역이 제2 언어 읽기에 대한 뒤따르는 논의를 위해 쓸모 있는 지침을 제공한다는 생각이 든다.

아래에 언급된 조사연구 주제의 첫 번째 묶음은 읽기 발달에서 낱말 수준 문제와 어휘에 관련되는데 낱말 인지의 기술과 자동성, 다양한 갈래의 형태론적 지식과 어휘 지식을 아우른다. 어휘의 경우, 덩잇글에서 낱말 반복 빈도와 학생들의 어휘력이라는 낱말들의 지식과 관련된 흥미로운 쟁점들의 더 큰 묶음, 즉 (a) 어떤 낱말의 다중 의미, (b) 발화의 부분 형식, (c) 일반적인 이음말, (d) 파생 형태와 (e) 어떤 낱말이 대체로 나타나는 일반적인 의미 장(semantic field) 가운데 오직 두 가지 관심사를 보일 뿐이다. 탐구될 수 있는 또 다른 주제들은 일견 낱말(sight words)[1](자동적인 낱말 인지), 어원이 같은 말들의 기능, 옮김의 기능, 뜻매김의 기능, 주석의 기능과 사전 이용의 기능을 중심으로 연구되고 있다(Laufer and Girsai, 2008; Prichard, 2008; Rott, 1999/2007 참조).

조사연구 주제의 두 번째 묶음은 중심 생각 파악 지도사례뿐만 아니라 덩잇글 정보에 바탕을 둔, 읽고 난 뒤의 질문하기, 완성하기 연습, 쓰기 과제와 말하기 과제를 포함하여 특정의 판박이 지도 사례를 중심으로 한다. 중심 생각 파악과 그와 관련되는 판박이 지도 사례라는 주제가 탐구할 만한 가치가 있는 폭넓은 주제들을 암시하고 있다는 것이 전혀 놀랍지 않다. 부분적인 목록으로, 여기에는 덩잇글의 파악 내용을 중심으로 의미 있는 토의를 촉진하기 위해서, 1) 교실 배치

---

1) 자세한 뜻매김은 5장에 있는 [개념 5.1]과 부록에 나오는 〈용어 풀이〉를 참조하기 바란다.

를 어떻게 할 것인가, 2) 학생들의 참여를 최대화하기 위하여 수업
활동을 어떻게 짤 것인가, 3) 덩잇글 정보에 대한 학생들의 질문에
어떻게 응답할 것인가, 4) 읽기 연습의 양, 기술 가르침의 양과 과제의
양을 어떻게 적절하게 정할 것인가, 5) 만약 읽을 글을 고를 자유가
있고 읽기 수업에서 그것을 활용할 만한 가장 효율적인 방법들을 결
정해야 한다면 어떻게 읽힐 단락을 고를 것인가, 6) 학생-학생과 학생
-교사의 효과적인 상호작용 유형을 어떻게 설계할 것인가, 7) 어떻게
효과적으로 읽기 과제의 순서를 정할 것인가 하는 문제가 포함된다.
이 묶음 안에 있는 다른 주제들은 가르침을 위한 자원들과 재료들의
계발과 활용을 중심으로 한다. 이를테면 1) 읽고 있는 덩잇글과 관련
하여 활동들을 어떻게 배치할 것인가, 2) 적절한 연습 문제를 어떻게
만들 것인가, 3) 어떻게 연습과 활동들을 맞추어 나갈 것인가, 4) 어떻
게 학급 문고를 만들고 어떻게 문고의 책을 고를 것인가, 그리고 5)
연구과제 중심의 학습을 위해 어떻게 읽기 자원들을 구축할 것인가
하는 문제가 있다.

　조사연구 주제의 세 번째 중요한 묶음은 제2 언어로 읽기 전략과
전략적인 독자와 관련된다. 상당한 분량의 조사연구가 제2 언어 습득
이라는 영역 아래에서 언어 학습 전략에 대해 수행되었다. 그러나 제2
언어로 읽기 전략이라는 영역에서 구체적으로 많은 조사연구가 수행
되지 않았으며 특히 읽기 전략이 독해 능력의 발달에 중요한 역할을
한다는 점과 관련지어 볼 때 더욱 많은 연구가 수행되어야 함에도 그

<표 4.1> 제2 언어로 읽기의 조사연구 영역 갈래

1. 낱말 수준의 문세와 읽기 발달에서 어휘
2. 중심 생각 파악과 판박이 지도 사례
3. 읽기 전략들과 전략에 따른 읽기
4. 읽기 유창성과 널리 읽기
5. 제2 언어 읽기에서 동기부여
6. 읽기 평가의 선택내용들

렇지 않다. 조사연구의 상당 분량이 어떤 갈래의 전략들을 제2 언어 독자들이 사용하는가 하는 문제뿐만 아니라 어떻게 전략을 사용하며 특정의 전략들을 얼마나 자주 사용하는지 분석하고 있다(Anderson, 1991; Hudson, 2007; Mokhtari and Sheorey, 2008a 참조). 대부분의 경우에서 읽기 전략들에 대한 제2 언어 조사연구는 더 많은 혹은 더 나은 전략들의 사용이 자동적으로 읽기 능력 향상을 가져온다고 가정한다. 그러나 그와 같은 관계는 검정이 되어야 하며, 가정될 수 없다. 마카로와 얼러(Macaro and Erler, 2008), 테일러와 스티븐스, 아셔(Taylor, Stevens and Asher, 2006)에 의한 조사연구는 이 장의 뒤에 소개되는데 전략을 끌어들이는 일이 더 나은 독해 수행으로 이어질 수 있다는 증거들을 제공한다.

읽기 조사연구 주제의 네 번째 중요한 묶음은 읽기 유창성과 널리 읽기를 검토한다. 유창성과 유창성 가르침에 대한 폭넓은 연구는 제1 언어 맥락에서 연구되었다(Kuhn and Swanenflugel, 2008; Rasinski, 2003; Rasinski, Blachowicz and Lems, 2006). 비록 인지 분야에서 읽기 유창성과 그 가르침의 중요성이 커져가고 있지만 제2 언어 맥락에서 연구해야 할 거리가 많이 남아 있다(Grabe, 2009/2010). 유창성과 직접적으로 관련되는 문제로 널리 읽기는 읽기 조사연구자들과 교사들 사이에 일반적으로 인기가 있는 주제이다. 그러나 종종 여러 제2 언어 읽기교육과정에서 필수적인 가르침의 요소라기보다는 부가적인 것으로 간주되기도 한다. 학생들을 위해서 교실의 안팎에서 널리 읽기의 장점들을 강화하기 위한 더 많은 연구가 필요하다(Grabe, 2009와 이 장에 있는 연구들 참조).

더 중요해지고 있는 읽기 조사연구의 다섯 번째 영역은 읽기 동기와 읽기 능력 향상 사이의 연결이다. 동기가 학생들로 하여금 무엇을 하도록 하고 무엇을 하지 않도록 하는지 결정하기 위한 조사연구에서는 학생들의 관심사, 앞선 경험, 자존감의 수준, 읽기에 대한 태도와 제2 언어에 대한 태도, 학교에 대한 태도를 검사한다. 제1 언어에서 읽기 동기에 대하여 수행된 상당한 분량의 조사연구는 동기와 독자 참여가 유의하게 독해 능력을 향상시킨다는 점을 보여 준다(Guthrie, 2008; Wigfield and Guthrie, 2010; Wigfield et al., 2008). 비슷한 유형의 조사연구가 제2 언어 맥락에서도 많이 수행되어야 한다.

조사연구의 여섯 번째 묶음은 읽기 평가와 관련되는데 종종 표준화된 검사, 완성하기 검사, 다지 선다형 질문과 요약글 쓰기라는 이미지를 불러일으킨다. 실제로 조사연구자들은 읽기 수행내용철(portfolio), 점검표를 이용한 개인별 학생 관찰 기록, 학생 면담, 모둠 수행, 시간에 걸친 발달 진도표, 폭넓게 읽은 책 목록, 입말 보여 주기와 수행, 그리고 다른 여러 선택내용들과 같은 평가의 대안이라 부르는 방법들을 포함하는 훨씬 더 폭넓은 범위의 주제들을 탐구할 수 있다. 이 시점에서 저자들이 이 책의 어디에서든 논의 도중에 읽기 평가와 직접적으로 관련된 문제들을 언급하지 않았다는 점을 독자들이 주목하여야 한다. 왜냐 하면 그 주제는 별도의 책으로 낼 만한 가치가 있거나 더 분량을 늘린 책이 마땅하다고 느끼기 때문이다.

다른 읽기 조사연구 영역들의 여러 분야(예를 들면 낱말 목록들, 옮김과 주석, 이중언어 사전의 이용, 정신 번역)가 중요하고 더 많이 발전될 필요가 있다(Laufer and Girsai, 2008; Prichard, 2008; Rott, 2007). 이에 더하여 언어 유창성의 역할과 제2 언어로 읽기에서 제2 언어의 뒷받침, 읽기 평가에서 더 혁신적인 선택내용의 계발, 읽기 발달에 미치는 사회-문화적 영향력의 역할, 읽기 가르침에 교사 연구사 미치는 영향력 등이 있다(Anderson, 2008b/2009; Janzen, 2007).

이 장의 다음 절에서 핵심적인 제2 언어 조사연구를 제시할 때에 저자들은 다양한 주제들을 아우르고 있으며 제2 언어 읽기에 해당되는 타당한 쟁점들을 제시한다고 확신할 수 있도록 위에서 제시한 구성 얼개를 활용할 것이다. 열 개의 제2 언어 조사연구들(표 4.2 참조) 각각은 제2 언어 조사연구의 처음 다섯 가지 주제 묶음 가운데 적어도 어느 하나를 대표한다.

4.2. 제2 언어로 읽기의 조사연구로부터 나온 훌륭한 이야기들

제2 언어 환경에서 수행된 조사연구는 제1 언어 환경에서 수행된 연구들과 같은 이야기 전달 요소를 지니고 있다. 뒤따르는 열 개의 연구들은 제2 언어 읽기 조사연구에서 일반적으로 언급되는 쟁점들을 아우르고 있으며 조사연구를 수행하는 일정한 범위의 방법들을 소개하고 있다. 여기서 언급된 조사연구들은 선택되지 않은 다른 많은 연구들보다 반드시 나은 것은 아니라는 점을 강조할 필요가 있다. 그리고 저자들은 이 일련의 연구에 다른 뛰어난 조사연구자들을 무시하자는 뜻도 없다. 제2 언어 읽기에 시간을 바쳐본 사람이라면 누구든 이해하듯이 어떤 연구들이 개별 독자들에게 강하게 울림을 준다. 다음에 나오는 연구들은 저자들에게 울림을 주는 것이며 제2 언어로 읽기에 대한 생각에 영향을 미친 것일 뿐이다.[2]

---

2) 앞의 3장에서와 마찬가지로 이해의 편의를 위해 다음과 같은 표를 만들어 연구 내용들을 정리해 두기로 한다.

조사연구자들	연구의 갈래	대상	인원	변인/통계분석 방법
왕과 코다(2007)	단기	ESL 대학생	16(한국인)+18(중국인)	제1 언어의 자모체계/평균 비교
풀리도와 햄브릭(2008)	단기(사전/사후 28일)	SSL 대학생	99명	일견 어휘의 양/구조화된 방정식 모형
호스트(2009)	단기(6주)	ESL 이민자 학생	47명	널리 읽기-인지속도/비교
웨브(2009)	단기	EFL 대학생	71명	산출과 수용 어휘학습/비교
스콧과 피엔테(2008)	단기	FFE 대학생, SFL 대학생	각각 12명	제1언어 사용의 질적인 측면
마카로와 얼러(2008)	장기(14개월)	ESL 11세~12세	여섯 학급	읽기 전략들의 사용방법/평균 비교
테일러, 스티븐스, 아셔(2006)	단기	제2 언어 가르침 논문	23마리	읽기 전략의 사용/메타 분석
그레타 고르슈취와 에츄어 타구치(2008)	단기	EFL 베트남 대학생	50명(24명+26명)	제2 언어 읽기 유창성/평균비교
알 호모우드와 슈밋(2009)	단기	낮은 수준의 사우디아라비아 EFL 대학생	70명(23명+47명)	널리 읽기/평균 비교
타카세(2007)	단기	EFL 일본 고등학생	219명	동기요인/평균 비교

<표 4.2> 제2 언어 읽기 조사연구의 다른 연구 영역에 관련되는 조사연구들		
일반적인 제2 언어 조사연구 영역	절	조사연구 영역과 관련된 연구들
읽기 발달에서 낱말-수준의 문제	4.2.1	제2 언어 낱말 인지 기술과 제1 언어 전이의 역할(Wang and Koda, 2007)
	4.2.2	일견 낱말과 그것이 읽기와 새로운 낱말 학습에 미치는 영향에 대한 연구(Pulido and Hambrick, 2008)
	4.2.3	널리 읽기를 통한 어휘 학습에 대한 연구(Horst, 2009)
중심 개념 파악과 판에 박은 가르침	4.2.4	읽기 발달에서 읽기 전 어휘 가르침과 그 효과에 대한 연구(Webb, 2009)
전략적인 읽기와 덩잇글 파악	4.2.5	독해 전략으로서 제2 언어로 파악하기와 정신 번역하기에서 제1 언어의 활용에 대한 연구(Scott and de la Fuente, 2008)
	4.2.6	가르침을 통한 전략적인 읽기 발달에 대한 연구(Macaro and Erler, 2008)
	4.2.7	읽기 전략 가르침과 그것이 제2 언어 독해에 미치는 영향에 대한 메타 분석(Taylor, Stevens and Asher, 2006)
읽기 유창성과 널리 읽기	4.2.8	제2 언어 파악에서 제2 언어 유창성 훈련의 영향에 대한 연구
	4.2.9	읽기 발달에서 널리 읽기의 혜택에 대한 연구(Al-Homoud and Schmitt, 2009)
제2 언어 읽기에서 동기	4.2.10	읽기 동기와 읽기 수행에 대한 연구(Takase, 2007)

4.2.1. 제2 언어에서 낱말 인지 능력에 대한 연구

최근에 제2 언어 읽기 조사연구는 유창한 읽기를 위하여 자동적이고 빠른 낱말 인지 기술의 중요성을 더 많이 자각하기 시작하였다. 이와 같은 낱말 인지 기술은 제2 언어 학생들 사이에서 자신들의 낱말 인지 능력에서 차이를 찾아보도록 자극하였다. 예상할 수 있듯이 낮은 유창성을 보이는 제2 언어 학생들이 좀 더 유창한 제2 언어 학생들보다 낱말 인지에서 더 느리다는 강력한 증거들이 있다. 그러나 다수의 다른 요인들이 제2 언어 낱말 인지에 영향을 미칠 수 있으며, 그리고

[인용 4.1] 제1 언어와 제2 언어의 상호작용

이 연구에서는 … 제2 언어 읽기에 대한 상호작용 관점을 옹호한다.
제1 언어와 제2 언어가 서로 상호작용하는 속성이 제2 언어 읽기 처리에
이바지한다.

▶▶▶Wang and Koda, 2007: 202

이들 요인들은 어떻게 제2 언어 읽기 처리가 제1 언어 읽기 처리와
다른지, 어떤 단계에서 그와 같은 차이가 가장 영향력이 있는지 더
잘 이해하기 위해 탐구될 필요가 있다. 왕 민과 코다 케이코(Min Wang
and Keiko Koda, 2007)의 연구에서 조사연구자들은 다음과 같은 절차를
따라 근본적인 질문을 하였다. 먼저 한국과 중국의 학생들이 영어에
있는 제2 언어 낱말들을, 영어를 제1 언어로 하는 독자와 비슷한 방식
으로 인지하다면 이는 두 집단이 영어 낱말의 특징에 영향을 받았다
고 할 수 있는가? 두 번째로 (자신의 제1 언어가 자모 언어가 아닌 중국
학생들과 달리) 한국의 학생들이 자신들의 제1 언어인 한국어의 자모
지식을 활용함으로써 영어에 있는 제2 언어 낱말을 인지할 때 중국
학생들과 다르게 수행할 수 있는가? 세 번째로 한국의 학생들이 자신
의 자모 언어 읽기 경험 때문에 영어에 있는 제2 언어 낱말 인지를
더 잘 수행할 수 있는가?

[인용 4.2] 낱말 확인

낱말 확인은 읽기를 배우기 위해 처음에 중요한 기술들 가운데 하나이다.
어떤 낱말을 인지하도록 배우는 것은 본질적으로 입말 형태를 인쇄 형태의
낱말로 사상하도록 배우는 일이다. 다른 말로 한다면 낱말 확인은 낱말에
대한 의미 정보, 철자 정보, 음운 정보들 사이의 연관성을 함의한다.

▶▶▶Wang and Koda, 2007: 202

이런 질문들에 대한 답을 찾아내기 위하여 왕과 코다는 영어를 제2 언어(ESL)로 배우는 대학생 두 집단을 모았다. 16명의 고급 수준 한국인 ESL 학생들의 제1 언어는 자모 철자법이고, 18명의 고급 수준 중국인 ESL 학생들의 제1 언어는 자모 철자법이 아니다. 두 집단의 학생들은 교육이나 영어 공부 기간, 미국에서 머문 기간의 길이에서 다르지 않았다. 학생들의 토플(외국어로서 영어 평가)과 미시간 평가 점수에서 두 집단은 일반적인 제2 언어 유창성에서 비슷하게 대응하였다. 낱말 인지에 대한 두 갈래의 측정이 사용되었다. 모든 학생들은 다섯 개의 낱말 목록을 읽는다(이를테면 네 묶음은 실제 낱말이고 한 묶음은 낱말이 아님).

- I 묶음: 영어에서 빈도가 높고 규칙적으로 발음되는 20개의 낱말들(best, dark, did)
- II 묶음: 빈도가 높지만 불규칙적으로 발음되는 20개의 낱말들(are, both, done)
- III 묶음: 영어에서 빈도가 낮고 규칙적으로 발음되는 20개의 낱말들 (beam, deed, fade)
- IV 묶음: 영어에서 빈도가 낮고 불규칙적으로 발음되는 20개의 낱말들 (broad, deaf, pear)
- V 묶음: 40개의 비실제 낱말(foth, bood, bant, clow)

학생들에게는 이들 낱말이 컴퓨터 화면에 나타날 때 가능한 한 빠르게 소리 내도록 요구하였다. 모든 낱말들에 대해 발음을 할 때 정확성에 대한 점수를 매겼다. 이 과제의 목표는 제2 언어 학생들이 높은 빈도의 낱말을 낮은 빈도의 낱말보다 더 빠르고 정확하게 인지히는지 그리고 정상적으로 발음한 낱말들을 비정상적으로 발음한 낱말들보다 더 빠르고 정확하게 인지하는지 알아내는 것이다. 비실제 낱말에 대한 그들의 발음은 실제 영어 낱말에 대한 예상 유형을 얼마나 잘 활용할 수 있는지를 보여 줄 것이다. 이들 측정은 모두 조사연구자들에게 (자신의 제1 언어에서 낱말 읽기 기술과는 달리) 제2 언어인 영어를 배운 경험에 의해 학생들이 얼마나 강하게 영향을 받는지 알려줄 것이다. 두 집단으로부터 나온 모든 학생들은 낮은 빈도의 낱말보다 높은 빈도의 낱말을 좀 더 정확하게 발음하였으며 비정상적으로 발음된 낱말들보다 정상적으로 발음된 낱말들을 좀 더 정확하게 발음하였다. 게다가 모든 학생들은 높은 빈도의 낱말들과 정상적으로 발음된 낱말들을 낮은 빈도의 낱말과 비정상적으로 발음된 낱말들보다 빠르게 발음하였다. 실제로 이들은 영어를 제1 언어로 사용하는 학생들이 이런 유형의 과제에서 수행하는 것과 같은 방식으로 수행하였고 따라서 제2 언어의 낱말 지식이 제2 언어 읽기 능력에 미치는 영향력을 보여 주었다.

동시에 한국 학생들과 중국 학생들 사이에 분명한 차이가 있었다. 전체적으로 (두 집단이 ESL 유창성에 똑같이 대응된다는 사실에도 불구하고) 한국 학생들은 자신들의 제1 언어의 자모에 따른 배경의 영향을 보여 주면서 중국 학생들보다 네 묶음의 실제 낱말들에 대하여 더 빠르고 더 정확하게 응답하였다. 한국 학생들은 또한 비실제 낱말의 이름붙이기 반응에서도 좀 더 정확하였는데 이는 자모 처리가 좀 더 쉽다는 것을 나타낸다. 자모 지식의 활용에서 한국 학생들이 보여 주는 한 가지 흥미로운 측면은 불규칙적인 발음을 지닌 낮은 빈도의 낱말들이 마치 규칙적인 발음을 지닌 것처럼 발음하는 비율이 더 높았다는 것이다. 중국 학생들은 낮은 빈도의 불규칙적인 낱말의 발음에서 실수로 인해 규칙적인 낱말인 것처럼 발음하는 그와 같은 지식의 영향을 보여 주지 않았다. 이와 같은 모든 유형의 차이는 한국 학생들이 한국어로부터 제1 언어의 자모 지식(alphabetic knowledge)을 끌어들인다는 것을 보여 준다.

이와 같은 낱말 인지 연구의 결과는 두 집단의 학생들이 제2 언어인 영어의 학습 경험에 의해 매우 강하게 영향을 받았음을 보여 준다. 왜냐 하면 그들은 정확성과 속도의 측면에서 (높은 빈도와 낮은 빈도, 정상 낱말과 비정상 낱말을 구별하면서) 토박이 영어 독자들과 비슷한 방식으로 수행하였기 때문이다. 이들 결과가 (영어를 제1 언어로 하는 독자들을 포함하여) 모든 학습자 집단에서 발견되기 때문에 제2 언어 배움에서 받아들이는 입력물의 양에 근거하여 비슷한 방식으로 수행한다고 말할 수 있다. 학생들이 영어를 더 많이 알수록 이들 과제를 더 잘 수행할 뿐이다. 따라서 제2 언어 학습과 접촉은 제2 언어인 영어에서 훌륭하게 낱말을 인지하는 사람이 되도록 하는 데 매우 중요하다.

동시에 학생들의 제1 언어 배경이 낱말 인지 수행에 영향을 미친다는 분명한 증거가 있다. 자신들의 제1 언어가 자모 언어인 한국 학생들은 중국 학생들보다 낱말 인지에서 좀 더 빠르고 정확하게 수행을 하였으며 한국인 학습자들이 실수를 하였을 때 그 실수는 자신들의 제1 언어의 자모 지식을 반영하는 정상적인 규칙 기반 발음의 토대에 영향을 받음을 보여 주는 것으로 보인다.

이 중요한 연구로부터 끌어낼 수 있는 더 큰 결론은 제2 언어를 배우는 학생들은 자신들의 제2 언어 읽기 경험과 자신들의 제1 언어 경험 둘 다를 활용한다는 것이다. 제1 언어의 낱말 인지 자원과 제2 언어의 낱말 인지 자원의 이와 같은 결합은 고급 수준의 제1 언어 학생들에게서도 나타난다. 이 연구로부터 끌어낼 수 있는 좀 더 영향력 있는 속뜻은 제2 언어 독자가 자신의 제2 언어에 대한 인지 처리의 일부로 제1 언어 처리와 제2 언어 처리를 결합한다는 것이다. 제2 언어 독자의 경우 그와 같은 결합이 결코 제1 언어를 대신해서 제2 언어의 활용에 지나지 않는 것이 아니다. 오히려 제2 언어 독자의 경우 고급 수준의 유창성에 있을지라도 두 언어가 자원으로 결합되어 있다(2장 참조).[3] 왕과 코다의 발견 이야기는 인상적이다. 이 이야기의 결론은 학생들의 요구를 이해하고 읽기 기술 발달을 촉진하기 위해 연구를 힐 때 제2 언어 교사들에게 힘이 많이 드는 어려운 일로 남아 있는 그런 것이다.

---

3) 여기에 대하여 좀 더 설명을 덧붙인다면, "제1 언어의 자모 규칙에 대한 경험이 제2 언어 낱말 인지에 영향을 미친다"는 것이다.

[인용 4.3] 제1 언어와 제2 언어에서 낱말 인지의 유사성

현재의 연구는 제1 언어 낱말 인지와 제2 언어 낱말 인지 사이에 분명하게 나타나는 유사성을 예증한다. 제2 언어의 글자 체계에서 낱말들의 속성이 지니는 힘은 서로 다른 제1 언어 배경을 지니고 있는 제2 언어 학습자들 사이에서 분명하다. 제2 언어를 읽도록 배우는 배울 때 목표로 하는 [제2 언어의] 글자 체계의 특성이 배우는 과정에서 중요한 역할을 하는 것이다. … 제1 언어의 차이와 글자 체계에 따른 배경이 또한 제2 언어 학습에 영향을 미친다. … 비록 제1 언어와 제2 언어의 특성과 속성이 상호작용하는 것이 분명하지만 제1 언어 경험보다 영어인 제2 언어 낱말 인지에서 영향이 더 크게 발휘되는 듯하다.

▶▶▶Wang and Koda, 2007: 218

4.2.2. 읽고 이해하기와 새로운 낱말 학습에서 자동적인 낱말 인지의 역할에 대한 연구

낱말 수준의 낱말 지식,[4] 독해와 어휘 학습에 대한 이 연구에서 다이아나 풀리도와 데이비드 햄브릭(Diana Pulido and David Hambrick, 2008)은 더 나은 일견 낱말에 대한 지식(말하자면 자동적으로 알고 있는 낱말들에 대한 인지)이 학생들이 어떤 덩잇글을 어떻게 잘 이해하고 그 결과로 새로운 낱말을 배우는 일에 어떻게 영향을 미치는가에 대한 통찰을 얻고자 하였다. 이 연구는 왕과 코다(2007)의 연구(4.2.1)를 뒤따른다. 출발점으로 자동적인 낱말 인지 능력에서 차이를 가정하고 어떻게 특정의 낱말 인지 능력이 제2 언어 독해와 읽는 도중 마주치는 제2 언어의 새로운 낱말의 학습에 영향을 미치는지 의문을 가졌다.

---

4) 이는 낱말에 대한 형태론적 지식(단어의 짜임에 대한 지식), 어휘론적 지식(낱말들의 의미 관계에 대한 지식), 통사론적 지식[낱말이 지니고 있는 통사의미론적 값(lemma라고도 함)]을 배제한 낱말 지식을 가리킨다.

풀리도와 햄브릭(2008)에서는 읽기와 관련되는 단락에서 일견 낱말의 역할에 대한 세 가지 질문을 하였다. 제2 언어 처리 경험(접촉하고 연습함)이 단락에서 일견 낱말에 대한 지식에 이바지하는가? 제2 언어에서 단락의 일견 어휘가 그런 어휘를 포함하고 있는 단락의 이해를 더 잘하도록 하는 데 이바지하는가? 제2 언어의 독해가 읽기를 통한 제2 언어의 어휘력이 더 자라나도록 하는 데 이바지하는가? 그들은 미국에 있는 대학에서 초급에서 고급에 이르는, 제2 언어로 스페인 말을 배우는 99명의 대학생을 모았다. 그리고 (자신들의 제2 언어인) 스페인 말로 된 네 개의 짧은 단락들을 주고 읽게 하였는데, 두 단락은 낯익은 주제에 대한 것이고 다른 두 단락은 낯선 주제들에 대한 글이다. 각 이야기에는 여덟 개의 무의미 낱말이 있었는데 이들은 그들이 학습하게 될 목표 낱말이 될 것이다. 그들은 학생들에게 일련의 다른 과제들을 완수하도록 하였다. 학생들은 (a) 교실수업 바깥에서 읽기와 말하기에서 스페인 말의 접촉을 추정하는 현지 조사를 마무리하며,

[인용 4.4] 단락에서 일견 어휘의 양이 지니는 의미

단락에서 일견 어휘는 대체로 [제2 언어] 읽기 조사연구에서 무시되어 왔다. 독자가 해당 덩잇글에서 특정의 어휘에 대한 지식이 많을수록(말하자면 아우르는 범위가 더 넓을수록), 입력물에 대해 더 많이 이해할 수 있게 된다. 그리고 단락에서 충분한 일견 어휘와 넉넉한 해득 기술, 낱말 인지 기술을 지닐 경우 독자들은 문장을 분석하고 맥락으로부터 생각들을 구성하고 통합하며 장기 기억으로부터 정보를 활용하고, 이해를 점검하는 것과 같이 덩잇글 이해에 필요한 다른 처리에 몰두하도록 주의집중의 자원을 할당할 수 있게 된다. 말하자면 단락에서 일견 어휘는 이해 처리에 연료를 제공할 뿐만 아니라 성공적인 어휘 추론과 어휘 발달의 가능성을 키워 줄 가능성이 높다.

▶▶▶Pulido and Hambrick, 2008: 168

(b) 표준화된 스페인 말 읽기 유창성 검사를 받고, (c) 읽어야 되는 네 개의 짧은 단락으로부터 조사연구자들이 체계적으로 고른 낯익은 낱말들을 (자기 점검 보고(self-report) 목록과 옮김 활동을 통하여) 확인하고, (d) 그 이야기를 읽고 난 뒤 (자신들의 제1 언어인) 영어로 각각의 이야기에 자유롭게 쓴 회상 기록(free written recall)을 제출하도록 하였다. 끝으로 학생들 모두에게 이틀 뒤에 그리고 28일 뒤에 스페인 말로 무의미한 낱말에 대한 (스페인어 낱말을 제1 언어 낱말로) 옮김 검사를 받게 하였다.

애초의 결과들은 (낱말 점검표 측정에 의해 정해진) 일견 어휘 지식과, 같은 단락에 대한 독해 점수 사이에 강한 상관이 있음을 보여 준다. 조사연구자들은 그 다음으로, 읽기 수행에 단락에서 일견 어휘 지식이 강력하게 영향을 미치는지 여부를 확인하기 위하여, 그리고 독해 수행이 그 다음에 새로운 어휘 학습에서 자라남을 예측하는지 여부를 확인하기 위해 강력한 통계 처리인 구조화된 방정식 모형(SEM)을 이용하였다. 여기서는 통계적인 세부 내용에는 신경을 쓰지 않는데 조사연구자들은 같은 덩잇글에서 일견 어휘 지식이 독해를 강하게 예측하며 각각의 덩잇글에서 독해 점수는 같은 덩잇글 안에서 새로운 낱말의 학습을 강하게 예측할 수 있다는 강력한 증거를 제공하였다. 더 나아가서 새로운 낱말의 학습 효과는 28일 뒤로 미뤄진 사후 평가에서 유지되었다. 이 연구는 어떤 덩잇글에서 수용[이해-뒤친이]을 위한 제2 언어의 자동적인 낱말 지식의 크기[어휘력-뒤친이]가 학생들이 얼마나 잘 그 덩잇글을 이해하게 할 것인지 그리고 간접적으로 어떤 학생이 읽고 있는 그 덩잇글로부터 새로운 낱말을 얼마나 잘 배울 수 있는지 예측할 것이라는 점을 강하게 주장한다. 풀리도와 햄브릭이 자신들의 연구 보고에서 제시하는 이야기는 제2 언어의 읽기 발달을 위해 단락 안에서 일견 어휘 지식의 중요성을 예증하는 것이다. 실제로 우리가 잘 알고 있는 낱말들의 비율이 읽기 능력과 어휘 자람에 강하게 영향을 미친다.

[인용 4.5] 읽기에서 낮은 수준의 처리-주의집중과 배경 지식

복잡한 인지 기술의 하나로 읽기는 다양한 지식 자원과 능력들의 동시 사용을 함의한다. … 이 연구에서 뛰어난 독자는 필수적인 낮은 수준의 처리를 효과적으로 수행한다. 이때 낮은 수준의 처리에서는 아마도 덩잇글로부터 나온 생각의 구성과 통합이 가능하도록 해 주는 주의집중 자원을, 제약에 얽매이지 않으면서 자유롭게 사용하며, 배경 지식에 접속하고 그것을 활용할 것이다. 이와 같은 독자들은 읽기를 통하여 어휘가 불어나며 추론하기에서 더 큰 성공을 경험한다.

▶▶▶Pulido and Hambrick, 2008: 130

4.2.3. 널리 읽기를 통한 어휘 학습에 대한 연구

제2 언어 읽기에서 매우 중요한 조사연구 영역은 널리 읽기가 읽기 능력에 미치는 영향에 대한 연구이며, 특히 어휘 학습에 미치는 영향에 대한 연구이다. 여러 연구들에서 널리 읽기가 유의한 분량의 새로운 낱말 학습으로 이어진다는 설득력 있는 증거를 발견하지 못하였다 (Horst, 2005; Warning and Takaki, 2003). 호스트(Horst, 2005)에서는 제한된 성공을 보여 주는 많은 연구들이, 짧은 단락 안에 나타나는 비교적 적은 수의 낱말로 학습자들의 지식을 검사하였다고 지적하였다. 대안으로 호스트(2005/2009)에서는 다량의 어휘들이 평가되고 여러 쪽으로 된 글을 읽을 때 널리 읽기를 통한 어휘 증가를 살펴보려고 하였다. 여기서 제시된 연구에서 호스트(2009)는 캐나다에서 이민자 ESL 학생들 47명과 함께 널리 읽기 처치를 6주에 걸쳐 하였다. 그 목표는 널리 읽기 실습에 몰입하고 난 뒤에 어느 정도로 학생들이 이전에 몰랐던 낱말에 대하여 뜻매김을 할 수 있는가, 그리고 어느 정도로 학생들이 자주 본 낱말들을, 자주 나타나지 않았던 낱말들보다 빨리 인지할 수 있는지를 결정하는 것이다.

[인용 4.6] 단락에서 일견 어휘의 양이 지니는 의미

> 널리 읽기는 유창성 발달에서 중요한 두 측면에 본질적이다. 기본적인 입말 의사소통에서 필요로 하는 어휘 크기를 넘어서 학습자들의 어휘력을 넓히며 숙달된 읽기에 필요로 하는 자동적인 일견 어휘력을 얻게 한다. 널리 읽기는 학생들이 성취할 수 있는 읽기의 양이 제한되어 있는 교수요목 중심의 수업 환경에서, 널리 읽기가 아니라면 마주칠 가능성이 낮은, 많은 새로운 낱말들을 학습자들로 하여금 만날 기회를 계속해서 제공한다.
>
> ▶▶▶Horst, 2009: 42~43

학생들에게 다양한 수준의 간소화가 이뤄진 130개의 **등급이 매겨진 독본**(graded readers)을 읽도록 하였으며 학생들은 그것을 집에서 읽을 것이라 예상하였다. 널리 읽기는 교실수업 시간에 수행되지 않기 때문이다. 6주의 막바지에 29명의 학생들은 한 권 또는 그 이상의 책에 대한 보고서를 제출하였다(학생별로 세 권이 평균임). 18명의 학생들은 어떤 책도 보고하지 않았다(이들은 사실상의 통제 집단이 되었음). 학생들의 어휘 지식은 등급이 매겨진 12권의 책에서 자주 나타나지 않는 낱말들에 바탕을 두고 300개의 점검 목록을 대상으로 하여 사전 검사하였다. 어휘 지식에 대한 사후 검사는 '개인에 맞춘' 300개의 낱말 목록 점검표로 하였는데, 이는 개별 학생들에게 학생들이 읽었던 책에서 자주 나타나지 않은 낱말들을 사후 처리 어휘 점검 목록 측정을 위해 모아두었던 것이다.5) 낱말들로 이뤄진 이 수정된 점검 목록은

---

5) (원저자 주) 기법적인 측면에서 두 개의 점검 목록을 이용한 평가가 서로 다른 300개의 드문 낱말들을 평가하고 있다는 문제를 여기서 지적할 수 있다. 따라서 어휘 지식은 두 개의 서로 다른 평가에서 비교되고 있는 것이다. 그러나 서로 다른 낱말들이 끼어든 경우에도 300개의 낱말로 이뤄진 점검 목록 검사는 드문 어휘 지식에 대한 일반적인 측정으로 간주할 수 있다(2010년 7월에 있었던 M. 호스트와 개인적인 통신). 두 번째 목록에 있는 드문 낱말들 다수는 널리 읽기 경험에 앞서 학생들에게 알려질 가능성이

사전 평가에 있었던 낮은 빈도의 낱말들에 맞게 낱말 빈도를 맞추어서, 독본으로부터 나온 낮은 빈도의 낱말들로 이루어져 있다. 어떤 책도 읽지 않은 18명의 학생들의 경우 사전 평가에서 사용되었던 것과 같은 300개의 낱말로 이뤄진 점검 목록으로 검사하였다(이 방법에 대한 좀 더 자세한 설명은 호스트, 2005 참조).

습득되는 어휘의 증가 검사에 더하여 낱말 인지 속도에 대한 검사도 등급이 매겨진 독본을 읽은 학생들을 세부집단으로 나누기 위하여 마련하였다. 호스트는 등급이 매겨진 독본에서 15번이나 그 이상 나타나는 개별 어휘를 확인하기 위해 VocabProfile 프로그램6)(www.lextutor.ca/vp/eng/)을 이용하였다. 그리고 이들 낱말들에 대한 인지 속도와 다섯 번 이하나 그보다 낮게 나타나는 비슷한 유형의 낱말들에 대한 인지 속도를 비교하였다. 학생들에게 화면에 나타나는 135개의 낱말을 읽혔다(45개는 매우 반복됨, 45개는 매우 반복되지 않음, 45개는 실제 낱말이

매우 낮다.

(뒤친이) 원저자의 주석에서 검사의 일관성을 문제 삼고 있는데 M. 호스트는 빈도가 낮기 때문에 검사를 받고 있는 사람들에게 그다지 영향을 미치지 못하였을 것이라고 하였다는 말이다. 그럴 수도 있지만 될 수 있는 한 검사의 신뢰성을 보장하기 위해 같은 검사 목록을 사용하는 것이 좋다. 문제는 두 집단에서 사후 검사 목록이 다르다는 데 있는 듯한데, 원저자의 주석에 있는 호스트의 말을 그대로 받아들이기에는 너무 주관적이라는 생각이 든다.

6) 이 프로그램 자체가 영어를 대상으로 하고 있기 때문에 국어교육에서는 별다른 의미를 지니지 않는다. 그렇지만 다음에 돌아보기 위해 간단히 정리를 하면 다음과 같다. 어떤 덩잇글에 나오는 어휘를 네 부류로 분류하는 간단한 도구인데 (1) 1000개의 빈도가 높은 영어 단어의 비율, (2) 두 번째로 빈도가 높은 1000개의 단어, (3) 영어에서 학술 논문에 나타나는 어휘의 비율, (4) 앞의 목록에 들지 않는 낱말의 빈도를 보여 준다. 네 개의 범주로 묶은, 어떤 덩잇글에서 나타나는 단어의 비율이 의미를 가지려면 이들 비율에 대한 덩잇글의 난도와 같은 문제가 결정되어야 할 것이다. 또한 이 프로그램의 최신판은 Range인데 이를 통한 연구 현황은 다음 주소를 찾아 접속하여 논문(pdf 파일임)을 내려받기하여 읽어보면 자세하게 알 수 있다.

• Laufer, B., & Nation, P.(1995), "Vocabulary size &use: Lexical richness in L2 written productions", *Applied Linguistics* 16(3), pp. 307~322.

한편 우리말을 대상으로 하는 프로그램의 제작도 가능하리라 생각한다. 일상적인 대화에서 가장 많이 쓰이는 낱말의 빈도를 세고 이를 바탕으로 빈도에 따른 낱말들을 늘어놓는다. 그 다음에 일상생활을 하는 데 필요로 하는 낱말들의 대체적인 목록을 정하고, 이를 바탕으로 이와 같은 네 개의 수준을 정하면 될 것이다. 만약에 이들 자료가 좀 더 세분화된다면 다양한 용도로 활용이 가능할 것이다.

아님). 그들에게 그 낱말이 실제 낱말이 아닌지 여부를 결정하도록 하였다. 오른쪽 단추를 학생들이 누르는 데 걸리는 시간은 컴퓨터에 의해 반응 시간으로 포착하였다.

결과는 등급이 매겨진 독본을 읽은 학생들은 이전에는 몰랐던 새로운 낱말의 42%를 배웠음을 보여 주었다(사후 검사에서 알고 있는 낱말의 백분율에서 사전 검사에서 알고 있는 낱말의 백분율을 뺀 백분율에 근거를 둠). 더 나아가 이와 같은 늘어남은 이 연구에서 독자가 아닌 사람들(18명의 읽지 않은 학생들-뒤친이)이 거둔 증가보다 유의하게 더 컸다. 세 개의 등급이 매겨진 읽을거리를 정확하게 읽은 여섯 명의 학생들은 낱말의 발생 빈도가 낱말 인지 속도에 미치는 영향을 결정하는 데 참여하였다. 여섯 명의 학생들은 읽을거리에서 자주 나타나는 모르는 낱말들보다 드물게 나타나는 모르는 낱말들에 대해 유의하게 더 빠른 반응을 하는 집단이었다. 이런 반응 시간에서 차이는 중요하다.

결론적으로 호스트는 널리 읽기로부터 어휘 지식 증가를 측정할 수 있는 연구를 수행할 수 있었다. 그 연구는 자주 나타나지 않는 낱말과 잠재적으로 모를 수 있는 낱말들로 이뤄진 상당한 분량의 묶음을 사용하였고 측정을 위한 설계의 일부로 상당한 분량의 읽기 입력물을 활용하였다. 그녀는 학생들이 평균적으로 등급이 매겨진 세 권 정도의 읽을거리로 집에서 한 널리 읽기로부터 모르는 낱말들의 다수 의미를 익힐 수 있음을 보여 준다(또한 Al-Homoud and Schmitt, 2009도 참조할 것). 여기에 더하여 이들 잘 모르는 낱말들 가운데 자주 나타나는 낱말들은 더 빠르게 인지되는데 이는 새로운 낱말에 여러 차례의 접촉이 주는 혜택을 보여 준다. 간단히 말해 널리 읽기 실천 사례로부터 상당히 많은 분량의 새로운 낱말을 학생들이 배울 수 있다. 신중하게 통제된 이 조사연구의 이야기로부터 학생들을 위해 널리 읽기의 값어치를 추론할 수 있다.

이 장에서는 널리 읽기가 기본적인 의사소통을 위해 필요로 하는 유창성의 기초 수준을 넘어서는 데 중요한 역할을 하므로 개인적인 목적과 전문 직업에 따른 목표를 달성하기에 좋은 위치에 있도록 한다는 점을 주장하였다.

▶▶▶Horst, 2009: 63

4.2.4. 읽기 전 어휘 가르침과 그것이 독해에 미치는 효과에 대한 연구

다수의 조사연구들은 제1 언어 맥락과 제2 언어 맥락에서 독해를 나아지게 하는 다양한 가르침 활동의 효과를 입증하여 왔다. 이들 가르침 활동은 일반적으로 읽기 전 과제, 읽는 도중의 과제, 읽고 난 뒤의 과제로 통합된다. 조사연구에 의해 뒷받침되고 있는 읽기 전 활동에 대한 생각은 읽기를 위한 지침을 활용하거나(Chen and Graves, 1995),·읽기 전에 학생들로 하여금 질문하게 하거나(Taglieber, Johnson and Yarbrough, 1998), 의미에 따라 지도를 그리게 하는 활동(Carrell, Pharis and Liberto, 1989)을 이용하고 있다. 다른 여러 읽기 전 활동은 더 발전된 조사연구를 위한 후보가 되고 있다(예측하기, 훑어보기, 그림, 지도, 표제들에 주목하기 등이 있는데 표 9.2 참조). 널리 추천되고 있지만 제2 언어 맥락에서 언제나 긍정적인 지지를 받지는 못하는 읽기 전 활동 하나는 어떤 덩잇글을 읽기 전에 핵심 어휘를 미리 가르치는 사례이다(Hudson, 1982; Taglieberm Johnson and Yarbrough, 1988). 읽고 있는 덩잇글의 이해를 나아지게 하는 방법의 하나로 읽기 전에 핵심 어휘를 가르치는 활동의 있을 수 있는 혜택이 최근의 연구에서 다시 강조되고 있다.

웨브(Webb, 2009)에서는 읽기 전 활동과 쓰기 전 활동으로서 단순한 제2 언어 낱말–제1 언어 낱말 짝을 배우는 것이 독해를 나아지게 하고 쓰기 발달로 이어지는지 알아보고자 하였다. 그는 71명의 일본 대학생 수준의 EFL 학생들을 모았다. 그들은 제2 언어에서 무의미 낱말과 제1 언어인 일본어의 의미 있는 번역과 짝을 지은 15개의 낱말을 배우는 데 필요로 하는 매우 기본적인 학습 과제를 하도록 하였다(예를 들어 [영어의 사례를 사용한다면] 'ancon'=dagger, 'mesut'=faucet/tap). 학생들은 (제2 언어 낱말을 보고 제1 언어인 일본어 의미를 배우려고 하는) 수용 집단과 (일본어인 제1 언어의 낱말을 보고 제2 언어의 새로운 낱말을 배우려고 하는) 산출 집단으로 나누었다. 학생들은 제2 언어 낱말과 제1 언어 번역을 [적어 두고-뒤친이] 목록의 한쪽을 가리면서 익히는 연습을 하면서 번역의 대응 낱말을 기억하려고 노력하였다. 두 집단에 있는 학생들에게는 낱말들을 익히는 데 6분의 시간이 있으며 익힌 내용에 대한 평가를 할 것이라고 말하였다.

익히는 활동이 끝난 뒤 모든 학생들은 산출과 수용에서 평가를 받았다. 그들에게 먼저 각각 15개의 낱말이 두 개의 영어 문장들에서 나타나도록 30개의 문장을 보여 주고, 각 문장이 의미하는 것이 무엇인지 (일본어로) 말하게 하였다. 그 다음에 학생들에 각 문장이 참이나 거짓인지 말하게 하였는데 여기에는 핵심어인 무의미 낱말에 대한 이해를 필요로 한다(이는 2차 수용 지식 과제임). 올바른 점수를 받기 위해 학생들은 (추측의 효과를 줄이기 위해) 특정의 무의미 낱말이 끼어든 문장들에 대하여 옳다는 답을 내려야 한다. 실제로 이 과제는 영어 문장의 독해력 측정이었다. 어휘 학습의 산출 측정으로서 모든 학생들에게 15개의 그림을 보여 주고 영어로 새로운 낱말 가운데 하나를 이용해 쓰도록 하였다(쓰기를 활용하여 산출을 하도록 하는 지식 과제).

결과는 제2 언어 낱말과 제1 언어 낱말 짝으로 학습을 한 수용 집단의 학생들이 30개의 문장에서 25개의 문장을 정확하게 이해하였고 15개의 낱말 가운데 11개의 낱말에 대하여 참이나 거짓 진술로 이어진다는 결정을 할 수 있었다. 수용 집단은, (제1 언어인 일본어 낱말을 보고 새로운 제2 언어 낱말을 기억하려고 하는) 번역을 하여 대응되는 짝을 익히는 과제를 한 학생들보다 유의하게 더 나았다. 산출을 위한 낱말 학습자들도 수용 과제를 잘 하였는데 30개의 문장들에서 23개를 올바르게 이해하였으며, 30개의 문장들에 대한 참-거짓 평가의 15개 낱말 가운데 9.5개를 올바르게 이해하였다. 그렇지만 산출 어휘 학습자들은 그림을 보고 문장을 쓰게 하는 과제에서 수용 어휘 학습자들보다 유의하게 더 잘 수행하였다(정확하게 산출한 문장들이 대략 6.5 문장 대 4.5 문장이었음).

두 개의 뒤따르는 어휘 측정에는 먼저 제2 언어[영어-뒤친이]의 무의미 낱말을 읽고 일본어 번역을 제공하고, 그 다음에 제1 언어를 읽고 제2 언어를 제시하도록 하였다. 첫 번째 번역 과제(제2 언어를 제1 언어로)에서 수용 집단의 학생들이 15개의 새로운 낱말 가운데 10개를 맞힌 반면 산출 집단에서는 대략 9.5개를 맞추었다. 마지막 측정(제1 언어인 일본어 낱말을 보고 새로운 제2 언어 낱말을 제시함)에서 산출 집단의 학생들이 더 나은 수행을 하였다(15개 가운데 대략 9.5가 맞은 반면 대략 7.5개 정도 맞음).

수용 집단에 대한 결과는 6분 동안에 이뤄진 번역-대응 짝 학습을 근거로 할 때 새로운 모르는 낱말이 사용된 문장의 80%를 정확하게 이해하였으며 15개의 배운 낱말 가운데 11개의 낱말에 대해 정확한 뜻매김을 할 수 있음을 보여 준다. 좀 더 산출에 가까운 낱말-대응 짝(제1 언어 번역을 보고 새로운 낱말을 익히려고 함)을 배운 학생들에 대한 결과는 새로운 낱말 형식의 산출을 필요로 하는 과제가 유리함을 보여 준다. 그렇지만 전체적으로 두 집단은 읽기 전 이해 활동으로서 6분 동안 이뤄진 낱말-대응 짝 학습으로부터 낱말들 가운데 상당한 비율을 배운다.

웨브의 조사연구는 낱말-대응 번역의 짝이라는 묶음에 대한 공부치럼 간단한 과제도 읽기 전 활동에서 핵심어를 익히는 훌륭한 방법이 될 수 있음을 설득력 있게 예증하였다. 더 나아가 수용을 통한 낱말 익히기 과제가 산출을 위한 낱말 익히기 과제보다 독해에서 유의한 향상이 있음을 보여 준다. 아마도 더 중요한 것으로는 이 연구가 낱말-

목록 번역 학습이 어휘를 익히는 효과적인 방법이라는 조사연구가 옳다는 것을 증명하였으며 좀 더 구체적으로 말한다면 읽기 전 활동으로서 효과적이었다는 것이다(Griffin and Harley(1996), Laufer(2009), Prince(1996)도 참조할 것). 이 연구의 요점은 읽기 가르침과 어휘 학습이 암기와 낱말 번역의 속성으로 귀결되는 것이 아니라 간단한 읽기 전 활동으로서 특히 읽기 발달의 일부로서 새로운 낱말을 익히기 위해 맥락에서 벗어난 학습에도 일정한 역할이 있다는 것이다(학습용 카드에 대한 논의는 Nation(2001) 참조). 이와 같은 결론에 이르기 위하여 훌륭한 소설에서 전개되는 것과 같이 신중하게 설계되고 수행된 연구와 같은 사건을 추적하여 왔다.

4.2.5. 제2 언어 이해에서 제1 언어의 활용과 독해 전략으로서 정신 번역에 대한 연구

제2 언어 가르침에서 일반적인 권고 사항은 제2 언어 교실수업에서 학습자들의 제1 언어를 사용하지 말라는 것인데 이와 같은 관점은 다양한 교수 방법 특히 청취언어학 방법과 의사소통 중심의 언어 가르

[인용 4.8] 맥락에서 벗어난 과제(decontextualized task)의 의의

교사와 조사연구자들은 어느 정도 맥락에서 벗어난 과제가 쓸모가 있고 효과적일 수 있다는 점을 당연히 … 자각하여야 한다. 언어 가르침에서 흐름은 맥락에서 벗어난 학습으로부터 맥락에 맞춘 학습으로 옮겨간 듯하다. … 이 연구의 결과는 익힐 낱말들의 짝들이 어휘 학습을 나아지게 할 뿐만 아니라 독해와 쓰기를 촉진한다는 것을 제안한다. 낱말 짝들을 통한 학습이 빠르기 때문에 맥락에 맞춘 과제와 함께 언어 학습 프로그램에 쉽게 통합될 수 있을 것이다.

▶▶▶Webb, 2009: 461~462

[인용 4.9] 제1 언어와 제2 언어의 공존

제1 언어와 제2 언어가 학습자의 내부에서 협력하는 방식으로 공존한다는 전제에 대한 기본적인 생각을 깔고 있는 쿡(Cook, 2001)에서 제2 언어 학습자들을 제2 언어에 결함이 있는 사용자가 아니라 다재다능한 언어 사용자로 보아야 한다는 생각을 제시하였다.

▶▶▶Scott and de la Fuente, 2008: 10

침 방법에 의해 1970년대 중반 이후 강하게 찬성을 받았다.[7] 그러나 지난 20년 동안 제2 언어로 읽기 교실에서 제1 언어 자원의 활용은 더 널리 수용되어 왔다. 컨(Kern, 1994)에서는 좀 더 어려운 덩잇글을 읽을 때 제2 언어 학생들이 자신들의 제1 언어로 정신 번역하는 일의 긍정적인 역할을 옹호하는 설득적인 논의를 하였다. 그와 비슷한 발견이 코헨(Cohen, 1998)에서 보고되었다. 좀 더 최근에는 셍과 하심(Seng and Hashim, 2006)에서 제2 언어 읽기 과정에서 낱말과 관련된 어려움과, 중심 생각과 관련된 어려움의 해결을 위해 제1 언어의 뒷받침 역할을 분명하게 하고 있다. 어휘 학습과 독해의 영역에서 라우퍼와 기르사이(Laufer and Girsai, 2008)에서는 독본으로부터 새로운 어휘

---

7) 외국어교육 접근 방법과 교수법에 대한 전반적인 개관으로 Jack C. Richards & Theodore S. Rogers(2001)의 『*Approaches and Methods in Language Teaching*』(Cambridge)을 참조할 수 있다. 이 책은 전병만·윤만근·오준일·김영태 뒤침(2003)으로 국내에 소개되었다. 이 책에서는 외국어교육의 주요 경향으로 구화식 교수법과 상황중심 접근법, 청화식 교수법을 들고 있다. 한편 1970년대에 나타나는 교수방법으로 전신 반응 교수법, 침묵식 교수법, 협동 학습법, 암시 교수법, 총체적 접근 방법이 있다고 하였다. 오늘날에는 다중지능 접근법, 신경언어프로그래밍 접근법, 어휘 중심 접근법, 능력 중심 접근법이 있다고 하였다. 1970년대와 오늘날에 나타나는 이와 같은 접근법이나 교수법은 모두 일시적인 흐름을 이루었을 뿐, 대세가 되지는 못하였다고 지적하면서 오늘날 주류를 이루는 의사소통 중심에서 나타나는 여러 접근법을 소개하고 있는데 자연적 접근법, 협력 학습 접근법, 내용 중심 접근 방법, 과제 중심 접근법 등이 있다고 하였다. 이들 접근법이 외국어교육을 위한 접근 방법이지만 국어교육을 위한 접근방법에도 충분히 암시를 줄 수 있으리라 생각한다. 뒤친이는 국어교육에서도 '의사소통 중심교육방법〉과제 중심의 교육방법'의 흐름을 적극적으로 고려하여야 한다고 생각한다.

를 배우는 일이 학생들이 번역에 관여하고 낱말을 분석하는 활동들에 의해 가장 잘 지원을 받는다는 강력한 증거를 제시하였다. 이들 연구는 제2 언어 독자는 언제나 제2 언어로 읽는 도중에 제1 언어와 제2 언어가 결합된 자원들을 활용한다는 코다(2005/2007), 쿡(2001/2009)에 의해 주장된 이론적 관점을 뒷받침한다. 말하자면 제2 언어 독자는 인지적으로, 이해를 위한 효과적인 전략으로서 특히 더 어려운 덩잇글과 과제인 경우 독자의 제1 언어를 적절하게 허용하는, 제1 언어와 제2 언어가 결합된 자원들을 끌어온다는 것이다.

　이와 같은 관점에 대하여 설득력 있는 증거를 제시하는 또 다른 연구는 스콧과 피엔테(2008)이다. 그들의 연구가 명시적인 문법 문제 해결 과제에 초점을 맞춘 질적 조사연구이지만 그들이 내린 결론은, 어떤 덩잇글로부터 중심 생각을 결정하도록 협력하기 위해 모둠 토의를 이용하는 독해 가르침에 대하여 직접적인 함의를 지닌다. 그들은 두 개의 근본적인 질문을 던진다. 자각을 끌어올리는 과제에 공부를 할 때 학습자들이 어떻게 제1 언어를 사용하는가, 자각을 끌어올리는 과제[8]에 공부를 할 때 자신들의 제1 언어를 사용하지 못하도록 하였을 때 어떤 효과가 나타나는가? 그들은 제2 언어가 불어인 12명의 학생과 제2 언어가 스페인 말인 12명의 학생을 미국의 대학에서 모았다. 모든 학생들은 자신들의 제2 언어에 중급 수준인 것으로 간주하였다. 학생들은 짝을 지어 공부를 하고 목표로 하는 문법 구조가 세 번 나타나는 어떤 덩잇글을 주었다. 모둠 학습의 목표는 문법 구조가 어떻게 형성되고 덩잇글 안에서 어떻게 사용되는가를 설명하는 적절한 규칙을 만들어내는 것이었다. 모둠의 1/2에는 구체적으로 자신의 제1 언어를 사용하지 말라고 하였으며 다른 모둠에는 자신들의 제1 언어 사

---

8) consciousness-raising이란 용어는 주로 정치 분야와 여성운동에서 널리 쓰이는 용어이다. 언어교육을 비롯한 국어교육에서는 consciousness라는 용어 대신에 awareness라는 용어를 쓰고 이를 뒤칠 때 자각이란 말을 쓰고 있으며 주로 문법교육과 관련을 짓는다. 즉, 문법적인 자각을 일컫는다. 그렇기 때문에 별다른 맥락이 없이, 또는 꾸미는 말없이 이 용어를 쓸 때는 문법적인 자각으로 이해를 하면 될 듯하다.

[인용 4.10] 과제 수행에서 제1 언어의 영향

> 두 모둠들 사이의 가장 중요한 유사점은 과제에 대한 학생들의 수행에서 제1 언어가 중요한 역할을 하였다는 것이다. 이 모의된 회상이 지속되는 기간 동안 상호작용의 언어와는 상관없이 학생들은 의미를 결정하기 위하여 복잡한 구문들을 영어(제1 언어)로 번역함으로써 과제를 마무리하고자 하였다.
>
> ▶▶▶Scott and de la Fuente, 2008: 104

용을 금지하지 않았다. 모든 학생들의 모둠은 녹화되었으며 모두 과제가 끝난 뒤 모의 회상 면담에 참여하였다. 모든 녹음 자료들은 전사되었고 13개의 발췌본이 학생들의 수행 증거로 제공되었다.

자각을 끌어올리는 과제에서 자신들의 제1 언어와 제2 언어를 결합하여 사용하도록 허락한 학생들은 논점에 대해 곧바로 좀 더 부드럽고 자연스러운 토의로 이어졌다. 이들 학생들은 토의에서 좀 더 균형이 잡힌 주고받기를 하였으며 더 효과적인 협력이 이뤄졌고 상위 언어적인 용어들이 더 많았다. 게다가 이들 학생들은 분석에서 더 자신감이 있었으며 제2 언어로 자신들의 생각을 어떻게 설명할 것인가의 얼개를 잡는 것과 같은 부차적인 과제도 부담스러워하지 않았다. 조사연구에 대한 토의에서 조사연구자들은 제2 언어 수업에서 학생들이 임의로 자신들의 제1 언어를 사용하는 것은 추천하지 않지만 좀 더 복잡한 인지 처리를 필요로 하는 과제(도전적인 문제 해결 토의와 관련되거나 상위 언어적인 분석이 필요한 과제들)에서는 학생들이 자신들의 제1 언어를 사용하도록 구성되어야 한다고 지적하였다. 탐정 소설처럼 해결되어야 하는 문제의 해결 방법에는 이야기의 다른 부분에 대한 통합이 필요하다. 이 연구에서 스콧과 피엔테가 한 바로 그것이다. 그리고 여기서 끌어들인 결론은 제2 언어 교사들이 배울 수 있는 것이다.

4.2.6. 가르침을 통한 전략적인 읽기 발달에 대한 연구

비록 학생들의 읽기 능력 향상을 위한 읽기 전략의 중요성에 대한 많은 논의가 있음에도 불구하고 제2 언어 맥락에서, 읽기 전략에 대한 조사연구는 놀라울 정도로 제한되어 있다. 지난 25년 동안(2006년까지) 읽기 전략 연습과 읽고 이해하는 능력의 발달 사이의 관계를 검토해 온 논의 가운데 이치에 맞게 잘 통제되어 출간된 연구는 오직 10개만이 있을 뿐이다(Taylor, Stevens and Asher, 2006). 읽기 조사연구와/혹은 읽기 가르침을 언급하는 거의 대부분의 교사 연수 교재에서 저자들은 더 나은 읽기를 위한 읽기 전략의 중요성과 읽기 전략에 대한 명시적인 가르침의 중요성을 강조하였다. 제1 언어 맥락에서 많은 연구들이 독해 기술(Block and Parris, 2008; Block and Pressley, 2007; Israel and Duffy, 2009 참조)과 이해력 향상에 대하여 읽기 전략이 지니고 있는 중요한 역할을 증명하여 왔다. 읽기 전략 가르침이 학생들의 이해력 발달에 미치는 영향을 보여 주는 장기적인 연습에 관련되는 연구들이 제2 언어 조사연구 영역에서 몹시도 필요하다. 어니스토 마카로와 린 얼러 (Ernesto Macaro and Lynn Erler, 2008)에서는 그와 같은 연구를 하였는데 전략 가르침에서 14개월에 걸친 장기적인 연구를 하였다.

[인용 4.11] 과제 수행에서 제1 언어의 역할

제1 언어의 사용은 자연스럽고 자발적인 인지 전략인 것처럼 보인다. 이는 자각을 끌어올리는 과제를 수행하는 동안 학습자들에게 제1 언어를 사용하지 말라고 하는 것은 헛된 일임을 암시한다. 이 연구에서는 제1 언어를 사용하도록 허용하였을 때 자각을 끌어올리는 형식에 초점을 맞춘 과제를 완수하기 위하여 두 언어의 기능이 협력하여 작용한다는 증거를 제시하였다.

▶▶▶Scott and de la Fuente, 2008: 110

최근의 연구(2008)에서 마카로와 얼러는 제2 언어 이해에 전략 가르침의 영향을 평가하기 위한 목적으로 제2 언어 전략 연습 실험에 대한 훌륭한 사례를 제공하였다. 조사연구자들은 영국에 있는 11세에서 12세의 어린이들이 불어로 된 덩잇글 읽기를 배우는 동안 효과적인 이해 전략을 사용하도록 하는 연습이 이들 학생들의 제2 언어 읽기 능력에 도움을 주는지 알아보고자 하였다. 마카로와 얼러는 읽기 전략들을 결합하도록 학생들을 가르치는 것이 읽기 향상으로 이어지는지 그리고 이해를 위한 전략들의 사용 방법에서 변화로 이어지는지 알아내고자 하였다. 연구를 위하여 그들은 여섯 개의 초급 수준 불어 학급을 모았다. (연구는 불어 수업이 시작된 지 4개월 뒤에 시작하였다.) 사전 연습과 사후 연습에서 모든 학생들[실험 집단(experimental group)과 통제 집단]은 불어로 된 두 개의 독해 검사를 받았다. 그들은 또한 불어로 된 덩잇글을 읽을 때 사용한 전략들에 대한 설문지와 불어로 읽기에 대한 태도에 관련되는 설문지를 채워 넣었다.

14개월에 이르는 장기 연구는 '입력물은 낮게 발판은 높게(low input high scaffolding)'로 설명되는 전략 연습을 가르치는 데 초점을 맞추었다. 처치 집단에 있는 교사들은 처음에는 일주일마다 대략 10분씩 전

[인용 4.12] 마카로와 얼러 연구 요약

> 62번 본보기는 11~12세의 어린이들에게 14개월 동안 지속되는 읽기 전략 가르침이라는 교육거리를 경험하게 하였다. [제2 언어인] 불어 독해와 읽기 전략의 사용, 불어에 대한 태도를 대상으로 처치의 앞과 뒤에 측정을 하였다. 발견사실들은 이런 처치를 받지 않은 54명의 학생 집단과 비교하였다. 결과는 전략 가르침이 단순한 덩잇글과 좀 더 정교한 덩잇글 둘 다에서 이해를 나아지게 하였으며 전략 사용에서 변화를 가져왔으며, 읽기에 대한 태도를 나아지게 하였다.
>
> ▶▶▶Macaro and Erler, 2008: 90

략 가르침 교육거리에 전념하도록 하였다(따라서 입력물은 낮게). 그러나 일반적으로 교사들은 2~3주마다 이 10분짜리 연습 부분을 더 긴 단위(30분짜리)로 모아서 하였다. 교사들은 읽기 전략을 세 단계의 주기로 가르쳤다. 즉, 자각 끌어올리기와 모형화, 발판이 마련된 실습과 발판이 제거된 실습, 평가의 단계이다. 첫 번째 단계에서 학생들은 자신들이 이용하고 있는 전략들을 확인하고 토의하였다. 그리고 새로운 전략들도 소개를 하였으며 (혹은 이미 배운 전략들을 다듬기) 학급에서 이들 전략의 사용을 시범으로 보여 주었다. 두 번째 단계에서 새로운 전략과 오래된 전략들의 목록이 읽기에 덧붙었으며 (그에 따라 높은 수준의 발판이라고 이름을 붙임) 자신들의 공부에서 독해를 도와주었던 전략들에 더하여 이들 전략들을 사용하였다. 이 두 번째 단계 동안 학생들은 전략에 따른 처리와 전략들의 이용에 대한 변화의 기록을 점검하도록 장려하였다. 세 번째 단계에서 학생들은 전략들의 사용을 평가하였으며, 성공적인 면과 어려운 면을 평가하고 어려운 덩잇글을 읽을 때 앞으로 어떻게 할 것인가를 안으로 되살펴보았다. 학생들에게는 이와 같은 성찰을 하는 토의에 참여하도록 장려하였다.

읽기 전략의 사용에서 14주 동안의 연습을 마친 뒤, 사후 검사 결과를 실시하였는데 처치 집단은 번역 검사와 덩잇글에 담긴 생각에 대한 **회상 측정**(recall measure) 둘 다에서 통제 집단보다 유의하게 뛰어난 수행을 보였다. 이에 더하여 실험 집단은 두 개의 중요한 읽기 전략, 즉 (a) 낯익은 낱말을 훑어보고 그 의미를 짐작하기, (b) 사전이나 뜻풀이에서 많은 낱말들을 찾아보기의 활용이 유의하게 많았다. 전체적으로 실험 집단 학생들은 덩잇글-몰입 전략들의 사용이 유의하게 늘어났지만 통제 집단은 그렇지 않았다. 마지막으로 처치 집단에 있는 학생들은 불어로 읽기에 대하여 긍정적인 태도를 유의하게 더 많이 보고하였다.

이 연구가 제2 언어 읽기 조사연구와 읽기 가르침에 특별히 중요한 여러 가지 이유가 있다. 먼저 이 연구는 생태적이다. 즉, 전략 연습은 덩잇글과의 관련에 대하여 처치 집단의 참여자들에 의해 보고된 읽기 전략에서 분명한 전환이 있었다. … 다른 방식으로는 장애물이 되고 동기를 빼앗을 수도 있는 덩잇글 이해를 가능하게 해 준 것은 맥락에 따른 실마리들에 대한 탐색과 예측으로서 낱말/구절에 대한 인지에서 끊임없는 나타나는 병치이고 … 그리고 이것이 지금까지의 이해를 점검하는 상위인지 전략을 통해 새로운 정보를 배경으로 살을 붙인다.

▶▶▶Macaro and Erler, 2008: 113~114

사소하지만 여섯 학급의 학생들의 정규적인 활동을 위한 견실한 구성 요소라는 것이다. 두 번째로 이 연구는 교사들로 하여금 일 년 반 동안에 걸쳐 어떤 중요한 방법에서 수업 단원이나 가르침에 조정을 필요로 하지 않는다. 따라서 많은 교실수업 맥락에서 쉽게 반복 가능하다. 세 번째로 어떻게 전략들이 결합될 수 있으며 어떻게 이해를 위해 효과적으로 사용될 수 있는가에 대해 학생들의 자각을 끌어올리도록 한다. 또한 학생들 사이의 참여와 학습을 유지하기 위해 학생들 사이의 토의도 활용한다. 네 번째로 단 한 번의 특정의 읽기 전략들에 대한 가르침이라기보다는 전략적인 독자로 발전하기 위해 구체적으로 적용된다. 이와 같은 발전된 모습은 학생들과 지속적인 토의에 의해 지명된 많은 전략들을 통해, 그리고 더 많이 덩잇글에 몰입하기 위해 나타난 전략 사용에서 변화를 통해 관찰 가능하다. 끝으로 이 연구는 중요한데 상당할 정도로 최소한의 관찰을 하였지만, 시간에 걸쳐 지속적인 적용을 통해 학생들의 독해 수행에서 유이한 향상으로 이어지기 때문이다. 이런 유형의 연구는 전략을 이용한 독자의 발전에 대한 조사연구의 자료 창고를 계발하기 위해 다른 맥락에서 되풀이될 필요가 있다(Grabe, 2009 참조).

4.2.7. 읽기 전략 가르침과 그것이 제2 언어 독해에 미치는 영향에 대한 메타 분석

이전의 장기적인 사례 연구(4.2.6)에서 읽고 이해하기 능력에 미치는 읽기 전략의 가르침 영향에 대한 연구가 비교적 적다는 점을 출발 지점에서 지적하였다. 알란 테일러와 존 스티븐스, 윌리암 아셔(Alan Taylor, John R. Stevens and J. William Asher, 2006)에 의해 수행된 최근의 메타 분석은 읽기 전략의 가르침에 대한 기존의 중요한 연구들을 검토하고 제2 언어 전략 가르침에 관련되는 중요한 여러 탐구거리를 언급하기 위해 통계적인 접근법을 활용하였다.

그 연구를 검토하기에 앞서, 메타 분석이 어떤 것인지 설명하는 것이 유익할 듯하다. 일반적으로 조사연구자들은 어떤 대상에 대해서 그리고 그들이 발견할 수 있는 것으로 관심을 갖는 분야를 분석하는 어떤 연구에 대해서 철저하게 탐색한다(테일러와 스티븐스, 아셔의 경우 그것은 독해에 대한 전략 가르침의 영향이었다). 조사연구자들은 그들이 보고하는 통계에 기대어 받아들일 만한 연구로 확인해 줄 일련의 기준을 결정한다. 이들 기준은 필요한데 메타 분석에서는 그 분석이 제

[인용 4.14] 읽기 전략 가르침 연구에 대한 메타 분석

> (…전략…) 연습의 효과 정도는 여전히 분명하지 않다. 그리고 아무런 전략 연습을 하지 않은 경우와 비교하였을 때 전체적인 효과도 현재로서는 흐릿하다. … 그와 같은 불확실성을 고려하여 메타 분석에 바탕을 둔 조사연구는 좀 더 구체적인 결론에 이르도록 해줄 수 있다. 양적 메타 분석인 이 연구는 이용 가능한 참고문헌을 종합하고 제2 언어 독해에 … 대해 명시적인 읽기 전략 가르침의 효과를 밝혀보고자 하는 실험적인 시도이다.
>
> ▶▶▶Taylor, Stevens and Asher, 2006: 214

대로 이뤄지기 위해 어떤 통계량(예를 들면 집단의 평균, 표준 편차, 실험 집단과 통제 집단에 대한 독해 점수)을 알려줄 필요가 있기 때문이다. 포함시키기 위한 다른 기준은 메타 분석에 포함되는 연구들의 신뢰도와 엄격함을 입증한다(예를 들어 사용된 측정 도구의 신뢰도 통계, 실험 연구나 준 실험 연구,[9] 통제 집단의 포함). 메타 분석에 포함된 연구에 바탕을 두고 메타 분석에서는 종합적으로 모든 연구들의 효과 크기를 결정할 수 있다(테일러와 스티븐스, 아셔의 연구에서 이를테면 효과 크기는 읽기에 미치는 전략 가르침의 긍정적 영향력의 정도이다).[10] 메타 분석에서 언급할 수 있는 탐구거리의 수는, 모은 연구들과 분석을 위한 변수들의 등재로부터 얻을 수 있는 정보에 달려 있다.

테일러, 스티븐스와 아셔(2006)는 명시적인 읽기 전략 가르침이 제2 언어 이해 향상에 미치는 영향을 탐구하기 위하여 그와 같은 메타 분석을 수행하였다. 그들의 연구에는 또한 명시적인 상위 인지 가르침 (대 인지 전략 가르침)이 차이를 가져오는지 여부와 어떤 유형의 독해력

[인용 4.15] ERST의 효과 크기를 일반화하면

> 연구자들은 효과 크기 .54를 백분율 눈금으로 바꿈으로써 좀 더 실제적인 해석 맥락에서 …ERST(명시적인 읽기 전략 가르침)의 크기를 일반화할 수 있다. 만약 그렇게 한다면, ERST를 받고 있는 보통 학생의 68%가 그와 같은 연습을 받지 않는 학생들의 평균 독해력을 넘어선다고 예측한다.
>
> ▶▶▶Taylor, Stevens and Asher, 2006: 228

---

9) 실험 연구와 준 실험 연구(pseudo-experiment)의 차이는 쉽게 말해 통제 집단과 실험 집단을 어떻게 설정하는가에 있나. 임의로 두 집단을 배분하면서 엄격히 구분을 한다면 이는 실험 연구에서 집단 구분 방법이고, 자연 집단 이를테면 3학년 1반은 처치를 한 실험 집단, 3학년 2반은 통제 집단(혹은 비교 집단이라고도 함)에 배치한다면 이는 준 실험 연구이다. 어느 집단에서나 신뢰도를 확보하기 위해 동질성은 검사를 해야 한다. 국어교육에서 연구는 대체로 준 실험 연구가 많이 쓰인다.

10) 효과 크기는 흔히 연관성 강도로 표현하기도 하는데 통제 집단과 실험 집단의 평균을 표준화시킨 것이라고 보면 된다.

측정이 더 나은 이해 측정인지, 그리고 가르침의 맥락이 어떤 차이를 가져오는지[이를테면 외국어로서 영어(EFL) 대 제2 언어로서 영어(ESL)], 제2 언어를 배우는 학생들의 나이가 차이를 가져오는지 그리고 그밖에 참으로 흥미가 있는 여러 질문들이 있었다. 조사연구자들은 위에서 논의하였던 기준에 들어맞는 포함 기준을 설정하였는데 23개의 서로 다른 수용 가능한 연구 표본들을 확인하였다(이들 가운데 10개는 출간된 자원이고 12개는 박사학위 논문이며 하나는 다른 자원으로부터 나왔음). 마지막으로 적합한 변수들이 연구들을 통해 등재되었다. 메타 분석에서는 각 변수들에 대한 효과 크기를 결정할 수 있었다(효과 크기 .20은 작은 것으로 효과 크기 .50은 중간 정도로, 효과 크기 .80 이상은 큰 것으로 간주한다). 이 연구에서는 또한 어떤 다른 (중재) 요인들이 해당 결과에 원인이 되는지 여부를 검토하였다.

보고된 주요한 결과들 가운데 테일러와 스티븐스, 아셔는 전체적으로 명시적인 읽기 가르침이 읽고 이해하기 결과에 .54라는 중간 크기의 영향을 미치고 있음을 발견하였다. 그들은 또한 (a) 명시적인 상위인지 전략 가르침은 인지 전략 가르침과 비교할 때 아무런 차이가 없으며, (b) 연구에서 쓰인 독해력 측정의 유형은 차이를 가져오지 못하였고, (c) 전체적인 처치 시간이 아무런 차이를 가져오지 못하였으며, (d) 기관 맥락에 따른 차이, 즉 외국어로서 영어, 제2 언어로서 영어,

[인용 4.16] ERST와 제2 언어 교수자

지금의 메타 분석에서 … ERST가 제2 언어 덩잇글 이해의 양에서 차이를 가져올 수 있다는 경험적인 증거를 제공하였다. 일반적으로 이들 결과는 제2 언어 읽기에 제2 언어 교수자들이 실질적으로 미칠 수 있는 영향력을 밝혀주었다. 제2 언어 교수자들이 학생들에게 효과적인 ERST를 제공할 수 있는 것이다.

▶▶▶Taylor, Stevens and Asher, 2006: 239

혹은 외국어가 아무런 차이를 가져오지 않았다는 결론을 내렸다. 그러나 몇몇 특정의 요인들은 차이를 가져왔다. 처치가 있고 난 뒤 독해력 측정에서 더 긴 덩잇글이 명시적으로 전략을 가르친 집단의 경우 더 큰 효과 크기로 이어졌다. 연구에서 나이든 학생들은 명시적으로 전략을 가르친 집단에서 더 큰 효과 크기로 이어졌다. 끝으로 학생 참여자들의 제2 언어 유창성은 명시적으로 전략 연습한 집단의 경우 효과 크기가 더 컸다.

이 연구는 학생들의 읽기 능력 향상을 위한 도구로서 명시적인 읽기 전략 가르침에 대해 설득력 있는 논의를 하고 있다. 메타 분석에 포함된 연구들의 묶음이 (많은 메타 분석과 비교하였을 때) 많지 않지만 조사연구자들이 찾을 수 있는 연구로서 이미 있는 제2 언어로 읽기 전략 연구들을 대표한다. 이 연구는 또한 폭넓은 제2 언어 맥락에서 읽기 전략 가르침에 대한 더 많은 조사연구의 필요성을 드러낸다. 조사연구자들은 발견의 이야기를, 매우 중요한 점을 지적하면서 결론을 내린다. 말하자면 제2 언어 이해를 위한 전략 가르침의 긍정적인 결과는 교사 그리고 효과적인 가르침이, 학생들의 읽기 능력 향상에 미치는 영향을 두드러지게 드러낸다는 것이다.

4.2.8. 제2 언어 유창성 연습이 독해에 미치는 영향에 대한 연구

제2 언어 읽기 조사연구에서 나타나는 최근의 논점 가운데 하나는 독해 능력에 읽기 유창성 연습의 역할이었다. 읽기 유창성의 문제는 제1 언어 읽기 조사연구에서 중요한 문제가 되어 왔는데 이들 연구에서는 유창성 발달이 특히 초등학교 학생과 모든 나이에 있는 빈약한 독자들의 경우 독해를 나아지게 할 수 있다는 것을 보여 주었다(Klauda and Guthrie, 2008; Kuhn and Rasinski, 2007; McCardle, Chhabra and Kapinus, 2008). 제2 언어 맥락에서 읽기 유창성 연습에 대해 그렇게 많지 않은 조사연구가 수행되었다. 특히 다양한 목적을 위한 단락 다시 읽기가 개입하는 연습이 그러하였다. 그러나 몇몇 제2 언어 조사연구에서는 단락 읽기 유창성의 중요성을 주목하고 여러 출간물에서 그 혜택을 설명하여 왔다(Anderson, 2008b; Grabe, 2009; Nation, 2008; Grabe, 2010 참조). 지난 10년 동안 제2 언어 교육에서 소수의 유창성 연습에 대한 연구들이 나타났는데 몇몇은 읽기의 양(널리 읽기)이라는 측면에서, 몇몇은 단락 다시 읽기 연습이라는 맥락에서 나타났다(Jeon, 2009; Taguchi, Takayasu-Maass and Gorsuch, 2004). 여기서 기술한 연구에서 고르슈취 그레타와 타구치 에츄오(Greta Gorsuch and Etsuo Taguchi, 2008)에서는 유창성 연습으로 영어를 외국어로 배우는 대학 수준의 베트남 학생들에게 제1 언어 읽기 가르침에서 흔히 쓰이는 연습인, 덩잇글을 여러 차례 되풀이해서 읽는 연습을 하는 연구를 수행하였다.

고르슈취와 타구치(2008)에서는 실험에 따른 처치 집단(n=24)과 그에 대응하여 아무런 연습도 하지 않은 통제 집단(n=26)을, 되풀이되는 읽기 연습에 관련되는 연구를 위하여 50명의 베트남 대학생들을 모았다. 그들은 세 개의 조사연구 질문을 하였다. 실험 집단에서 학생들의 읽기 유창성이 어느 정도 늘어날 것인가? 유창성에 대하여 통제 집단과 비교하여 실험 집단의 유창성 연습의 막바지에 어떻게 될 것인가? 연구의 막바지에 통제 집단에 있는 학생들과 비교하여 실험 집단에 있는 학생들의 독해 능력이 어떻게 될 것인가? 실험에 참여한 학생들

[인용 4.17] 되풀이해서 읽기의 효과

[되풀이해서 읽기]는 영어가 제1 언어인 맥락에서 널리 연구되어 왔고 전체적으로 읽기 유창성 발달과, 영어를 단일어로 하는 독자들의 이해에 효과적임을 보여 왔다. … 되풀이해서 읽기는 학생들의 낭독 속도와 정확성을 높이는 것으로 확인되었다. … 이는 단락에 대한 더 나은 이해로 이어지는 듯하다.

▶▶▶Gorsuch and Taguchi, 2008: 256

은 11주에 걸친 16주기 동안 세 등급으로 된 독본에서 쉬운 덩잇글을 다시 읽도록 하였다. 각 주기마다 학생들은 500낱말로 된 단락을 다섯 차례 묵독하는데 한 번은 혼자서, 그 다음 두 번은 녹음 장치를 따라서, 그 다음 두 번 더 혼자서 읽었다. 첫 번째, 네 번째, 다섯 번째 읽기 동안 시간을 기록하였다. 끝으로 이해를 점검하는 수단으로 자신들이 고른 영어나 베트남 말로 읽기에 대한 짧막한 보고서를 썼다.

사전 검사와 사후 검사에는 실험 집단과 통제 집단에 대하여 같은 묶음의 과제가 관련되어 있었다. 먼저 학생들은 어떤 덩잇글을 읽는 데 걸리는 시간을 적어둔다. 그 다음에 학생들은 덩잇글에 대한 짧은 문답지에 답을 한다. 그 다음에 학생들은 그 단락을 네 번 더 읽는다. 다섯 번째와 마지막에 학생들은 걸린 시간을 다시 적고 열다섯 개의 같은 질문이 있는 문답지에 답을 한다. 두 번째로 모든 학생들은 다른 덩잇글을 읽고 스스로 시간을 재었다. 그들은 그 덩잇글로부터 나온 정보에 대해 자유롭게 회상한 내용을 적는다. 그리고 그 덩잇글을 네 번 더 읽는다. 다섯 번째에 그들은 시간을 다시 기록하고 회상 과제를 다시 한다.

결과에서는 실험 집단에 있는 학생들이 첫 번째에서 다섯 번째 다시 읽기에 이르는 동안 유창성이 유의하게 늘어남을 보여 준다(평균 증가는 105wpm[11]). 실험 집단의 학생들은 또한 첫 번째 주기에서 16번째 주기에 이르는 동안 매일의 첫 번째 덩잇글 읽기에서 유창성이 유의하게 늘어났다(평균 증가는 55wpm). 첫 번째 주기부터 16주기에 이르기까지 매일의 덩잇글의 다섯 번째 읽기에서 유창성이 유의하게 늘어났다(평균 증가는 91wpm). 사전 평가에서 통제 집단과의 유창성 비교를 해 보면 어떤 집단도 사용된 덩잇글에 대해서 유의하게 더 빠르지 않았으며 첫 번째 다시 읽기와 다섯 번째 다시 읽기 동안에 어떤 집단도 유의하게 빠르지 않았다. 그러나 사후에 두 갈래의 정보 회상 측정을

---

11) 분당 낱말의 수(word per minute)를 나타낸다.

사용한 독해력 측정에서 그 결과는 달랐다. 비록 통제 집단이 사후 검사에서 실제로 빠르게 읽었지만, 실험 집단이 두 가지 측정에서 독해력 결과가 유의하게 더 나았음을 보여 주었다.

이 연구는 11주에 걸친 연습 기간에 걸쳐 제2 언어로 다시 읽기 가르침이 유창성과 더 나은 독해로 이어질 수 있음을 예증하는 첫 번째 연구들 가운데 하나이다. 게다가 이해력 증가도 비교 가능한 통제 집단보다 실험 집단에서 더 크다. 사후 검사에서 통제 집단이 더 빨리 읽는 것으로 보고되었지만 분명히 단락 이해에서 실험 집단에 대응할 만큼 충분히 잘 읽지 않았다. 묵독이 관련된 이 연구에서 유창성을 고려할 때, 통제 집단은 이해 과제를 충분하게 수행을 할 정도로 신중하게 읽지는 않았을 가능성이 높다. 그렇다면 전체적으로 실험 집단에 있는 학생들은 유창성과 이해가 결합된 결과로 훨씬 견실하게 나아졌을 가능성이 높다. 이처럼 비교적 짧은, 연습에 대한 연구로부터 유창성의 증대가 일견 낱말 읽기의 향상도 뒷받침한다. 이 장의 처음에 풀리도와 햄브릭(2008)에서 예증된 것처럼 일견 낱말 읽기 기술은 독해 능력 향상을 위해서도 매우 중요하다. 현재의 연구에서도 발견 사실들은 이를 확인시켜 준다. 더 나아가서 이 연구에서는 자동성 이론에 의해 예측된 읽기 능력 향상을 뒷받침하며 연습의 기회가 더 많을수록 더 나은 제2 언어 습득 결과로 이어진다는 디카이저(DeKeyser,

[인용 4.18] 되풀이해서 읽기

이 연구에서는 …·11주 동안의 되풀이해서 읽기 처치가 읽기 유창성과 이해에 효과적인 것으로 확인되었다. … 제2 언어의 입력물을 친숙하게 습득한 자원이, 영어가 외국어인 환경에서 다가오는 세대에 문제가 될 가능성이 높은데, 되풀이해서 읽기는 [학생들이] 독립적인 [독자]가 되도록 하는 데 도움을 주는 효과적인 방법을 제공해 준다.

▶▶▶Gorsuch and Taguchi, 2008: 269

2007/2009)의 최근 논의를 지지한다.

4.2.9. 읽기 발달을 위한 널리 읽기의 혜택에 대한 연구

독해에 대한 널리 읽기의 직접적인 효과에 대한 조사연구는 제1 언어와 제2 언어에서 어느 정도 논쟁의 이력이 있다. 비록 몇몇 연구들이 같은 결론에 이르지는 않았지만(Grabe, 2009; Nation, 2009 참조), 두 맥락에서 다수의 실험 연구들이 이해력 향상에 미치는, 널리 읽기 실천 사례의 영향을 지지하여 왔다(예를 들면 Elley, 2000; Lightbown, 1992; Tanaka and Stapleton, 2007 참조). 그러나 실험에 바탕을 두지 않는 장기적인 증거에 바탕을 두고 있는 다수의 다른 연구들은 '인쇄물에 대한 접촉' 연구에 기대어 널리 읽기를 매우 설득력 있게 지지하였다(Stanovich, 2000). 전체적으로 제1 언어 읽기 조사연구는 널리 읽기가 시간에 걸쳐 독해 능력의 향상에 도움을 줄 것이라는 생각에 지지를 보낸다. 가르침의 실천 사례로 널리 읽기는 시간에 걸쳐 더 나은 읽기 능력으로 이어진다는 믿을 만한 증거가 있다. 여전히 이와 같은 발견 사실들이 다수의 교육 기관 맥락에서 널리 읽기에 대한 참여의 부족이 증명하듯이 다수의 제2 언어 교육과정 계발자들과 교육거리 실천가들을 설득하지 못하고 있다.

이 장에서 어휘 발달과 낱말 인지 유창성에서 널리 읽기의 잠재적인 영향력을 지니고 있으며 이 둘은 그 다음에 독해에 영향을 미친다는 것을 여러 연구에서 예증하였다. 다음에 뒤따르는 연구에서 파이살 알-호모우드와 노르베르트 슈밋(Faisal Al-Homoud and Norbert Schmitt, 2009)은 읽기 교육과정에서 널리 읽기의 혜택에 대한 직접적인 증거를 제공하는 실험적인 처치 연구를 기술한다.

알-호모우드와 슈밋(2009)에서는 사우디아라비아에서 읽기에 익숙하지 않은 비교적 낮은 수준의 EFL 대학생으로 실험을 하였다. 학생들은 통제 집단 하나(n=23)와 두 개의 실험 집단으로 나누었는데 그

두 집단은 어휘 집단(n=21)과 유창성 집단(n=26)이다. 널리, 읽기에 대한 실험 처치는 10주 동안 지속되었다. 학생들은 읽기를 위해 매주에 네 차례(수업 시간마다 50분씩) 만났는데 각 수업 주기는 25분 동안의 수정된 전략 연습과 20~25분 동안의 자유로운 읽기 시간이 결합되어 있었다. 통제 집단은 보통의 대중적인 EFL 읽기 교재를 사용하였다. 처치 집단의 절반(어휘 집단)은 더 높은 수준의 어휘를 요구하는 좀 더 어렵게 등급이 매겨진 독본을 읽었고, 다른 절반(유창성 집단)은 더 낮은 수준의 어휘를 필요로 하는, 더 쉽게 등급이 매겨진 독본을 읽었다. 모든 학생들은 (a) 가장 잦게 나타나는 2000개의 낱말에 대한 지식, (b) 낱말 빈도에서 2000~3000인 낱말에 대한 지식, (c) 학업을 위한 낱말 목록에 있는 낱말(Coxhead 2000)에 대한 어휘 수준 검사를 받았다. 그들은 또한 선다형 독해 검사, 읽기 속도 검사와 자신들의 읽기 가르침에 대한 태도 검사를 위한 설문지 검사도 받았다.

흥미로운 것은 특히 학생 참여자들이 즐거움을 얻기 위한 독서가 일상적이지 않고 학생들이 읽기에 익숙하지 않은 환경에 산다는 사실에 비추어 볼 때 (실험 집단과 통제 집단) 모든 학생들이 사전 검사와 사후 검사에 이르는 동안(10주 동안의 연습) 독해력이 늘어났으며, 실험 집단의 사후 검사에서 늘어난 정도는 사전 검사 점수보다 유의하게 더 나았다는 점이다. 사후의 이해력 측정에서 실험 집단과 통제 집단 사이에는 아무런 유의한 차이가 없었다. 모든 집단은 또한 사전 검사에서 사후 검사에 이르기는 동안 읽기 속도가 높아졌으며, 사후 검사에서 늘어난 항목들은 사전 검사에서 점수들보다 유의하게 더 나았다. 실험 집단과 통제 집단은 사후 검사에서 더 많이 그리고 유의하게 어휘 지식이 늘어났는데 통제 집단과 실험 집단 사이의 어휘 증가에는 아무런 차이가 없었다. 마지막 비교로, 비록 통제 집단 학생들이 자신들의 읽기 가르침을 긍정적으로 보기도 하였지만 실험 집단에서 가르침이, 처치가 끝난 시점에서, 학생들에 의해 아주 큰 차이로 유의하게 긍정적인 평가를 받았다. 실험 집단 안에서 어휘 집단과 유창성

[인용 4.19] 널리 읽기의 효과

　　만약 논의가 널리 읽기의 효과성에 대한 것이라면 그것이 실제로 채택
되게 될 그런 갈래의 환경에서 가장 잘 조사되어야 한다. 따라서 현재
연구의 초점은 교실수업 환경에서 널리 읽기 접근법이 여러 문제점들과
함께 채택이 되었을 때 혜택이 자연스럽게 생겨날지 여부를 결정하는 것
이다. 이 연구에서 가르침 상황은 어려울 것이다. 오직 비교적 짧은 시간
동안, 읽기에 익숙하지 않은 학생들이 있는 EFL 환경을 아우를 뿐이다.
이와 같은 도전적인 환경에서 널리 읽기가 긍정적인 결과를 보인다면 이
는 이와 같은 접근법의 효과에 견실한 증거를 제공하게 될 것이다.

▶▶▶Al-Homoud and Schmitt, 2009: 386~387

집단 사이에 아무런 차이가 없었는데 이는 만약 학생들이 더 쉬운 등
급의 교재나 더 어려운 등급의 교재를 읽거나 일관되게 읽어 나간다
면 문제가 되지 않음을 보여 준다. 중요한 것으로 보이는 것은, 간단히
말해서 학생들이 많이 읽는다는 것이다.
　　이 연구는 제2 언어 읽기 가르침의 중요한 구성요소로 널리 읽기의

[인용 4.20] 널리 읽기의 혜택

　　스스로 선택하고 등급이 매겨진 읽을거리를 즐거움을 위해 읽은 사우디
아라비아의 학습자들은 읽기에 강도 높은 가르침을 받은 학생들과 최소한
비슷하게 모든 측정에서 향상을 보였다. 다른 말로 한다면 비교적 스트레
스를 받지 않으면서 매우 대중적인 널리 읽기 접근방법이 좋거나, 혹은
공식석이고 압력을 주는 전통적인 읽기 접근 방법보다 더 낫다는 것이다.
[널리 읽기]가 실행 가능한 언어 가르침 접근 방법임에 틀림없다. 전체적
으로 이 연구는 널리 읽기의 혜택을 보여 주는 증거를 더하였다.

▶▶▶Al-Homoud and Schmitt, 2009: 399

효율성을 옹호하는 더 발전된 증거를 제공한다. 여기서 결론은 이해 가르침에서 전략에 기반을 둔 가르침에 관련된 직접적인 읽기 구성요 소들과 널리 읽기가 결합할 때 분명히 틀림없을 것이다. 널리 읽기로 부터 나온 부가적인 혜택에는 어휘 재사용(recycling), 일견 낱말의 증 가, 읽기 속도 증가, 읽기 연습, 제2 언어에서 성공적인 독자가 되는 습관이 포함된다. 이들 추가적인 혜택은 서로 묶여서 제2 언어 읽기 가르침에서 핵심적인 구성요소로서 널리 읽기가 강력한 사례가 되도 록 해 줄 가능성이 높다.

4.2.10. 제2 언어 읽기에서 동기부여의 역할에 대한 연구

언어 학습과 제1 언어 읽기 조사연구 두 쪽에서 동기부여는 중요한 주제 가 되어 왔다(Dörnyei and Ushioda, 2010; Malloy and Gambrell, 2008; Pressley, 2006). 그러나 제2 언어 읽기 맥락에서 지난 15년 동안 이제서야 큰 관심을 끌기 시작하였다.12) 제2 언어 읽기에서 동기부여 문제와 제2 언어 학습에서 동기부여 사이의 차이를 지적하는 것도 의미가 있다. 읽기에서 동기부여 문제는 영역에 매여 있는 특징이다. 말하자면 읽 기 동기부여는 읽기 행위에 매여 있는데 좀 더 일반적인 제2 언어 학 습과는 강하게 관련되지 않는다. 어떤 동기부여 설문지나 면담 각본 을 살펴보든지 곧장 읽기에 대해 묻고 있는 질문은 좀 더 일반적인 제2 언어 학습에 대해 묻고 있는 질문과 다르다. 그리고 이제는 언어 학습을 늘 변하고 동적인 것으로 논의하는 것이 일반적이지만 읽기 맥락에서 동기부여는 늘 가변적인 속성이 있는 것으로 본다. 그렇지 만 다른 한편으로 시간에 걸쳐 훨씬 더 안정화되는 속성으로 본다. 어떤 독자가 주어진 과제를 수행하고 싶어 하지 않을 수도 있지만 그

---

12) 제1 언어로 읽기의 동기에 대한 연구가 지난 15년 동안 있어 왔지만, 제2 언어로 읽기의 동기에 대한 연구가 이제 시작되었다는 의미이다.

사람은 여전히 읽기를 좋아 하거나 좋아하지 않음으로써 자아를 확인할 가능성이 높다. 이런 이유로 제1 언어 읽기 동기부여에 대한 조사연구는 제2 언어로 읽기의 동기부여에 대한 조사연구를 전개할 때 시작하기 위해 매우 적합한 조사연구의 토대이다.

지난 15년 동안 제1 언어 읽기 조사연구로부터 나온 발견사실들은 내적 동기부여, 자기 효능감과 성공에 대한 기대가 읽기의 양과 읽기 이해 발달을 예측한다는 것을 열심히 입증하여 왔다(Taboada, Tonks, Wigfield and Guthrie, 2009; Wigfield et al., 2008). 제2 언어 읽기 맥락이 제1 언어 맥락과 달라질 수 있기 때문에 읽기를 배우는 제2 언어 동기부여가 제1 언어 맥락에서 동기부여와 구별될 것이다. 이를테면 시험을 잘 치고 검사를 잘 받기 위한 필요에 따라 형성된 외재적 동기의 어떤 수준이 제1 언어 학생들과는 다르게 제2 언어 학생들에게 영향을 미칠 가능성이 있다. 그리고 이는 아마도 어느 정도 긍정적일 것이다(Komiyama, 2009b). 제2 언어 읽기의 관점으로부터 제2 언어 동기부여 조사연구는 제2 언어 가르침 맥락에 민감하고 적절한 동기를 측정하는 방법을 세울 필요가 있다. 그와 같은 토대로부터 더 발전된 연구를 통해 읽기 능력을 향상시키는 데 도움을 주는 긍정적인 동기를 수립하는 맥락과 조건을 설정할 수 있다. 다음에 뒤따르는 연구에서 타카세 아츠코(Atsuko Takase, 2007)는 그와 같은 토대를 제공한다.

일본에서 EFL 고등학생 219명이 참여하는 연구에서 타카세(2007)는

[인용 4.21] 제2 언어로 읽기에서 동기부여의 의의

> 동기부여는 읽기 가르침을 위해 독해력 향상을 확실하게 해 주는 철저한 계획에서 필수적인 부분이다. … 학생들이 덩잇글과 깊이 상호작용하고 일정한 시간에 걸쳐 이해를 하도록 동기부여가 되어 있다면 독해에서 그들의 성취도는 높아진다.
>
> ▶▶▶Guthrie and Humenick, 2004: 351~352

일 년 동안 (주로 방과 후 학교로) 널리 읽기가 포함된 읽기 학급을 가르쳤다. 그녀는 학생들에게 읽기를 마친 모든 책들에게 대해 (일본 말로) 간단한 요약글을 쓰도록 하였다. 학생들은 그 해 동안 읽은 책들의 면수를 기록하도록 하였다. 또한 학생들에게 제1 언어인 일본어로 읽은 양과 선호도를 알려 주도록 하였다. 끝으로 그녀는 기존의 제1 언어와 제2 언어 설문지를 바탕으로 읽기 동기에 관련되는 설문지를 만들었다. 설문지에는 두 부분이 있었는데 제1 언어 동기부여 진술 부분과 제2 언어 동기부여 진술 부분이 있었다. 학생들은 진술에 1~5의 리커트 눈금으로 응답하였다.

그녀의 연구로부터 흥미로운 두 가지 결과가 나타났다. 먼저, 요인 분석에 바탕을 두고 제2 언어 읽기 동기부여에 대하여 해석 가능하고 고정된 기준을 설정하였다. 네 개의 중요한 동기부여 유형을 확인하였는데 제2 언어의 내재적인 동기, 제1 언어의 내재적 동기, 읽기에 대한 학부모와 가정의 태도, 검사 수행 동기가 있었다. 읽기 동기에 대한 이와 같은 기준은 중요한데 동기부여에 대한 기준을 계발하였던 다른 (제1 언어와 제2 언어) 조사연구에도 잘 들어맞기 때문이다. 특히 내재적인 동기(예를 들면, 하는 일 그 자체의 즐거움을 위해 무엇인가를 함)의 역할은 제1 언어 동기 조사연구에서 중요한 요인이었다. 따라서 제1 언어에 대한 내재적 동기가 타카세의 자료에서 확실한 결과로 나올 수밖에 없는 것은 당연하다. 가정에서 경험이라는 사회적 영향은 제1 언어 읽기 조사연구에 바탕을 둘 때 기대하지 않았으며 (외재적인 동기로) 검사 수행 요인도 이에 대응되는 연구인 코미야마(Komiyama, 2009)에 비춰 기대하지 않았던 것이다.

두 번째로 (위에 기술되었던 네 가지 동기 요인들 각각의 점수를 따로 분리하여) 개별 동기 점수들에 대한 기준을 만들고 이들이 제1 언어 동기 조사연구에서 중요하며 상당히 일반적인 읽기 양을 예측하게 하는지 알아보고자 하였다. 널리 읽기를 통하여 영어(제2 언어)로 읽은 지면의 양의 경우 제2 언어에 대한 내재적 동기가 읽기의 양을 유의하게 예측하였다. 이와 마찬가지로 흥미로운 점은 제1 언어에 대한 내재적 동기(예를 들면, 일본어 읽기 동기)가 영어로 읽기의 양도 예측하였다는 것이다. 비록 영향을 미친 강도는 강하지 않지만 그럼에도 불구하고 읽기를 위한 동기는 학생들이 스스로 제2 언어로 읽을 수 있는 자발성, 참을성을 설명할 수 있음을 나타낸다. 또한 우리는 읽기의 양은 그 다음에 제1 언어 환경에서 독해 능력에 영향을 미친다는 것을 알고 있다. 따라서 이 연구에는 제2 언어 읽기에 대한 동기 조사연구를 재촉하는 여러 많은 측면들이 있다. 타카세(2007: 13)에서는 "이 연구가 학생들로 하여금 널리 읽기에 몰입하도록 하는 동기를 부여하는 것에 대한 이해에 이바지하였다."

타카세에 의한 이 연구는 내재적 동기가 학생들의 읽기에 강한 영향을 미치며 읽기 과제 수행률(reading productivity)의 증가로 이어질 수 있다는 것을 강하게 입증하는 제2 언어 읽기 동기에 대한 첫 번째 연구 가운데 하나이다. 중요한 함의를 이 연구로부터 끌어낼 수 있는데 가르침을 통해 제2 언어 읽기에 대한 학생들의 동기를 끌어올릴 수 있다면 시간에 걸쳐 이해력의 향상도 지켜볼 수 있을 것이라는 점이다. 제1 언어로 읽기 맥락에서, 가르침을 통해, 학생들이 읽기를 위한 혹은 읽기 몰입을 위한 내재적인 동기부여를 학생들이 스스로 할 수 있다는 설득력 있는 증거가 있다(Guthrie, 2008; Pressley, 2006; Wigfield and Guthrie, 2010). 앞으로의 제2 언어 읽기 동기부여에 대한 조사연구를 위한 훌륭한 목표는 어떤 제2 언어 가르침을 통하여 학생들의 동기가 개선될 수 있음을 보여 주는 것이다. 이런 방식으로 영어로 널리

[인용 4.22] 가장 영향력 있는 동기

[읽기 동기에서] 가장 영향력 있는 요인은 제1 언어(L1) 읽기와 제2 언어(L2) 읽기에 대한 학생들의 내재적인 동기이다.

▶▶▶Takase, 2007: 1

읽기를 위해 더 큰 자발성으로 이어질 수 있는 교실수업 가르침을 발전시켜 나갈 수 있는 것이다. 영어로 읽기에 대한 이와 같이 관심이 크다면 더 많이 읽을 것이고, 이해력의 발전으로 이어질 것이다. 그런 것이 서사 이야기가 될 것이다!

4.3. 결론

이 장에서 제시한 열 개의 연구들은 제2 언어 환경에 관한 조사연구 주제들의 범위를 보여 준다. 그리고 의미 있는 조사연구의 수행을 위한 서로 다른 여러 방법들을 선보였다. 여러 연구에서 학생들의 반응시간을 측정하고, 구조화된 방정식 모형과 메타 분석과 같은 발전된 통계 기법을 사용하였다. 대부분의 연구들에 통제 집단과 비교 집단을 이용하였으며 대부분은 사전 검사와 사후 검사의 차이를 연구의 결과로 이용하였다. 중요한 뒷받침 근거를 제공하는 순전히 질적인 조사연구들도 있었다. 조사연구 방법들에 대한 이와 같은 목록은 오로지 조사연구자들에게 열려 있는 선택내용들의 범위를 힘주어 드러낼 뿐이다.

조사연구 선택내용들의 이와 같은 목록은 여기에 소개된 열 개의 조사연구들이 서로 매우 다르다고 믿도록 이끌 수 있다. 그리고 일차원에서는 아주 다르게 보인다. 그러나 이차원에서는 읽기 능력의 여러 구성요소들이 그 자체로 중요한 듯이 보이지만 모두 협력하여 제2 언어로 읽고 이해하기 능력을 뒷받침한다는 것을 보여 주기 위해 흥미로운 방식으로 연결되어 있다. 실제로 이 장에 있는 몇몇 연구들이 이 장에서 다른 연구들에 한 가정들에 대한 증거를 제공한다. 또 다른 차원에서 열 개의 연구들은 비슷한 이야기 흐름을 따른다는 점에서 서로서로 매우 비슷하다. 모든 조사연구자들은 잘 다룰 수 있을 만한 질문들로 시작하고 참여자(학생들과 때로는 교사들)들을 찾아내며 그 다음에는 통제된 정보를 모으는 유용하고 적절한 방식을 결정한다. 이 단계는 제기된 질문들에 대한 증거를 찾아내기 위한 자료 분석이 다음에 이어진다. 그리고 마지막으로 조사연구자들은 증거에 바탕을 두고 자신들의 질문에 공정하고 이치에 닿는 답변을 추론하고 답변 (그리고 조사연구의)의 쓸모를 결정한다. 각각의 경우에는 도중에 많은 도전거리를 거느리고 있는 여러 개의 자잘한 이야기들이 있으며 결론으로 나오는 이야기는 중심적인 길잡이 주제로 되돌아가게 한다. 그 다음에 각각의 조사연구 이야기는 우리가 읽기를 가르치고, 읽기 교육과정을 설계하며 가르침 교재들을 집필하는 방법에 영향을 미치는, 증거에 바탕을 둔 정보를 더한다.

이 장(그리고 앞 장)에서 보고된 여러 연구들은 다른 교사들의 학생들이 수행한 것이다. 그러나 이는 조사연구를 수행하는 유일한 방법이 아니다. 교실수업을 나아지게 하려는 탐구심이 있는 교사들의 경우 자신이 가르치는 학생들을 대상으로 다룰 수 있는 질문을 제시하면서 작은 크기의 조사연구를 해 보는 것이 이치에 맞는 전략이다. 어떤 조사연구가 어떤 이야기와 같다는 것을 이해함으로써 따라야 하는 단계들이 비교적 간단해질 것이다. 마치 어떤 이야기가 마지막 해결로 이어지는 일련의 자잘한 이야기들을 통해 전개되듯이 작은 크기의 조사연구를 수행하려는 어떤 노력들도 이 기본적인 단계들을 밟아나갈 때 연구를 전개시켜 나갈 것이다. 그와 같이 교사가 시작한 작은 크기의 조사연구에 대한 탐구가 6~9장의 주된 강조 내용이다. 교사가 시작한 조사연구(현장 연구)로 옮겨가기 전에 3장과 4장에서 소개하였던 조사연구들이 읽기 교육과정과 읽기 실천 사례에 정보를 제공해 줄 수 있는 구체적인 가르침의 착상들을 제안하기 위해 어떻게 결합하는지 먼저 고려해 보는 것이 좋을 듯하다. 이것이 5장의 초점이다.

■■■■■■ 더 읽을거리

이 장에서 나타나는 인용 문헌들은 여기서 제시한 연구들의 세부 내용들에 대한 핵심적인 참고문헌들을 대표한다. 제2 언어 읽기의 조사 연구에 대한 추가적인 정보는 10장(10.1~10.3)을 참조할 것. 제2 언어 영역에 대한 좀 더 구체적인 읽을거리는 이 장에서 소개하는데 다음과 같다.

- 읽기 발달에서 낱말 수준에 대한 문제는 Koda(2005/2007), Nation(2009), Schmitt(2008/2010), Stahl and Nagy(2006) 참조.
- 담화 구조와 덩잇글 이해에 대해서는 Grabe(2009), Jiang and Grabe(2007, 2009) 참조.
- 중심 생각 파악과 판에 박은 가르침에 대해서는 Anderson(2008), Hedgcock and Ferris(2009), Nation(2009) 참조.
- 제2 언어 읽기 환경에 매인 주제에 대해서는 Bernhardt(2000, 2001), Laufer and Girsai(2008), Prichard(2008), Rott(2007) 참조.
- 읽기에 영향을 미치는 사회적 맥락과 문화적 맥락에 대해서는 Doledenburg, Rueda, and August(2006), Grabe(2009), Rueda, Velasco and Lim(2008), Snow, Griffin and Burns(2005) 참조.
- 읽기 평가에 대해서는 Alderson(2000), Khalifa and Weir(2009) 참조.

제3부

증거에 바탕을 둔
실천 사례를 활용하는
읽기 가르침

제5장 읽기 가르침

: 충분한 토대와 효과적인 실천 사례들

이 장에서는 1~4장에 소개되었던 읽기 조사연구와 제2 언어 읽기 발달을 위한 효과적인 가르침 실천 사례들 사이를 이어 주는 역할을 한다. 이 장에서는 또한 이 책의 앞부분에서 소개한 조사연구와 6~9장에서 제안하는 교사가 주도하는 현장 연구의 연구거리 사이를 이어 주는 다리를 제공한다. 특별히 관심이 있는 것은 다음과 같다.

- 읽기 조사연구로부터 나온 함의
- 제2 언어 읽기 가르침을 위한 교육과정 원칙들
- 제2 언어 읽기 능력의 발달을 위한 목표들을 통합하는 가르침 적용 사례들
- 제2 언어 읽기 학습의 종류에 따라 적용될 수 있는 교실수업활동의 본보기

잘 읽을 수 있는 능력은 학업 목적의 영어(EAP: English for Academic Purposes)에서 학생들이 필요로 하는 가장 중요한 제2 언어 학업 기술일 것이다. 학업 맥락에서 읽기는 언어와 교과내용 정보에 대한 학생들의 발전된 학습을 위한 입력물의 중요한 원천을 제공해 준다. 더나아가 읽기는 관심을 늘여 주며 추가적인 읽기를 통하여 주제를 더탐구할 수 있도록 학생들에게 동기를 부여한다. 그렇지만 읽기 통달은 이해 능력의 통합뿐만 아니라 상당히 많은 양의 어휘의 발달과 문

법 자원들을 상당히 훌륭하게 구사할 수 있는 능력을 필요로 한다. 다행스럽게도 읽기 기술 발달에서 명시적인 가르침이 차이를 낼 수 있다(Grabe, 2009). 더 나아가 읽기는 단락 선택에 대한 어느 정도의 통제를 통해 EAP 과정을 끝마치고 난 뒤 학생들이 스스로 효과적이고 폭넓게 실천 가능한 기술이다.

(더 많은 다른 것들을 늘어놓을 수 있지만) 이런 이유로 효과적인 읽기 가르침을 자리매김하는 데 교사들, 교재 집필자들과 교육과정 계발자들을 안내하는 얼개를 지닌다는 것은 중요하다. 그러한 얼개는 읽기 발달을 위해 필요로 하는 중요한 구성 기술을 확인하며 효과적인 교육과정 설계를 지원하는 조사연구로부터 나온 중요한 함의를 탐구하고 일관된 일련의 가르침 실천 사례들을 계발함으로써 가장 잘 만들어진다. 이와 같은 논의를 따르고 있는 이 장에서는 조사연구로부터 나온 함의와 제2 언어 읽기 발달을 위한 효과적인 실천 사례 사이의 연결을 하고자 한다. 이들 실천 사례들은 이미 있는 읽기 가르침으로 통합되거나 새로운 읽기교육과정을 위한 토대를 이룰 수 있다. 이 장에서 제시한 생각들은 (1장~4장에 제시된) 제2 언어(그리고 제1 언어) 읽기 조사연구를 연결할 뿐만 아니라 교사가 자신들의 읽기 교실수업을 더 잘 이해하기 위해 참여할 수 있는 현장 연구와 연결한다. 이 장에서는 다양한 관점에서 현장 연구를 위한 연구거리와 그에 대응하는 자원들을 언급하고 6장~9장은 이 장에서 소개된 실천 사례들을 직접적으로 넓히고 뒷받침한다.

5.1. 읽기 조사연구로부터 나온 함의

표 5.1에 늘어놓은 것으로 읽기 조사연구가 읽기 가르침에 지니는 함의는 현재의 읽기 가르침과 새로운 읽기 교육과정을 설계할 때 고려할 필요가 있는, 읽기 능력에 대한 확장적인 연구의 종합을 보여 준다.

12개의 함의는 제1 언어 맥락과 제2 언어 맥락에서 읽기 조사연구에 의해 뒷받침되고 있다(Grabe, 2009; Han and Anderson, 2009; Koda, 2005 참조). 이들은 (a) 함의를 응용으로 옮기는 더 발전된 가르침에 대한 조사연구의 수행, (b) 좀 더 효과적으로 배우고 가르치기 위한 가르침 실천 사례와 교육과정 목표의 검토를 위한 토대를 보여 준다. 분명히 조사연구로부터 나온 함의가 직접적으로, 효과적인 가르침 실천 사례로 바뀔 수 있다는 아무런 보장은 없다. 어떤 함의들은 다른 학생 집단보다 어떤 학생 집단에 더 적합할 수가 있는데 기관에 따른 목표와 학생들의 산출물로 기대하는 것이 다르기 때문이다. 게다가 학생들의 결과들이 특정의 교육과정과 교실수업을 넘어서는 다른 요인들에 의해 영향을 받는다(예를 들면, 학생들의 유창성 수준, 자원들에 대한 접속, 교사의 능력, 읽기에 대한 문화적인 태도). 그럼에도 불구하고 여기서 제시한 함의들은 읽기 가르침을 중심으로 하는 논의를 위해 중요한 출발점을 제공한다.

표 5.1에서 처음 세 가지 함의는 자동적이고 빠른 낱말 인지의 필요성과, 이해를 뒷받침하는 절 구조와 구절 구조에 대한 유창한 인지

<표 5.1> 읽기 가르침을 위한 읽기 조사연구로부터 나온 함의

숙달된 독자가 되기 위하여 학생들은 능력을 계발할 필요가 있다.

1. 효율적인 낱말 인지를 위해 문자 형태를 해득하는 능력
2. 다수의 낱말 의미에 자동적으로 접속할 수 있는 능력
3. 구절 차원의 문법 정보와 절 차원의 문법 정보로부터 의미를 끌어낼 수 있는 능력
4. 절 차원의 의미를 더 큰 덩잇글 이해 연결망에 통합하는 능력
5. 이해를 형성하고 뒷받침하는 담화 구조를 인지하는 능력
6. 학업을 위한 읽기 과제의 여러 갈래에 대하여 읽기 전략을 활용하는 능력
7. 목표를 설정하고 필요할 때 그것을 조정하는 능력
8. 다양한 갈래의 추론을 활용하고 읽기 목표를 위해 이해를 점검하는 능력
9. 적절하게 앞선 지식을 끌어들이는 능력
10. 비판적으로 읽고 이해하기 위하여 정보를 평가하고, 통합하며 종합하는 능력
11. 불어나는 읽기 시간에 걸쳐 이들 처리를 유창하게 지속하는 능력
12. 읽기를 지속하려는 동기를 유지하고 읽기 목표를 위해 덩잇글 정보를 활용하는 능력

처리 필요성을 언급한다. 이와 같은 함의는 교실수업에서 유창성 실습, 널리 읽기, 더 큰 범위의 어휘 발달에 대한 시간 보내기를 옹호한다. 함의 4와 5는 담화 구조 자각을 포함하여 모든 수준의 언어 지식을 활용하여 중심 생각을 파악하는 능력의 발달이 중요함을 지적한다. 함의 6에서 10은 좀 더 어려운 덩잇글을 파악하는 능력을 나아지게 하고 덩잇글 정보의 적용과 관련이 있는 다양한 학업 과제들을 수행하는 수단으로서 전략적 처리를 확인시켜 준다. 함의 11과 12는 읽기 유창성 발달과 늘어난 시간 동안의 읽기 연습, 학습 목표 성취와 학습 목표 지속을 위한 학생들의 동기가 지니고 있는 중요한 역할을 강조한다.

5.2. 읽기 가르침을 위한 교육과정 원칙들

효과적인 교육과정을 위해 표 5.1에 있는 조사연구의 결과들을, 교육기관의 목표와 교사의 목표, 학생들의 장점과 단점, 학생들의 유창성 수준뿐만 아니라 시간, 비용, 자원, 교사들의 준비 정도에 의해 부과된 제약의 관점에서 해석한다. 그럼에도 불구하고 교육과정 원칙들의 일반적인 묶음은 이와 같은 함의를 읽기 가르침을 위해 번역하고 적용하는 데 교사들과 교재 집필자와 교육과정 계발 주체들에게 도움이 되는 제안을 할 수 있다. 표 5.2는 효과적인 읽기교육과정을 계발하기 위한 아홉 개의 원칙에 대한 얼개를 제시한다. 표 5.2를 표 5.1에 정확하게 사상하고자 하려는 것은 아니라는 점을 주목할 것. 조사연구 발견내용들이 교육과정 원칙에 대해서는 오직 한 가지만 기여를 하기 때문이다. 추가적인 원칙들이 제안될 수 있는데 이들 아홉 가지 가운데 몇몇은 어떤 문맥에서든 적용될 수는 없다. 그러나 이들 아홉 가지 원칙은 읽기 가르침을 위한 원칙 중심의 얼개를 만드는 데 훌륭한 토대를 제공한다.

욕구 분석을 통해 학생들의 학습 결과를 설정하려는 더 근본적인 (그리고 일반적인) 목적과는 별도로 이들 아홉 가지 교육과정 목표는 학생들이 이해 능력을 발전시킬 수 있도록 읽기 가르침의 얼개를 잡을 수 있는 방법을 제안한다. 먼저, 그리고 아마도 가장 중요한 것으로 학생들은 지속적인 연습과 인쇄물에 대한 폭넓은 접촉을 통하여 읽기 능력을 확립하게 할 필요가 있다. 두 번째로 학생들은 덩잇글 자료가 재미있고, 다양하며 풍부하고 시각적으로 눈길을 끌며 쉽게 접속 가능할 때 읽기 가르침에 몰두할 가능성이 높다. 세 번째로 어떤 수준의 학생들에게 읽기 자료 선택과 읽기 활동 선택을 허용하는 것은 중요하다. 학생들의 선택은 많은 흥미 있는 덩잇글 자원의 활용을 장려할 뿐만 아니라 거의 대부분 학생들에게 참여하고 동기를 부여하며 자율성을 준다.

<표 5.2> 읽기 가르침을 위한 아홉 개의 교육과정 원칙

1. 읽기 기술 가르침을 폭넓은 실천 사례와 인쇄물에 대한 접촉과 통합할 것
2. 흥미롭고, 다양하며, 눈길을 사로잡고, 풍부하며 접속 가능한 읽기 자원을 활용할 것
3. 어느 정도는 학생들에게 선택권을 줄 것
4. 교재에서 먼저 단락들을 활용하여 읽기 기술을 소개하고 연습하게 할 것
5. 교재 읽기와 학생들의 배경 지식을 연결할 것
6. 단원을 읽기 전, 읽는 중, 읽은 후로 짤 것
7. 학생들로 하여금 내용 파악에 성공하는 경험을 할 기회를 제공할 것
8. 어떤 단원에서든 교실수업에서 읽기가 있음을 예측하게 할 것
9. 읽기 능력의 발달을 위해 목표들을 통합하는 교육과정 얼개를 중심으로 가르침을 계획할 것. 그렇게 하기 위해서 교사는
   a. 낱말 인지의 효율성을 늘여 나가기
   b. 더 높은 인지 어휘력을 확립하는 데 도와주기
   c. 파악 기술 연습을 위한 기회를 만들기
   d. 학생들의 덩잇글 구조 자각 확립하기
   e. 전략적인 독자가 되도록 계발하기
   f. 학생들의 읽기 유창성 확립하기
   g. 지속적으로 널리 읽을 기회 제공하기
   h. 학생들의 읽기에 대한 동기부여하기
   i. 내용교과 학습 목표와 언어 학습 목표를 통합하기

<표 5.3> 읽기 단원의 서로 다른 단계들에서 활용되는 본보기 활동들	
읽기 단원 단계	본보기 활동
읽기 전	핵심 어휘 제시하기, 읽기에서 중심적인 주제 확인하기, 덩잇글에서 정보 예측하기, 적절한 배경 지식 건드리기, 새로운 정보와 알려진 정보 사이를 연결하기
읽는 중	어려운 단락들을 검토하고 예측을 확인하며 새로운 낱말의 의미를 미루어 짐작함
읽은 뒤	요약하기, 평가하기, 예측을 확인하고, 분류하며, 어휘 지식으로 확립하고 핵심 정보를 강조함

네 번째로 학생들의 교재에서 읽고 있는 중심 덩잇글을 중심으로 읽기 기술 계발 활동을 마련해야 한다. 핵심 기술과 이해 전략, 언어 특징들이 학급에서 읽고 있는 덩잇글로부터 비롯되지 않는다면 그 교재는 학생들의 필요를 충족시키지 않거나(그리고 다시 평가를 받아야 함) 목표로 삼은 기술과 전략과 언어 특징들이 중요한 것으로 간주되지 않을 수 있다. 게다가 학생들의 교재에서부터 비롯되는 공부 내용은 교사들에게 (법에 규정된) 교재를 바꾸지 않고도 추가적인 읽기 기술 계발의 문제를 언급할 기회를 준다.

다섯 번째, 어느 정도는 학생들의 배경 지식에 주의를 할 필요가 있다. 여섯 번째, 읽기 단원에서는 새로운 읽을거리에 대한 준비를 하고 읽는 도중에 학생들을 도와주며 읽고 난 뒤에 다양한 목적으로 덩잇글(그리고 덩잇글 정보)을 다시 생각해 보게 하는 읽기 전 얼개, 읽는 중 얼개, 읽은 뒤 얼개를 중심으로 일관되게 구조화되어야 한다(표 5.3과 표 9.2 참조). 일곱 번째, 학생들은 자신들의 제1 언어에서 그러한 것처럼 성공적인 읽기 경험을 할 필요가 있다. 제2 언어로 좌절의 경험을 내도록 맛보게 하는 것은 학생들로 하여금 읽기로부터 벗어나게 할 뿐이다. 여덟 번째, 덩잇글에 대한 실질적인 읽기가 모든 수업 주기에 포함되어야 하는데 너무나 자주 무시되거나 잊히고 있다.

그리고 마지막으로 숙달된 읽기 기술의 발달을 위해, 필요로 하는 아홉 개의 목표를 일관되게 통합하는 읽기교육과정으로부터 혜택을 입는다(표 5.2에서 9a~9i). 따라서 교육과정에서는 전략이 담긴 독본의 계발과 함께 명시적인 이해를 위한 가르침을 전개하여야 한다. 또한 읽기를 위한 동기를 부여하고, 읽기에 참여하도록 학생들을 뒷받침해 주어야 한다. 이 장의 나머지 부분은 효율적인 읽기교육과정의 아홉 가지 특징들을 탐색한다. 반면에 이들 아홉 가지 특징들은 모든 가르침의 맥락에서 같은 분량의 시간이 허용되지 않을 것이지만 이들 특징들에 대하여 조심스럽게 살피고 일관된 가르침을 위하여 가장 중요한 것들을 선택함으로써 학생들의 읽기 능력을 향상시킬 것이다.

5.3. 교육과정을 만드는 원칙으로부터 가르침의 적용으로 나아가기

5.3.1. 낱말 인지 효율성 높이기

읽기 교사는 낱말과 구절 인지 능력을 학생들이 발전시켜 나가는 데 도움을 주도록 시간을 바쳐야 한다. 초급 수준과 중하위 수준의 학생들은 낱자−말소리 대응을 쉽게 활용하고 빈도가 잦은 낱말들을 정확하고 빠르게 인지할 수 있도록 할 필요가 있다(예를 들면, 일견 낱말 읽기가 있는데 개념 5.1 참조). 대부분의 제2 언어 학생들은 이런 기본적인 기술들에 대한 합리적인 통제력을 갖고 있지만 특히 교사가 학생들의 읽기 진행에 관심을 갖고 있다면 얼마나 빠르게 그리고 정확하게 학생들이 어떤 낱말 목록을 읽을 수 있는가를 점검하는 것은 유용한 진단 도구를 제공해 준다(어떤 낱말 목록의 표본에 대해서는 Wang and Koda, 2005 참조). 낱자−말소리 대응에 어려움을 갖고 있는 학생들은 낱자와 말소리 사이의 연관에 대한 지속적인 훈련이 있어야 한다(Birch, 2007 참조). 대부분의 제2 언어 학생들은 만약 중등학교나 고등교육 기관이라는 학업 환경에 있다면 이 수준에서 심각한 문제를 갖고 있지 않을

[개념 5.1] 일견 낱말(sight words)

일견 낱말들은 전략들에 대한 요구 없이 일 초에 몇 분의 1 동안 독자에 의해 자동적으로 인지되는 핵심 어휘 항목들이다. 독자들은 어떤 낱말들이 장기 기억의 일부가 되자마자 일견 낱말에 그 낱말들을 더해 놓는다. 제2 언어 독자의 경우, 애초 300~500개의 자동으로 인지되는 낱말들의 묶음을 이루어내는 일이 읽기 유창성의 발달을 위해 중요한 토대임을 보여 준다. (Laufer and Ravenhorst-Kalovski, 2010; Rasinki and Padak, 2001; Sinatra, 2003 참조.)

것이다.

기본적인 낱말 목록을 적절하게 잘 읽을 수 있는 능력을 넘어서 학생들은 어휘력 향상 활동과 유창성 연습, 널리 읽기에 참여할 때(아래의 5.3.2, 5.3.6, 5.3.7 참조) 낱말 인지 기술을 연습한다. 낱말 인지 연습은 짝을 지어 입말로 다시 읽기(5.3과 6.3 참조)와 시간을 잰 낱말 목록 읽기, 낱말 짝짓기, 낱말(과 구절) 인지 연습(5.3.1.1 참조), 순간 파악 연습용

[인용 5.1] 순간 파악 연습용 카드(flash card)의 활용

순간 파악 연습용 카드는 놀랄 만한 명성을 얻었다(McCullough, 1955). 그러나 그것은 부당하다. … 순간 파악 연습용 카드는 어린이들이 낱말을 정확하고 빠르게 읽도록 도와줌으로써 자동성을 길러준다. 비판을 하는 사람들은 순간 파악 연습용 카드(flash card)가 단지 어린이들로 하여금 인쇄물을 보고 '짖도록' 가르치며 읽기의 핵심인 이해에 아무런 기여를 하지 않는다고 주장한다. 그러나 최근의 연구는 그 반대를 주장한다. 즉, 어린이를 재빠르게 읽도록 가르치는 일은 독해력을 극적으로 나아지게 한다는 것이다.

▶▶▶Nicholson, 2000: 37

카드(flash cards)를 통하여 좀 더 직접적으로 해 볼 수 있다. 순간 파악 연습용 카드는 한편으로 유행이 지난 것처럼 인식되기도 하는데 어휘력 확립과 어휘 수집(학생들이 낱말 수집가가 되기를 원한다는 점에서)뿐만 아니라 낱말 인지를 위해서 효과적이라고 입증할 수 있다.

낱말과 구절 인지 속도와 정확성을 높이며 읽기 유창성을 뒷받침하는 구체적인 세 가지 활동이 다음에 제시된다.

5.3.1.1. 낱말 인지와 구절 인지 연습

대부분의 읽기 교재에서는 몇몇 예외(예를 들면 Folse, 2004a; Jerries and Mikulecky, 2009a/2009b; Rosen and Stoller, 1994)가 있긴 하지만 낱말 인지나 구절 인지 연습을 포함하고 있지 않다. 다행스럽게도 교사들이 학생들에게 읽도록 숙제로 내어 준 덩잇글로부터 핵심 어휘를 가지고 이른바 '시간이 정해진 선택연습'이라고 부르는 낱말 인지 연습 문제들을 쉽게 만들어낼 수 있다. 낱말 인지 연습을 위한 일반적인 형식은 7장의 〈그림 7.3〉에서 보여 주는데, 아래와 같이 덩잇글에서 발견되는 20 ~25개의 핵심 구절들로 이뤄진다.

핵심 어구

1. **by the way**   by the time   by ~~the~~ way   on the way   by the end
2. **word list**   wired list   weird list   word list   wild fist
3. **on the other** on the one   on the other   in the other oh the other
   hand   hand   band   hand   hand
   …

맞은 개수: /20

시   간: /초

일반적으로 학생들은 시간 안에 마치는 방식으로 낱말 인지 연습에 참가하며 기록 유지표에서 자신들의 진척 사항을 기록한다. 게다가 학생들은 읽기에는 빠른 낱말 인지가 포함된다는 드높은 자각을 발전 시켜 나간다. 그리고 교재에 있는 장마다 세 가지 인지 연습을 통합하는 데 필요한 시간은 비교적 많지 않다(글자 체계 인지 연습과 이를 수업 시간에 활용하는 일에 대해서는 Crawford(2005), Stoller(1993) 참조).

5.3.1.2. 시간 제약이 있는 의미연결 연습

재빠른 어휘 접속을 촉진하는 또 다른 방법은 학생들에게 이미 낯익은 핵심 어휘로 하는 연습문제를 만드는 것이다. 시간 제약이 있는 조건 아래에서, 다음에 보이는 것처럼 (a) 핵심어와 공통점이 있거나 (b) 의미에서 비슷하거나 (c) 핵심어와 일반적으로 이어지는 어떤 낱말을 선택하려는 목적으로 학생들은 (왼쪽에 있는) 핵심 어휘와 (오른쪽에 있는) 여러 선택 항목을 고려한다.

핵심어

1. flower	ring	bank	blue	rose	flour
2. however	often	also	but	and	usually
3. solve	a problem	the bank	her home	the dinner	the bike
...					

맞은 개수: /20

시   간: /초

5.3.1.3. 어휘 접속 유창성을 기르기 위한 연습

좀 더 고급 수준에 있는 학생들은 어휘 접속을 위한 유창성 연습으로부터 혜택을 입는다. 이 연습은 위에서 소개한 시간의 제약이 있는 의미연결의 연습에 대한 다양한 형태의 연습이 시간의 제약을 받는 조건 아래에서 핵심어(돋움 글씨)를 뜻매김이나 동의어와 연결하는 일과 관련이 있다. 뜻매김이 비록 각각의 묶음에서 뒤섞이지만 같은 핵심어와 뜻매김이 있는 세 개의 묶음을 통해 진행하는데 각 묶음에 대해 완성을 위한 시간이 조금씩 덜 허용된다(예를 들어 60초, 50초, 40초). 여기서도 이들 연습은 수업 시간이 조금밖에 들지 않으며, 숙제로 내어 준 읽을거리로 1/3 정도가 쉽게 채워질 것이다.

[묶음1]

paramount	dedication
impose	more important than anything else
inconceivable	unbelievable
devotion	oblige, force

…

[묶음2]

paramount	oblige, force
impose	unbelievable
inconceivable	dedication
devotion	more important than anything

…

[묶음3]

paramount	more important than anything
impose	dedication
inconceivable	oblige, force
devotion	unbelievable

…

5.3.2. 인지 어휘력을 확립하기

[인용 5.2] 어휘 지식과 독해력

> 오랫동안 어휘 지식과 독해력 사이의 강한 상관을 보여 주었다. … 가르침에 대한 함의는 이해에 영향을 미치는 일종의 어휘 지식을 확립하기 위해 학습자들이 새로운 낱말들을 가지고 능동적으로 공부할 필요가 있다는 것이다.
>
> ▶▶▶Beck, McKeown and Kucan, 2008: 2, 4

실질적인 증거들은 읽기 능력과 어휘 지식이 밀접하게 관련이 있음을 암시한다(Laufer, 1997; Pulido and Hambrick, 2008; Schoonen, Hulstijn and Bossers, 1998). 비슷하게 설득력이 있는 것은 학생들이 충분히 이해하면서 폭넓은 덩잇글을 이해하고자 한다면 이들 덩잇글 안에서 마주칠 수 있는 낱말들의 적어도 95%의 낱말을 인지할 필요가 있다는 증거이며, 어떤 덩잇글 안에서 98~99%의 낱말들을 독자가 인지할 때 일반적으로 더 많이 이해한다는 증거이다(Laufer and Ravenhorst-Kalovski, 2010; Nation, 2006; Schmitt, Jiang and Grabe, 2011). 대부분의 덩잇글에서 95% 안에 들어가는 낱말들의 숫자는 10,000개와 15,000 낱말 범위의 어느 지점에 있으며 대부분의 덩잇글에서 98~99%를 아우르는 낱말들이 대략 36,000~40,000개의 범위 안에 드는데 이해를 위해서는 그와 같은 수준의 인지 낱말이 필요하다(Schmitt, 2008; Stahl and Nagy, 2006).

좀 더 고급 수준에서 제2 언어로 읽기를 위한 현실적인 목표는 제2 언어에서 인지 어휘가 10,000 낱말 범위 이상이다. 물론 학생들이 가장 빈도가 높은 처음 2,000개의 친숙한 낱말들을 알아야 한다는 것은 어휘 가르침을 위한 핵심적인 권장 사항으로 그 효력을 지니고 있다. 동시에 범위가 더 넓은 묶음의 어휘들을 대상으로 하여 직접적인 어휘 연습을 하는 것이 제2 언어 인지 어휘 지식을 늘리는 데 본질적일 것이다. 제2 언어 교육과정에서 능동적인 어휘 발달 얼개를 만드는 것은 교실수업 교사들, 자료 계발자들과 교육과정 계발자들에게 유용한데 다음의 여덟 가지 자원들이 마땅히 있어야 할 것이다.

1. 초점을 맞출 만한 낱말들의 선택을 위한 체계적인 절차들
2. 새로운 낱말들을 소개하기 위한 다양한 기법들
3. 의미 있는 방식으로 낱말을 활용하는 연습을 하도록 학생들을 격려하기 위한 다양한 방법
4. 학생들의 낱말 학습 전략 수립을 위한 활동들
5. 학습을 지원하기 위해 어휘가 넘쳐나는 교실수업 환경을 만들기 위한 접근법
6. 학생들이 낱말들을 스스로 모으는 주체가 되도록 안내하기 위한 활동들
7. 낱말 학습을 위해 학생들의 동기가 부여되도록 하는 방법들
8. 덩잇글과 어휘를 자연스럽게 다시 활용하는 과제들

여기서 저자들은 강력한 어휘 발달 얼개의 수립을 위한 세 가지 기본적인 생각들을 소개한다(실천을 위한 다른 현실적인 방안들은 그림 6.2에 늘어놓았다). 따로 쓰거나 어울려 쓰는 이들 기법들은 교사들에게 탁월한 어휘 가르침 도구로 너무나 자주 모두에게 언급되는 것으로, 낱말들을 단순하게 기억하게 하는 것보다 어휘 가르침을 위한 얼개를 마련하는 것이 좀 더 효과적이다.

5.3.2.1. 명시적인 가르침을 할 만한 낱말 선택을 위한 체계적인 절차들

학생들이 최소한 10,000개의 낱말에 이르도록 하기 위해서 교사들에게는 초점을 맞추어야 하는 낱말을 결정하는 체계적인 방법이 필요하다. 교재에서는 종종 핵심 어휘를 미리 가르치거나 주석을 달지만 일반적으로 명시적인 주의를 기울일 만한 낱말들이 있다. 주의를 기울

<表 5.4> 명시적인 주의집중을 할 필요가 있는 낱말들을 확인하는 체계적인 방법

++ 범주와 + - 범주에 있는(그늘진 가로줄) 낱말들은 일반적으로 읽기 교실수업에서 명시적인 가르침의 가장 좋은 후보들이다.

유형들	덩잇글 이해를 위해 중요한 낱말들	읽고 있는 덩잇글을 넘어서 필요한 낱말들
(+ +)	+	+
(+ -)	+	-
(- +)		+
(- -)	-	-

일 만한 낱말들에는 어떤 덩잇글에서 가장 중요한 어휘들을 포함해야 한다. 다른 어휘의 구성을 위해서 그리고 다른 어휘와 함께 공부하는 데 중요하며 읽고 있는 덩잇글을 넘어서 가장 도움이 될 만한 어휘가 포함되어야 한다. 명시적인 주의집중을 위해 어휘를 선택하는 한 가지 체계적인 방법은, 낱말들을 범주로 나누는 것이다. 과제로 내어 준 읽기 교재에서 대부분의 학생들이 낯설 가능성이 높은 어휘들을 네 유형으로 나눈다(표 5.4). ++ 범주에 드는 낱말들은 직접적인 가르침의 가치가 있지만 - - 범주에 드는 낱말들은 직접적인 가르침을 할 만한 가치가 없다. 교사들은 + - 범주나 - + 범주에 드는 낱말들에 대하여 어느 정도의 시간을 들일지 결정할 필요가 있다.

5.3.2.2. 새로운 어휘를 소개하기 위한 뜻매김의 개념 지도

새로운 낱말을 소개하고 그것을 학생들이 이미 알고 있는 것과 연결하는 방법 하나는 학급에서 뜻매김을 위한 개념 지도를 만드는 것이다(그림 5.1과 5.2 참조). 이와 같은 접근법으로 학생들은 네 가지 관점으로부터 핵심어를 보게 된다. 이는 학생들에게 그 낱말의 기억을 도와줄 적어도 하나의 관점을 제공해 주며 그 낱말에 대한 이해를 위해 시작하기 위한 관점을 제공해 준다.

[그림 5.1] 뜻매김의 개념 지도(일반적인 사례)

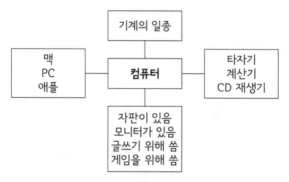

[그림 5.2] 뜻매김의 개념 지도 사례

5.3.2.3. 학습을 지원하기 위해 어휘가 넘쳐나는 교실수업 환경을 만들기 위한 접근법

교사들은 학생들이 쓴 글과 흥미로운 신문 기사와 잡지의 기사, 학생들의 주의집중을 사로잡을 누리그물로부터 나온 정보, 학교 도서관에서 새로 구입한 책의 표지들, 노랫말 등등을 교실의 (그리고 복도에 있는) 벽과 게시판에 두어 어휘가 넘쳐나는 환경을 만듦으로써 어휘 학습을 촉진할 수 있다. 어휘가 넘쳐나는 교실 환경을 만드는 또 다른 방법은 교실의 벽(혹은 소식란이나 게시판)에 핵심적인 읽을거리로부터 나온 핵심어와 구절들을 게시하는 것이다(개념 5.2 참조). 학생들에게

[개념 5.2] 낱말 벽 접근법

어휘력을 갖추도록 하기 위한 낱말 벽 접근은 학생들이 쉽게 참조하기 위해 교실의 벽에 핵심 낱말과 구절들을 보여 주는 일과 관련된다. 낱말들은 발화의 일부로, 주제 단위로, 이음말로, 속뜻으로, 흥미 있는 낱말들의 무리(예를 들면, 동의어와 반의어) 등등으로 짜일 수 있다. 낱말들이나 벽의 판자는 어휘 학습에 도움을 주기 위해 색깔로 표시할 수 있다. 그러나 (학생이나 교사에 의해서 선택된) 낱말들을 간단하게 제시하는 방법이 어휘 학습을 보장하지는 않는다. 핵심은 낱말 벽으로 돌아와 벽에 있는 낱말들을 의미 있게 활용하도록 하는 과제에 학생들을 몰입하게 하는 것이다.

는 낱말 벽을 중심으로 낱말의 기억에 도움을 받기 위하여 낱말을 이동시켜 의미 있는 낱말더미를 만들어보게 할 수 있다(예를 들면, 특정 교과 영역에 속하는 낱말들의 무리, 동의어와 반의어의 무리, 발화에서 같은 부분으로부터 나온 낱말들의 무리, 어족, 긍정적이거나 부정적인 속뜻을 지닌 낱말들의 무리, **이음말**(collocation)의 무리). 학생들로 하여금 낱말 벽에 있는 낱말들을 의미 있는 방식으로 사용하도록 하는 활동 예컨대 빠르게 쓰기, 가로세로 퍼즐, 순위 매기는 활동, 자발적인 말하기 과제, 대화와 역할극을 하도록 만들어볼 수 있다(Eyraud, Giles, Koenig and Stoller, 2000; Green, 2003 참조).

5.3.3. 이해 기술 연습을 위한 기회 만들기

어떤 덩잇글을 이해하는 능력은 읽기를 위한 주된 추동력의 기본 바탕이다. 그럼에도 불구하고 이는 단순한 과제가 아니다. 이해에는 기본적인 문법에 대한 적절한 지식, 덩잇글에 있는 중심 생각을 밝혀낼 수 있는 능력, 담화 구조에 대한 자각, 좀 더 어려운 덩잇글에 대한 전략적인 처리가 필요하다. 학생들이 자신들의 독해 능력을 계발하는 데 도와주는 일과 관련이 있는 독해 가르침은 특히 초급 수준과 중하 수준에서 어느 정도 관심을 기울여야 한다. 어떤 경우에는 핵심적인 문법 사항을 가르치거나 복습하는 일이 학생들이 읽고 있는 자료를 이해하는 데 뒷받침을 할 것이다. 그러나 대부분의 읽기 가르침은 제2 언어 초급 수준에 있는 학생들의 수준을 넘어서 이뤄지고 드넓은 문법적 관점을 지니는 것이 읽기 과정에 필요하지 않다. 분명히 읽기 과정은 문법의 교수요목을 포함하지 않는다. 동시에 좀 더 향상된 독해 능력을 위한 자원으로서 문법 지식을 무시하지 않는 것이 중요하다(Nation, 2009 참조). (학생들의 문법적인 자각 수립을 중심으로 하는 연구 거리에 대해서는 현장조사연구를 다루고 있는 8.3.3을 참조할 것.)

중심 생각 파악은 읽기 가르침의 핵심에 있어야 한다(개념 5.3 참조). 좀 더 일반적으로 말한다면 읽고 난 뒤 질문을 통해 이해를 가르치는 것이 아니라 이해를 **평가한다**(Anderson, 2009). 읽고 난 뒤 이해 질문은 만약 교사가 학생들에게 (a) 왜 그 질문이 적절한지 설명하게 하거나, (b) 덩잇글의 어느 지점이 그들의 답변을 뒷받침하는지 지적하게 하거나 혹은 (c) 어떻게 하면 덩잇글을 더 잘 이해할 수 있는가에 대한

[개념 5.3] 독해 대 중심 생각 파악[1]

용어 '독해'와 '중심 생각 파악'은 때로 동의어로 사용되고 이 책에서 저자들도 그렇게 한다. 그러나 전문적으로 독해가 더 폭이 넓은 용어이다. 독해는 세부 내용, 사실과 사례들에 대한 이해와 회상을 아우른다. 읽기 평가에서는 자주 세부 내용들과 상당히 사소한 사실들에 대한 질문들을 포함하여 독해를 측정한다. 게다가 독해에는 연결되는 많은 생각들이나 사실들에 대한 예측을 포함할 수 있는데 이들 가운데는 중심 생각이 있지만 비교적 지엽적이거나 사소하다. 어쨌든 독해에서 가장 중요한 측면은 중심 생각 파악이다.

토의에 참여하도록 한다면 읽고 난 뒤 파악 질문은 훌륭한 가르침의 기회를 제공할 수 있다. 중심 생각 파악은 학생들이 읽고 있는 덩잇글에 중심 생각을 확인하고 파악하며 덩잇글의 부분들에 걸쳐 정보가 연결되는 방법에 주목하고, 둘 또는 그 이상의 읽을거리 사이를 연결하고 덩잇글에 있는 생각과 학생들의 배경 지식에 있는 생각의 연결을 촉진하는 수업 관리 활동을 통해 효과적으로 전개될 수 있다. 중심 생각 파악에 집중된 수업 대화는 읽은 뒤 독해 질문으로 시작할 수 있지만 학생들이 애초의 반응을 따라 여러 학생이 끼어드는 더 발전된 다듬기로 나아가도록 이끌어 주어야 한다(Grabe, 2009).

중심 생각 파악은 어디에 중심 생각이 언급되고 있는지를 확인하기 위하여 그리고 중심 생각이 언급되고 있는 부분을 확인하는 데 도움이 되는 어휘 신호를 확인하기 위하여 덩잇글을 분명하게 살펴봄으로써 전개될 수 있다. 그들이 읽은 내용이나 더 긴 덩잇글의 몇 부분을 요약하게 하는 일도 중심 생각을 확인하며 이들 생각을 (입말이나 글말로) 분명하게 표현하게 하고 중심 생각과 뒷받침 정보들 사이의 연결을 하는 연습을 제공한다. 요약하기에서 학생들을 도와주기 위하여, 만약 학생들이 그 과제에 대한 경험이 없다면, 교사들은 덩잇글을 살펴보는 동안 부분적으로 완성된 요약글(이나 개요)을 학생들로 하여금 채워 넣게 함으로써 시작할 수 있다. 끝으로 중심 생각 파악은 특히 구성 얼개 그림(graphic organizers)[2]의 활용을 통해 담화 구조에 대한 자각을 강조하는 가르침으로부터 중심 생각을 파악하는 능력이 발달한다. (학생들의 담화 구성에 대한 자각을 끌어올리는 신호 낱말들[3]과 구성

---

1) 저자들의 의도를 정확하게는 모르겠지만, understanding과 comprehension이 서로 넘나들면서 쓰이고 있다. comprehension의 어원을 참고하면, 앞의 understanding은 이해로, comprehension은 파악으로 뒤치는 것이 올바를 듯한데, 이들은 뚜렷이 구별되지는 않는다.
2) 국어교육에서는 도해 조직자로 옮기고 있으나, 이 용어만으로 무엇을 의미하는지 분명하지 않다. 그리고 굳이 도해 조직자라는 용어를 써야 한다면 이는 쓰기를 할 경우에만 그런 식의 용어를 쓸 수 있을 듯하다. 국어교육에 이 개념을 적용한 이른 시기의 논의는 천경록(1995), 「독해 조직자 지도가 독해에 미치는 영향」, 『국어교육』 89, 199~218쪽이 있다.

얼개 그림을 중심으로 하는 연구거리에 대해서는 현장 조사를 다루고 있는 8.2.1~8.2.3을 참조할 것.)

많은 다른 기법들이 중심 생각 파악을 촉진하기 위해 활용될 수 있다. 예컨대 필자에게 질문하기(QtA: Question to Author) 기법은 이런 목적을 위해서 효과적인 것으로 밝혀졌다. 그 방법이 덩잇글 파악과 파악을 점검하는 접근법일 뿐만 아니라 다른 무엇보다도 저자의 목적에 대한 가정으로 이어지며 저자의 편향을 확인하고 덩잇글의 의의에 대한 탐구로 이어진다. (표 8.4와 특히 현장조사연구거리를 다루고 있는 8.3.1은 좀 더 일반적으로 QtA 기법에 대한 세부 내용을 다룬다.)

어떤 덩잇글에 대하여 일관되게 잘 짜인 교사-학급 대화와 학생 모둠의 대화는 중심 생각을 파악을 촉진한다. (그와 같은 대화를 안내하기 위해 제안된 질문들과 세부 내용들은 표 8.5와 현장조사연구거리를 다루고 있는 8.3.2를 참조할 것.) 아래에서 저자들은 중심 생각을 파악하는 가르침에 접근하는 두 가지 방법, 즉 다듬어진 질문법과 이해 점검을 통한 방법(이해 점검법)에 대한 세부 내용을 제공한다.

5.3.3.1. 다듬어진 질문법

다듬어진 질문법(예를 들면, Ozgungor and Guthrie(2004), Pressley(2006) 참조)은 중심 생각 파악하기에 접근하는 방법으로서 그 이름이 암시하는 것보다 '부드럽다.' 그것은 학생들로 하여금 덩잇글로 되돌아가서 다시 읽고 그 다음에 자신들의 답변을 설명해야 하는, 왜가 뒤따르는 질문에 초점을 맞춘, 파악하기 질문의 한 갈래이다. 잘 되었을 때 학생들의 응답은 학급 토의를 불러일으키고 학생들은 자신의 답을 지키는 학습을 하고 답을 결정하기 위해 사용한 전략들을 설명하게 된다. 왜

---

3) 덩잇글의 구성 얼개를 보여 주는 말들로 담화 교육에서는 담화 표지(discourse marker)라는 용어가 일반적으로 쓰인다.

질문은 덩잇글 회상, 추론과 의미연결하기에 더하여 중심 생각의 탐구로 이어질 수 있다. 다듬어진 질문법이 제대로 되기 위해서는 학생들에게 애초에 교사의 지도와 많은 연습이 필요하다.

5.3.3.2. 이해 점검법

학생들이 자신의 이해를 점검하는 일은 때로 중심 생각 파악하기를 나아지게 하는 주요 읽기 전략과 동일시된다(Grabe, 2009). 이해 점검하기는 중심 생각의 인지와 어떤 덩잇글을 읽는 동안 경험하는 어려움을 확인하는 것 이상이다. 이해 점검하기에서 중심적인 역할을 하는 것으로 밝혀진 전략들은 표 5.5에 늘어놓았다. 교사들은 이들 전략들에 대하여 시범을 보이고, 그것들에 대해 토의하며 그것들의 활용과 토의를 안내함으로써 독해력 향상을 지원할 수 있다(언제 그것을 활용하며 무엇이 활용을 촉진하도록 하였는지, 어떤 목적에 이바지하는지, 어떻게 도움을 주는지 등등).

<표 5.5> 이해 점검하기 전략(Grabe, 2009)
이해를 위해 점검을 할 때 독자는
1. 읽는 이유가 있으며 그것을 자각하고
2. 덩잇글 구조를 인지하며
3. 중요한 정보와 중심 생각에 관련되는 정보를 확인하며
4. 덩잇글과 배경 지식을 관련지으며
5. 읽기 목표와 덩잇글의 적합성을 인지하고
6. 읽기에서 어려움을 인지하고 주의를 기울이며
7. 신중하게 읽고
8. 자신에게 맞게 다시 읽으며
9. 오해한 내용을 분명하게 밝힌다.

> 덩잇글 구조에 대한 직접적인 가르침은 제2 언어 독자들의 읽기 회상을 도와줄 수 있다.
>
> ▶▶▶Hudson, 2007: 294

5.3.4. 덩잇글 구조에 대한 자각 세우기

학생들로 하여금 덩잇글 구조에 대해 더 잘 자각하도록 가르치는 일이 읽기 가르침과 교육과정 설계에서 또 다른 중요한 측면이다. 덩잇글 구성과 담화에서 신호 표지들에 대한 지식을 어느 정도 갖고 있는 교사는 덩잇글 구조와 담화 구조에 대하여 학생들이 지식을 쌓는 데 도움을 줄 수 있다. 이는 결과적으로 학생들이 더 나은 독자가 되도록 하는 데 도움을 줄 것이다. 몇 십 년 전에 보고되었고 오늘날에도 계속해서 인용되고 있는 증거(Carrell, 1985)는 덩잇글 구조에 대한 명시적인 연습이 학습자들로 하여금 설명문의 구조(예를 들면 비교, 문제-해결, 인과)를 인지하고 활용하도록 한다는 것을 암시한다. 그와 같은 가르침의 효과는 가르침이 있는 몇 주 뒤에도 남아 있었다.

덩잇글 구성에 대한 자각, 즉 덩잇글 구조에 대한 자각(개념 5.4 참조)은 또한 덩잇글에서 중심 생각의 결정에 대한 전략적인 접근 방법을 제공해 준다. (독자가 아니라) 필자의 목적은 기본적인 담화 구성에 대해 결정을 내린다. 말하자면 필자가 제공하는 특정의 정보는 어떻게 덩잇글이 구성되는가에 중요하게 영향을 미치는 것이다. 위에서 지적한 것과 같은 구성 방식의 유형은 어떤 식으로든 덩잇글 정부의 얼개를 이룬다. 학생들이 덩잇글 구성 방식의 유형을 자각하기 시작할 때 중심 생각을 확인하기가 더 쉽다.4) (특정의 단락이든, 어떤 부분이든 아

---

4) 학습자들이 다른 덩잇글을 활용하여 글을 쓸 때나 덩잇글을 요약할 때, 학습자들은

[개념 5.4] 덩잇글 구성에 대한 자각

훌륭한 독자들은 덩잇글 특징과 언어 특징을 자각하고 잘 활용한다. 훌륭한 독자들은 정보가 구성되는 방식들과 이 구성의 실마리를 제공해 주는 신호에 맞추어 나간다. 그들은 이 정보(예를 들면, 수사적인 방법[수사법—뒤친이]의 유형, 전환 구절, 표제, 단락 나누기, 주제 전환 등등)를 읽고 이해하기를 완수하기 위해 활용하는 것이다. 실제로 독해가 독자의 덩잇글 구조에 대한 자각에 달려 있다는 것은 잘 인정되고 있다. 그럼에도 불구하고, 소수의 읽기 교육과정에서만 가르침이 지속되어야 하는 자질들로 덩잇글 구조에 대한 자각에 초점을 맞춘다.

니면 전체 덩잇글이든) 덩잇글 정보가 어떻게 구성되어 있는가에 대한 수업에서 토의는 중심 생각과 뒷받침 정보 사이의 연결을 울력5)으로 구성할 수 있도록 해 준다.

배워야 하는 다른 갈래의 지식과 기술과 마찬가지로 덩잇글 구조 가르침을 위한 핵심적인 원칙들이 있다. 먼저 그리고 최우선적으로 이런 갈래의 가르침은 일관되고 지속되어야 한다는 것이다. 두 번째로 모든 덩잇글에서 덩잇글 구조가 널리 퍼져 있음을 학생들이 알아

제시된 덩잇글의 짜임을 그대로 따르는 경우가 많다. 이에 대한 자세한 논의는 허선익 (2007), 「설명문 쓰기에서 다른 덩잇글 활용 양상」(『배달말』 41)과, 허선익(2010), 「논설문 요약글의 산출 과정에 관련된 변인 분석」(경상대 박사논문)을 참조할 수 있다.

5) 고유어 용어에 대한 거부감이 국어교육학계에 없지 않아 있는 듯하다. 요약글보다 요약문을 더 선호하여 용어가 낯설다는 지적을 받은 적이 있다. 입말과 글말에 대하여 구어와 문어가 더 적절하다는 지적도 있었다. 가령 입말이라는 용어에는 말소리만 간여하고, 구어라는 용어에는 언어 사용에 관련되는 여러 요소들이 간여한다는 느낌이 든다고 지적을 한다. 말하자면 입말이라는 고유어로는 의사소통의 복잡한 측면들을 붙들지 못한다는 것이다. 말이라는 고유어가 나날의 삶에서 의사소통의 다양한 측면들을 싸안도록 너무나 자연스럽게 쓰이고 있는 현실을 고려하면 올바른 지적이라고 생각하지 않는다. 고유어 용어를 늘 써 버릇하지 않으며, 고유로 학문을 하려는 태도의 차이가 있다는 생각을 한다. 우리말을 갈고 다듬는 노력을 하고 그런 노력의 필요성을 주장하는 사람들의 목소리(가령 이오덕 선생님이나 김수업 선생님 같은 분)가 요즘에는 많이 줄어들고 있다. 안타까운 일이다.

차리도록 다른 목적으로 이미 읽은 덩잇글을 교사가 활용하여야 한 다. 그리고 학생들에게는 담화 구조의 시범을 보여 주기 위해 '특별한 덩잇글'을 제공해서는 안 된다. 끝으로 학생들은 덩잇글이 어떻게 짜 여 있으며 어떻게 덩잇글 구조가 알려지는가에 대한 토의에 능동적인 참여자가 될 수 있는 기회를 풍부하게 제공해야 한다(Grabe, 2009; Jiang and Grabe, 2009).

학생들의 덩잇글 구조에 대한 자각을 끌어올리는 가르침은 종종 구 성 얼개 그림이 활용되기도 한다(Jiang and Grabe, 2007/2009 참조. 또한 현장 연구에서 연구거리의 자세한 내용에 대해서는 8.2.1과 8.2.2, 그림 8.4 참조). 읽기 교육과정으로 쉽게 통합될 수 있는, 덩잇글 구조 탐색에 대한 일반적인 과제는 다음 절에서 설명한다.

5.3.4.1. 읽기 단원의 읽기 전 단계에서 덩잇글 구조에 대한 자각 확립하기

학생들은 어떤 단원의 읽기 전 단계 동안에 담화 구성과 덩잇글 구조 에 대한 자각을 발전시켜 나갈 수 있다. 그 시간에 교사들은 학생들이 덩잇글에서 표제와 부제를 검토하고 각 절마다 무엇에 대한 것인지 가정하는 일을 안내할 수 있다. 그 활동의 목표는 물론 학생들 스스로 시간이 흐름에 따라 이들 단계를 아무런 가르침 없이 그렇게 하도록 하는 것이다. 학생들에게는 덩잇글에서 미리 선택된 앞부분을 미리 보고, 덩잇글 구조를 안내하는 핵심어들을 강조하게 할 수 있다. 이와 비슷하게 학생들에게 특정의 미리 정해진 단락들을 검토하고 이들이 덩잇글에서 어떤 기능을 하는지(예를 들면, 반론을 제기하는지 아니면 해 결책을 제안하는지 혹은 예시 사례를 끌어들이는지 혹은 정교한 뜻매김을 제공하는지) 결정하게 할 수 있다. 어떤 덩잇글이 이와 같은 활동에 적합할 때, 이들 활동은 담화에 대한 학생들의 자각을 끌어올릴 뿐만 아니라 훌륭한 독자들의 자율적인 활동들을 강화한다.

5.3.4.2. 읽기 단원의 읽는 중 단계에서 덩잇글 구조에 대한 자각 확립하기

교사들은 또한 덩잇글 구조와 담화 구조에 대한 학생들의 자각을 읽는 중 단계에서 끌어올릴 수 있다. 교재들은 때로 읽는 중 활동을 포함하고 있지 않으므로, 교사들은 덩잇글 구성의 특징들에 대하여 학생들에게 의식적인 주의집중을 하도록 이끌어 주기 위하여 그와 같은 활동을 만들어 볼 수 있다. 읽고 있는 덩잇글의 특징에 달려 있지만 교사들은 다음의 읽는 중 활동을 학생들에게 하도록 할 수 있다.

1. 덩잇글의 중심 단위를 드러내는 덩잇글의 개요를 완성할 것(하나 또는 그 이상의 요점인데 이는 덩잇글의 길이와 특징에 달려 있음). 읽고 난 뒤에 하는 토의의 일부로 학생들은 독립적인 단위로서 개별 단위들을 확인 가능하도록 해 주는 것이 무엇인지 설명할 수 있다.
2. 표와 분포 그림(chart), 간단히 나타낸 그림(graph), 연표나 벤다이어그램을 채워 넣을 것. 읽고 난 뒤 토의의 일부분으로 그리고 완성된 그림들을 공유하는 활동의 일부로 학생들은 그림에서 어떤 정보가 차지하는 위치가 어떻게 알려지고 그래서 그림에 어떻게 들어맞는지 설명할 수 있다.
3. 중요한 구성 방식 유형을 나타내는 실마리에 금을 그을 것(예를 들면 원인과 결과, 비교와 대조, 문제와 해결 등)
4. 새로운 부분을 나타내는 신호 낱말과 전환 구절을 강조할 것. 읽고 난 뒤 토의 활동의 일부로 학생들은 구절과 낱말들이 알려 주는 것이 무엇이라고 생각하는지 기술해 볼 수 있다.
5. 가장자리에 각 단락(혹은 단락들의 묶음)의 중심 생각을 담은 간단한 이름을 부여할 것. 읽고 난 뒤 토의 활동의 일부로 학생들은 가장자리에 적은 내용을 비교하고 각 단락 혹은 단락들의 묶음이 지니는 기능을 탐구해 볼 수 있다.

5.3.4.3. 단원의 읽고 난 뒤 단계에서 덩잇글에 대한 자각 확립하기

위에서 주장하였듯이 덩잇글 구조에 대한 자각은 다시 읽기 과제와 읽고 난 뒤의 토의 활동에서 더 발전될 수 있다. 위에서 지적한 대부분의 읽는 도중 활동들이 읽고 난 뒤 과제로 변환될 수 있다. 학생들에게 두 개의 칼럼에 걸쳐 중심 생각과 뒷받침 정보를 찾아내도록 다시 읽게 할 수 있다. 또한 효과적인 것은 뒤섞인 단락이나 문장들을 학생들이 덩잇글로 다시 얽어 짜는 동안 요약글이나 안내하는 질문에 답을 하도록 하는 과제이다. 학생들에게는 어울리지 않는 문장이나 단락이 포함된, 교사가 쓴 요약글을 주고 부적절한 부분을 제거하라고 할 수 있는데 왜 버려진 부분이 포함되지 않는지 그 이유를 탐구하는 학급 전체의 토의가 뒤따를 수 있다.

5.3.5. 전략적인 독자가 되도록 계발하기와 전략적인 읽기 촉진하기

훌륭한 독자들이 세밀한 이해를 위해 읽을 때, 상위 인지적 자각을 드높인 수준에서 이들 목표를 이루기 위해 일반적으로 여러 전략들을 채택한다(표 5.6). 표 5.6에서 늘어놓은 것과 같은 전략들은 종종 이해에 이르기 위하여 서로를 뒷받침하도록 연합하여 적용된다. (1장에 있는 개념 1.2와 읽기 전략들의 다른 목록에 대한 그림 8.2를 참조할 것.) 훌륭한 독자들 사이에서 이들 전략들은 상당할 정도의 의식적인 사고 없이도 처음부터 적용된다. 전략들의 초기 묶음들이 성공적인 이해에 이르지 못할 때에만 훨씬 더 많은 의식적인 문제 해결을 위한 주의집중이 활성화된다.

제2 언어 읽기 교재는 종종 읽기 전략들을 소개하지만 목적에 맞는 조합으로 소개되거나 의미 있는 읽기 목적을 이루기 위해 소개되는 경우는 드물다. '전략적인 독자'가 되는 연습에 초점을 맞춘 읽기 교육과정은 개별적인 전략 가르침과는 달리 제2 언어 독자들에게 가장 많

<表 5.6> 세밀한 이해를 위해 읽는 도중 훌륭한 독자들이 채택하는 전략들
(Pressley, 2002: 294~296)

훌륭한 독자들은

1. 읽기 전에 목표를 계획하고 정함
2. 읽기 전에 예측을 함
3. 목표에 따라 선택적으로 읽음
4. 자신에게 맞추어 읽음
5. 자신들의 읽기를 지속적으로 점검함
6. 중요한 정보를 확인함
7. 추론과 앞선 지식을 통하여 덩잇글에서 있을 수 있는 틈을 메우려고 시도함
8. 읽기를 계속하기 위해 모르는 낱말에 대해 추측함
9. 이해를 끌어내기 위해 덩잇글의 구조 정보를 활용함
10. 덩잇글의 다른 부분으로부터 생각을 통합하려고 시도함
11. 읽는 동안에 덩잇글을 해석함
12. 중심 생각을 중심으로 요약함
13. 덩잇글과 저자를 평가하고, 덩잇글에 대한 감을 잡음
14. 어려움을 해결하고 시도함
15. 덩잇글에 있는 정보를 되살핌

은 혜택을 줄 가능성이 높다.

전략적인 읽기를 위한 가르침에는 일정하게 중요한 단계들이 있다. 먼저 교사들은 전략을 소개하고 그것을 언제, 왜, 어떻게 사용하는가에 대해 언급하여야 한다. 그 다음에 그 전략들은 수업에 쉽게 참고할 수 있도록 볼 수 있는 목록에 더해 놓아야 한다(그림 8.3 참조). 전략을 소개하고 난 뒤에 그것을 연습을 해야 하고 학급 전체의 토의가 이뤄지면서 강좌 진행 동안에 여러 차례 다시 찾아보아야 한다. 두 번째로 교사들은 학급에 생각을 소리 내면서 읽어 주는 동안 학생들이 사용하는 전략들을 목격하도록 전략들의 결합을 시범으로 보여 줄 필요가 있다. 시간이 지나면서 학생들은 그들이 사용하고 있는 전략들을 언어로 표현하도록 북돋워 주어야 하며 그 다음에 덩잇글을 이해하는 방법으로 논의되어야 한다. (읽기 전략에 대한 교사의 시범보이기에 대한 더 많은 내용은 현장 연구를 위한 연구거리를 다루는 8.1.3을 참조할 것.) 세

번째로 교사들은 이해를 점검하기 위한 방법을 늘여 주어야 한다. 학생들을 위한 선택내용은 덩잇글을 이해하고 있는지 읽기를 위한 자신들의 목표를 다시 생각하는지, 어떤 시점에서는 덩잇글의 중심 생각이 무엇인지 정하였는지 물어보는 것도 포함된다.

전략적인 읽기 능력을 계발하는 목표는 (a) 더 나은 이해를 위해 여러 전략들을 결합하여 활용하는 것과 (b) 연습과 교사의 강화를 통하여 좀 더 자동적일 수 있도록 덩잇글에 대한 전략적인 대응에 익숙해지는 것을 포함한다. 학생들이 좀 더 전략적인 독자가 되도록 가르치는 일은 이해 가르침에서 핵심이며 더 많은 교육적인 주의를 기울일 만한 가치가 있다(Pressley, 2006 참조). 읽기 교육과정으로 읽기 전략을 통합하는 추가적인 접근은 다음 절에서 기술한다.

5.3.5.1. 유도된 읽기-생각하기 활동

유도된 읽기-생각하기 활동(DR-TA: directed reading-thinking activity)으로 학생들은 덩잇글 전체를 통해 교사가 정한 일정한 멈춤 지점에서 덩잇글과 배경 지식을 관련짓고 읽기를 위한 목표를 결정하고 일련의 예측에 관련되는 과제에 몰입한다. 예측 단계들은 이 접근 방법에서 핵심적이다. 점검하기 전략과 덩잇글 평가 능력, 중심 생각 파악 능력을 계발하는 것은 예측 연습과 교실수업과 이에 수반되는 교실수업 토의이다(Blachowicz and Ogle, 2008; Kern, 2000). 다음 부분으로 넘어가기 가기 전에 예측 주기에서는 학생들에게 덩잇글 정보를 활용하여 (a) 그들이 다음에 올 것이 무엇인지에 대한 예측하기, (b) 자신들의 예측을 입증하거나 반증하기 위해 읽기, (c) 예측한 내용에 대해 토의하고 다시 명확하게 표현하게 한다. 일반적으로 물어보는 질문들은 다음을 포함한다.

1. 예측하는 것이 일어날 것인가?
2. 이와 같은 예측을 한 이유는 무엇인가?
3. 이제는 어떻게 생각하는가? 예측한 내용은 어떻게 되는가?
4. 마음을 어떻게 바꾸었는가?
5. 예측을 뒷받침하거나 맞서는 정보를 덩잇글에서 찾을 수 있는가?
6. 예측을 고치고자 하는가?
7. 왜 예측한 내용을 고치고자 하는가? 어떤 실마리를 필자가 던져 주었는가?
8. 다음에 어떤 일이 일어날 것이라고 생각하는가?

덩잇글 전체를 통하여 나아가면서 자신들의 예측 내용을 조정하는데 학생들이 어려움을 겪을 때(그들이 훌륭한 추론을 할 수 없거나 덩잇글의 부분을 잘 연결할 수 없을 가능성이 높기 때문에) 교사는 학생들에게 자신의 예측을 평가하는 평가 정보를 제공해 줄, 덩잇글에 나타난 정보를 찾아보도록 덩잇글의 특정 부분을 다시 읽도록 할 수 있다.

성공적인 DR-TA를 위한 핵심 가운데 하나는 쉼과 쉼 사이에 필요한 경우에 학생들이 한 예측을 다시 살펴보고, 평가하며 조정하면서, 읽는 기간 동안 얼마나 많은 덩잇글 읽게 할 것인가에 대한 교사의 결정과 연결되어 있다. 교사들은 '개연성이 높은 예측을 점검할 정보는 충분히 있으며, 이뤄져야 하는 더 발전된 예측을 위한 새로운 정보도 충분하다.'는 것을 분명하게 해둘 필요가 있다(Blachowicz and Ogle, 2008: 140). 성공적인 DR-TA의 수행에 핵심적인 요소는 전체 학급이 그 과제에 능동적으로 몰입할 경우에만 현실적이라는 것을 깨닫는 것이다. 이것이 의미하는 것은 어느 누구도 읽을거리를 미리 읽어서는 안 된다는 것이다. 지면의 끝에서 혹은 잘 마무리된 부분의 끝에서 멈추는 것이 학생들이 앞으로 읽고자 하는 유혹을 줄여 줄 것이다.

DR-TA 접근법은 교사로 하여금 학생들이 훌륭한 독자들이 하는 것, 즉 예측하고, 예상하며 이야기가 전개됨에 따라 자신들의 생각을 확정하거나 조정하는 것과 같이하도록 안내할 기회를 제공한다.

▶▶▶Blachowicz and Ogle, 2008: 144

5.3.5.2. KWHL 도표

간단한 KWHL도표(그림 5.3)는 읽기로부터 학생들이 무엇을 배웠는가를 발견하게 함으로써 학생들로 하여금 읽기에 동기를 부여하고 전략적인 읽기를 장려하는 도구로 일반적으로 활용된다. 이 접근법은 배경 지식 활성화, 목표 설정, 계획하기, 핵심적인 내용에 대한 점검하기, 덩잇글 정보 평가하기, 읽기 목표와 학습의 결과를 연결하기를 결합한다. 단원의 읽기 전 활동의 일부로 KWHL을 칠판에 적어둠으로써 교사들은 학생들이 읽을 주제에 대해서 무엇을 아는지(K), 그 주제에 대해서 무엇을 알고자 하는지(W), 그리고 어떻게(H) 자신들의 목표를 달성할 것인지 물어본다. 읽기의 방법에 대한 토의를 하는 동안 교사와 학생들은 목적에 따라 읽기 전략을 검토해 볼 수 있다. 단원의 읽는 중 활동을 하는 동안 학생들은 그렇게 하려고 언급하였던 전략을 활용하여 그들이 배우고자 하는 정보를 찾을 수 있다. 단원의 읽고 난 뒤 활동의 막바지에 학급에서 KWHL 도표를 다시 살펴보고 그들이 무엇을 배웠는지(L) 그리고 어떤 전략들(H 세로줄에 늘어놓았음)이

K	W	H	L

[그림 5.3] KWHL 도표

(K=앎, W=알고자 함, H=배우는 방법, L=배운 것)

가장 효과적인지 보고하는 활동을 해 볼 수 있다. 학생들은 또한 이해를 강화하고 장기 기억에서 유지를 강화하기 위해 새롭게 배운 정보(L 세로줄에 늘어놓았음)와 이미 알고 있는 정보(K 세로줄에 늘어놓았음)를 연결해 볼 수도 있다.

5.3.5.3. 어떤 덩잇글에서 도전적인 부분의 확인

자신들의 제2 언어에서 더 발전적인 학습을 하고자 하는 학생들은 정기적으로 도전적인 덩잇글6)이나 덩잇글에서 도전적인 부분을 마주칠 가능성이 높다. 학업에서 성공에 이르는 열쇠는 어려운 덩잇글을 어떻게 이해할 것인가를 배우는 일이다. 교사들은 학생들에게 도전적인 덩잇글 부분을 찾아내도록 하고 그 다음에 어려움의 원천을 찾아내고 그런 도전거리를 해결하는 전략들을 찾아보도록 그들을 안내한다(그림 9.5 참조). 어려운 부분을 건너뛰는 대신에 그리고 학생들이 이해한 것에 초점을 맞추는 대신에, 다른 읽기 맥락으로 옮겨갈 수 있는 전략들을 통달하게 하기 위하여 덩잇글의 이해에 대한 토의의 과정에서 수업의 일부로 어려운 덩잇글을 처리함으로써 학생들은 혜택을 입는다.

5.3.6. 학생들의 읽기 유창성 확립하기

빠르고, 정확하며 운율적으로 알맞은 읽기인 유창한 읽기는 대부분의 제2 언어 교육과정에서 종종 무시된다. 실제로 유창성 활동들은 대부분의 제2 언어 읽기교육과정에서 거의 연습을 하고 있지 않으며 대부

---

6) 자기 자신의 배경 지식의 범위를 벗어나거나, 어려운 어휘가 포함된 글을 가리킨다. 학생들이 전략에 따른 읽기 연습을 할 때는 좀 더 쉽게 받아들일 수 있는 덩잇글을 제시하는 것이 좋다. 그러나 일정 수준에 이르면 조금 더 어려운 덩잇글을 제시하는 것이 좋다. 이는 읽기 과제를 제시하는 경우에도 마찬가지이다. 덩잇글과 과제에 대한 이러한 고려한 사항은 수준이 여러 층위인 우리나라 교실의 형편을 고려할 때 더욱 필요하다.

[인용 5.5] 읽기 유창성 발달

유창성 발달은 강좌에서 종종 무시되는데 부분적으로는 교사와 학습자들이 언제나 무엇인가 새로운 것을 배워야 한다고 느끼기 때문이다. 유창성 발달은 이미 알고 있는 것을 최대한 활용하는 일과 관련이 있다.

▶▶▶Nation, 2008: 2

분의 제2 언어 읽기 교재에서 최소화되어 있다.[7] 그러나 지난 십년 동안에 읽기 조사연구에서 예증하였듯이, 읽기 유창성 발달은 효율적이고 성공적인 읽기 가르침의 본질적인 구성요소이다(Grabe, 2009; Schwanenflugel and Ruston, 2008). 유창성 연습이 읽기 교육과정의 핵심적인 구성요소로 통합된다면 학생들은 독해에서 중요한 발전을 할 것이다.

낱말과 구절 읽기 유창성을 확립하는 데에는 읽기교육과정에서 확대된 수행을 필요로 한다. 읽기 유창성은 한두 달의 연습으로 확립될 수 없다. 학생들에게 왜 유창성에 대해 공부를 하는지 설명하고 유창성, 속도, 인지 활동 등을 납득시켜야 한다. 학생들이 유창성 발달의 필요성을 받아들일 때 일반적으로 유창성 활동을 즐기며 그것들을 고대한다. 낱말 인지 유창성 발달은 반복과 순간적인 파악 연습용 카드로 하는, 시간 안에 마치는 연습, (이미 소개된 낱말로 이뤄진) 시간이 정해진 낱말 목록 읽기를 통해 수행될 수 있다. 학생들은 또한 낱말 인지 유창성을 덩잇글 다시 읽기 연습, 교사가 소리 내어 읽을 때 따라 읽기,

---

7) Chall(1996), *Stage of Reading Development*(Harcourt Brace College Publisher)의 읽기 발달 단계에 따르면 2단계(7~8세, 초등학교 2, 3학년)에서 음독과 묵독이 동시에 이루어지며 3단계(초등학교 고학년)에 이르면 소리 내어 읽기보다 묵독이 효과적이다. 더 나아가 Chall은 14세 정도에 이르면 소리로 듣는 것보다는 읽는 것이 정보 처리가 더 빠르다고 지적하였다. 우리나라의 논의로는 천경록(1999), 「읽기의 개념과 읽기 능력의 발달 단계」(『청람어문학』 21)와 이성영(2008), 「읽기 발달 단계에 대한 연구」(『국어교육』 127)를 참조할 수 있다. 이 책에서 유창성(막힘없이 읽기)을 고려하는 것은 제2 언어로 읽기를 고려하기 때문이다. 5.3.6에서 제시하고 있는 여러 가지 소리 내어 읽기 방법도 유창성을 기르기 위한 방법들로 이해가 된다.

널리 읽기 활동에 참여하기를 통해서 나아질 수 있다. 단락 수준의 유창성은 묵독이든 낭독이든 덩잇글 다시 읽기에서 지속적인 연습으로 나아질 수 있다. 단락 유창성은 널리 읽기, 새로운 과제를 위해 이전에 읽었던 덩잇글 다시 활용하기, **시간이 정해진 읽기**(timed reading), **보조를 맞춘 읽기**(paced reading) 활동8)을 통해 향상될 수 있다. 읽기 속도내기 활동, 입말 도움을 받은 읽기9), 역할극 수행 읽기(표 7.2)를 포함하는 다른 활동들은 유창성 발달을 위해 부가적인 기회를 제공해 준다. 이들 유창성 확립을 위한 활동들의 세부적인 내용들은 다음이 포함된다.

5.3.6.1. 되풀이해서 읽기

영어가 제1 언어인 환경에서 되풀이해서 읽기는 읽기교육과정의 중요한 부분이 되고 있다. 그리고 되풀이해서 읽기 연습을 제공하기 위해 많은 선택내용들이 있다(Rasinski, 2003; Rasinski, Blachowicz and Lems, 2006). 되풀이해서 읽기는 도움을 줄 수도 있고 그렇지 않을 수도 있다. 도움을 받지 않은 되풀이해서 읽기는 (집에서든 학교에서든) 정해진 읽기 속도에 이르기 전까지 학생이 짧은 단락을 혼자서 소리 내어 읽는 활동이다. 도움을 받아 되풀이해서 읽기는 (여러 가지 변이 형태 가운데) 녹음 자료에 따라 어떤 단락을 묵독하거나, 소리 내어 읽거나, 교사나 조교를 따라 어떤 단락 읽기, 먼저 어떤 단락을 듣고 그 다음에 따라 읽는 방법이다. 다음에 늘어놓은 아홉 가지는 반복적인 읽기를 교사들이 시작하는 데 도움을 줄 수 있다.

---

8) 이 읽기 활동은 여러 가지 방법으로 이뤄질 수 있는데, 딱히 정해진 속도가 없다는 의미로 이해할 수 있다.

9) 이 활동은 학생이 읽을 때 어려운 낱말을 읽지 못하거나 잘못 읽을 때 교사 혹은 짝을 이룬 또래가 읽어 주거나 고쳐 주면서 읽어 나가는 활동을 가리킨다.

1. 교사는 단락들이 70에서 200 낱말이 되도록 유지해야 한다.
2. 교사는 다시 읽기 연습을 위한 교재로 학생들이 이미 읽었거나 들었던 덩잇글을 배당해야 한다.
3. 교사는 주기마다 같은 단락을 서너 차례 읽기로 제한을 해야 한다.
4. 발음이 나빠서 다른 낱말이 될 수 있을 정도가 아니라면 되풀이해서 읽기에서 핵심적인 문제로 고려해서는 안 된다.
5. 학생들은 적절할 정도로 정확하며, 또렷하게 발음하려는 노력을 하면서 읽어야 한다.
6. 학생들은 시간을 정해놓고 전체 단락을 읽거나 혹은 정해진 시간(60, 90 혹은 120초)에 읽을 수 있다.
7. 학생들은 읽기 짝과 함께 읽을 수 있는데 한 명은 읽고 다른 한 명은 듣는다(그리고 필요한 경우 도와준다).
8. 학생이 나아진 속도로 읽을 때나 단일의 단락에서 어떤 줄에서 세 배 정도 빨라진다면 다른 덩잇글로 옮겨가야 한다.
9. 학생들은 자신들의 나아진 정도를 도표로 나타내야 한다.

5.3.6.2. 다시 읽기

낯익은 덩잇글을 다시 읽기는 것이 읽기 유창성을 확립하는 최선의 길임을 보여 준다는 사실에도 불구하고 학생들에게 덩잇글을 다시 읽으라고 하지 않는다. 교재의 어떤 한 장을 끝내자마자 교사는 학생들에게 한 번 더 그 덩잇글을 읽어야 하는 새로운 이유를 제시하는 대신에 일반적으로 학생들에게 다음 장으로 넘어가도록 지시한다. 그리고 목적에 맞춘 다시 읽기 과제로 이어지는 여러 갈래의 과제들이 많음에도 불구하고 단원의 중간 부분에 있을 때조차 덩잇글로 학생들이 돌아가야 하는 이유를 제시하지 않는다. 어떤 덩잇글에 대하여 각각의 다시 읽기는 추가적인 유창성 연습뿐만 아니라 어휘 재사용의 기회를 준다. 학생들에게 다음에 늘어놓은 목적들을 포함하여 다양하게 잘 매김이 된 목적으로 다시 읽어보도록 할 수 있다.

- 중심 생각을 확인함(골라 읽기)
- 세부 내용의 위치를 확인함(훑어보기)
- 요약이나 종합을 위한 과제를 준비함
- 행간을 읽기(추론하기)
- 덩잇글 구성을 반영하는 구성 얼개 그림 채워 넣기
- 덩잇글 정보의 활용을 요구하는 후속 활동을 준비하기(예를 들면 라디오 뉴스, 에세이, 토론, 연극)
- 이해 질문에 대한 답변을 확인함.
- 필자의 자세, 편향, 입장을 결정함(그리고 가능하다면 필자의 입장과 다른 입장을 취함)
- 덩잇글 구조와 중심 생각을 보여 주는 신호의 위치를 찾음
- 필자의 정보 자원과 일치하거나 일치하지 않는 점 찾기(예를 들면 덩잇글 이나, 교사의 소형 강의, 비디오, 현장 학습)
- 이전에 마주친 정보와 정보를 연결하기
- 덩잇글의 오직 한 부분만을 읽기를 원하는 짜기 활동 뒤에 전체 덩잇글 읽기

5.3.6.3. 짝을 이뤄 낭독하기

입말로 짝지은 읽기(paired reading)는 일반적으로 제1 언어 환경에서 유창성 확립을 위해서 활용되지만 제2 언어 교실수업에서는 거의 활용되지 않는데 대체로 교사들의 관심이 학생들의 발음과 소리 내어 읽을 수 있는 능력에 관심을 갖기 때문이다. 위에서 기술한 되풀이해서 읽기 과제와 마찬가지로 학생들에게는 낯이 익은 어떤 덩잇글을 짝과 공부를 하도록 한다. 이런 식으로 학생들은 의미와 낯선 낱말에 초점을 맞추는 대신에 각각의 차례마다 좀 더 빨리 읽기에 집중을 할

수 있다. 일반적인 절차와 예측에 따라 배우는 동안 처음의 짝을 이룬 낭독이 끝난 뒤 학생들은 일반적으로 이들 활동을 기대한다. 이것이 재미있기 때문인데 좀 더 중요한 것으로 유창성 확립을 위해 도움을 주기 때문이다. 짝을 지은 낭독을 위한 절차들은 현장조사연구의 연구거리를 제시하는 7.2.2에 상세하게 설명한다.

5.3.7. 지속적으로 널리 읽을 기회를 제공하기

학생들의 읽기 능력이 오로지 읽기에 의해 통달할 수 있다는 것이 놀라움으로 다가오지 않아야 한다. 그것이 그렇게 간담함에도 불구하고 대부분의 읽기교육거리에서는 가르치는 시간과 실제 읽는 시간을 동일시하지 않는다. 학생들이 실제로 읽는다는 것 그리고 많이 읽는다는 것을 확실하게 하는 한 가지 방법은 읽기 교육과정에 정규 구성요소로서 널리 읽기를 통합하는 것이다.

널리 읽기가 성공적이려면 시간과 자원 그리고 적절한 기회에 학생들이 널리 읽도록 동기를 부여하려는 유의미한 노력들을 쏟아야 한다. 독해 능력은 점진적으로 발달하기 때문에 학생들은 계속해서 자극을 받고 학생들이 선택을 할 수 있으며 유창한 읽기 연습을 할 수

[인용 5.6] 널리 읽기의 의미

널리 읽기가 제2 언어 발달을 위해 좋다면 왜 모든 사람들이 그것을 하지 않는가? … 널리 읽기는 가르침의 장치 이상임을 의미한다. 생애에 걸친 습관이며, 다량으로 언어가 제공하는 풍요로움과 능력을 지니게 되는 습관을 의미한다. 우리 학생들로 하여금 널리 읽도록 격려하고 어떻게 그렇게 하는지 보여줌으로써 읽기의 효력에 대한 이해를 강화하는 데 도움을 준다.

▶▶▶Renandya and Jacobs, 2002: 299, 300

있고 교실이나 학교 도서관에 풍부하게 갖추어져 있는 덩잇글(예를 들어 등급이 매겨진 독본과 수준에 맞춘 읽을거리)을 읽어야 한다. 학생들은 규칙적으로 널리 읽기의 중요성을 깨닫게 하는 것으로부터 혜택을 입는다. 만약 유창성과 독해력 향상에 영향을 미친다면 널리 읽는 습관의 확립을 위해서 전체 교육과정 수준의 방침이 있어야 한다. 본질적으로 학생들이 많이 읽을 때에만 훌륭한 독자가 된다는 사실에서 벗어날 수 있는 아무런 방법이 없다. 열 개의 성공적인 널리 읽기 교육거리들을 표 9.4에 늘어놓았다(현장조사연구거리에 대해서는 9.3.1과 9.3.2도 참조할 것). 널리 읽기 교육거리의 품질을 끌어올릴 수 있는 추가적인 비법(tip)은 아래에 제시한다.

5.3.7.1 읽기에 대한 교실수업 대화

읽기에 대한 대화가 읽기 그 자체에 대하여 실행 가능한 대안은 아니지만 읽기에 대한 교실수업 대화는 학생들로 하여금 읽도록 동기부여를 할 수 있다. 이들 대화의 일부로 다음과 같은 것들이 있다.

1. 교사는 읽고 싶은 것이 무엇인지, 무엇을 읽고 있는지, 왜 그 읽을거리가 흥미로운지 이야기한다.
2. 교사는 학생들이 읽고 싶은 것이 무엇인지, 그 이유가 무엇인지 알아낸다.
3. 교사는 수업에서 일반적으로 읽는 덩잇글의 갈래가 아닌 경우에도 학생들이 읽고 싶어 하는 덩잇글에 대해 학생들이 이야기하도록 북돋워준다.
4. 교사는 도서관에 새롭게 들어온 책을 학급과 공유하며 학생들로 하여금 그 책이 무엇에 대한 것일지 추측해 보도록 장려한다.
5. 학생들은 자신들이 읽은 것들을 학급과 공유하고 간단한 하나 또는 두 개의 문장으로 된 추천하는 글로 마무리한다(Day and Bamford, 1998) 참조).
6. 교사는 학급에 흥미로운 덩잇글을 소리 내어 읽어 주고 그것에 대하여

학급 전체의 대화를 유도한다(혹은 모둠으로 그것을 토의하도록 한다).

5.3.7.2. 지속적인 묵독

수업에서 묵독을 위한 시간을 챙겨두는 일은 독해 능력 발달에서 학생들을 도와줄 수 있다. 효과적인 **지속적인 묵독**(SSR: sustained silent reading)에서 핵심은 때로 모든 것을 밀쳐두고 읽음(DEAR: drop everything and read)라고 부르는데 여기서 늘어놓으면 다음과 같다.

1. 교사는 규칙적으로 SSR 주기를 계획하여야 한다.
2. 학생들은 학생-선택 자료들을 읽어야 하고 동기가 점점 줄어들거나 관심이 이지러질 때 바꿀 수 있어야 한다.
3. 교사도 SSR 기간 동안에 관심이 있는 자료들을 묵독하여야 한다(시험 점수를 매기거나 수업 계획을 짜지 않음).
4. 명시적인 가르침이나 평가를 SSR(지속적으로 묵독하기) 주기에는 넣지 않는다.
5. 교사는 학생들이 읽고 있는 동안 방해하지 않는다.

5.3.8. 읽도록 학생들에게 동기부여하기

교사들은 일반적으로 읽기를 위한 학생들의 동기부여에서 자신들의 역할이 중요하지 않다고 생각한다. 이와 같은 생각은 전혀 참이 아니다. 대부분의 학생들은 훌륭하고 유창한 제2 언어 독자가 된다는 것에 흐릿한 입장을 취한다. 학생들은 읽기 발달이 어려운 과제라는 것을 알고 있고 따라서 교사로부터 그리고 교육과정 그 자체로부터 효과적인 동기부여를 하는 지원을 필요로 한다. 교실수업에서 교사가 읽기를 위한 동기를 높일 수 있는 방법들이 여럿 있다.

1. 교사가 취할 수 있는 중요한 단계는 학생들과 자신들이 읽기에 대한 사랑을 공유하는 것이다. 앞에서 언급한 것처럼 교사들은 그들이 읽고 있는 것이 무엇인지 왜 그것이 흥미로운지, 어떤 다른 갈래의 읽기에 몰두하는지 공유하여야 한다. 읽기를 많이 하지 않고 가정이나 공동체로부터 온 학생들의 경우 교사는 강력한 동기부여 요소로 교사가 그런 구실에 대한 모범을 제공할 수 있는 것이다.
2. 이와 비슷하게 학생들은 그들이 읽는 것이 무엇인지, 왜 그것이 흥미롭다고 생각하는지를 공유하는 대가로 칭찬을 받거나 격려를 받아야 한다.
3. 교사는 학생들이 무엇에 관심을 갖고 있는지 그리고 그 다음에 그런 관심을 갖고 있는 학생들이 공유할 수 있는, 관련되는 읽을거리를 찾아보아야 한다.
4. 교사는 집단의 결속력 발달을 촉진하는 연구를 하여야 한다. 결속력이 있는 학습자들의 공동체는 도전적인 읽기 과제에 서로를 지원해 준다.
5. 교사는 학생들이 성공할 수 있는 읽기 과제를 고안함으로써 학생들의 성공에 대한 기대감을 높여 주어야 한다.
6. 교사는 주요 읽을거리에 대하여 훌륭한 도입부를 고안하고 애초의 관심이 생겨나도록 읽기 과제를 관련지어야 한다.
7. 학생들의 기술이 적절한 도전거리에 맞아 들어갈 때 학생들은 동기부여가 된다.
8. 교사는 교육과정에서 관련성을 설정하고 읽을 과제를 넓혀감에 따라

[인용 5.7] 읽으려는 동기

읽기에서 좌절한 경험들은 제2 언어로 읽기에서 읽으려는 동기가 줄어든 것에서 비롯될 수 있다. 대부분의 우리 학생들에게서 읽기의 중요성을 고려할 때 참으로 불행한 결과이다. 따라서 읽기에 학생들의 동기를 가르치는 일은 제2 언어 읽기 가르침에서 본질적인 부분이다.

▶▶▶Komiyama, 2009a: 32

학생들에게 동기부여를 할 것이다.

9. 학생들 사이에서 능동적인 참여를 장려하는 교사는 더 많은 학생들의 참여와 동기부여, 즐거움을 보게 될 가능성이 높다.

10. 언제나 가능하다면 교사는 읽기 자료에서 어느 정도 학생들에게 선택권을 주어야 한다(예를 들면, SSR(지속적인 묵독하기) 주기에서 널리 읽을 거리).

11. 교사는 학생들이 읽기의 가치에 대하여 평가를 더 좋게 할 수 있도록 읽기로부터 실제로 무엇을 배우는지 발견하도록 도와주어야 한다.

12. 교사들은 언제나 가능하다면, 읽기 주제에서 실제적인 수준의 전문성을 확립하도록 학생들을 이끌어야 한다(이 문제에 대한 논의를 위해서는 5.3.9 이하를 참조할 것).

5.3.9. 교과내용 학습과 언어 학습을 통합하는 목표

통일성 있고 효과적인 읽기교육과정을 수립하기 위한 한 가지 접근법은 교과내용 학습뿐 아니라 언어 학습에 대한 강조를 결합하는 것인데 교과내용 기반 가르침(개념 5.5 참조)(CBI: content-based instruction)[10]이라 부른다. 제1 언어 읽기 맥락에서 나온 증거는 경험적으로 그와 같은 접근법의 효과를 증명하여 왔다(Guthrie et al., 2004). 지속적으로 교과내용과 언어를 배우고 그것이 적절하게 전개된다면 (다른 교육과정 모형에서 그러한 것처럼) 다양한 언어 기술을 발달시키고 필요로 하는 자원들을 찾아내기 위한 기회를 제공할 것이다. 교과내용 학습과 언어 학습의 결합은 널리 읽기, 학습 경험에 대한 동기부여하기, 점차 복잡해지는 과제에 대하여 전략적으로 답하기, 읽기 자료에 대해 더 많이 선택하기, 자라나는 기술에 맞추어 도전 더 해 보기를 위한 많은

---

10) 국내에서 이 방법은 주로 외국어, 즉 영어 교수 방법으로 적용되었고, 이와 관련되는 논의들이 KERISS 등에서 검색을 하면 찾아볼 수 있다.

[개념 5.5] 교과내용 기반 가르침

교과내용 기반 가르침(CBI)은 언어 학습 목적과 교과내용 학습의 목적이 반드시 같은 무게일 필요는 없지만 이중으로 수행되는 가르침 접근법을 가리키는 포괄적인 용어이다. 문법 구조와 의사소통을 위한 언어 기능이나 언어 기술이라는 관점에서 주요 내용을 자리매김하는 다른 언어 가르침 접근법과는 달리, CBI에서 내용은 전통적인 학교 교과에 맞춘 비언어적인 교과, 학생들에게 관심이 있는 주제나 직무나 직업 영역에서 주제의 활용을 가리킨다. 대부분의 교과내용 기반 접근법에서 공유하는 것은 교과내용의 학습이 언어 학습에 이바지하고 언어의 통달이 학습자들에게 교과내용에 더 쉽게 접근하도록 해 주는 공생 관계에, 교과내용과 언어가 있다는 가정이다.

기회를 제공한다. 교과내용 학습과 언어 학습의 목표는 자연스럽게 연구거리를 중심으로 하는 학습, 정기적으로 중요한 기술의 다시 부려 쓰기, 많은 덩잇글 자원들의 다시 읽기와 여러 덩잇글로부터 나온 정보들의 해석과 통합, 평가를 더 많이 하는 기회로 이어진다. 그와 같은 유형의 활동들은 학생들이 학업 환경에서 마주치는 과제들의 유형을 반영한다(Grabe, 2009; Guthrie, Wigfield and Perencevich, 2004; Stoller, 2008; Stoller and Grabe, 1997).

학생들의 읽기 기술 향상을 도와주는 방법으로서 언어 학습과 교과내용 학습의 목표를 통합하는 데 관심이 있는 교사들은 두 개의 경험적으로 뒷받침되고 있는 교육과정 얼개, 구체적으로 말한다면 개념 중심의 읽기 가르침(concept-oriented reading instruction)과 협력 전략을 이용한 읽기(collaborative strategic reading)의 특징들을 고려하고자 할 것이다. 이 둘을 아래에서 간략하게 기술한다.

[인용 5.7] 읽기 성취도와 참여

읽기에서 성취는 학생들의 참여로 나온 부산물이다. [학생들이] 책과 맞닥뜨리고 소화해냄에 따라 읽기 능력이 자라난다. 참여하고 있는 독자들은 낱말 인지, 문장 처리, 단락 구조 파악하기, 앞선 지식과 새로운 지식을 통합하기를 하는 모든 인지 체계가 잘 움직이게 된다. 성취도와 참여는 서로 영향을 미친다.

▶▶▶Guthrie(in Swan), 2003: Vii

5.3.9.1. 개념 중심의 읽기 가르침

개념 중심의 읽기 가르침(CORI)[11]은 제1 언어 환경에서 널리 활용되고 조사되어 왔던 교육과정 얼개이다(예를 들어, Guthrie, Wigfield and Perencevich, 2004; Swan, 2003). CORI는 처음에는 학생들에게 읽기 관심을 자극하고 동기를 부여하기 위한 가르침의 원리로 길잡이 역할을 하였다. 그 뒤로 네 단계를 중심으로 좀 더 다듬어졌지만 유연한 접근법으로 발전하였다. 네 단계에는 (a) 어떤 중심 주제에 대하여 개인적인 참여를 통해 그 주제에 몰입함 (b) 여러 정보 자원에 걸쳐 주제에 대한 정보를 모으고 폭 넓게 읽음 (c) 이해를 도와주기 위해 읽기 전략을 가르침 (d) 학생들이 배운 것을 보여 주는 산출물로 이어지는 공부하기가 있다. CORI의 중요한 구성요소는 교과내용의 가르침을 위해, 필요로 하는 덩잇글 자료로부터 나온 폭넓고 다양한 입력물을 지원하는 전략들의 가르침이다. 그럼에도 불구하고 전략 연습(예를 들어 어휘력 향상, 유창성 연습, 널리 읽기)을 넘어서는 이해 가르침 활동을 통합하

---

11) 이 모형을 적용한 논의로 김선민(2008), CORI(Concept-Oriented Reading Instruction)가 내용영역의 교수·학습 성취에 미치는 효과(『한국초등국어교육』 37집, 99~127쪽)가 있다. 이 논의에서는 과학 교과와 언어 교과의 통합을 통한 가르침의 효과를 검정하고 있는데, 이 방법의 적용이 유의미하다는 결론을 얻었다.

다. CORI의 네 단계 전개에서 학생들은 질문 만들기, 덩잇글 구조와 덩잇글 특징에 주목하기, 배경 지식 활성화하기, 묻고 답하기, 공책에 적어 두기, 중심 생각 결정하기, 정보 종합하기, 부연하기, 요약하기, 이해를 점검하고 고치기, 구성 얼개 그림을 통하여 정보를 통합하기, 일정한 범위의 연구거리 과제 수행하기와 같은 여러 전략들을 목적에 맞게 활용하는 데 필요한 활동과 교과내용 토의에 참여한다. 학생들이 자신들의 연구거리에 관련되는 정보를 찾아내기 위해, 흥미로운 덩잇글을 읽고 있는 동안, 명시적인 가르침의 일부로 전개되는 이들 전략들은 지속적으로 교사의 시범 보이기, 교사의 발판 만들어 주기와 같은 폭넓은 실천을 통해 수행된다.

5.3.9.2. 협력 전략을 이용한 읽기

제2 언어 학습자들을 위해 계발된 협력 전략을 이용한 읽기(CSR: collaborative strategic reading)[12]는 학습 원리와 독해 전략 가르침을 교과내용 학습과 언어 통달, 독해를 촉진하기 위해 결합한 가르침 얼개이다(Klinger and Vaughn, 2000). CSR을 하는 동안, 인지 발달이 사회적 상호작용(협력 학습 활동의 결과)에 의해 자극된다고 믿으면서, 학생들은 교과내용 영역의 교재를 이해하기 위해 협력으로 공부한다. 모둠으로 공부하는 동안 학생들은 교과내용 읽기에 네 가지 전략들을 적용한다. 즉, 미리 살펴보고(예를 들어 단락이 무엇에 대한 것일지 예측함), '[낱말의 의미 파악을 위해-뒤친이] 순간적인 이해(click)와 물고 늘어지며(cling)'(어려운 낱말과 개념들을 확인하고 어려운 덩잇글을 이해하기 위해 고정시키는 전략들을 활용함), 핵심을 파악하고(말하자면 덩잇글 부분에서 가장 중요한 생각

---

12) 이 모형을 국내에 적용한 논의로 김민경(2010), 「상보적 읽기전략 교수가 읽기부진아의 읽기유창성 및 읽기이해에 미치는 영향」(서울교대 석사논문)이 있다. 이 논문 제목에서 '상보적'이란 말은 협력을 나타내기 때문에 협력적 읽기 전략으로 바꿀 필요가 있다. 협력이란 개념 속에 '상보'의 의미가 있다. 이 논의에서는 부진아 학생들의 읽기 능력 향상에 이 모형의 적용이 유의미하다는 결론을 얻고 있다.

을 다시 언급함), 마무리하기(예를 들어 배운 것을 요약함)가 있다. CSR 교사들은 그 전략들을 언제, 왜, 어떻게 사용하는지 토의하고 생각을 소리 내어 말하며 역할극과 시범 보이기를 통해 소개한다.

5.4. 결론

제2 언어로 읽기 가르침과 적절한 읽기 교육과정 계획 수립을 위해 추가적으로 추천할 만한 접근법이 많지만 이 장에서는 읽기 가르침의 발달을 위해 중요한 기본적인 개념들을 기술하였다. 아울러 효과적인 가르침을 전달하는 방법도 제안하였다. 적용 방법이 있든 없든 혁신 적이고 효과적인 얼개로 통합될 수 있는, 제2 언어 읽기 가르침을 위 해 가르침의 실천 사례들이 전개되는 모습을 개관하였다. 이 장에서 기술된 가르침의 실천 사례들 다수가 3장과 4장에서 제시하였던 구체 적인 조사연구에 의해 뒷받침되고 있다는 점을 주목하는 것이 중요하 다(표 5.7 참조).

이 장을 끝내기 전에 저자들은 읽기 가르침의 중심 목표로서 **읽기 평가**(assessment of reading)(일반적으로 비형식적인 평가와 교실수업에 기반

<표 5.7> 조사연구와 가르침을 연결하기	
읽기에서 강조내용	3장과 4장에서 요약된 연구들
자동적인 낱말 인지	3.2.3, 3.2.4, 4.2.1, 4.2.2, 4.2.8
더 높은 어휘력 발달	3.2.1, 3.2.2, 3.2.5, 4.2.2, 4.2.3, 4.2.9
중심 생각 파악	4.2.4
담화 구조에 대한 자각	3.2.6
전략적인 처리	3.2.7~3.2.10, 4.2.5~4.2.7
읽기 유창성 발달	3.2.3, 3.2.4, 4.2.8
널리 읽기	4.2.3, 4.2.9
읽기를 위한 학생들의 동기부여	3.2.9, 4.2.10
교과내용 가르침과 언어 가르침	3.2.9, 3.2.10

을 둔 평가 사례들이 관련됨)에 대해 간단히 언급하고자 한다(Davison and Leung, 2009; Grabe, 2009; Wiliam, 2007/2008). 학습에 대한 평가는 교사로부터 학생, 학생으로부터 교사에 이어지는 다양한 되짚어주기의 활용과 관련이 있다. 중요한 목표는 학습내용에 대한 평가를, 학생들에게 유용한 되짚어주기를 하고 학습을 더 나아지게 하는 방법으로서 학생들의 자각을 끌어올리는 것 이상이 아니라는 것이다. 그와 같은 되짚어주기와 자각 끌어올리기는 뒤따르는 토의와 학습을 나아지게 하려는 두 방향 상호작용에 학생들을 참여하게 함으로써 나타난다. 학습에 대한 평가는 학생들을 뒷받침하려는 목적과 학습을 위한 목적으로 체계적으로 수행될 때 학습을 유의하게 나아지는 것으로 나타났다. 이와 같이 읽기 가르침을 포함하여 그런 점들이 효과적인 가르침의 중요한 측면이며 교사가 실행하고자 하는 목록들에서 신중하게 고려되어야 하는 부분이다(Black and Wiliam, 1998; Black, Harrison, Lee, Marshall and Wiliam, 2004; Wiliam, Lee, Harrison And Black, 2004 참조).

전체적으로 읽기에 대하여 특정의 가르침 사례들에 대한 독립된 장은 제2 언어 독자들의 경우에 읽기 성공을 차별화하는 데 도움을 줄 만한 방법들에 대하여 가르침의 변이형태와 선택내용들 확인하는 것으로부터 시작할 수밖에 없다. 이와 같이 진행되는 노력들에 핵심적인 점은, 가르침에 대한 설득력 있는 조사연구에 바탕을 두고 읽기 가르침을 위한 효과적인 실천 사례들의 탐구를 계속하는 것이다. 뒤따르는 장들(6장~9장)은 이 장에서 제안한 다수의 가르침 실천 사례들을 탐구하는 데 참여할 수 있는 현장조사연구거리를 기술한다. 이들 장은 읽기 교실수업 가르침을 위해 적용되고/되거나 적용될 수 있는 풍부한 자원들과 가르침 방안을 포함한다. 요약하자면 6장~9장은 교사들이 읽기 가르침과 읽기 교육과정을 개선하는 데 활용할 수 있는 의미 있는 현장조사의 연구거리를 위한 발판이 될 뿐만 아니라 이 장(5장)으로부터 확장된 내용을 제공한다.

■■■ 더 읽을거리

이 장에서 나타나는 인용 문헌들은 여기서 제시한 연구들의 세부 내용들에 대한 핵심적인 참고문헌들을 대표한다. 이 장과 10장(특히 10.3~ 10.5, 10.7~10.8)에 언급된 자료 밖의 몇 가지 부가적인 자원들을 여기에 제시한다.

- 저자들이 이 장을 쓰면서 끌어들이기는 하였지만 이용하지 않는 자료는 August and Shanahan(2006), Block and Parris(2008), Koda and Zehler(2008), McCarlde, Chhrabra and Kapinus(2008), Snowling and Hulme(2005)이 포함된다.
- **어휘 발달**과 관련하여 제1 언어 맥락에서 나온 것으로 제2 언어 환경에서 적용 가능한 훌륭한 생각들이 Baumann and Kame'enui(2004), Beck and McKeown(2006), Graves(2009), Stahl and Nagy(2006)에서 개괄적으로 제시되어 있다.
- **제2 언어의 어휘 가르침**에 대한 훌륭한 방안들은 Anderson(2008/2008b), Calderón(2007), Folse(2004b/2008), Nation(2001/2008)과 Zimmermann(2009)에서 찾을 수 있다.
- 또한, 이 책에서 사전 활용, 주석과 낱말 모음 전략들에 대한 실질적인 방안에 대해서는 7.1을, 학생들의 동기 확립에 대해서는 7.3 참조.
- **동기부여 가르침**에 대한 더 많은 내용들은 Guthrie(2008), Malloy Marinak and Gambell(2010), Pressley 등(2003) 참조
- **전략 가르침**에 대한 더 많은 내용들은 Blevins(2001), Kuhn and Schwanenflugel (2008), Optiz(2007), Rasinski(2003/2009) 참조.
- **전략 가르침**에 대한 논의를 위해 Anderson(2008b), Block and Pressley(2002, 2007), Grabe(2009), Hedgcock and Ferris(2009) 참조.
- **CORI**에 대한 더 많은 내용들은 Guthrie, McRae and Klauda(2007), Wigfield and Guthrie(2010), Wigfield et al.(2008) 참조.
- **덩잇글 구조 가르침**에 대한 논의를 위해서는 Dymock and Nicholson(2007),

Jiang and Grabe(2009) 참조.

- 읽기 교실을 위한 **자료 계발**에 대해서는 Evans, Hartshorn and Anderson (2010) 참조.

제4부

현장조사연구를 통한 읽기 탐구

제6장 현장조사연구자로서 읽기 교사

이 장에서는 교사로부터 비롯되는 탐구에 대한 근거를 제공하고 읽기 기술 발달이라는 목표로 교실수업에서 현장 연구를 수행하기 위한 12단계로 된 유연한 얼개를 소개한다. 구체적인 관심사항은 다음과 같다.

- 현장조사연구의 가치와 전이 가능성을 강조하는 현장 연구의 일반적인 소개
- 현장조사연구를 통해 탐구될 수 있는, 일반적인 읽기 관련 주제들의 목록
- 자세하고, 이용하기 편한 12단계 현장조사연구 과정에 대한 설명
- 각각의 연구 단계를 예시하는 두 개의 본보기 현장 연구
- 교사의 읽기를 위해 활용될 수 있는 훌륭한 방안들과 자원들

읽기 가르침의 책임을 지고 있는 우리들은 다양한 교육 환경에 놓여 있는 자신을 발견하는데 여기에는 읽기 기술의 발달에만 전념에야 하는 학급, 통합된 기술을 강조하는 학급, 읽기 내용이 부흥되고 있는 학급, 혹은 교과내용 기반 가르침이 있는 학급이 포함된다. 어린 독자와 청소년 독자, 어른 독자들을 가르친다. 학생들 가운데 몇몇은 자신의 제1 언어로 읽기를 이미 배웠지만 다른 학생들은 자신들의 제2 언어에서 처음으로 읽기를 배운다. 읽기에 동기부여가 된 학생도 있지

만 동기부여가 되지 않은 학생도 있다. 우리가 지니고 있는 공통점은 좀 더 숙달되고 동기부여가 되어 있으며 전략을 지닌 독자가 되도록 학생들을 안내하고자 하는 바람을 지니고 있다는 것이다. 읽기 가르침에서 효과적일 수 있도록 읽기의 피상적인 이론과 가르침 방법에서 일시적인 유행, 읽기에 대한 낡아빠진 인식을 넘어설 필요가 있으며 (마치 실제로 기억할 수 있는 것처럼) 읽기를 배운 우리 자신의 경험과 인기 있는 묶음 기획물 교재에서 제안하는 어떤 가르침 절차와 교육 과정 지침에 바탕을 둔 직관에서 자유로울 필요가 있다. (1장~2장에서 설명한 것과 같은) 이론과 조사연구(3장~4장)가 바탕을 두고 있는 읽기에 대한 현재의 이해와 실천 사례(5장)는 가르침의 효과를 더 나아지게 하고 다음과 같은 일을 할 수 있는 도구를 교사들에게 바친다.

1. 학생들의 읽기 욕구를 결정함
2. 학생들의 읽기와 관련된 욕구를 충족하기 위하여 교육과정의 우선순위를 조정함
3. 관련되는 교육 목적과 목표를 분명하게 함
4. 강좌를 설계함(그리고 다시 설계함)
5. 목적에 맞는 읽기 단원을 계획함
6. 가르침 자료와 평가 도구를 조정하고, 채택하며 계발함
7. 읽기의 다양한 측면에서 학생들에게 의미 있는 되짚어주기를 제공함
8. 학생들의 중간 중간의 욕구와 반응, 태도에 맞추어 매일매일 단원을 조정함

이런 다양한 책임을 완수하기 위하여 우리는 읽기에 대하여 다양한 방식으로 이해를 할 수 있다. 우리는 전공에 관련되는 (이 책과 같은) 참고문헌을 읽을 수 있으며 전공 관련 학술지를 구독할 수 있다(10장 참조). 그리고 전공 분야 발전을 위한 소규모 학술 모임에 참여하며 읽기와 관련된 주제의 학회에 참석하고 고급 수준의 교육거리에 등록

'현장조사연구(action research)'라는 용어는 두 가지 기준을 가리킨다. '조사연구'라는 낱말은 탐구를 수행하고 문제나 쟁점을 밝혀 주며 교실수업 실천을 개선하려는 의도로 정보를 모으는 체계적 접근을 가리킨다. '현장(action)'이라는 용어는 교실수업의 문제를 해결하려는 실제적인 조치를 취함을 가리킨다.

▶▶▶Ricahrs and Farrell, 2005: 171

을 할 수 있다. 자주 무시되기도 하지만 읽기에 대한 좀 더 깊이 있는 이해를 위한 창으로서, 가르치고 있는 학급을 활용할 수 있다. (현장 연구를 통하여) 자신의 읽기 가르침과 학생들의 학습에 관련된 양상들에 대하여 체계적으로 안으로 살핌을 통하여 읽기에 대하여 더 분명하게 이해할 수 있으며, 학생들의 읽기 기술 발달을 도와주고 효과적인 학습을 뒷받침하는 학생-교사의 역할을 확립하는 가르침 기법을 더 나아지게 할 수 있다.

현장조사연구(action research)라는 용어는 교실에서 교사들의 가르침과 거기에서 일어나는 학습의 품질을 끌어올리고자 비판적으로 자신들의 교실수업을 관찰하는 이와 같은 유형의, 교사들의 안으로 되살핌[성찰], 혹은 교사로부터 비롯되는 탐구이다. 현장조사연구는 교사들로 하여금 체계적인 수집과 관련 자료들의 분석 그리고 그 다음에 좀 더 발전적인 전문 직업 수행을 위하여 결과들의 활용을 통하여 교사들의 전문 직업에서 발전을 도와준다(Borg, 2006a; Burns, 1999/2010; Edge, 2001 참조). (언어 교사를 위한 현장조사연구에 대한 온전한 기술을 위해서는 패렐(Farrell, 2007)과 월리스(Wallace, 1998)[1]를 참조하고 기본적인 연구와 응용 연구, 현장조사연구와 같은 여러 다른 유형들의 비교를 위해서는

---

1) 이 책은 김지홍 뒤침(2008), 『언어교육 현장조사 연구』(나라말)로 출간되었다.

[개념 6.1] 읽기와 관련된 현장 연구의 목적들

현장조사연구를 통하여 교사들은 다음을 할 수 있다.

- 잘 적용될 것 같은 가르침의 실천 사례들을 검토하고 그것이 왜 잘 적용되는지 결정할 수 있다.
  이를테면 교사는 구성 얼개 그림이나 지속적인 묵독 교육거리가 왜 그렇게 잘 적용되는지 정하고자 할 수 있다.
- 기대한 만큼 잘 적용되지 않는 실천 사례들을 곧장 버리기보다는 고쳐나갈 수 있도록 분석할 수 있다.
  이를테면 교사는 속도를 맞춘 읽기나 조각 맞춰 읽기에 어려움이 있음을 발견하고 그와 같은 어려움의 원천을 결정하고자 할 수 있다.
- 읽기 기술의 발달을 위해 가장 잘 적용되는 가르침 기법을 결정하기 위해 서로 다른 가르침 기법의 영향력을 평가할 수 있다.
  이를테면 교사는 학생들의 읽기 기술 발달(유창성, 낱말 인지, 중심 생각 파악하기 등등)에 어느 정도로 도움을 주는지 결정하기 위해 서로 다른 가르침 기법(짝을 지어 다시 낭독하기, 전략 연습, **독자들의 극장**(readers' theatre) 등등)에 초점을 맞출 수 있다.
- 숙제로 내어 준 읽기 단락들의 적절성을 평가할 수 있다.
  이를테면 교사는 추상적인 개념들, 나이 적합성, 가정된 배경 지식, 문화적 가정, 문법적인 복잡성, 길이, 덩잇글 밀집도와/나 어휘에 대하여 덩잇글을 점검해 볼 수 있다.
- 덩잇글 유형과 갈래, 주제의 범위에 대한 학생들의 수용 정도를 평가해 볼 수 있다.
  이를테면 교사는 묘사글이나 이야기 전달글, 시, 전기나 비허구적인 에세이 혹은/그리고 환경, 시사, 동물이나 유명한 인물들에 대한 덩잇글에 어떻게 반응하지 결정하고자 할 수 있다.
- 다른 목적을 갖고 읽을 때 학생들이 끌어낸 장점을 평가할 수 있다.
  이를테면 교사는 (a) 간단한 정보를 탐색하기 위해, (b) 새로운 정보를 배우기 위해, (c) 쓰기 위해 그리고/혹은 일반적인 이해를 위해 읽을 때 학생들이 끌어낸 장점들을 평가해 볼 수 있다.
- 널리 읽기의 가치를 결정할 수 있다.
  이를테면 교사는 널리 읽기가 학생들의 읽기 능력이나 읽기에 대한 태도에 미치는 영향력을 검토해 볼 수 있다.
- 가르침의 목표 달성을 위한 다른 방법들을 평가해 볼 수 있다.
  이를테면 읽기 유창성이라는 목표를 가지고 있는 교사는 속도에 맞춘 읽기, 따라 읽기, 녹음된 덩잇글에 맞추어 소리 내어 읽기, 짝을 지어 다시 낭독하기와/나 컴퓨터에 맞추어 읽기로 실험을 해 볼 수 있다.

베일리(Bailey, 2001; Burns, 2005/2010)도 참조할 것).

현장조사연구는 개념 6.1에서 구체적으로 밝힌 것처럼 다양한 관점과 다양한 목적으로 읽기를 살피기 위해 덜 위협적인 방법[2]들을 실천하는 교사들에게 바친다. 이와 같은 가능성의 목록이 철저하다는 것은 아니다. 오히려 읽기와 관련하여 잠재력을 선보일 뿐이다. 본질적으로 현장조사연구를 통하여 읽기 가르침(이나 평가)을 이해하거나 개선하고자 하는 거의 대부분의 측면들을 살펴볼 수 있다는 것이다. 현장 연구의 실질적인 호소력은 실천이 이뤄지는 동안에 읽기를 살펴보게 하며 우리가 가르치는 교실수업에서 우리의 학생들을 대상으로 우리의 속도에 맞추어 읽기 가르침의 실질적인 대안들을 탐색하게 한다는 것이다. 최종 결과는 읽기에 대한 이해를 끌어올릴 뿐만 아니라 좀 더 나은 가르침으로 이어지고 좀 더 읽기에 능수능란한 학생 독자가 되게 하는 것이다.

[인용 6.2] 현장조사연구와 자기 점검하기

> 현장조사연구에는 일반적으로 실천 사례를 더 나아지게 하기 위해 문제나 쟁점에 대하여 계획하고, 실행하며, 관찰하고 반성하는 순환에 참여하기를 포함하는 자기 점검의 과정을 통하여 자신의 실천 사례를 탐구하는 일이 포함된다.
>
> ▶▶▶Farrell, 2007: 94

---

2) 스티븐 핑커가 『빈 서판』(2002; 김한영 뒤침, 2004, 사이언스북스)의 서문에서 자신의 책을 '위험한 책'으로 집필하지 않았다는 것과 같은 맥락에서 이해하면 된다. 핑커는 위험하지 않은 책이라는 의미를 본성과 양육에 대해 자신의 입장을 극단으로 몰고 가지 않는다는 의미로 썼다. 이 책에서 저자가 '덜 위협적인 방법'이라고 언급한 것은 읽기교육 현장에서 어느 정도 검정이 이뤄진 방법을 중심으로 소개를 한다는 것을 밝힌 표현이다.

6.1. 자신의 교실수업을 탐구하는 교사들: '어떻게 할까 안내지침들

현장조사연구로부터 나온 혜택들은 그와 같은 탐구가 교사의 전문가적 삶의 일상적인 부분이 되어야 한다는 것을 암시한다(Coombe and Barlow, 2007 참조). 현장 연구를 위한 우리의 선택내용들이 실제로 끝이 없다는 사실에도 불구하고 교실수업을 탐구하기 위해 우리가 취하는 단계는 일반적으로 비록 반복적이고 순환되는 방식이긴 하지만 기

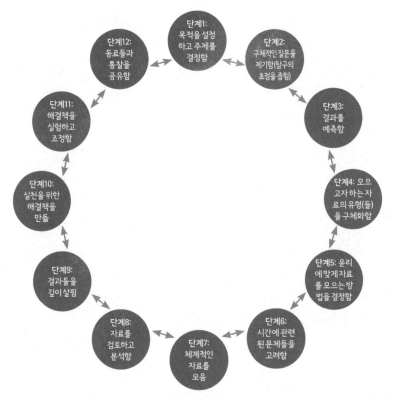

[그림 6.1] 현장조사연구의 기본적인 단계

주석: 비록 현장조사연구에 대한 이런 묘사가 진행 과정의 순환적인 본질을 드러내지만 서로 다른 단계들이 또 다른 단계들에 지속적으로 정보를 제공하는 방식을 온전하게 붙들지는 않는다는 점을 보여 준다. 예컨대 7단계에 이르고 자료를 체계적으로 자료를 모으고 난 뒤에 현장조사연구 주체는 예상되는 결과를 조정하기 위해 3단계로 돌아갈 필요성을 발견할 수도 있다.

[인용 6.3] 현장조사연구의 수용

> 현장조사연구는 일반적으로 그것을 수행한 교사에 의해 전문 직업 발전
> 의 효과적인 형태로 수용이 잘 된다.
>
> ▶▶▶Burns, 2009: 293

본적인 진행 과정을 따른다(그림 6.1 참조). 이 과정에서 특별히 호소력이 있는 것은 단순성, 유연성과 실용성이다(Farrell, 2007; Ricahrs and Farrell, 2005; Wallace, 1998 참조). 현장조사연구의 잠재적인 유용성은 교사들, 더 넓혀서 학생들에게 언제나 현재적이라는 것이다. (현장조사연구에 대한 비판과 교실수업 탐구에서 공동 실행 주체로서 학습자의 역할을 강조하고 있는 탐색 실행 모형(Exploratory Practice Model)의 제안에 대해서는 Allwright and Hanks, 2009 참조.)

여기서 제안한 12단계는 유연성이 있으며 신임 교사와 노숙한 교사들에 더하여 가장 바쁜 교사들에 의해(언제나 바쁜 교사들이 문제가 된다), 그리고 상당한 자유를 인정하거나 거의 자유를 인정하지 않는 환경에 있는 교사들에 의해 채택될 수 있다. 간단하지만 의미 있는 현장조사연구에서 교사는 새로운 어휘에 대한 학생들의 질문에 어떻게 응답하는지 혹은 읽기 단원의 목적을 충족시키기 위하여 교재의 장 마지막에 제공되는 질문을 어떻게 활용하는지 하루나 이틀 동안(혹은 1~2주 동안) 자신을 관찰해 볼 수 있다. 혹은 교사는 더 잘 이해하고자 하는 읽기 속도의 향상 과정에 대해 격주로 전념해 볼 수 있다. 혹은 어떤 유형의 학생(예를 들면, 동기부여가 된 학생들, 동기가 부여되지 않은 학생들, 빠르게 읽는 독자와 느리게 읽는 독자)이 특정의 교육 기법이나 모둠 활동 혹은 읽기 과제에 어떻게 반응하는지 알아보기 위하여 일주일(혹은 달이나 학기)의 강좌에 걸쳐 어떤 학생의 발전 정도를 뒤쫓을 수 있다. 조사연구거리를 통제하기 때문에 필요를 충족시키면서도 시간 제약의 한계 안에서 설계할 수 있다.

[인용 6.4] 현장조사연구의 필요성

교실수업 실천 사례에서 교사들이 자신감을 얻어감에 따라 교실수업에서 무엇이 적용되는지 혹은 적용되지 않은지에 대한 날카로운 관찰자가 되는 경향이 있다. 나날의 가르침 환경에 대한 관찰은 자신들의 가르침에 관련되는 왜 질문과 어떻게 질문에 대한 물음으로 이어지는 반성이 된다. 이런 갈래의 질문들은 학습자의 필요성을 충족하지 않는 교사들이 실천에 더 가까이 다가설 수 있게 하는 관찰하기, 비교하기, 분석하기, 가치 매기기로 쉽게 이어진다.

▶▶▶McGarrell, 2007: 2

개별의 단계로 제시되어 있지만 실제로 12단계들은 상당할 정도로 겹쳐서 서로 관련되어 있다. 효과적인 현장 연구거리에서 동적인 관계들이 과정의 이른 시기에 교사에 의해 결정되는 조사연구 질문 사이와 연구거리가 나아가는 방법들 사이에 있다. 현장조사연구는 이끄는 질문들과 자료 수집 기법, 분석의 방법을 다시 고려하는 데 유연성(그리고 권위)을 가져다준다. 핵심은 가능하다면 교사는 연구거리를 의미 있고 관리 가능하도록 하여야 하고 또 그리고 그렇게 할 수 있다.

뒤따르는 절에서 12단계의 과정 각각들이 중요한 목표를 강조하는 몇몇의 일반적인 짧은 평가와 함께 소개된다. 좀 더 구체적인 세부 내용들은 두 개의 구별되는, 그리고 현실적이라고 믿고 있는, 읽기 관련 현장조사연구의 연구거리에 대한 짤막한 기술에 나타난다. 이들 두 개의 본보기 연구거리는 읽기 수업에서 어휘 가르침을 탐구하는 연구거리와 학생들이 몰입하는 읽기의 양을 탐구하는 연구거리로서 이야기처럼 단계에서 단계로 옮아감에 따라 전개된다(이와 같은 예시 사례의 목적을 위하여 실제 삶에서 단계와 단계마다 현장조사연구가 반복되는 속성을 강조하는 대신에 앞으로 진행한다). 저자들은 실제 세계에서 적용 가능성을 보여 주기 위해 1인칭으로 쓰인 두 가지 사례가 어떻게 현장조사연구거리를 관리 가능하고 가치 있게 할 수 있는지 보여 줄 수 있기를 바란다. 이들 두 개의 현장조사연구에 대한 시범 연구들과 뒤따르는 7장~9장에서 나타나는 본보기 연구들은 다양한 제2 언어 환경과 외국어 환경에서 교사들의 관심사와 흥미를 메워주도록 쉽게 고칠 수 있을 것이다. 이들 환경에는 K-12(유치원에서 12학년), 어른 교육, 교양 언어, 학업을 위한 언어와 특별한 목적을 위한 언어 환경이 포함된다.

6.1.1. 조사연구의 목적을 세우고 어떤 주제를 결정하기(1단계)

더 잘 이해하고자 하거나 개선하고자 하는 학생들의 읽기 발달이나 읽기 가르침의 어떤 측면들을 확인할 때 근본적으로 조사연구를 위한 **목적**을 세우고 어떤 **주제**를 자리매김한다. 이런 목적과 주제들은 전문적인 참고문헌에서 읽었거나 전문 직업의 발전을 위한 세미나에서 들었던 어떤 것 혹은 다른 누군가의 교실수업에서 관찰한 어떤 것으로 거슬러 올라갈 수 있다. 다음의 실제 세계 사례들을 고려해 보자.3)

[본보기 6.1] 현장조사연구의 목적과 주제

> 목적: 연구자가 어느 정도로 어휘를 직접 가르치는지 알아보고자 한다. 어휘에 대한 명시적인 가르침이 어휘력 발달에서 제2 언어 학생들을 도와 줄 수 있으며 이는 다음에 더 나은 독자가 되도록 하는 데 도움을 준다는 증거들이 많다. 명시적인 어휘 가르침의 중요성은 전문적인 참고문헌에서 되풀이해서 강화되고 있으며(예를 들면, Folse, 2004b; Nation, 2008;

---

3) 현장 연구의 모범 사례들을 소개하고 있는데 우리말 논문에서 '나'라는 인칭 대명사의 사용은 부자연스러우므로, 생략을 하거나 필요한 경우에는 '연구자'로 뒤치기로 한다. 또한 여기서도 인용에서와 마찬가지로 제목이 붙어 있지 않은데 읽기의 편의를 위해 간략히 제목을 붙여놓기로 한다.

Schmitt, 2008; Ximmerman, 2009 참조), 끝없이 더 많은 어휘를 요청하는 연구자의 학생들에 의해서도 강화되고 있다.

주제: 어휘 확장을 위한 명시적인 가르침 기법

[본보기 6.2] 현장조사연구의 목적과 주제

목적: 학생들이 오로지 읽기를 통해서 읽기를 배울 수 있다는 것이 놀랍지 않음에도 불구하고(예를 들면, Grabe, 2009), 학생들이 실제로 일반적인 교실수업에서 읽기에 보내는 시간의 양은 제한되어 있고, 때로 매일 수십 분만을 읽기에 보낸다(예를 들면, Duke, 2000; Greaney, 1991 참조). 비록 연구자는 읽기와 관련된 활동에 많은 시간을 보내지만 가르치는 학생들이 참고문헌에 보고된 혜택을 입도록 충분한 묵독에 참여한다고 생각하지 않는다(Stanovich, 2000). 연구자는 교실수업에서 진행되는 묵독의 양을 결정하고자 한다. 그 다음에 더 많은 읽기 시간을 단원에 통합해야 하는지 결정할 수 있을 것이다. 매일, 그리고 주 단위로 읽기 시간에 대한 정확하고 짤막한 정보를 얻기 위해, 얼마나 많은 시간을 학생들이 학급에서 읽기를 하며 보내는가를 탐구함으로써 현장 연구를 쉽게 수행하게 될 것이다. 그러나 지금은 학급에서 묵독 시간에 주의를 기울이는 것으로 작은 부분부터 시작할 것이다.

주제: 학급에서 묵독의 시간 분량

6.1.2. 구체적인 질문을 내기(2단계)

관리 가능한 연구거리를 고안하기 위하여 탐구의 초점을 제한할 필요가 있다. 연구를 시작하기 위해 일반적으로 관심 주제와 관련이 있는 있을 수 있는 질문들을 몰아치듯 제안한다. 동료들이 비슷한 관심이나 흥미를 갖고 있다면 그들과 그렇게 할 수 있으며 학생들과도 그렇게 할 수 있다. 그 다음에 연구거리의 범위를 좁히려는 노력으로 조사 연구를 안내하는 질문들 가운데 하나의(혹은 제한된 수의) 주제를 고른다. 현장 연구거리 그 자체를 수행하는 동안 일어남직한 의문에 더하여 제쳐놓은 질문들은 앞으로의 현장 연구거리를 위한 자극제로 쓰일 것이다.

두 개의 시범적인 현장조사연구거리를 검토함으로써 현지 조사의 범위를 좁히는 과정을 생각해 보기로 한다.

[본보기 6.1a] 현장 연구의 질문 좁히기

주제: 어휘 확장을 위한 명시적인 가르침 기법

그 주제와 관련된 있을 수 있는 질문은 다음을 포함한다.

1. 새로운 어휘 학습에서 학생들을 도와주기 위해 사용한 가르침 접근법은 무엇인가?

2. 어느 정도 가르침에 뜻매김의 활용을 통합하는가?

3. 어휘 학습을 촉진하기 위해 얼마나 자주 단어족 연습과 낱말 분석 활동을 하는가?

4. 교실에 있는 낱말 벽(Eyraud, Giles, Koeing and Stoller, 2000)이 어느 정도로 의미 있는 어휘 가르침 과제로 이어져야 하는가?

5. 읽기 수업에서 얼마나 자주 번역에 기대고 있는가?

6. 명시적인 어휘 가르침을 위해 말뭉치 도구를 어떻게 이용하여야 하는가?

7. 시간에 걸쳐 더 어휘를 잘 유지할 수 있는 명시적인 어휘 가르침 기법은 어느 것인가?

8. 새로운 낱말을 맥락에서 마주치기 전에 혹은 뒤에 명시적인 어휘 가르침 기법을 활용하는 것 가운데 어떤 것이 잘 적용될까?

선호되는 질문: 새로운 어휘 학습에서 학생들을 도와주기 위해 사용한 가르침 접근법은 무엇인가?(질문1, 일반적인 교사들의 관심사)

[본보기 6.2a] 현장조사연구의 주제 좁히기

주제: 교실수업에서 묵독의 분량

주제와 관련된 있을 수 있는 질문은 다음을 포함한다.

1. 얼마나 많이 학생들이 교실수업에서 묵독을 하고 있는가?
2. 교실수업에서 읽기의 한 형태로서 지속적인 묵독에 어느 정도의 시간이 가장 좋은가?
3. 학생들이 몰두하고 있는 읽기의 양에 대하여 그들은 어떻게 느끼는가? 좀 더 일반적으로 말해서, 읽기에 대한 학생들의 태도는 어떠한가?
4. 일반적으로 학생들은 교실수업에서 어떤 읽을거리(예를 들면, 등급이 매겨진 독본, 비허구적인 덩잇글이나 교재)를 읽는가? 어떤 선택권을 그들은 가지고 있는가?
5. 뛰어난 독자와 그렇지 못한 독자에 의해서 수행되는 읽기의 양 사이에는 어떤 차이가 있는가?
6. 하루 단위로 혹은 주 단위로 얼마나 자주 묵독을 하는가?

선호되는 질문: 얼마나 많이 학생들이 교실수업에서 묵독을 하고 있는가?

(질문 1은 교사들에게서 자주 무시되는 질문)

6.1.3. 현장조사연구로부터 결과를 예측하기(3단계)

현장조사연구를 위한 초점을 결정하고 난 뒤 노력을 들임으로써 연구자 자신을 위해서 혹은 학생들을 위해서 얻고자 하는 것이 무엇인지 생각해 보는 것이 좋은 생각이다. 여기에 대한 이른 시기의 살핌은 이 연구거리를 위해 얼마나 시간을 들여야 하고 어떤 자료를 모으며 어떻게 그것들을 모을 것인지 결정하는 데 도움을 줄 것이다. 아래에 있는 사례들을 고려해 보자.

[본보기 6.1b] 예상되는 결과

> 주제: 어휘 확장을 위한 명시적인 가르침 기법들
>
> 선호되는 질문: 새로운 어휘 학습에서 학생들을 도와주기 위해 사용한 접근법은 무엇인가?
>
> 예상되는 결과(들): 연구자가 교실수업에서 사용한(혹은 사용하지 않은) 명시적인 접근법에 대해 더 많이 자각하기 시작하면서 연구자는 명시적인 어휘 가르침 목록들을 더 넓힐 것을 계획할 수 있었다. 이런 방법으로 가르침에 다양성을 더할 수 있으며 좀 더 효과적인 방법으로 학생들이 어휘를 넓히는 데 도울 수 있으며 동시에 어휘력 확립을 위한 추가적인 전략들을 학생들이 접촉할 수 있다.

[본보기 6.2b] 예상되는 결과

> 주제: 교실수업에서 묵독의 분량
>
> 선호되는 질문: 얼마나 많이 학생들이 교실수업에서 묵독을 하고 있는가?
>
> 예상되는 결과(들): 먼저 연구자는 학생들이 얼마나 많이 교실수업에서 묵독에 참여하는지 결정할 것이다. 연구자가 그렇게 될 것이라 예상하지만 만약 실제로 학생들이 매우 적게 묵독에 참여하고 있다면 더 많은 묵독 시간에 들어맞도록 읽기 가르침의 주안점들을 다시 생각할 것이다. 학생들이 충분한 시간의 읽기에 참여한다는 것을 분명하게 해 두고 싶은데 묵독 시간은 읽기 기술의 발달을 위해 중요하기 때문이다.

6.1.4. 모으고자 하는 자료의 유형(들)을 구체적으로 밝히기

진행 과정에서 그 다음 단계는 주도적인 질문에 답을 하기 위해 모아야 하는 자료의 유형(들)에 대한 최초의 결정을 하는 것이다. (매우 있음직한 일은 교사들이 현장조사연구가 전개됨에 따라 모아야 하는 자료의 다른 유형들을 드러낼 것이다.) 조사연구 탐구거리는 그 자체로 다양한 선택내용들을 드러낼 가능성이 높은데 양적 자료(quantitative data)(수로 나타낸 자료로 셀 수 있는 자료들임)와 질적 자료(qualitative data)(예를 들면, 셀 수 없는 자료이지만 주목할 만한 유형과 통찰을 얻기 위해 살펴볼 수 있는 자료) 혹은 양적 자료와 질적 자료의 결합된 자료(예를 들면, 혼합 접근 방법)의 수집이 포함된다. [읽기] 속도 향상을 위해 어떤 학생이 추가적인 공부가 필요할 것인지 결정하고자 하는 동기를 지닌 교사는 일반적인 이해를 위해 학생들이 얼마나 빨리 읽는지 알아보고자 원할 것이다. 자료 기록 용지로 그 교사는 학생들의 읽기 속도에 대해 분과 초 단위로 기록하고, 전체 질문에 대한 맞은 개수로 이해 점수를 체계적으로 모아볼 수 있다. 이와 같은 양적인 자료들은 현장 연구의 탐구거리에 답하고자 하는 교사를 도와줄 것이다. 혹은 읽기를 통해 얼마나 많은 것을 배우는지 측정하고자 하는 학생들을 도와주는 방법을 찾아보고자 하는 교사를 생각해 보자. 그 교사는 이전에 숙제로 내어 준 읽을거리에 대한 복습에 바탕을 두고 주말마다 가장 흥미롭고 새롭게 배운 정보를 기록하도록 간단한 되살피는 일련의 글들을 쓰게 할 것이다. 그런 되살핌 글들에 대한 분석은 특별한 관심 주제(예를 들면, 질적 자료)에 더하여 읽기에 대한 학생들의 태도를 드러내며 읽기 경험(그리고 배우기 위해 읽음)에 대한 학생들의 인식을 통찰하게 할 가능성이 높다. 많은 조사연구 연구거리들에서는 당연히 양적 자료와 질적 자료의 수집으로 이어진다.

탐구를 이끄는 질문에 달려 있지만 많은 구체적인 유형의 자료들을 모을 수 있다(예를 들면, 학생들의 읽기 속도, 교사의 단원 지도 계획, 학생들이나 교사의 학술지 목록, 학생들의 과제, 학생들의 녹음된 소리 내어 읽기(read-aloud), 학급의 낱말 벽에 대한 디지털 사진, 검정 교재에서 미리 읽기 과제의 고안). 핵심적인 사항은 분석을 할 때, 모은 자료들이 현장 연구의 질문에 답을 찾는 데 도움을 준다는 것이다. 모아야 하는 자료들의 서로 다른 유형을 두드러지게 보여 주는 다음의 두 본보기를 고려해 보자.

[본보기 6.1c] 모아야 하는 자료의 유형

> 주제: 어휘 확장을 위한 명시적인 가르침 기법들
>
> 선호되는 질문: 새로운 어휘 학습에서 학생들을 도와주기 위해 사용한 접근법은 무엇인가?
>
> 모아야 하는 자료의 유형: 교실수업에서 사용된 명시적인 어휘 가르침의 목록

[본보기 6.2c] 모아야 하는 자료의 유형

> 주제: 교실수업에서 묵독의 분량
>
> 선호되는 질문: 얼마나 많이 학생들이 교실수업에서 묵독을 하고 있는가?
>
> 모아야 하는 자료의 유형: 교실수업에서 학생들이 읽으면서 보낸 시간(분 단위)에 대한 기록

6.1.5. 윤리에 맞게 자료를 모으는 방법 결정하기(5단계)

현장조사연구에서 중요한 고려사항은 어떻게, 어디서, 누구로부터 자료를 모을 것인가에 더하여 모아야 하는 자료들의 종류를 중심으로 전개되어 왔다(4단계). 그와 마찬가지로 중요하고 밀접하게 관련된 것으로 발견사실들을 윤리에 맞게 보고하는 것뿐만 아니라 윤리에 맞게 자료를 모으는 것과 관련된 고려사항이 있다. 여기서 이 두 가지 고려사항을 논의하기로 한다.

여러 방법으로 자료 수집 방법에 접근할 수 있다. 개인별 접근(여기에는 다른 교사들이 끼어들지 않음)이나 협력을 통한 접근(여기에는 다른 사람이 끼어드는데 종종 다른 교사나 다른 팀의 교사들이 개입함)을 선택할 수 있다(협력을 통한 노력에 대한 논의를 위해서 Burns(1999/2010)를 참조할 것). 정상적인 교실수업 경로를 보완하고 그에 따라 수업에 최소한의 방해를 가져오는 자료 수집 절차를 만들 수 있고 혹은 정상적인 교실

[인용 6.5] 교사의 조사연구

> [교사의 조사연구가] 협력을 통해서 수행되든 혹은 개인적으로 수행되든 … 교사들에 의한 조사연구는 교사들에게 탐구하고, 설계하고 가르치며 자료 계발을 전체적이고 체계적인 과정으로 통합하는 길을 제공한다.
>
> ▶▶▶Burns and Burton, 2008: 8

수업의 경로에 드는 일부가 아니기 때문에 어느 정도 방해를 하는 것으로 밝혀진 접근법을 활용할 수도 있다(수업 시간에 실시되는 설문지 조사). 혹은 교실수업에 전혀 영향을 미치지 않는 접근법을 선택할 수도 있는데 이런 경우 조사연구 탐구에 적합한 일련의 문서들을 모아 두는 방법이다(예를 들면, 단원 계획, 학생들의 글쓰기를 위한 본보기, 마무리된 숙제나 교재). 자료를 모으는 방법에는 여지가 많다. 이끄는 조사연구 탐구거리(2단계)와 바람직한 결과의 자연스러운 부산물(3단계)인 자료 모으기 기법의 하나 또는 그 이상의 선택이 목표이다. 개념 6.2에서는 일반적으로 널리 쓰이는 자료 모으기 기법을 몇몇을 늘어놓았다(Burns(2010), Farrell(2007), Richards and Farrell(2005), Wallace(1998)도 참조할 것). 개념 6.2에서 기술한 자료 모으기 기법을 비록 따로따로 늘어놓았지만 현장조사연구의 일부로서 하나 이상의 자료 모으기 기법을 활용할 수 있다(그리고 활용하기도 한다). 여러 기법과 혼합 접근법은 탐구거리를 다양하게 유리한 관점에서 고려할 수 있도록 해 준다.

[개념 6.2] 자료 모으는 기법들

사례 연구: 개별(예를 들면, 학습자, 교사, 공부 모둠, 학급) 사례에 대한 탐구

교실수업 관찰: 자신의 교실수업(에 대한 다른 사람의 관찰)이나 다른 사람의 교실수업의 측면들에 대하여 주의 깊은 관찰을 하고 일정한 형태의 기록

유지하기(예를 들면, 공책에 적기, 녹화하기, 녹음하기, 점검표 이용하기)

문서 모으기: 조사연구 질문에 맞는 (널리 해석하여) 문서들을 모으기(학급 단위 시험지, 교사의 단원 수업 설계, 사전 검사와 사후 검사, 무른모, 학생들의 연습활동, 학습지, 쓰기 숙제나 프로젝트, 학생들의 기록, 교재 등)

현장 기록: 현장 연구와 관련된 교실수업에서 일어난 일에 대한 글말 기록(예를 들면, 교실의 물리적인 환경, 학생 모둠 짓기, 읽기 전 과제 진척사항, 교사–학생 상호작용). 현장 기록은 사후가 아니라 연구가 진행될 때 기록한다(일기(journal)와 교사의 일지(teacher log)[4]를 비교해 볼 것).

면담: 짜여 있거나 반쯤 짜여 있거나 아예 짜여 있지 않은 형식[5]으로 교사, 실천가, 사서와 도우미, 학부모들과 교사에 의해 수행되는 얼굴을 맞댄 상호작용(교사–학생 협의회(conference)와 비교해 볼 것).

일지: 교사의 의견과 조사연구 질문과 그에 관련된 논점들에 대한 반응들의 글말 기록. 날짜가 매겨진 그 내용들은 일반적으로 수업이 끝난 뒤 마무리된다(수업 기록지(teaching log)나 현장 기록(field notes)과 비교해 볼 것).

설문지: 교사가 참여자(말하자면 학생들, 다른 교사들, 실천가들, 사서들, 학부모들)들에게 답하기를 요청하는, 조사연구와 관련된 글말 물음들의 묶음.

기록 보관 양식: 체계적인 자료 수집을 위한 표준화된 양식(도표, 점검표, 모눈, 행렬표, 집계 용지, 작업 표(work sheets) 등)

자기 관찰: 일정한 기록 보관 방식을 활용하여 자신의 가르침에 대하여 몇 가지 선택하여 주의 깊은 관찰을 함

회상 자극[6]: 탐구되고 있는 활동이나 사건의 참여자로부터 반응을 촉진하기 위하여 이전에 기록된 자료(예를 들면, 교실수입이나 교사–학생 협의회의 전사내용이나 녹음 자료, 녹화 자료를 다시 살핌)

교사–학생 협의회: 교사와 학생들 사이의 얼굴을 맞댄 상호작용에 초점을 맞춤. 때로 교실수업으로부터 벗어나기도 한다(면담과 비교해 볼 것).

수업 기록지: 초점을 둔 가르침에 대한 글말 기록으로 일반적으로 수업이 끝난 뒤 마무리된다. 날짜가 적힌 내용들은 일반적으로 주관적인 반응이나 의견보다는 사실에 따른 정보를 포함한다(일지(journal)와 현장 기록 (field note)을 비교해 볼 것).

입말 보고: 조사연구의 초점에 대한 되살핀 입말 보고로 자주 녹음된다.

[인용 6.6] 자료를 모으는 방법

자료를 모으기 위해 사용되는 방법들은 일반적으로 여러 층위인데 다양한 자료 수집 도구와 방법뿐만 아니라 조사연구 맥락에서 서로 다른 참여자들의 관점도 허용하기 때문이다. 이는 자료들이 '삼각측량'될 수 있는데 다른 말로 한다면 자료들끼리 검정할 수 있는 다양한 원천으로부터 나올 수 있다는 것이다.

▶▶▶Burns, 1999: 10

[삼각 측량을] 자료를 모으는 데 적용한다면 여러 각도의 결합이 좀 더 객관성을 부여하는 데 도움을 준다는 것을 의미한다. 이는 일반적으로 한 가지 유형 이상의 자료를 모은다는 것을 의미한다. ··· 그럴 경우 하나의

---

4) 영어 journal과 log는 비슷하여 우리말 화자의 직관으로는 구별되지 않는다. 굳이 구별을 하자면 journal은 개인적인 기록물로서 우리말로는 일기가 적당할 듯하다. 그에 비해서 log는 실험실이나 항해에서 하는 기록처럼 어느 정도는 객관적이고 사실에 중심을 둔 기록물로서 일지에 해당한다(창원과학고에 재직하는 원어민 교사 Andrew Cheng 선생의 답변임. 친절한 답변에 고마움의 뜻을 적어둔다).

5) 이는 면담에서 질문거리가 미리 계획되어 있는지 아니면 면담 상황에서 즉흥적으로 마련되는지 여부를 가리키는데 가장 즉흥적인 형식에서 질문 하나하나, 예상되는 반응을 고려하는 질문에 이르기까지 띠를 이룬다.

6) 원서에 simulated recall라고 되어 있는데 이는 stimulated recall의 오타인 듯싶다. 후자로 생각을 하고 뒤치기로 한다. 후자의 경우도 자극 회상이라고 옮기기보다는 회상 자극으로 뒤치는 것이 맞을 듯하다. 자극을 회상하는 것이 아니라 회상을 자극하는 기법이기 때문이다. 영어에서 단어의 지위(이 경우는 합성어)를 부여하면서 순서가 뒤바뀌었다고 생각한다.

> 원천으로부터 발견한 것이 다른 증거들에 의해 뒷받침되는지 여부를 알아
> 보기 위해 비교하고 대조하며 교차 점검할 수 있다. 이런 방식으로 자신이
> 살핀 내용과 내린 결론들이 단지 자신의 가정이나 편견에 의해서가 아니
> 라 자료로 뒷받침된다는 것을 더 확신할 수 있다.
>
> ▶▶▶Burns, 2010: 96

어떤 (여기에 더하여 어떻게, 어디에서, 누구로부터) 자료를 모아야 할지 고려할 때 기본적인 윤리적인 점을 고려하는 것이 중요하다(Burns, 2010). 현장조사연구에서 끼어드는 대상이 사람(이와 반대되는 것이 이를테면 교재나 우리들 자신에 대한 녹화 자료에 대한 검토)일 때, 우리는 참여자들(일반적으로는 우리가 가르치는 학생들)을 공평하고, 존경하며 책임감을 가지고 다루어야 한다. 이는 본질적으로 연구거리가 참여자들에게 어떤 위험이나, 해, 불이익, 고민거리를 유발해서는 안 된다는 것을 의미한다. 많은 학교와 교육청, 대학교, 언어 교육거리에는 본디 **기관 감사 위원회**(IRBs: institutional review boards)가 있다. 이들 위원회의 기능은 조사연구자들의 윤리적인 수행과 참여자들에 대한 공평한 대우를 보장하는 것이다. 현장조사연구에 참여하는 교사들은 해당 기관에서 현장조사연구 활동을 다스리는 절차와 정책이 어떠한지 알아두어야 한다.

교사의 자기 발전을 넘어서는 목적으로 활용되는 현장조사연구는 IRBs의 동의가 필요할 것이다. 예컨대 교사 연구자들이 연구 그 자체의 상황을 넘어서는 목적으로 발견사실을 활용하게 될 계획을 세울 수 있다(예를 들면, 소식지의 기사 혹은 학회 제시 자료). 학생들의 응답에 대한 자료들이 제시 자료에 포함된다면 IRBs 동의가 필요하다. 일반적으로 이런 일들은 자발적인 참여를 부탁하면서 연구에 대하여 정보를 제공할 필요가 있다. 그리고 **사전 동의**(informed consent)를 받아둘 필요가 있다(예를 들면, 연구에 참여하고자 하는 자발성과 무엇에 관련된 것인지 완전히 알고 있다는 것에 대한 명시적인 언급). 조사연구거리의 발견사

실들이 널리 퍼질 때 참여자들은 자신들의 신분이 드러나지 않으며 비밀을 유지함으로써 보호를 받아야 한다.

번즈(2010: 2장)에는 더 깊이 있고 폭넓게 이 문제를 고려한다. 그녀가 찾아낸 탐구거리는 다음과 같다. 조사연구를 위해서 누구의 허락이 필요한가? 조사연구로 누가 영향을 받을 것인가? 누구에게 연구에 대해 이야기를 해야 하는가, 그리고 어떻게 수행되어야 하는가, 언제 연구 주기가 끝나는가? (현장 연구에서 윤리적인 원칙과 관례에 관련된 복잡한 문제에 대한 논의는 Nolen and Vander Putten, 2007 참조.)

아래에 있는 본보기를 고려해 보기로 한다. 이들 각각은 하나 또는 그 이상의 자료를 모으는 도구를 활용하고 조사연구자들은 제안된 연구거리에 대한 윤리를 고려하고 있다.

[본보기 6.1d] 자료 모으는 방법과 윤리적 고려사항

주제: 어휘 확장을 위한 명시적인 가르침 기법들

질문: 새로운 어휘 학습에서 학생들을 도와주기 위해 사용한 접근법은 무엇인가?

자료를 모으는 중심 방법(들): 자기 관찰과 통계용지(그림 6.2)

윤리적인 고려사항: 근본적으로 학생들이 아니라 연구자 자신을 보는 것이기 때문에 그리고 자신의 가르침에 대한 이해를 하기 위해 (궁극적으로 자신의 가르침 향상을 위해서) 이런 정보를 모으기 때문에 학생들로부터 사전 동의를 부탁할 필요가 없다. 만약 (막연하게 능력 수준과 이 연구의 배후에 있는 배경에 대한 언급을 제외한다면) 다른 사람에게 어떻게든 연구 사실을 발표한다면 학생들 가운데 어느 누구도 밝힐 필요가 없다. 공평하게 참여하도록 하기 위해 연구에 참여하려는 목적과 연구거리를 학생들에게 아마도 말하게 될 것이다.

어휘에 대한 명시적인 가르침	1주			2주			3주			4주		
	월	수	금	월	수	금	월	수	금	월	수	금
낱말의 부분들에 대한 분석												
낱말의 의미를 강조하는 이야기나 일화들												
연상												
범주 묶기												
같은 어원의 낱말에 대한 자각 끌어올리기												
이음말에 대한 자각												
컴퓨터의 도움을 받는 어휘 가르침												
새로운 어휘와 알고 있는 지식 사이의 연결												
함의(내포 의미)												
맥락 실마리												
용어 색인을 포함하여 말뭉치 분석												
뜻매김												
사전 찾아보기												
낱말 의미(들)에 대한 토의												
본보기와 그렇기 않은 사례												
놀이와 수수께끼												
주석												
예시 그림과 사진												
어휘 묶음												
기억 보조 도구(어휘 공책, 순간 파악 연습용 카드, 기억 보조 장치)												
무언극과 실연												
개인화												
여러 의미로 연습하기												
순위 매기고, 분류하고 대응시키기												
실제 사물(예를 들면, 그림, 과일들의 조각, 살림살이를 포함하는 구체적인 일상의 물건들)												
다양한 맥락에서 어휘 재사용												
(글말과 입말에서) 말투식의 변이형태에 대한 토의												
의미 자질 분석												
의미 연결망(semantic mapping)												
동의어/유의어												
주제별 묶기												
옮김												
단어족을 이용한 활동												
낱말 배우기 전략												
다른 것들												

[그림 6.2] 명시적인 어휘 가르침 기법들의 단서를 보관하기 위한 집계표

[본보기 6.2d] 자료 모으는 방법과 윤리적 고려사항

주제: 교실수업에서 묵독의 분량

질문: 얼마나 많이 학생들이 교실수업에서 실제로 묵독을 하고 있는가?

자료를 모으는 주된 방법(들): 수업 중이나 수업이 끝난 뒤 교사가 완성하는 기록 보관용 종이

윤리적인 고려사항: 연구거리에 개인별 학생들에 초점을 맞추지 않았기 때문에 자료 수집에 참여하는 사전 동의를 구할 필요는 없다. 학생들은 연구자와 함께 스톱워치를 보고 기록 보관용 종이를 볼 가능성이 높기 때문에 자료를 모으는 목적을 설명하고 왜 그 결과가 연구자에게(그리고 학생들에게) 그렇게 중요한지 설명할 것이다. 조사연구의 결과가 동료들에게도 관심이 있을 것이므로 비공식적으로 결과를 공유하고자 한다. 그렇지만 학생들 누구도 밝힐 필요가 없기 때문에 그들의 신분은 보호를 받을 것이다.

6.1.6. 시간과 관련된 문제를 고려함(6단계)

비록 현장조사연구는 그렇게 많은 시간을 차지할 필요가 없지만 모든 현장조사연구 실천에 시간은 필요하다(Farrell, 2007). 현장조사연구에 참여하기로 결정을 할 때, 연구거리의 소요 시간을 고려하여야 (가능하다면 계산하여야) 한다. 이런 식으로 연구에 뛰어들기 전에 확실하게 해둘 것에 대하여 현실적인 감각을 지녀야 한다. 현장조사연구에서 요구하는 시간은 다양한데 과제의 성질과 자료를 모으는 절차, 분석에 달려 있다. 어떤 연구에서는 적절한 자료를 준비하거나 자료가 있는 곳을 찾기 위하여(예를 들면, 설문지, 기록 보관용 종이, 작업 표, 사전 검사와 사후 검사, 이해를 조사하는 질문, 교재의 읽기 단락, 어휘 항목) 조사연구를 실제로 시작하기 전에 시간을 빼앗기기도 한다. 다른 경우에 교실에서 일어난 일을 (예를 들면 일지에, 수업 기록지(teaching log) 혹은 점검표에) 반영하기 위하여 학급 모임이 끝난 뒤에 시간이 필요할 것이다. 혹은

[본보기 6.1e] 필요한 시간

주제: 어휘 확장을 위한 명시적인 가르침 기법들

질문: 새로운 어휘 학습에서 학생들을 도와주기 위해 사용한 접근법은 무엇인가?

필요한 시간: 실제로 조사연구를 하기 전에 연구자는 명시적인 어휘 가르침 기법에 대해 읽어 두었고 그 다음에 (그림 6.2와 같은) 집계표를 쉽게 기록을 보관하도록 하기 위해 만들었다. 그리고 한 달 동안 매주 월요일, 수요일, 금요일에 수업이 끝난 뒤 집계표를 채워 넣을 시간을 챙겨두었다. 한 달이 끝난 뒤에 조사연구를 이끄는 질문에 답할 수 있는 충분한 자료를 가지게 되었는지 결정하기 위해 기록물을 분석할 것이다.

교실수업 관찰의 녹음 자료를 옮겨 적는 시간이 필요할 것이다. 몇몇 현장 연구는 교실수업 안에서 전달하는 시간을 필요로 한다. 이런 유형의 연구거리는 자료를 모으는 활동이 수용될 수 있기 위해서 단원 수업 계획에 조정을 필요로 한다. 모든 현장 연구에는 자료를 분석하고(8단계), 결과를 깊이 살피며(9단계), 그런 결과에 응하여 새로운 가르침 방식을 고려하는 데(10단계) 시간이 필요하다. 통찰을 동료들과 나누어 갖기로 선택하였다면(12단계) 이 일도 역시 시간을 필요로 한다.

또한 시간과 관련하여 언제, 얼마나 자주 그리고 얼마나 오랫동안

학급: _____

날짜	교실수업에서 묵독을 한 시간(분)							
	0	⟨1	1·5	6·10	11·15	16·20	21·25	26·30
7-5-12			✔					

[그림 6.3] 교실수업에서 묵독 시간에 대한 기록, 5분 단위로 늘어남

자료를 모을 것인가 하는 문제가 있다. 앞서 주목한 것처럼 연구자 자신을 단지 일주일 동안만 관찰하도록 선택할 수가 있다. 혹은 한 학기 동안 한 학년 동안 매주 월요일, 화요일, 금요일에 자료를 모을 수 있다. 어떤 점에서든 현장 연구는 줄어들거나 늘어날 수 있지만 애초의 시간 얼개를 정하는 것이 유용하다. 이제 아래에서 본보기에서 시간과 관련된 문제를 살펴보기로 한다.

[본보기 6.2e] 필요한 시간

주제: 교실수업에서 묵독의 분량

질문: 얼마나 많이 학생들이 교실수업에서 실제로 묵독을 하고 있는가?

필요한 시간: 처음에는 사용하기 간편한 기록 보관용 종이(그림 6.3)를 만들 필요가 있었다. 종이를 채우는 데는 매우 적은 시간이 필요할 것이다. 스톱 워치를 수업 시간에 가져가고 학생들이 읽고 있는 동안 시간을 재는 일을 기억할 필요가 있을 것이다. 분석 단계 동안 기록 자료들을 표로 만드는 데는 거의 시간이 걸리지 않아야 한다. 더 많은 읽기 시간을 수용하기 위해 읽기 단원 시간을 어떻게 다시 구성할 것인가 하는 것은 좀 더 진지한 고민을 필요로 한다.

6.1.7. 자료를 체계적으로 모으기(7단계)

앞선 단계들(1단계~6단계)을 실행하는 때는 자료 수집 단계이다. 어떻게 자료를 모으고 얼마나 자주 모아야 하는지는 가변적이다. 그러나 일관되게 남아 있어야 하는 것은 신중하고, 규칙적이며 체계적인 자료 수집이다. (앞서 제안한 것처럼 이 시점에서 자료 수집을 시작하기 전에 참여자들로부터 허락을 받아낼 필요가 있다.) 다음의 본보기 사례를 고려해 보자.

[본보기 6.1f] 자료를 모으는 방법

주제: 어휘 확장을 위한 명시적인 가르침 기법들

질문: 새로운 어휘 학습에서 학생들을 도와주기 위해 사용한 접근법은 무엇인가?

자료 수집: 수업 중에 새로운 어휘를 배우는 학생들을 도와주는 계획된 (혹은 계획되지 않은) 방법들에 신중하게 주의를 기울임으로써 자기 점검을 할 것이다. 곧바로 한 달 동안 매주 월요일, 수요일, 금요일에 맞추어 교실수업에서 사용된 가르침 기법을 표시함으로써 집계표(그림 6.2)를 채워 넣을 것이다.

[본보기 6.2f] 자료를 모으는 방법

주제: 교실수업에서 묵독의 분량

질문: 얼마나 많이 학생들이 교실수업에서 실제로 묵독을 하고 있는가?

자료 수집: 2주에 걸친 기간 동안, 학생들이 수업에서 묵독하는 시간을 재기 위하여 스톱워치를 손에 들고(혹은 교실 벽에 있는 시계를 이용하여) 학급에 갈 것이다. 읽기를 기록 보관 용지(그림 6.3)에 5분 단위로 기록할 것이다. 매일 2주 동안의 기록이 끝난 뒤 자료가 더 필요한지 결정할 것이다.

6.1.8. 자료를 검토하고 분석하기(8단계)

현장조사연구 과정의 중요한 기간 동안에 연구거리를 주도하는 조사연구의 질문에 비추어 모은 자료들을 **기술하고, 보여 주며, 해석하고, 설명하는** 목표를 가지고 일련의 활동에 임할 가능성이 높다. 예컨대 만약 학생들의 읽기 전략 활용을 탐구하고 있고 그와 같은 자료들을 모아 놓았다면, 그들이 그것을 사용하고 있을 때 그들이 사용한 전략과 그것을 사용한 목적을 기술하기를 원할 것이다. 놀라운 어떤 다른 것에 더하여 예측한 전략들을 보고할 가능성이 높다. 이들 자료에 대한 분석을 쉽게 하기 위하여 발견사실들을 도표나 표, 그림으로 **보여 줄** 수 있다. 그와 같은 보여 주기는 자료를 해석하는 데 도움을 준다. 말하자면 자료에서 의미를 발견하고 자료와 주도적인 조사연구 질문을 거슬러 올라가서 연결하게 해 준다. 자료를 해석해 감에 따라 자료들이 얼마나 조사연구 질문에 답을 하는 데 도움을 주는지 (혹은 도움을 주지 않는지) **설명하여야** 한다.

물론 현장 연구의 궁극적인 목적은 교실수업을 나아지게 하고 거기서 일어나는 배움을 개선하기 위해 진행 과정의 단계에서 얻은 통찰을 활용하는 것이다. 분석 단계는 개념 6.3에 제시된 과제가 둘 또는 그 이상이 개입되어 있을 가능성이 높다. 궁극적인 목표는 '어떤 조처를 취하기 위한 자료 중심의 결정'으로 이어지게 될 '해석을 확립하는' 것이다(Farrell, 2007: 102).

[개념 6.3] 자료 분석 과제

본보기 분석 과제	사례들
자료의 조합이나 변형	녹음 자료나 녹화 자료를 전사하고 수로 나타낸 자료를 표로 나타내고, 학생들의 반응 용지를 정리한다.
반복되는 요소를 찾고자 자료를 검토함	
(a) 특징들	자료에서는 느리게 읽는 독자들이 스스로 읽기 전 전략을 거의 활용하지 않음을 보여 준다.
(b) 계층 구조	모든 능력 수준에서 학생들은 어떤 읽기 전략을 다른 것들보다 더 나은 것으로 평가하는 듯함. 더 가치 있는 전략들은 덩잇글 미리 보기, 덩잇글의 내용 예측하기, 덩잇글과 배경 정보를 연결하기이고 덜 가치 있는 전략들은 읽기를 위한 목적 구체화하기, 예측 내용 점검하기, 다시 읽기이다.
(c) 반복 유형	읽는 중 활동에서 구성 얼개 그림의 활용으로부터

	유창한 독자와 서투른 독자가 혜택을 본다는 것을 보여 준다.
(d) 관계	스스로 둘 또는 그 이상의 어휘 모으기 기법을 활용하는 학생들이 반복적으로 하나의 기법만을 활용하는 학생들보다 더 많은 어휘를 지니고 있을 가능성이 높음을 보여 준다.
(e) 연쇄	원인-결과 단락보다 그 앞에 묘사하는 단락이 있는 덩잇글을 더 낮은 수준의 학생들이 다루기 더 쉽다는 것을 보여 준다.
(f) 흐름	자기 스스로 읽을거리를 선택할 기회를 준 학생들이 한 학기에 걸친 강좌에서 읽은 지면들의 수가 늘어남을 보여 준다. 나이 든 학생들은 소설보다 비허구적인 주제의 읽기를 즐긴다.
자료들을 범주로 묶기	학생들에게 낯선 것으로 확인된 어휘들을 내용어와 기능어로 혹은 내용어와 내용어를 보충하는 말로 나눈다(Snow, Met and Genesee, 1989). 덩잇글을 읽은 뒤 교사(혹은 교재)가 제시한 질문을 범주로 묶는다(예를 들면, 회상, 요약, 세부 내용, 앞선 응답의 확장, 설명, 평가, 판단, 개인화, 추론, 해석, 예측, 재진술을 요구하는 질문).
자료를 비교하기	어떤 읽기 학급에서 나온 발견사실들을 다른 읽기 학급에서 나온 발견사실들과 비교한다. 높은 동기를 가진 독자와 낮은 동기를 가진 독자로부터 나온 결과들을 비교한다. 어떤 읽기 전 활동과 다른 읽기 전 활동을 받아들이는 정도를 비교한다. 다른 자료 원천으로부터 나온 발견사실들을 비교한다(이를 테면 출간된 연구, 다른 교사의 교실수업).

이 단계에서는 시간 얼개를 다시 생각해 볼 필요성과 함께(6단계) 뒤로 돌아가서(7단계) 추가적인 자료를 모으는 일이 필요하다는 것을 종종 발견한다는 점에 주목하여야 한다. 현장조사연구의 되풀이되는

성질이 일관되고 개방적이기 때문에 좌절의 가능성을 최소화해 줄 것이며 교사뿐만 아니라 학생들에게 혜택을 줄 수 있는 더 많은 성과가 있는 노력으로 이어질 것이다.

자료들이 어떻게 분석되는지 보기 위하여 두 개의 본보기 조사연구를 살펴보기로 한다.

[본보기 6.1g] 자료 분석

주제: 어휘 확장을 위한 명시적인 가르침 기법들

질문: 새로운 어휘 학습에서 학생들을 도와주기 위해 사용한 접근법은 무엇인가?

자료 분석: 한 달 동안의 자료 수집이 끝난 뒤 연구자가 사용한 명시적인 어휘 가르침 기법이 어떤 것이며 그 활용의 정도(활용의 빈도)를 알아보기 위해 집계표를 만들 것이다. 흐름을 찾을 것이며 적절하다면 다른 갈래로 기법들을 범주화할 것이다(예를 들면 학생 중심, 교사 중심, 능동적, 수동적). 연구자는 현재의 선호도를 발견하려는 목표뿐만 아니라 활용하고 있거나 전혀 활용되지 않은 기법을 발견하려는 목적으로 자료를 해석하려고 작업을 할 것이다.

[본보기 6.2g] 자료 분석

주제: 교실수업에서 묵독의 분량

질문: 얼마나 많이 학생들이 교실수업에서 실제로 묵독을 하고 있는가?

자료 분석: 자료 수집 기간의 막바지에 (a) 기록 보관 용지(그림 6.3)에 기록된 대로 수업 중에 묵독의 전체적인 분량(분 단위), (b) 수업 주기 동안 읽기의 평균 분량(분 단위의 전체 시간의 양÷자료가 기록된 날짜의 수), (c) 교사와 함께 있는 수업의 분량과 관련하여 읽기를 하면서 시간을 보낸 수업 시간의 백분율(주 단위로, 읽기를 하면서 보낸 분량의 전체÷주 단위

로, 분 단위의 전체 수업 분량)을 계산함으로써 자료를 변형할 것이다. 숫자로 표시한 발견사실들은 5분 단위로 늘어나기 때문에 통계적으로 산출될 것이라는 점을 유의할 것이다. 결과들은 시간에 바탕을 둔 과제(읽기에 걸리는 시간)에 대한 구체적인 증거를 제공할 것이 틀림없다.

6.1.9. 결과들에 대한 숙고(9단계)

현장조사연구 과정에서 이 국면은 검토 단계와 분석 단계(8단계)와 구별하기 어렵다. 이는 조사연구의 순환적인 특성을 실제로 드러낸다. 자료를 분석해 감에 따라 조사연구 탐구거리에 대한 답하기, 탐구거리로 이어지는 결론의 유도와 진퇴양난의 해결(혹은 호기심의 충족)이라는 궁극적인 목적을 위해 관찰의 중요성과 유용성을 자연스럽게 반추해 보게 된다. 그 과정에서 이와 같은 중요한 단계에 있는 동안 무엇을 알게 되었는가를 결정하기 위해 주제(1단계)와 조사연구를 이끌어가는 조사연구 질문(2단계)을 다시 고려한다. 한 걸음 나아간 조치(10단계와 11단계)를 안내해 줄 해석을 하고자 노력한다. 교사가 결과와 앞으로의 조치에 대해 신중하게 학생들을 개입시키고자 원하는 때가 바로 중요한 이때이다. 열린 마음으로 (혼자서 혹은 동료와/동료나 학생들과 함께) 다음과 같은 중요한 질문을 고려해 볼 수 있다. 결과가 의미하는 것이 무엇인가? 자신에 대해서 무엇을 알았는가? 학생들에 대해서는? 읽기에 대해서는? 읽기 가르침에 대해서는? 읽기교육과정에 대해서는? 학급에서 진행되는 가르침과 배움을 개선하도록 얻을 통찰을 어떻게 활용할 수 있는가? 발견사실들에 근거를 둘 때 교실수업에서 가르침의 어떤 측면은 같은 상태로 유지하고 어떤 측면은 바꾸어야 하는가? 좀 더 효율적인 학습 환경을 만들기 위해 어떻게 가르침 방법을 수정할 수 있는가? 이들은 이 단계에서 떠오르는 질문들과 정확하게 같으며 현장 연구의 계획과 흐름을 조정하도록 하는 것일 수 있다.

이전에 몰랐던, 자신들의 가르침에 대한 통찰을 얻거나 전문 직업인으로서 자신에 대하여 무엇을 발견하는 것이 현장조사연구의 본질이다.

▶▶▶Wallace, 1998: 44

이 단계에서 다음과 같은 질문을 던지면서 현장조사연구 그 자체를 숙고해 볼 수 있다.

1. 지금의 현장조사연구의 강점과 약점은 무엇인가?
2. 그 결과들을 되살필 때 어떤 한계점을 고려해야 하는가?
3. 주제에 대해서 더 알기 위해 한 단계 더 조사연구를 진행해야 하는가?
4. 지금 새롭게 가지게 된 탐구거리는 무엇인가?
5. 이들 탐구거리가 더 발전적인 현장조사연구를 위해 발판이 될 수 있는가?
6. 이 경험에 바탕을 두고 어떻게 앞으로의 현장조사연구를 위한 얼개를 짤 수 있을까?

진행 과정에서 이 단계에 대한 더 많은 통찰을 얻기 위해서 다음과 같은 현장조사연구거리를 고려해 보기로 한다.

[본보기 6.1h] 결과들을 깊이 살핌

주제: 어휘 확장을 위한 명시적인 가르침 기법들
질문: 새로운 어휘 학습에서 학생들을 도와주기 위해 사용한 접근법은 무엇인가?
결과들을 깊이 살핌: 자료들에 나타나는 유형들에 대해 생각하여 왔고, 왜 어떤 어휘 가르침 기법을 끌어들이고 왜 다른 것을 피하였는지 이해하려고 하였다. 연구자는 새로운 어휘 항목을 가르치기 위하여 규칙적으로 뜻매

김과 반의어, 동의어를 활용하고 있으며 예시 그림과 흉내 내기를 이용한 다는 것을 발견하였다. 컴퓨터의 도움을 받는 어휘 가르침, 말뭉치 분석, 이음말 자각 활동, 어휘 묶음(lexical sets), 의미 자질 분석(semantic feature analysis), 낱말 구성 분석(analysis of word parts), 동족어 자각과 같은 활동 을 단 한 번도 하지 않았다는 것을 당혹스럽지만 인정하게 되었다.

[본보기 6.2h] 결과들을 깊이 살핌

주제: 교실수업에서 묵독의 분량

질문: 얼마나 많이 학생들이 교실수업에서 실제로 묵독을 하고 있는가?

결과들을 깊이 살핌: 예측한 것처럼 학생들이 실제 읽기에 참여하는 시간의 전체 분량은 작았는데 때로 교실수업에서 오 분이 넘지 않았다. 학생들이 일 분 이하로 읽는 날들이 있었다. 학생들이 읽기 능력을 향상시키기 위해 읽을 필요가 있다는 것을 알고 있으므로 묵독이 어느 정도 적게 교실수업 에서 진행되는지 알게 되는 것은 실제로 성가신 일이다. 대부분의 시간을 읽기, 어휘 복습하기, 연습 문제 복습하기에 대부분의 시간을 보냈다. 교장 이 교실까지 걸어와서 전체적으로 교실이 책을 읽느라고 조용하다면 무슨 말을 할 것인지 궁금하다.

이제 연구자는 더 읽기 위한 시간을 더 만들어야 한다는 것을 깨달을 필요 가 있다는 것을 확신하게 되었다. Grabe(2009)에서 잘라 말하였듯이, 어디 에도 지름길은 없다! 학생들은 읽으면서 읽기를 배우는 것이다.

6.1.10. 실천을 위한 해결 방안을 만듦(10단계)

현장조사연구의 목적은 그 과정에서 이 시점에 이르는 것이다. 말하 자면 우리는 일반적으로 교실수업에 대한 더 나은 이해를 하고자 할 뿐만 아니라(1~9단계), 교실수업의 가르침을 개선하기 위해 실질적인 조처를 취하기 위해 현장조사연구에 참여한다(10~11단계). 교실수업의 가르침과 배움을 끌어올리는 한 가지 방법은 조사연구의 결과들에 대하여 깊이 생각한 뒤에 실천을 위한 해결 방안을 만드는 것이다. 그리고 그것들을 실행하기(그리고 조정하기) 위한 계획을 짜는 것이다. (현장조사연구자들은 단지 이 시점뿐만 아니라 전체 과정을 통하여 그와 같은 문제들을 깊이 생각할 가능성이 높다.) 해결 방안을 '탐색하는' 동안 발견되기를 기다리는 단 하나의 해결 방안이 있을 것이라고 가정해서는 안 된다. 오히려 우리가 선택할 수 있는 것으로부터 아마도 많은 실천 가능한 선택내용이 있을 것이다. 실험에 바탕을 두고 있는 완전히 새로운 접근법이나 기법, 혹은 (읽었거나 학회에서 들었던 어떤) 자료 묶음들을 신중하게 시험해 보아야 한다. 믿을 수 있다고 검증된 기법을 조촐하게 혹은 대규모로 재구성해 볼 수 있다. 핵심은 결과(그리고 읽기 이론들과 다른 조사연구로부터 나온 통찰)들을 조처를 취하기 위해, 즉 새로운 교실수업 실천에 시도하기 위해 활용한다는 것이다.

제기된 질문에 응하여 만들어진 실천을 위한 해결 방법 몇 가지를 찾아내기 위하여 두 가지 본보기 사례를 다시 보기로 한다.

[본보기 6.1i] 실천을 위한 해결방안

주제: 어휘 확장을 위한 명시적인 가르침 기법들

질문: 새로운 어휘 학습에서 학생들을 도와주기 위해 사용한 접근법은 무엇인가?

실천을 위한 해결방안: 조사연구의 결과에 바탕을 두고 이제 명시적인 어휘 가르침 기법의 목록을 드넓히기 위한 결정을 하기로 한다. 세 가지 기법을 가지고 실험을 하는 것으로 출발하고자 하였는데 이는 이전에 사용하지 않았던 기법이다. 그것은 컴퓨터의 도움을 받은 어휘 가르침(Chapelle and Jamieson, 2008; Horst, Cobb and Nicolae, 2005), 이음말 자각 활동과 어휘 묶음 활용(Zimmerman, 2009)이었다. 앞으로 다른 기법으로 실험할 수 있을 것이다. 날개를 펼치는 데 도움을 줄 것들이 많이 있는 듯하다. 첫째로 (연구자의 연구가 아니라 Nation(2008), Schmitt(2008)과 같은 다른 사람들에 의한 연구는) 독자들의 발달을 위해 명시적인 어휘 가르침의 값어치를 지적하여 왔다. 두 번째로 학생들의 읽기는 어휘력이 클 때 나아질 가능성이 높으며 어휘력이 자라나는 것에 연구자의 관여가 고마울 것이다. 세 번째 가르침의 목록을 넓힐 때 어휘력 구축을 위해 독립적으로 사용할 수 있는 새로운 전략들을 학생들에 접속하도록 하였다.

컴퓨터의 도움을 받은 어휘 가르침으로 실험하기 위하여, 미리 할 것이 있었다. 컴퓨터 실습실에서 이용 가능한 어휘력 구축을 위한 무른모에 익숙해지며 컴퓨터의 도움을 받는 어휘 가르침의 비법에 익숙해질 필요가 있었다(예를 들면, Chapelle and Jamieson(2008)이 있음). 이음말 자각 활동과 어휘 묶음을 가르침에 통합하기 위하여 다른 교사들의 자료집(예를 들면, Folse(2004b), Nation(2008), Zimmerman(2009)이 있음)과 실천을 위한 제안에 대해 누리집(10장 참조)을 참고하였다.

학생들의 입장에서 학생들이 어려움을 가지고 있을 가능성이 높은 어휘 항목과 실험을 목표로 하여 명시적인 어휘 가르침 기법에 도움이 되었던 어휘 항목을 확인하기 위하여 학급에 있는 핵심적인 읽을거리를 다시 읽어보는 것도 이로울 것이다. 그리고 그 다음에 단원 수업 계획에 그 낱말과 기법들을 가지고 연구를 할 것이다.

앞으로 연구자는 학급에서 말뭉치 도구를 끌어들이게 될 것이다. 그렇게 하기 위해서 명시적인 어휘 가르침을 위하여 들어보았던 누리그물을 찾아보고 어떻게 사용할 것인지 생각하기 시작할 것이다(예를 들면, http://corpus.byu.edu와 www.americancorpus.org가 있음). 이는 앞으로의 현장 연구를 위한 연구거리가 될 것이다.

또 다른 현장 연구 가능성은 (같은 학생들을 가르치는) 동료들이 새로운 어휘들을 어떻게 가르치는지 알아보기 위해 그들을 면담하는 일과도 관련이 있을 것이다. 실제적인 면담에 앞서 가끔씩 동료들에게 언급하고 그들을 면담하고자 하는 이유를 설명할 것이다. 바람직한 것은 그 주제와 협력 활동에 관심을 갖게 되는 것이다. 대화를 위한 발판으로서 기법들에 대해 작성한 목록들을 활용할 것이다. 그리고 반응들의 기록을 보관하기 위하여 적어둘 것이다. 누구에게든 자료를 모을 때는 교육과정에 걸쳐 학생들이 가지고 있는 어휘 학습 경험을 확인하기 위하여 면담의 결과를 분석할 것이다.

[본보기 6.2i] 실천을 위한 해결방안

주제: 교실수업에서 묵독의 분량

질문: 얼마나 많이 학생들이 교실수업에서 실제로 묵독을 하고 있는가?

실천을 위한 해결방안: 현장 연구의 결과는 학생들이 읽기에 최소한의 시간을 보내고 있음을 보여 준다. 읽기 기술의 발달에 대해 알고 있는 모든 것으로부터 학급에서 읽기를 하면서 보내는 시간을 늘리는 것이 절박하였다.

조처를 취하는 단계. 먼저 학급에서 묵독에 학생들이 보내는 시간의 양을 늘리기 위해 연구자는 일주일에 이틀 동안 지속적인 묵독(SSR: Sustained Silent Reading)의 판박이 과정으로 실험을 하고자 한다. 그렇게 하기 전에 그것을 가르침으로 통합하는 근거를 이해하고 연구자의 노력에 지지를 받고자, 제안한 SSR 교육거리에 대해 학교장에게 말하는 만남을 계획할 것이다. 그는 의사소통을 위한 언어 교실을 강하게 옹호하는 사람이기 때문에 학생들의 자리에서 스스로의 공부를 하면서 묵독에 몰입하는 조용한 교실수업의 혜택을 그가 인정해 줄 필요가 있다. 두 번째로 새로운 읽기 자료를 학생들이 읽도록 가져오는 대신에 묵독 시간을 늘리는 방편으로 같은 덩잇글을 다른 목적으로 다시 읽게 할 계획이다(5.3.6.2 참조). 다시 읽기를 함에 따라 덧붙여진 장점은 학생들이 지니고 있어야 하는 어휘에 되풀이해서 접촉한다는 것이다.[7]

---

7) 원문에서 이 문장의 관계절에 have가 빠진 듯하다. 즉, that students have to vocabulary

6.1.11. 해결 방안으로 실험하고 조정하기(11단계)

현장조사연구 과정의 이 시점에서 교실수업 가르침의 효율성을 끌어 올리고자 하는 목표를 지니고 현장 연구 탐구거리의 실천을 위한 해결방안을 간절히 실행해 보고자 하게 된다. 조사연구와 깊은 생각을 통해 만들어낸, 실천을 위한 해결방안은 일반적으로 흥분과 긍정적인 도전의 원천을 대표하는데, 이들이 우리의 현실, 말하자면 교실수업과 학생들과 그들의 욕구와 밀접하게 묶여 있기 때문이다. 얼마나 제안된 해결방안이 효과적일지 아는 것이 가능하지 않으므로 그 효율성을 결정하기 위해 현장조사연구가 이어지는 초기 단계를 고려해 보는 것이 당연하다. 물론 이는 그 과정을 다시 시작하기 위하여 1단계와 2단계로 거슬러 올라감을 의미한다.

현장조사연구 과정을 통해서 배울 수 있는 것은 결코 결정적일 수도, 정태적이거나 자족적일 수 없다는 것이다. 실제로 이는 되풀이되는 과정의 본질 바로 그것이다. 더 큰 주제에 안겨 있는 좁은 영역의 탐구에서는 어쩔 수 없이 새로운 현장조사연구의 연구거리로 이어지는 새로운 질문에 맞닥뜨린다. 현장 연구의 되풀이되는 속성이 새롭고 다룰 만한 새로운 현장 연구의 주제를 위해 여러 겹의 기회를 만들어 준다.

여기서도 이 단계가 어떻게 펼쳐지는지 보기 위해 두 가지 본보기 사례로 돌아가 보자.

[본보기 6.1j] 실천을 위한 해결방안

주제: 어휘 확장을 위한 명시적인 가르침 기법들
질문: 새로운 어휘 학습에서 학생들을 도와주기 위해 사용한 접근법은 무엇인가?

로 되어 있지만 that students have to have vocabulary가 맞을 듯하다.

실천을 위한 해결방안에 대한 실험: 단원 수업 계획으로 이런 새로운 어휘 가르침 기법을 통합할 수 있게 될 때(이런 기법들이 고려하고 있는 덩잇글과 어휘를 보완하게 될 때) 연구자는 학생들의 요구를 충족시키기 위하여 단원 설계에서 한 조정과, 기법을 둘러싼 반응의 정도를 관찰하게 될 것이라고 확신한다. 기법을 교실수업에 통합하는 방법과 기법의 민감성을 평가하기 위하여 (뒤따르는 현장 연구의 일부분으로) 방과 후 일지를 기록하며, 기법에 대한 학생들과 연구자의 반응을 기록한다. 어떤 변화가 있다면 일어난 변화를 반영하기 위하여 단원 설계에서 그것도 메모하여 둘 것이다.

[본보기 6.2j] 실천을 위한 해결방안

주제: 교실수업에서 묵독의 분량

질문: 얼마나 많이 학생들이 교실수업에서 실제로 묵독을 하고 있는가?

실천을 위한 해결방안에 대한 실험: 지속적인 묵독(SSR)에 대한 근거를 교장에게 설명하기 위한 만남으로 시작하여 곧 바로 정기적으로 SSR을 실행하는 것이 바람직하다. 필요하다면 교장으로부터 이 연구거리에 참여하도록 요청할 것이다. 왜냐 하면 가르침을 위한 시간을 할당하는 방법에서 어떤 변화를 수반하기 때문이다. 연구거리에 대하여 학교의 IRB(기관 감사 위원회)에 문의를 해야 할 어떤 근거가 있는지 찾아볼 것이다. SSR에 대한 학생들의 민감성에 대한 자료를 모을 것이기 때문이다. 그 뒤에는 다시 읽기 과제로 시작할 것이다.

SSR로 실험을 하는 학기 동안 표준적인 SSR 절차를 따를 것이다. 여기에는 학생들이 선택한 읽을거리, 정기적으로 짜여진 SSR 주기, 묵독을 함으로써 교사의 참여뿐만 아니라 명시적인 가르침과 평가, 방해를 하지 않음이 있다. 5분 단위의 주기로 시작하여 점점 15분 이내의 단위로 그 길이를 늘여나갈 것이다. (뒤따르는 현장 연구의 연구거리로) 학생들의 흥미를 지속하기 위한 최적의 시간 할당을 확인하기 위하여 시간 할당의 정해진

길을 유지하고 학생들의 집중력과 태도, 산만함에 대해 기록을 할 것이다. 학생들이 SSR과의 경험이 부족하기 때문에 처음에는 혼란과 저항이 어느 정도 있을 것이지만 그런 점을 무시하고 연구를 할 것이다.

SSR 실행에 대한 근거를 설명하기 위하여 교장과 만날 때 (a) 독자의 읽기 능력 발달을 위해 묵독의 중요성을 분명하게 하고, (b) SSR의 본질적인 측면과 읽기 기술 계발을 위한 교육과정 실행에서 역할을 설명하며, (c) SSR을 뒷받침하기 위해 잘 알려진 읽기 조사연구자들 여럿에 의해 뒷받침되고 있는 사항들을 보고할 준비를 할 것이다.

6.1.12. 동료와 통찰을 공유하기(12단계)

(실제로 '마지막' 단계와 같은 단계가 있다면) 현장 연구의 '마지막' 단계에서 조사연구로부터 배운 것들을 관심을 가지고 있는 동료들과 공유할지 여부에 대한 선택이 있다. 현장조사연구의 과정에 대한 발견사실들과 실천을 위한 해결방안과 통찰을, 같은 기관에 있는 동료들과 나누거나 (비공식적인 토론과 격식을 갖춘 발표, 포스터 발표(poster session)와 같은) 모임에서 다른 기관에 있는 전문가들과 나누어 가질 수 있다. 학교나 지역의 소식지에 혹은 전문 학회지에 발간을 하거나 누리그물의 의견 교환 모둠(internet chat group)이라는 수단으로 통찰을 나누어 가질 수도 있다(현장 연구의 보고서를 쓰는 방법에 대한 유익한 안내는 Burns(1994)의 7장, Burns(2010)의 5장을 참조할 것. 비밀의 유지라는 문제와 보고하기의 윤리에 대한 존평은 Wallace(1998)의 3장과 Burns(2010)의 2장을 참조할 것).

현장조사연구의 발견사실들을 퍼뜨리는 일에는 많은 장점들이 있다. 비록 교실수업에서 혼자서 작업을 하지만 교사들은 비슷한 도전의식(과 기쁨)을 경험한다. 어떤 교사의 관심사는 종종 다른 동료들의 관심사를 반영한다. 한 교사의 좌절은 종종 다른 교사들의 좌절을 보여 준다. 공동의 관심사와 분위기 때문에 현장 연구에 참여하고 있는 동료들의 통찰에 종종 관심을 갖는다. 비록 정보를 퍼뜨리,는 데 시간이 걸릴지라도 그 노력은 값어치가 있는데 곱하기 효과(multiplier effect)[8]라고 부르는 것 때문이다. 터득한 것들을 다른 사람들과 나누어 가질 때, 적용되는 학생들의 수가 늘어나는 것이 조사연구의 혜택이 된다. 현장조사연구에 참여하였던 교사들에 의해 소개된 실천을 위한 해결방안으로 다른 교사들이 실험을 할 때 교실수업 가르침을 개선하고자 하는 노력과 학생들의 학습에 잴 수 없는 영향력을 가져온다. 곱하기 효과의 숨은 힘은 여러 가르침 맥락에서 단일의 현장조사연구가 미치는 영향을 확대하여 교실수업에서 가르침과 배움을 끌어올리는 데 영향을 미친다.

이제 두 개의 시범 연구에서 통찰들을 퍼뜨리는 방법을 고려해 보기로 하자.

[본보기 6.1k] 동료와 통찰을 공유하는 방안

주제: 어휘 확장을 위한 명시적인 가르침 기법들
질문: 새로운 어휘 학습에서 학생들을 도와주기 위해 사용한 접근법은 무엇인가?
동료들과 통찰을 나누어 가지기: 학생들에 대한 관찰과, 주석이 달린 단원 계획, 방과 후 학교 일지 항목들은 연구자가 실시한 목표 달성을 위한 세 가지 명시적인 가르침 기법이 (연구자와 학생들에게) 어떻게 작동하는가에 대한 값진 통찰을 제공해 주는 것이 틀림없다. 연구자는 지역의 교사 협의회에서 전시할 수 있도록 포스터를 만들 생각을 하고 있는데 여기에서는 단원 수업에 어휘 가르침 기법 가운데 적어도 하나를 통합하는 방법에 초점을 맞출 것이다. 포스터에서 연구자는 명시적인 어휘 가르침의

---

8) 일반적으로 승수 효과로 번역하지만 언뜻 보아서 그 의미가 드러나지 않기 때문에 고유어를 살려 '곱하기 효과'로 뒤친다. 뒤에 용어 풀이에 나오지만 어떤 일의 영향이 산술적인 합 이상으로 그 효과가 나타남을 의미한다.

근거, 현장 연구에 대한 간략한 기술, 목표로 하는 기법들에 대한 설명, 문제점과 해결방안의 목록들을 제공할 것이다. 많은 교사들이 포스터에 많이 끌릴 것이라고 가정하고 있는데 어휘가 학생들의 언어 학습에 얼마나 중요한지 모두 알기 때문이다. (주석: 포스터에는 이름으로 어떤 학생들을 밝힐 아무런 이유가 없을 것이다. 따라서 그들의 신분은 보호될 것이다. 포스터에 학생들의 사진을 포함하고 싶다면 그렇게 할 것이라는 허락을 받을 것이다.

[본보기 6.2k] 동료와 통찰을 나누어 가지기

주제: 교실수업에서 묵독의 분량

질문: 얼마나 많이 학생들이 교실수업에서 실제로 묵독을 하고 있는가?

동료들과 통찰을 나누어 가지기: 연구자의 학교에서 다른 교사들과 함께 한 SSR 실험으로부터 얻은 통찰을 나누려고 한다. 이런 통찰을 나누는 것은 가르침의 모든 수준에서 학생들이 방해를 받지 않는 읽기로부터 혜택을 받을 수 있기 때문에 중요하다. 연구자의 관심 영역에 있는 교사들과 비격식적인 언급으로부터 시작할 것 같은데 그들을 잘 알고 있으며 그 학생들의 읽기 능력에 대해 관심을 갖고 있다는 것을 알기 때문이다. 다음에 SSR의 일반적인 원리와 해결방안과 함께, 연구자가 겪었던 궁지에 몰렸던 몇 가지와 표준적인 절차, 교사를 위한 지침 몇 가지를 상세하게 쓸 것이다. 교직원 회의에서 동료들에게 지침을 제시하고 그 다음에 SSR을 더 넓은 범위에서 실행할 수 있도록(혹은 적어도 그것으로 실험을 할 수 있도록) 하는, 교과 범위(가능하다면 학교 범위)의 토의를 계획하고 있다.

6.2. 결론

이 장에서 얼개를 제시한 12단계의 현장 연구 과정은 교사 주도의 조사연구와 깊은 생각을 얻기 위한 유연한 얼개로 간주하야 한다. 저자들이 제시한 것에서 현장조사연구 과정에서 참으로 되풀이되는 속성을 온전하게 붙들지는 않았지만, 여기서 제시한 얼개는 저자들의 관점에서 보았을 때, 교실수업의 복잡성을 이해하기 위해 그리고 교실에 기반을 둔 문제점들에 대한 실천 가능한 해결방안을 생성하기 위해 활용하고 다룰 수 있는 도구들을 제시하여 준다. 읽기 가르침에 책임감을 느끼는 사람들은 읽기와 관련된 폭넓은 주제들을 탐구하기 위하여 현장조사연구를 이용할 수 있다. 뒤따르는 세 개의 장(7장~9장)에서, 읽기 조사연구(1장~4장 참조)에 의해서 정당화되었고 현장조사연구를 통해서 쉽게 탐구될 수 있는, 읽기 교사들에 결정적인 중요성을 지니는 9개 영역에 초점을 맞춘다.

7장	8장	9장
• 어휘	• 전략에 따른 읽기	• 읽기 단원의 단계
• 유창성	• 담화 구성	• 읽을거리들
• 동기부여	• 중심 생각 파악하기	• 널리 읽기

[인용 6.8] 현장조사연구의 의의

> [현장조사연구는] 개선을 위해 교사 스스로 주제를 설정하는 수단을 교사들에게 제공함으로써 그리고 변화의 책임을 국외자(학교 당국, 교장, 장학사, 조사연구자)로부터 교사들 자신들로 바꾸거나 개선의 책임을 옮겨놓음으로써 그들의 역할을 다시 자리매김한다.
> ▶▶▶Richards and Farrell, 2005: 172~173

각각의 장에서 저자들은 아홉 개의 관리 가능한, 현장조사연구에서 핵심적인 자질들의 얼개를 제시한다. 전체적으로 27개의 연구거리 모형이 있다. 그 연구거리들은 읽기 관련 논제들의 다양성, 현장조사연구 목적의 다양성, 현장 연구를 이끄는 질문들의 다양성, 자료 모으기와 분석 기법과 시간 얼개의 다양성을 두드러지게 보여 준다. 이 본보기 연구거리들은 서로 다른 기관 맥락을 위해 작거나 크게 고쳐질 수 있는 수용 가능한 모형으로 간주되어야 한다. 읽기와 관련된 다른 현장조사연구를 위한 발판으로서 그것들을 활용하고자 원하는 교사들을 위해 각 장마다 추가적인 조사연구의 탐구거리를 늘어놓았다. 실제로 이와 같은 본보기 연구거리들은 현장조사연구가 다루기 쉬우며, 가변적일 수 있고, 여러 측면을 지닐 수 있음을 보여 준다는 것을 의미한다. 그럼에도 불구하고 교사들의 교실수업과 가르침 맥락에 대해 연구거리들이 교사 자신들에 의해 구성되고 자리매김되어야 하기 때문에 다음 장에서 제시되는 모형들은 이미 만들어진 틀이 아니라 새로운 착상을 만드는 도구로 간주되어야 할 것이다. 동시에 교사들은 읽기 교실수업에서 곧바로 적용될 수 있는 풍부한 가르침의 착상과 자원들을 7장~9장을 통하여 발견할 것이다.

■■■■■ 더 읽을거리

이 장에서 나타나는 인용 문헌들은 여기서 제시한 연구들의 세부 내용들에 대한 핵심적인 참고문헌들을 대표한다. 이 장과 10장(10.6과 10.9)에서 언급되는 것을 넘어서는 부가적인 자료들은 다음과 같다.

- 협력을 통한 현장조사연구에 관련되는 단계들의 논의는 Burns(1999/2010) 참조.
- 현장조사연구와 관련되는 단계들의 논의는 Burns(2010), Farrell(2007, 8장), Ricahrs and Farrell(2005, 12장), Richards and Lockhart(1994, 부록 7, 1장) 참조.
- 자료 모으는 기법에 대한 논의와 설명은 Wallace(1998, 3장~8장) 참조.
- 현장조사연구의 시작과 사례 연구에 대한 설명은 Edge(2001), Richards and Lockhart (1994, 4장~9장의 끝 부분), TESOL의 언어 교사 조사연구 묶음 기획물(Borg, 2006b; Burns and Burton, 2008; Coombe and Barlow, 2007; Farrell, 2006; Makalela, 2009; McGarrell, 2007) 참조.
- 13개 나라에서 교사들의 조사연구 개념에 대한 폭넓은 논의는 Borg(2009) 참조.

제7장 **어휘, 유창성과 동기부여**

: 현장조사연구거리들

이 장에서는 어휘, 유창성과 동기부여에 관련되는 쉽게 적용되는 아홉 개의 현장조사연구거리를 보여 준다. 이 장에서 특별한 초점은 다음에 맞추었다.

- 여러 교실수업 환경에 맞출 수 있는 현장연구거리
- 교사가 주도하는 탐구에 참가하기 위해 교사가 취할 수 있는 단계들
- 서로 다른 자료 수집과 분석 기법들
- 초점을 맞춘 영역과 관련하여 의미 있는 현장조사연구를 이끌 수 있는 추가적인 질문들
- 읽기 기술 발달을 촉진하기 위해 곧바로 교실수업에서 적용할 수 있는 가르침의 착상들

어휘, 읽기 유창성과 동기부여는 숙달된 읽기와 읽기 발달에서 핵심적이다. 그와 같은 이유로, 현장조사연구를 위한 훌륭한 주제를 대표한다. 이들 분야에서 학생들의 발전에 대하여 관심을 갖고 있는, 생각이 깊은 교사들은 다음과 같은 질문을 종종 한다. 어떻게 어휘 학습을 잘 그리고 쉽게 할 수 있게 할까? 교실수업의 자료들을 이해할 정도로 충분한 어휘를 학생들이 갖고 있을까? 학생들은 충분할 정도로

모든 교사들에게 현장조사연구를 강력하게 추천하고자 한다. 그 과정은 보답을 해 주는데 교실수업 관찰결과를 확인해 주고 자신이 내린 판단에 값어치를 부여하도록 격려하기 때문이다. ⋯ 전문성 향상에 대한 전통적인 양식들은 매우 자극적일 수 있지만, 이론과 교실수업에서 실제로 교사들에게 나타난 것과 관련을 짓기가 때로 어렵다. 현장조사연구는 있는 그대로를 교실수업과 관련짓기 때문에 새롭고 재미있다.

▶▶▶Burns(1991: 11)에서 재인용한 린다와 로스

빠르게 읽는가? 이미 꽉 채워진 읽기교육과정에 어떻게 유창성 발달 활동을 잘 집어넣을 수 있을까? 어떻게 소극적인 학생들에게 동기부여를 할 것인가? 학생들 사이에 어떤 유형의 읽기 활동이 동기를 부여할까? 그와 같은 질문들의 값어치에도 불구하고 다룰 수 있는 현장연구를 이끌어 나가기에는 일반적으로 너무나 폭이 넓다. 이런 폭넓은 분야에서 선택한 측면을 겨냥한 질문들과 그에 맞추어 주제를 좁힌 질문들은 일반적으로 바쁜 교사들에게 소득이 있고 다루기 쉬운 것으로 밝혀졌다.

이 장에서 아홉 개의 현장조사연구를 훑어보는데 셋씩 각각의 넓은 주제와 관련이 있다(표 7.1 참조). 각각의 시범 연구거리에서 (a) 그 목적을 기술하고, (b) 핵심적인 조사연구 탐구거리를 구체화하고, (c) 예상되는 결과를 언급하며, (d) 자료를 모으는 일차적인 방법을 확인하고, (e) 자료를 모으는 방법의 수를 세며, (f) 자료를 분석하기 위한 기법을 설명하고, (g) 필요한 시간을 고려하며, (h) 필요한 자원들의 목록을 제시한다. 이들 연구거리는 적어도 네 가지 일차적인 목적에 이바지한다. 이들은 다루기 쉬운 현장조사연구에 대한 착상을 보여주며, 제시된 방법론이나 본보기 탐구거리에 관심이 있는 독자들을 위해 가능한 출발점을 제공하고, 자료 중심의 탐구를 통해 어떻게 가

시범적인 현장조사 연구 거리	주제	자료를 모으는 일차적인 방법(들)
<표 7.1> 7장에서 제시한 시범적인 현장조사연구거리		
	어휘	
7.1.1	사전의 활용	사전 검사, 사후 검사, 학생-교사의 협의회
7.1.2	주석의 효과성	통제 학급과 비교 학급에 활용될 수 있는, 읽고 난 뒤 파악하기 질문이 있는 교실수업 읽을거리,
7.1.3	낱말의 수집 주체로서 학생들	설문지와 순위를 매기는 양식
	읽기 유창성	
7.2.1	낱말 인지에 대한 학생들의 어려움	낱말 인지 연습문제와 학생들의 기록 보관
7.2.2	짝지어 낭독하기	가르침 일지
7.2.3	유창성 가르침 절차	시청각 자료로, 자기 관찰이나 교실수업 관찰
	듣·기부여	
7.3.1	학생들의 관심 주제들	순위를 매기는 양식
7.3.2	독자로서 학생들의 자기 이미지	학생들의 쓰기 숙제, 수행내용철, 등급이 매겨진 책, 주석
7.3.3	읽기에 대한 학생들의 태도	학생들의 설문지

르침을 위한 중요한 착상들이 검토될 수 있는지를 탐구하며, 어떻게 그 결과들이 학생들의 더 나은 학습으로 이어질 수 있는지를 설명해 준다. 그 연구거리들을 온전하게 전개하지는 않았으며 가능한 해결방안을 제공하지 않는다는 점은 주의할 것. 비슷한 질문을 제기하고 싶거나/싶고 비슷한 방법론을 따르고 싶은 교사들은 이들 '계획들'을 적은 부분에서 혹은 더 큰 부분에서 고칠 수 있는데 그에 따라 결과로 나온 연구거리들은 자신들이 가르치는 상황과 그들의 구체적인 관심사들을 구체적으로 보완해 준다.

7.1. 어휘 현장조사연구거리들

부분적으로 어휘는 교사가 주도하는 탐구가 가능한 영역을 대표하는 데 읽기 능력에서 어휘가 하는 중요한 역할 때문이다. 카버(Carver, 2003)에서는 어휘 지식과 독해의 관계가 너무나 강하기 때문에 측정된 값이 등급에 대응하는 점수들로 바뀔 때 제1 언어 맥락에서 완벽한 상관관계를 만들어낼 수 있다는 담이 큰 주장을 하였다. 완벽한 상관관계는 참으로 드물기는 하지만 (a) 어휘력 자람은 독해 능력의 향상으로 이어지며, (b) 읽기의 양은 어휘 자람으로 이어진다(예를 들면, Stanovich(2000)가 있다)는 것에 대한 풍부한 증거들이 있다. 교실수업에서 학생들과 교사는 모두 (때로는 고통스럽기는 하지만) 어휘와 읽기 사이의 공생 관계를 자각한다. 학생들은 오랜 동안 어휘의 중요성을 깨닫고 있으며 교사들은 이미 꽉 짜인 단원에 의미 있는 어휘 가르침을 들어맞게 하려고 노력한다. 읽기 교사들은 일반적으로 어떻게 어휘를 가르치며 그것을 다시 사용할 수 있도록 할 것인가에 대해 흥미가 있으며 어휘를 가르칠 때 어떤 어휘를 가르쳐야 하고 어떻게 별개로 어휘 학습을 촉진할 것인가에 대해 관심이 있다. 교사들은 어떤 낱말을 안다는 것이 무엇을 의미하는가에 대해 생각하며 제한된 시간에 얼마나 많은 낱말들을 가르칠 수 있는지 생각한다. 학업을 위한 목적을 지닌 환경에서 영어 교사들은 학업에 관련되는 낱말 목록(Coxhead(2000), Nation(2001/2008), Hyland and Tse(2007))을 어떻게 자신의 가르침에 통합할 것인지 파악하고자 노력하고 있다(Schmitt and Schmitt, 2005).

[인용 7.2] 독해와 어휘 지식

독해와 어휘 지식의 밀접한 관련성은 오랜 동안 인식되어 왔다. 어휘 지식의 측정은 독해 능력에 대한 최선의 예측 지표이다.

▶▶▶Hudson, 2007: 227

학생들이 압박을 받고 있는, 어휘의 필요성을 진지하게 다루려는 노력으로 교사들은 항상 (a) 구절 동사, 단어족, 익은말, 이음말, 함의, 파생어, 다의어, 어휘 구절 등등을 가르치며, (b) 어휘에 대한 우연 학습(incidental learning)을 촉진하기 위한 기법을 찾고 있다. 이들 영역은 관련되는 현장조사연구를 위한 발판으로 제공될 수 있는 것으로 어휘와 관련된 논제들의 대표적인 사례들을 보여 준다.

아래는 어휘와 읽기에 관련되는 현장조사연구의 세 가지 시범 연구거리가 있다. 이들 연구거리는 서로 다른 조사연구를 위한 탐구거리와 자료를 모으는 기법을 시범적으로 보여 준다. 어휘와 관련된 다른 탐구거리의 대표적인 사례는, 그 가능한 사례들이 참으로 끝이 없기는 하지만, 이 장의 마지막에 늘어놓았다.

7.1.1. 사전의 활용

목적: 우리 교사들은 학생들이 낯선 낱말들의 뜻매김을 찾을 때 사전의 항목들을 통해 힘들게 나아가는 데 많은 시간을 보낸다는 것을 안다. 때로 학생들은 이해를 위해 본질적인 낱말들을 찾아보기도 하지만 다른 시간에는 본질적이지도 않고 유용하지도 않은 낱말들을 찾아본다. 어떤 경우에든 사전을 찾아볼 때 학생들의 읽기는 방해를 받으며, 생각은 중단되고 이해는 제대로 되지 않는다. 그럼에도 여러 연구들에서는 사전의 활용이 이해를 가능하게 한다는 것을 보여 준다(Prichard, 2008). 그렇다면 문제는 효율적인 사전 활용이어야 할 것이다. 제2 언어 학생들 다수가 찾는 낱말의 선택에서 좀 더 선택적이며 사전의 활용에서 좀 더 효율적일 수 있도록 교실수업에서 한 체계적인 연습으로 혜택을 입을 수 있다(Folse, 2004a; Nation, 2008; Schmitt, 2008; Thornbury, 2002). 현장조사연구의 목적을 위하여 사전 활용의 효율성에 초점을 맞춘다. 앞으로의 연구거리에서 낱말 선택(예를 들면, 어떤 낱말을 찾아보며 어떤 낱말을 그냥 두는지)이라는 문제를 쉽게 탐구

할 수 있을 것이다.

핵심적인 질문: 학생들이 영-영 사전을 좀 더 효율적으로 이용하도록 하는 데 어떻게 도와줄 수 있을까?

예상되는 결과: 목표로 삼은 사전(예를 들면, 영-영 학습자 사전이나 작은 전자 사전, 온라인 사전)에 학생들이 익숙하게 하고 효율적인 사전 이용을 위한 전략을 소개한 뒤에 학생들이 그 사전을 좀 더 효율적으로 사용할 수 있을 것이다. 궁극적으로는 읽기에 더 많은 시간을 보내고 사전 항목을 통해 공부하는 데 시간이 줄어들 것이다.

자료를 모으는 일차적인 방법: 사전 검사와 사후 검사, 교사-학생 협의회

자료 모으기: 사전 검사와 사후 검사의 방법으로 학기의 처음과 끝에 자료를 모을 수 있다. 400개의 서로 다른 낱말로 이뤄진 두 개의 단락을 중심으로 설계된 이들 검사지는 체계적인 사전 연습의 앞과 뒤에 학생들의 사전 활용을 평가할 것이다. 검사를 위한 덩잇글은 세 가지 요구 조건을 만족시켜야 한다. (a) 덩잇글의 주제는 학급에 관심을 끌 수 있는 것이어야 한다. (b) 그 덩잇글은 학생들이 편안히 읽고 이해할 수 있는 수준 이상이어야 하며, (c) 더 나아가 이해를 위하여 본질적이면서 학생들에게 낯선 여덟 개의 어휘를 최소한으로 포함해야 한다. 학급의 대다수가 모르는 비슷한 수의 낱말들(대략 여덟 개)을 사전 검사지 덩잇글과 사후 검사지 덩잇글에서 밑줄을 그어 놓아야 한다.

  각각의 검사는 두 부분으로 나누는 것이 좋은 생각일 것이다. 첫 번째 부분은 학생들이 두 단락 가운데 하나를 사전을 덮은 채로 읽는다(학생들의 절반은 한 단락을 다른 절반은 다른 단락을 읽음). 두 번째 부분은 온전한 덩잇글로 시작하는데 학생들은 밑줄 그은 모든 낱말을 찾아보고 사전에서 가장 알맞은 뜻매김을 적어 두도록 하였다. 사전 활용의 효율성을 측정하는 방법으로 검사에서 사전 참고 부분의 처음과 끝 시간을 스스로 재도록 하였다. 사전 검사의 정확성과 효율성 점수는 각각 정확한 뜻매김의 선택과 검사의 두 번째 부분을 완성하는 데 필요로 하는 시간으로 결정하였다. 이들은 기준이 되는 측정값

으로 제공될 수 있다.

사전(事前) 검사가 끝난 뒤, 교사는 학기의 나머지 시기에 학생들이 다음에 친숙해지도록 하기 위해 일주일마다 적어도 10분 정도 사전 (辭典)을 통한 가르침을 하였다.[1]

1. 사전 그 자체(발음기호, 품사 표시와 일반적으로 사용되는 다른 줄임말들, 뜻매김, 용법에 대한 주석, 동의어, 철자법에서 선택내용)와
2. 효과적인 사전 활용을 위한 전략(예를 들면, 낯선 낱말의 품사 결정하기, 여러 의미를 지니고 있는 낱말들의 정확한 뜻매김 고르기, 정확한 표제어 고르기, 익은말 표현 찾아보기)

학기말에 가까워질수록 연습이 마무리될 때 사전 검사의 절차를 따라 사후 검사를 실시하였다. (그러나 사전 검사 국면에서 사용된 두 덩잇글 가운데 다른 덩잇글을 읽은 학생들을 대상으로 함.) 그 뒤에 학생들의 임의 표본으로 교사-학생 모임을 열 수 있는데 그 동안 학생들에게 사후 검사를 끝내기 위해 사용한 전략들을 회상하도록 할 수 있다. 교사-학생 모임을 녹음할 수도 있고 적어둠으로써 그것들을 기록으로 남길 수 있다.

자료 분석: 올바르게 선택한 뜻매김의 수(정확성 측정)와 검사를 완성하는 데 학생들이 필요로 하는 시간(효율성 측정)을 측정하기 위하여 사전 검사와 사후 검사의 결과를 표로 만들 수 있다. 그 다음에 쉽게 학생들의 사전 검사와 사후 검사 결과를 비교해 볼 수 있다. 나아진 정확성 점수와 효율성 점수는 학생들이 사전 활용에 대한 가르침으로부터 혜택을 입고 있음을 암시한다. 정확성 점수와 효율성 점수에서 가장 많이 증가한 학생들에 대하여 어떤 전략들을 사용하였다고 보고

---

[1] 국어교육에서 사전의 활용은 [초등 3~4학년]에서 하도록 되어 있다. 이 성취 기준에서 제시된 것처럼 낱말들의 분류가 초등학교 3~4학년에 가능한지는 의문의 여지가 있다.

하였는지 알아보기 위하여 교사-학생 모임의 기록을 검토해 보기를
원할 수 있다. 만약 학생들이 (혹은 학생들의 일부가) 아무런 향상도 보
이지 않는다면 왜 아무런 향상이 없었는지를 확인하기 위하여 학생
출석 기록, 다른 수행에 대한 측정과 교사-학생 모임 기록을 가능하다
면 참조할 수 있다.

필요로 하는 시간: 두 개의 짝이 되는 검사(사전 검사와 사후 검사)를 계발
하고 사전의 다양한 특징들과 전략들을 학생들에게 친숙하게 하도록
일련의 10분짜리 단원을 계획할 필요가 있다(위 참조). 가르침의 착상
을 얻기 위하여 사전을 활용한 기술이 어떻게 도입되며 다시 사용되
는지 알아보기 위하여 기술에 관련되는 교재를 교사로 하여금 연구하
고 읽어보기를 필요로 할 수 있다.

필요로 하는 자원들: 학생들이 모르는 여덟 개의 낱말이 포함된 400개의
낱말로 이뤄진 두 단락과 (학생들이 사전을 갖고 있지 않다면) 학급 단위
의 사전 혹은 실시간 사전에 접속할 수 있는 컴퓨터 실습실, 교사-학
생 모임을 위한 녹음기.

7.1.2. 주석의 효과성

목적: 교사로서 우리는 제한된 어휘력이 일반적으로 학생들이 만족스
러운 독해를 하는 데 방해가 된다는 것을 보아왔다. 다수의 연구에서
독해를 위해 모르는 낱말에 대한 간단한 뜻매김이 있는 주석의 유용
성을 보여 주었다(예를 들어 Schmitt(2008)이 있다). 실제로 네이션
(Nation, 2001)에서는 여러 이유로 주석의 사용을 옹호하였다. 먼저 주
석은 어려운 덩잇글을 학생들에게 더 쉽도록 만들어 주며, 두 번째로
주석은 부정확하게 추측될 수 있는 낱말들의 의미에 대하여 정확한
의미를 제공하며 세 번째로 주석은 읽기의 중단(예를 들면, 사전 찾아보
기)을 최소화한다. 네 번째로 주석은 낱말들에 주의를 끌고 그에 따라
어휘 학습에 도움을 준다. 따라서 읽기 덩잇글에 주석을 더한다면 학

생들의 독해에 도움을 주는지 알아보는 것은 흥미롭다.

핵심적인 질문: 어휘 주석이 얼마나 학생들의 덩잇글 이해를 도와주는 데 효과적인가?

예상되는 결과: 이와 같은 작은 규모의 현장조사연구 결과는 낯선 낱말이 포함된 덩잇글을 학생 독자들이 이해하도록 도와주는 데 중요한 역할을 한다는 것을 결정하는 데에 도움이 될 것이다. 그 결과는 또한 앞으로 학생들의 일차적인 읽을거리에 주석을 다는 시간을 더하고자 결정하는 데에도 도움을 줄 것이다.

자료를 모으는 일차적인 방법: 생소한 낱말들에 대한 주석의 유용성을 평가하는 교사에 의해 설계된, 교실수업에서 읽을거리인데 읽은 뒤 이해 질문이 있다.

자료 모으기: 한 학기 동안(혹은 한 학년도 동안) 같은 과정의 두 반을 가르치고 있을 때 비격식적인 실험을 수행할 수 있다. 가르치는 반은 통제 학급과 실험 학급으로 지정할 수 있다. 통제 학급은 덩잇글을 아무런 주석 없이 읽고 실험 학급은 학생들에게 낯설다고 간주되는 낱말들에 대하여 주석이 있는, (교사가 쓴) 같은 덩잇글을 읽는다. 두 집단의 학생들은 일련의 같은 이해 질문에 답을 하는데, 덩잇글 이해를 위해 학생들을 도와주는 데 유용성을 평가하기 위하여 교사가 구체적으로 출제할 것이다. 같은 덩잇글을 두고 사후 읽기 질문이 있는 대여섯 벌을 마련할 수 있다. 마지막 주기 동안에 사후 독해 질문에 대한 토의가 이뤄지는 동안 실제로 주석이 학생들이 덩잇글을 이해하는 데 도움을 주었는지 결정하기 위하여 두 학급에서 학생들의 이해 능력을 판단할 수 있다.

자료 분석: 이 주기에서 마지막 학급을 가르치고 난 뒤 곧바로 통제 학급과 실험 학급의 읽고 난 뒤 토론과 (주석을 단 낱말들과 관련된 덩잇글 정보에 대한 학생들의 이해를 검사하기 위하여 적어 두었던) 이해 질문에 대한 학생들의 응답을 곰곰이 생각하여 본다. 그렇게 하면서 주석이 덩잇글 이해에서 학생들을 도와주었는지 판단할 수 있어야 한다.

살핌의 결과는 주석의 유용성을 암시할 것이며 앞으로 주석을 달아주기를 해야 할지 여부를 결정하는 데 도움을 줄 것이다.

필요로 하는 시간: 대여섯 벌의 읽기 덩잇글에 대한 두 가지 내용을 담은 글을 써야 한다. 한 곳에서는 낯선 낱말에 대한 주석이 있고 다른 곳에서는 주석이 없다. 가능하다면 주석을 가장자리에 두어야 하는데 앞선 연구에서 가장자리 주석을 더 좋아한다는 것을 지적하였다(Jacobs, Dufon and Fong, 1994 참조). 가장자리에 주석을 다는 일이 번잡스럽다면 주석을 지면의 맨 아래에 일관되게 두어야 한다. 주석을 단 낱말들로 나타내고 있는 개념들을 통합하는 이해 질문을 적어 두고 학생들이 얼마나 그 덩잇글을 잘 이해하는지 평가할 필요가 있다.

필요로 하는 자원들: 주석이 있는 글과 주석이 없는 대여섯 벌의 덩잇글에 더하여 주석을 단 낱말들의 이해를 어느 정도 필요로 하는 이해 질문.

7.1.3. 낱말들을 모으는 주체로서 학생들

목적: 제2 언어 교실수업에서 명시적인 어휘 가르침이 중요한 자리를 차지하지만(Grabe, 2009; Nation, 2000; Schmitt, 2000/2010), 학생들이 알아야 할 모든 낱말들을 가르치는 일은 가능하지 않다는 것을 안다. 따라서 학생들은 스스로 배우고 복습하는 전략들을 계발할 필요가 있다. 어떤 학생들은 낱말을 자연스럽게 모으지만, 다른 학생들에게는 낱말들을 모으는 다른 기법을 소개할 필요가 있다. 이 현장 연구의 일부로 학생들에게 낱말들을 모으는 서로 다른 방법들을 소개하고 그 다음에 어떤 기법을 학생들이 가장 좋아하는지 결정할 수 있다. 바람직한 것은 자신의 학습 유형을 보완해 주는 기법에 적어도 하나를 발견하고 그것에 익숙해지기를 바라는 것이다.

핵심적인 질문: 자율적인 어휘 학습을 장려하기 위해 학생들에게 소개할 수 있는 낱말 모으는 기법들은 무엇인가? 어떤 기법을 학생들이 가장 좋아하는가?

예상되는 결과: 이 현장 연구의 결과는 서로 다른 낱말을 모으는 기법에 대한 학생들의 민감성을 보는 통찰로 이어질 가능성이 높다. 이와 같은 지식은 학생들에게 어휘 수집 전략들을 소개하는 방법들에 영향을 미칠 것이다. 추가적인 혜택은 물론 학생들이 스스로 고안할 수 있으며 다른 학생들과 공유할 수 있는 덜 전통적인 낱말 수집 기법에 교사가 친숙해질 수 있다는 것이다.

자료를 모으는 일차적인 방법: 설문지와 순위를 매기는 양식

자료 모으기: 이 연구의 시작에서 학생들에게 배우고자 하는 낱말들을 모으고 스스로 복습하는 방법을 보여 주는 설문지(본보기 항목들에 대해서는 그림 7.1 참조)를 마무리하도록 할 수 있다. (아마도 소수의 학생들이 어떤 형태의 낱말 모으기에 참여하지 않을 것이다.) 그 다음에 학기의 과정에 걸쳐 (첫 번째 항목을 제외하고) 설문지에 늘어놓은 기법을 '공식적으로' 교실수업에 차례대로 통합할 수 있을 것이다. (만약 학생이 또래들이 해 볼 수 있는 유용한 기법으로 증명이 된 추가적인 기법을 설문지에 늘어놓는다면 학생들에게 소개되었고 학생들이 연습을 해본 낱말 모으기의 선택내용으로 더할 수 있다.) 학생들은 각각의 기법에 대하여 대략 2주 동안에 실험해 볼 기회를 주어야 할 것이다.

2주짜리 주기의 시작에서 수업의 5~10분 동안을, 목표로 삼은 낱말 모으기 기법에 대한 토의에 바칠 수 있다. 이와 같은 도입을 위한 토의가 이뤄지는 동안, 그 기법에 '이름'을 붙이기 위하여 학생들과 함께 노력하여야 한다. 이 시간 동안 낱말 모으는 절차를 복습하고, 장점을 토의하며 목표로 삼은 기법을 활용하여 연습하는 기회를 학생들에게 줄 수 있다. 이미 그 기법과 함께 한 경험이 있는 학생들은 급우들과 통찰을 공유하도록 요구할 수도 있다. 그와 같은 능동적인 학생들의 참여(와 해당 기법에 대한 지지)는 교사 중심의 인정보다 더 많은 긍정적인 영향을 줄 가능성이 높다.

2주 동안에 걸쳐 다섯 차례 수업 시간에 늘려 잡은 10분(전체 50분) 동안, 그 기법의 융통성을 보여 주기 위해 학급에서 (가장 알맞은 때를

기억하기를 원하는 낱말들을 어떻게 모읍니까? 왼쪽에 있는 설명을 읽어 보세요. ✔를 오른쪽의 해당되는 곳에 표시하시오.

동의함　동의하지 않음

1. 낱말을 모으지 않습니다.　　　　　　　────　　────

[위의 (1)에서 동의하지 않는다면 아래에 있는 설명을 계속합니다.]

결코
하지 않음　언제나　때때로

2. 새로운 단어를 적고 어휘 카드에 번역을 적어 둡니다.

3. 공책이나 컴퓨터 파일에 어휘 목록에 새로운 낱말을 보관합니다. 기억하고자 하는 새로운 낱말을 듣거나 읽을 때 이 목록에 더해 놓습니다. 하루에 다섯 개의 새로운 낱말에서 멈춥니다. 대개 낱말을 처음 보거나 읽는 곳에2) 적어둡니다.

4. 새로운 낱말들은 순간 파악 연습용 카드를 만듭니다. 한 쪽에는 그 낱말과 품사(그리고 발음)를 적습니다. 다른 쪽에는 뜻매김, 예문, 그 낱말을 기억하는 데 도움을 줄 특별한 그 무엇이 포함됩니다.

5. 특별한 어휘 공책을 간직하고 있는데 단어족과 익은말로 이루어져 있습니다. 각 낱말의 끝에 품사를 표시하고 원래의 예문을 옮겨 적고, 만들어낸 문장을 적습니다. 익은말 다음에는 그 의미를 기억하는 데 도움이 되는 무엇인가를 적어놓습니다.

6. 주제나 대상이 흥미로운 새로운 낱말들로 구성을 합니다. 공책에는 주제나 대상에 따라 지면을 따로 만듭니다.

7. 다른 _____
_____

[그림 7.1] 학생들이 스스로 어휘를 모으기 위해 기법을 확인하기 위해 마련한 설문지 항목 본보기

골라) 읽기 전 활동, 읽는 중 활동, 읽고 난 뒤 활동의 일부로서 기법을 연습하도록 이끌 수 있다. 2주 동안의 어느 시점에서 학생들은 모은

어휘를 목적에 맞는 과제에서 활용하도록 북돋워줄 필요가 있다. 예컨대 요약글 쓰기 활동을 하는 동안 학생들에게 순간 파악 연습용 카드 모음으로부터 적어도 두 개의 어휘 목록에 있는 낱말3)을 활용하도록 요구할 수 있다. 다른 방법으로 학생들은 모둠으로 공부를 하게 할 수 있는데 최근에 모은 낱말 가운데 셋을 고르게 한 다음, 다른 모둠의 학생들에게 그 단어를 알고 있는지 그리고 어떻게 사용되는지 물어보고 모둠 구성원들에게 그 낱말의 뜻매김을 말해 주고 그들에게 흥미를 끄는 이유를 설명해 주게 한다.

이런 방식으로 낱말을 모으는 모든 기법들을 망라한 뒤에 학급에서 연습한, 낱말 모으기 기법의 순위를 매길 기회를 주도록 한다.

자료 분석: 첫 번째 단계로 어떤 낱말 모으기 기법이 학생들에게 익숙한지 알아보기 위해 (혹은 모든 기법들에 대하여 응답할 시간이 허락되지 않을 경우에는 아마도 단순히 선호하는 기법을 알아보기 위해) 애초의 학생들의 설문지를 모으고 검토하였다. 이 설문지를 학급에서 목표로 하는 기법의 제시 순서가 어떠해야 하는지 결정하기 위해 활용할 수 있다(예를 들어 가장 낯익은 것에서 덜 낯익은 것으로, 가장 일반적으로 사용되는 것에서 덜 일반적으로 사용되는 것으로). 이른 시기의 설문지 응답은 도입 활동을 하는 동안 어휘를 모으는 기법과 관련된 이전의 경험을 공유하도록 할 수 있는 학생들을 확인하는 데 쓰일 수 있다. 연구의 막바지에 이르러 학생들이 선호하는 어휘 모으기 기법과 덜 선호하는 어휘 모으기 기법을 확인하기 위하여 학생들의 응답에 순위를 매긴 표를 만들 수 있다. 학생들의 글말 응답을 검토해 보는 일은 학생들의 선호도에 대한 가치 있는 통찰을 제공해 줄 것이다.

필요로 하는 시간: 설문지와 순위를 매기는 양식을 고안하고 그것을 실

---

2) 원서에 where로 되어 있는데 문맥에 비추어 when으로 해석하는 것이 맞을 듯하다. 그에 따라 이 문장은 '그 낱말을 처음 보거나 읽을 때 적어둡니다.'로 해석할 수 있을 것이다.
3) vocabulary word를 우리말로 뒤친 표현이다. vocabulary는 낱말보다 범위가 넓은데 일반적으로 교육적인 목적으로 모아놓은 낱말들의 목록을 의미한다.

학급에서 연습한 어휘 모으기 기법 순위를 매겨 보십시오(1=좋아함, 6=아주 좋아하지 않음). 어느 것을 가장 좋아합니까? 가장 좋아하지 않습니까? 순위를 매기는 근거를 제시하여 봅시다.

순위(1~6)	어휘 모으기 기법	순위를 결정한 근거
	새로운 단어를 적고 어휘 카드에 번역을 적어둡니다.	
	공책이나 컴퓨터 파일에 어휘 목록에 새로운 낱말을 보관합니다. 기억하고자 하는 새로운 낱말을 듣거나 읽을 때 이 목록에 더해 놓습니다. 하루에 다섯 개의 새로운 낱말에서 멈춥니다. 대개 낱말을 처음 보거나 읽는 곳에4) 적어둡니다.	
	새로운 낱말들은 순간 파악 연습용 카드를 만듭니다. 한 쪽에는 그 낱말과 품사(그리고 발음)를 적습니다. 다른 쪽에는 뜻매김, 예문, 그 낱말을 기억하는 데 도움을 줄 특별한 그 무엇이 포함됩니다.	
	특별한 어휘 공책을 간직하고 있는데 단어족과 익은말로 이루어져 있습니다. 각 낱말의 끝에 품사를 표시하고 원래의 예문을 옮겨 적고, 만들어낸 문장을 적습니다. 익은말 다음에는 그 의미를 기억하는 데 도움이 되는 무엇인가를 적어놓습니다.	
	주제나 대상이 흥미로운 새로운 낱말들로 구성을 합니다. 공책에는 주제나 대상에 따라 지면을 따로 만듭니다.	
	다른 _____	

[그림 7.2] 서로 다른 어휘 모으기 기법에 대한 선호도를 나타내도록 한 순위 양식 본보기

시하는 시간을 별도로 두었다(그림 7.1과 7.2). 어휘를 모으는 각각의

---

4) 원서에 where로 되어 있는데, 문맥에 비추어 when으로 해석하는 것이 맞을 듯하다. 그에 따라 이 문장은 '그 낱말을 처음 보거나 읽을 때 적어둡니다'로 해석할 수 있을 것이다.

기법에 대한 소개와 의미 있는 실습을 직접 해 보는 주기도 계획을 할 필요가 있다.

필요로 하는 자원들: 설문지와 순위 매기는 양식

7.2. 유창성5)에 대한 현장조사연구거리들

[인용 7.3] 유창성

> 유창성은 이해에 이바지하며 이해의 산물이라는 증거가 있는데 실천가 뿐만 아니라 읽기 조사연구자들에 의해 지지를 받고 있다.
>
> ▶▶▶Klauda and Guthrie, 2008: 312

(낱말 수준과 단락 수준에서) 유창한 읽기는 효율적인 독해 능력에서 본질적이다(Grabe, 2009). 다수의 제1 언어 조사연구들은 읽기 유창성 연습의 장점을 예증하여 왔다(예를 들면, Fuchs, Fuchs, Hosp and Jenkins(2001), Klauda and Guthrie(2008), Kuhn, Schwanenflugel(2008)이 있다). 유창성 연습에 지속적으로 참여하도록 하는 소수의 제2 언어 조사연구자들은 이를테면 수준에 맞춘 덩잇글과 다독 교육거리(book flood programmes)로 널리 읽기라는 수단으로 많이 읽음으로써 다른 무엇보다도 더 유창성이 발달할 수 있다는 것에 동의한다. 후자는 학생들이 다양한 방식으로 공유를 하고 읽고 토의할 수 있는 흥미로운 읽을거리를 학생들에게 제공하는 교육거리이다(Elley, 2000). 교사들은 또한 학생들로 하여금 여러 유창성 확립 활동에 참여하게 할 수 있다(Grabe(2009),

---

5) 국어교육과정에서 유창성은 [초등학교 1~2학년군]의 읽기 영역의 성취 목표로 제시되어 있다. 유창성에 해당되는 기준은 다음과 같다. (2) 낱말과 문장을 정확하게 소리 내어 읽는다. (3) 의미가 잘 드러나도록 글을 알맞게 띄어 읽는다. (4) 글의 분위기를 살려 효과적으로 낭독하고 읽기의 재미를 느낀다.

Optiz(2007)를 참조하고 표 7.2도 참조할 것). 비록 전통적으로 제2 언어 교실수업에서는 어느 정도 무시되어 왔지만(Nation, 2009), 교사들은 읽기 유창성의 핵심적인 요소(예를 들면, 자동성, 정확성 읽기 속도와 운율적인 짜임 맞추기인데 Grabe(2009)를 참조할 것)를 학생들이 발전시켜 나가는 데 어떻게 도와줄 것인가를 스스로 물어 봄으로써 시작하고 있다. 이런 다양한 영역들에 대한 통찰은 현장 연구를 통해 결실을 볼 수 있다.

아래에는 읽기 유창성과 관련된 세 개의 현장조사연구 모형이 있다. 이런 연구거리들은 이 분야에서 탐구할 수 있는 논점(조사연구 질문과 자료 모으는 기법)들의 일부분일 뿐이다. 유창성과 관련된 다른 본보기들은 이 장의 마지막에 늘어놓았다.

7.2.1. 낱말 인지에 어려움이 있는 학생들

목적: 유창한 독자들은 정확하고 빠른, 낱말과 구절 인지 능력을 지니고 있다. 실제로 유창한 읽기가 일어나려면 낱말 인지 기술이 자동화되어야 한다(Grabe, 2009). 낱말 인지에서 자동성은 '독자가 여러 가지 읽기 처리에 어느 정도 동시에(혹은 병행하여) 참여하는 중요한 방법'으로 간주된다(Grabe, 2009: 28). 유창성이 발달하고 있는 독자들은 훌륭한 독자가 되기 위하여 낱자, 글자 무리, 낱말의 부분, 낱말과 구절들을 매우 빠르게 인지할 수 있어야 한다. 학생들의 유창성에 대하여 관심을 갖고 있는 우리와 같은 사람들에게 개인별 낱말 인지 연습으로부터 학생들이 혜택을 볼 수 있는지 여부를 결정하는 한 가지 방법은, 낱말 인지에 어려움을 겪고 있는 학생들을 확인하는 것이다.
핵심적인 질문: 낱말 인지와 관련하여 학생들이 어떤 어려움을 갖고 있는가?
예상되는 결과: 아래에 기술한 것과 같이 일련의 낱말 인지 과제를 실행하고 난 뒤 낱말 인지 능력이 약한 학생들을 확인할 수 있을 것이다. 그런 학생들에게 추가적인 낱말 인지 연습을 할당할 수 있다. 학급에

핵심어					
1. direct	distinct	donate	di~~r~~ect	detect	desire
2. trial	entail	serial	trail	~~trial~~	frail
3. through	thr~~ou~~gh	though	thorough	borough	thought
		맞은 개수: ___/20			
		시 간: ___/초			

[그림 7.3] 낱말 인지 연습 양식의 본보기(그리고 응답 표시)

서 읽기 숙제에 마주치게 될 낱말들을 포함하는 일련의 이상적인 인지 연습문제들은 앞으로 여러 활용하기 위해 만들어질 수 있다.

자료를 모으는 일차적인 방법: 낱말 인지 연습문제들과 학생들의 기록물.

자료 모으기: 이 현장조사연구가 시작을 하기 위해서는 학급의 읽기에서 학생들이 마주칠 가능성이 높은 핵심 단어가 있는 20개로 이뤄진 8벌의 인지 연습문제들을 만들어낼 필요가 있다(본보기 양식에 대해서는 그림 7.3 참조, 좀 더 확장된 사례에 대해서는 Folse, 2004a; Jeffries and Mikulecky, 2009a/2009b 참조). 자료 모으기를 공식적으로 시작하기 전에, 수업 주기의 대략 15분 안에 학생들이 (시간 맞추기, 고치기와 기록 보관하기를 포함하여) 인지 연습을 마무리하기 위한 절차에 친숙해져 한다. 도입 단원이 진행되는 동안 학생들은 현장조사연구를 위해 계발된 네 개(혹은 여덟 개)의 연습 문제를 해 볼 수 있다. (이들 네 개의 학습지들을 모을 필요가 없는데 이들은 단순히 학생들이 그 절차에 친숙해지도록 하는 것을 꾀하였기 때문이다.)

우리는 다음의 교실수업에서 자료를 모을 것이다. 10분이나 그 이상이 필요한, 그와 같은 수업 주기에서 학생들에게 나머지 네 개의 인지 연습 문제를 하도록 할 수 있는데 스스로 시간을 재고, 자신의 공부 내용을 고치며, 학습지의 아래쪽에 정확성과 시간을 기록하도록 할 수 있다(그림 7.3 참조). 학생들이 하고 나면 네 개의 학습지들을 모으고 (첫 번째로 마무리된 연습 문제가 위에 오도록 하여) 완성된 순서로 쌓아 두어야 한다.

자료 분석: 모은 자료들 분석을 시작하기 전에 학생들이 완성한 처음의 네 개 학습지들을 제외하도록 하는 것이 좋은 생각이다. 그와 같은 연습 문제는 단순히 연습으로만 보아야 한다. 두 번째, 세 번째, 네 번째 연습의 결과들이 느린 인지 속도와/나 빈약한 정확성을 지닌 학생들을 확인하는 데 도움을 줄 것이다. 이와 같은 학생들은 추가적인 낱말 인지 연습으로부터 혜택을 입게 될 학생들이다.

필요로 하는 시간: 이 현장조사연구를 준비하기 위해 네 개의 인지 연습 문제로 된 두 묶음이 필요한 데 한 묶음은 연습을 위해서 다른 한 묶음은 평가를 위해 계발될 필요가 있다(Folse, 2004a; Jeffries and Mikulecky (2009a/2009b); Rosen and Stoller, 1994 참조할 것). 이와 같은 현장조사연구는 실제로 거의 수업 시간이 필요하지 않다. 수업에서 오직 10~15분 정도를 이런 낱말 인지 연습을 위해 마련해 둘 필요가 있다. 학생들 가운데 일부가 낱말 인지 연습이 필요한 것으로 밝혀지면, 추가로 낱말 인지 묶음들을 앞으로는 개인별 사용을 위해 계발할 수 있다.

필요로 하는 자원들: 20문항으로 이뤄진 두 묶음의 인지 연습 문제가 있는데 각 묶음에는 네 개의 연습 형태가 있다. (인지 연습 문제의 출제와 수업에서 활용에 대한 제안은 Stoller(1993) 참조. 낱말 인지 연습의 다른 형태에 대해서는 Crawford(2005) 참조.)

7.2.2. 짝을 지어 낭독하기

목적: 우리들 가운데 다수는 제2 언어 학습자들에게 소리 내어 읽도록 요구해서는 안 된다는 신화의 정체가 드러났다고 알고 있다(Anderson, 2008b; Nation, 2009. 또한 Gibson, 2008도 참조할 것). 우리가 염두에 두어야 할 것은 효과적인 낭독이 학생들이 이미 읽은 덩잇글을 활용하는 것이라는 점이다. 짝을 지어 다시 낭독하기 과제는 읽기 유창성을 촉

진하기 위한 실행 가능한 가르침 기법을 대표한다. 읽기 교사들이 짝을 지어 다시 낭독하기 과제를 교실수업으로 아우르고자 할 때 종종 자신들에게 묻는 질문 한 가지는 학생들의 짝을 지우는 일과 관련이 있다(예를 들면, 비슷한 읽기 능력과 짝지을 것인가, 아니면 다른 읽기 능력을 지닌 학생들을 짝지을 것인가). 이 현장 연구의 목적은 이와 같은 문제들에 대한 통찰력을 얻는 것이다.

핵심적인 질문: 교실수업에서 짝을 지어 다시 읽기의 가장 효율적인 활용을 위해 어떤 학생들이 짝을 지어야 하는가?

예상되는 결과: 이 현장조사연구의 결과로, 좀 더 구체적으로는 짝을 지은 다시 낭독하기 활동에 대해서 그리고 일반적으로 짝을 지은 공부에 대해서 통찰력을 얻을 가능성이 높다. 경험을 통해서 몇몇 언어 학습 활동의 유형에 대하여 서로 뒤섞인 능력을 지닌 모둠을 구성하는 것이 현명하다는 것을 우리들 다수는 알고 있다. 다른 사람들은 비슷한 능력을 지닌 학생들이 학생들을 모으는 것이 효과적이라고 알고 있다. 이 현장조사연구는 (여기서 기술한 갈래의) 다시 낭독하기 활동을 위해 학생들의 짝을 지우는 효과적인 방법을 결정하도록 도움을 줄 것이다.

자료를 모으는 일차적인 방법: 교사들의 일지

자료 모으기: 조사연구의 질문에 대한 답을 하는 데 도움을 주기 위하여, 짝을 지은 다시 낭독하기를 위한 일반적인 절차를 따를 것이다. 학생들은 다른 목적으로 이미 읽었던 덩잇글을 짝을 지어 공부할 것이다. 학생 A가 예정된 시간(예를 들면, 30초~60초) 동안 단락을 가능한 빠르게 그리고 가능한 정확하게 소리 내어 읽는다. 학생 A가 소리 내어 읽는 동안, 학생 B는 따라 읽으며 필요하다면 학생 A를 도와준다. 예정된 시간의 막바지에서 학생 A는 그가 소리 내어 읽는 끝점을 표시한다. 학생 A와 B는 역할을 바꾼다. 학생 B는 학생 A와 정확하게 같은 덩잇글을 읽는데 처음부터 시작한다. 똑같이 예정된 시간이 끝나고 난 뒤 학생 B는 그가 소리 내어 읽은 끝점을 표시한다. 그 다음에

학생들은 2회에도 그 절차를 되풀이하는데 처음부터 그 덩잇글을 다시 읽어 나간다. 그 목표는 2회에는 그 덩잇글의 더 앞으로 나아가는 것이다. 두 번째 읽기에서 더 나아간 낱말들의 개수를 기록해 둔다.

학생들이 짝을 지어 다시 읽기에 참여할 때마다 같은 절차를 따르겠지만 서로 다른 짝으로 실험을 한다(예를 들면, 같은 읽기 능력을 지닌 학생들의 짝들과 다른 능력을 지닌 학생들의 짝, 같은 능력을 지녔더라도 읽기에 다른 서로 다른 태도를 지닌 짝들, 다른 동기의 특징을 지닌 짝들, 같은 제1 언어를 쓰는 짝들과 서로 다른 제1 언어를 쓰는 짝들). 이 실험을 하는 동안(이는 5~10번의 수업 주기에 퍼져 있을 수 있는데, 시험해 보고자 하는 서로 다른 짝들의 특징이 나타나는 개수에 달려 있다), 가르침 일지에 학생들의 짝을 지은 결정 내용에 대한 기록을 하게 될 것이다. 뒤의 분석에 도움이 되도록 하기 위해 실행을 위한 학생들의 열의, (얼마나 덩잇글에서 나아갔는가에 바탕을 둔) 학생들의 유창성 향상, 다른 사람을 도와주고자 하는 자발성을 포함하여 짝과 함께하는 학생들의 협력 활동, 그리고 적어둘 만한 다른 행동들에 대하여 적어둘 것이다.

자료 분석: 가르침 일지 내용들을 되살필 때 어떤 갈래의 학생들 짝이 가장 효과적인 낭독을 하였는가를 결정하는 데 최선을 다 하게 될 것이다. 그 목표는 주목할 만한 유창성 향상과 학생들의 사이의 더 많은 협력 활동, 읽기와 과제에 대하여 가장 긍정적인 태도로 이어지도록 짝들의 두드러진 특징을 확인하는 것이다.

필요로 하는 시간: 처음에는 교실수업 시간에 학생들에게 활동을 안내하고 유창성의 중요성을 납득시키도록 수업 시간의 일부를 할애할 필요가 있다. 기본적인 절차들에 대한 소개가 끝난 뒤, 짝을 지어 낭독하기의 각 주기마다 필요로 하는 수업 시간들이 몇 분 정도 필요할 뿐이다. 학생들의 반응을 끌어내고, 격려하며 유창성의 향상에 대한 학생들의 자기 보고를 얻어내기 위해 각 주기마다 어느 정도 추가적인 시간을 할당하려는 것은 좋은 생각이다. 이상적으로는 가르침 일지에 덧붙이기 위해 수업이 끝난 뒤 곧바로 시간이 필요하다.

필요로 하는 자원들: 학생들이 다른 목적으로 이미 읽은 덩잇글, 가르침 일지.

7.2.3. 유창성 가르침 절차들

목적: 대부분의 제2 언어 교재 집필자들은 가르침의 표준으로서 유창성 연습을 읽을거리에 통합하지 않는다(Anderson, 2008b/2009). 이와 비슷하게 읽기 교육과정에서는 유창성 연습에 체계적인 실행을 거의 하지 않는다. 따라서 제2 언어 읽기 가르침의 많은 맥락에서 유창성 발달에 거의 주의를 기울이지 않는다. 그럼에도 불구하고 유창성은 읽기 발달과 읽기 성공에 핵심이기 때문에 하나 또는 그 이상의 유창성 활동이 있는 교실수업 활동은 품을 들일만한 값어치가 있다. 이와 같은 조사연구를 위해 의도한 유창성 활동(표 7.2나 다른 곳에 기술된 목록으로부터 고름)의 절차적인 측면에 주의를 기울여야 한다. 그에 따라 설계하기와 실행하기에서 교사의 역할에 주로 초점을 맞추어야 한다. 학생들에 대한 초점 이를테면 유창성 활동에 대한 학생들의 반응 정도와 실행의 결과로서 더 나아진 유창성은, 쉽게 뒤따르는 현장 연구의 목표가 될 수 있다.

핵심적인 질문: 특정의 유창성 활동 실행에서 교사를 위해 어떤 교실수업 절차가 가장 효과적으로 작용할까?

예상되는 결과: 이 현장 연구거리에서 모든 것이 잘 진행된다면 제시와 실행, 학습 정리(wrap-up), 속도 맞추기, 학생들의 질문에 응답하기, 되짚어주기 등등을 포함하여 목표로 삼은 유창성 활동의 철차적인 측면에 대한 가치 있는 통찰을 얻게 될 것이다. 비디오테이프로 실행을 지켜볼 기회를 더해 놓는 것은 효과적인 실천의 지속과 필요한 경우 개선으로 이어질 가능성이 높다. 그와 같은 경험은 교사로 하여금 교실수업에서 유창성의 실천 사례를 실행 가능하도록 헌신하게 하면서 앞으로 있을 다른 유창성 활동을 이용한 실험에 자신감을 줄 수 있다.

자료를 모으는 일차적인 방법: 시청각 자료(나 청각 자료)라는 수단을 써서 자기 스스로의 관찰이나 (다른 동료에 의해) 교실수업 관찰

자료 모으기: 목표로 하는 유창성 활동을 포함하는 두 시간 주기 동안 행위를 붙들어 두기 위하여 비디오카메라를 설치하거나 비디오테이프에 담아두도록 동료들에게 부탁할 수 있다. (이 현장조사연구의 목적을 위하여 비디오테이프는 활동이 지속되는 동안 학생이 아니라 교사에 초점을 맞추어야 한다.)

자료 분석: 비디오테이프로 녹화가 끝나자마자 가능한 빨리 효과적으로 작용하는 단원의 특징과 개선되어야 하는 특징을 확인하려는 목적을 가지고 비디오테이프에 있는 교사 자신의 모습을 보아야 한다. 유창성 활동의 서로 다른 단계들과/단계들이나 칠판의 사용, 가르침, 시간 맞추기, 차례 맞추기, 되짚어주기와 학생들의 질문에 대한 응답에 초점을 맞출 수 있다. 스스로 살핌을 통하여 앞으로의 유창성 연습에 유용한 통찰을 얻을 수 있다.

필요로 하는 시간: 대부분의 우리들은 수업에 유창성 활동을 통합하는 데 익숙하지 않기 때문에, 목표로 하는 유창성 활동을 실천을 위한 착상으로 간주하고 조사연구를 해야 할 필요가 있을 것이다. 그 다음에 교실수업 맥락에서 실천을 위한 세부 내용을 계획해 내기 위해 최선을 다해야 할 것이다. 물론 수업이 끝난 뒤 비디오테이프를 보고 그것들을 살펴보는 시간이 필요할 것이다.

필요로 하는 자원들: 녹화 장비들.

<표 7.2> 읽기 유창성 활동의 표본들		
읽기 유창성을 촉진하기 위한 선택된 가르침 기법들	일반적인 절차들	참고문헌
인지 연습	• 낱말 인지: 학생들은 핵심어를 보고 정확하게 대응되는 낱말이 위치를 알아내기 위하여 비슷하게 보이는 4~5	크로포드 (2005);

	개의 낱말 묶음을 재빨리 훑어본다. 학생들 스스로 시간을 재고 정확도를 셈한다(그림 7.3 참조). • 구절 인지: 학생들은 핵심 구절을 찾아보고 정확하게 대응되는 낱말이 위치를 알아내기 위하여 비슷하게 보이는 4~5개의 구절 묶음을 재빨리 훑어본다. 학생들 스스로 시간을 재고 정확도를 셈한다. • 낱말-동의어 대응시키기: 제한된 시간 안에 핵심어와 동의어를 대응시킨다. 학생들은 같은 낱말들과 동의어가 뒤섞인 묶음과 좀 더 시간 제약이 있는 상태에서, 같은 절차를 두 번 이상 따른다.	제프리와 미쿨레키 (2009a); Rasinski (2003); 스톨러 (1993)
읽기 속도에 관련된 활동	• 따라 읽기(shadow reading): CD(혹은 교사가 소리 내어 읽음)에 있는 덩잇글을 듣고 일련의 과제를 한다. 그들이 들은 것을 토의하고, CD를 다시 들을 때 같은 단락을 묵독하며, CD에 맞춰 조용하게 소리 내어 읽는다. 그리고 이해 질문에 답을 한다. • 속도 끌어올리기: 학생들은 60초 동안 가능한 한 많이 자료를 읽는다. 덩잇글을 이해하는 동안 덩잇글을 더 많이 읽을 것이라는 목표를 가지고 매번 60초 동안 같은 자료를 세 번 이상 읽는다. • 되풀이해서 읽기(repeated reading): 학생들은 미리 설정된 속도와 이해 목표에 도달하기까지 짧은 덩잇글을 되풀이해서 읽는다. • 학급에서 보조 맞춰 읽기: 학급 전체가 교사의 관리에 의해 미리 맞춰진 속도로 보조를 맞춰 읽는다. • 스스로의 속도에 맞춰 읽기: 학생들은 스스로 결정한 속도에 맞춰 읽는다. 읽는 속도로 60초 동안 얼마나 많이 읽어야 하는지 계산해 본 다음 자신이 설정한 분당 낱말 수(wpm)6)에서 일 분 동안 읽어야 하는 5~7개의 덩잇글 조각을 표시해 둔다.	Anderson (2008b, 2009); Moskal and Blachowicz (2006); Rasinski (2003); Rasinski, Blachowicz and Lems (2006)
입말로 지원을 받는 읽기	• 교사가 소리 내어 읽어 주기: 교사나 지도자가 소리 내어 읽을 때 학생들은 조용하게 (따라) 읽는다. • 메아리로 읽기(echo reading): 유창한 독자와 그렇지 않은 독자로 이뤄진 두 명의 독자(예를 들면, 교사-학생, 학생-지도자, 학생-학생이 있음)가 함께 읽어 나가면서 한 번에 읽을 문장이나 구절의 읽을 차례를 바꾼다. 유창하지 않은 독자(두 번째 독자)는 더 유창한 독자가 읽은 문장이나 구절을 메아리로 돌려준다. • 짝으로 읽기(buddy reading): 같은 수준에 있는 두 명의	Blevins (2001); Moskal and Blachowicz (2006); Rasinski (2003); Nation (2009:

	독자들이 함께 어떻게 읽어 나갈지 협의한다(예를 들면, 지면 번갈아 읽기, 함께 읽기, 한쪽을 메아리로 읽기가 있음). 독자들은 그들이 읽은 것에 대해 이야기하기 위해 주기적으로 멈춘다. • 협력하여 되풀이해서 읽기: 짝을 지어 공부를 한다. 학생들은 짝에게 세 번씩 덩잇글을 되풀이해서 읽어 주고 그 짝은 필요할 경우 도움말을 바친다. 그 다음에 학생들의 구실을 바꾼다. • 짝을 지어 입말로 다시 읽기: 조사 연구거리 7.2.2 참조	66~68); Samway, Whang and Pippitt (1995)
읽기 속도에 관련된 활동	• 방송 대본 읽기: (충분히 연습을 한 뒤에) 학생들은 덩잇글에서 할당된 부분을 가능한 한 라디오의 전문 아나운서처럼 소리 내어 읽는다. • 독자들의 극장: 학생들은 학급 친구들 앞에 서고 대본을 읽어 나간다. 독자들은 대본이 살아 있도록 각자의 목소리를 활용한다. 또래들 앞에서 수행을 하기에 앞서 여러 차례 대본을 연습한다. • 시 낭송하기: 학생들은 (많이 연습을 한 뒤에) 다른 사람에게 소리 내어 시를 읽어 준다. 그리고 입말로, 해석하여 의미를 소통한다.	Blevins (2001); Rasinski (2003)

7.3. 동기부여[7])에 대한 현장조사연구거리들

[인용 7.4] 내재적인 동기부여 방법

> 읽기에서 학생들이 선택권을 지니고 있는 학습 환경을 조성함으로써 … 내재적인 동기부여를 촉진할 수 있는 교사들은 협력을 통한 읽기 활동을 필요로 하며 의욕을 북돋우는 읽기와 배움을 필요로 한다.
>
> ▶▶▶McCardle, Chhabra and Kapinus, 200: 210

---

6) word per minute의 줄임말로 분 당 읽어야 하는 낱말의 수를 나타낸다.

7) 현행 국어과 교육과정에서 동기부여는 〈태도〉의 일부로 제시되어 있다. 〈태도〉는 내용 체계에서 〈실제〉, 〈지식〉, 〈기능〉과 함께 영역별(듣기 말하기, 쓰기, 읽기, 문학, 문법)로 중요한 내용이 된다. 다만 성취 기준에는 동기와 관련되는 언급이 명시적으로 나오지 않는다.

학생들의 동기가 읽기 기술 발달에서 중요한 역할을 한다는 것이 별다른 놀라움 없이 다가올 것이 틀림없다. 조사연구에서는 긍정적인 동기가 이해를 나아지게 하며 상당한 분량의 널리 읽기로 이어진다는 것을 예증하여 왔다(예를 들면, Guthrie and Humenick(2004), Guthrie et al.(2004), Pressley(2006)가 있다). 예컨대 내재적 동기를 지니고 있는 학생들은 이해 전략을 더 자주 사용하고 더 이해를 잘 하는 것으로 보고한다. 교사들과 교재, 교육적인 맥락이 학생들의 동기에 많은 영향력을 지니고 있다. 관찰력이 있는 교사들은 정기적으로 교실수업에서 동기의 영향력을 눈으로 본다. 학생들의 동기부여를 촉진하기 위한 다수의 추천 방법들을 문헌에서 발견할 수 있다(예를 들면, Grabe(2009); Komiyama(2009a); Pressley(2006)가 있음). 여기에는 학생들에게 선택권 주기, 학생들의 흥미를 건드리기, 목표 설정을 북돋워주기, 학생들의 자신감 세워주기, 읽기 과제와 관련된 결정에서 학생들 참여시키기, 학생들의 성공에 대한 예감을 키워주기 등이 포함된다. 동기 확립을 위한 다른 전략들(예를 들면, Dörnyei(2001), Dörnyei and Ushioda(2010)가 있음)에 더하여 이와 같은 연습은 의미 있는 현장조사연구거리로 쉽게 이어질 수 있다.

아래에서 저자들은 동기부여와 읽기에 관련된 세 개의 현장조사연구거리의 모형을 포함하였다. 비록 많은 다른 탐구거리가 제기될 수 있지만 이들 연구거리들은 세 개의 서로 다른 조사연구 질문을 보여준다(이 장의 끝부분 볼 것).

7.3.1. 학생들의 관심 주제

목적: 학생들은 자신들에게 할당된 읽을거리 주제에 관심을 갖고 있다면 더 많이 읽을 가능성이 높다는 것에 누구나 동의한다. 여러 교실수업 환경에서 읽을 주제들은 교재의 각 장들에 의해서 그리고 지정된 교육과정에 의해 대체로 결정이 된다. 학생들로 하여금 더 많이 읽어

보도록 동기를 부여할 수 있는 관심사에 관련되는 보완 주제들을 확인해 보는 것은 노력할 만한 가치가 있을 것이다. 그와 같은 정보는 읽기 교사들을 도와줄 뿐만 아니라 새로운 책을 주문할 때 사서들을 도와준다.

핵심 질문들: 어떤 보완 주제들이 학생들로 하여금 더 많이 읽도록 동기를 부여할 것인가?

예상되는 결과: 학생들에게 흥미가 있는 보완 주제들을 결정하고 난 뒤 그런 주제들에 대해 학생들이 더 많이 읽을 수 있도록 읽을거리 묶음들을 동기를 부여하기 위해 모을 수 있다. 가외의 읽을거리는 다양한 방식으로 쓰일 수 있다(예를 들면, 교실수업 활용, 숙제, 개인적인 학생들의 연구거리, 지속적인 묵독, 즐거움을 위한 읽기 선택내용들이 있음). 학생들은 학교 도서관 방문 기간 동안 보완적인 읽을거리 묶음들을 모으는 데 도와주도록 요청할 수 있다.

자료를 모으는 주된 방법: 순위를 매기는 양식

자료 모으기: 학생들에게 (가장 많이 흥미가 있는 것에서 가장 흥미가 적은 것으로) 잠재적인 관심사의 순위를 매기도록 요구하는 데는 매우 적은 수업 시간이 필요하다. 주제들은 양식에 배치할 때 교육과정/교재의 주제에 따라 구성한다. 양식을 만들기 위해서는 스스로 할 수도 있고 교재/교육과정에 의해 지정된 주제들과 관련이 있고 나이와 문화에 어울리는 목록들을 마구잡이로 생각을 끌어 모으도록 동료와 협력할 수 있다. 서로 다른 나이 집단의 독자들에 대하여 '어떤 분위기에서든, 어떤 순간이든, 어떤 관심사를 지녔든'(책의 부제로부터 나옴) 추천을 하고 있는 펄(Pearl, 2007)과 같은 책을 참조할 수 있다.

자료 분석: 순위 기록 양식을 학생들이 채우고 나면, 각각의 교육과정에 있는 주제에 대하여 가장 인기가 있는 주제를 확인하기 위하여 학생들의 반응을 합쳐야 한다. 관심을 거의 끌지 않는 주제들을 피하기 위해서 그러한 주제들에 주의를 기울이는 일도 똑같이 중요하다.

필요로 하는 시간: 교육과정을 메워주는 보완 주제들이 있는 이해하기

쉬운 양식을 만들 필요가 있다. 학생들은 교실수업에서 순위를 매기는 활동을 마무리하도록 할 수 있지만 수업 시간 동안 그것을 마무리 짓도록 함으로써 과제에 집중감을 유지하도록 하는 것이 더 좋다. 이 연구거리에서 가장 시간을 많이 들이는 국면은 학생들의 순위 매김을 분석한 뒤에 보충을 위한 읽을거리의 적절한 묶음을 모으고 배치하는 일과 관련이 있다.

필요로 하는 자원: 교육과정 주제와 관련된 주제, 순위 매기는 양식에 대한 익숙함.

7.3.2. 독자로서 학생들의 자기 이미지

목적: 독자로서 자신의 정체성을 확인하고 읽기를 즐기는 학생들은 숙달된 독자로 발전할 가능성이 높다(Guthrie and Wigfield, 2000; McCardle, Chhabra and Kapinus, 2008). 이는 부분적으로 학생들의 자기 효능감, 읽기에 대한 자발성, 읽기 가르침과 관련된 활동들에 대한 개방성에 달려 있다. 독자로서 학생들이 스스로 어떻게 느끼는가를 이해하는 사람들은 교실수업 시간을 독자로서 학생들의 자기 이미지를 수립하는 데 활용할 수 있다.

핵심 질문: 독자로서 학생들의 이미지를 어떻게 확립할 수 있을까?

예상되는 결과: 이 현장조사연구의 결과로 교사는 읽기에 대한 학생들의 태도와 독자로서 자기 자신의 이미지에 대해 더 나은 감각을 계발할 수 있다. 학생들이 무엇을 좋아하는지, 어디서 읽기를 좋아하는지, 언제 읽기를 좋아하는가에 더하여 어떤 학생이 읽기를 정말로 좋아하지 않는지 아는 것은 개인적으로 그리고 전체적으로 학생들과 더불어 연구를 할 때 유용할 수 있다. 그와 같은 값어치 있는 지식을 두루 갖춘다면 그 다음에는 독자로서 학생들 자신에 대한 인식을 세우도록 나아갈 수 있으며 적절하게 동기수립 활동에 초점을 모을 수 있다(Dörnyei and Ushida, 2010; Grabe, 2009; McCardle, Chhabra and Kapinus, 2008).

자료를 모으는 주된 방법: 학생들의 쓰기 과제, 학생들의 수행'내용철, 등급이 매겨진 독본에 적어놓은 주석.

자료를 모으기: 학기 처음에는 학생들과 함께 독자로서 자신들에 대한 이야기를 하는 것은 언제나 좋은 생각이다. 무엇을 읽기 좋아하는지, 언제 읽기를 좋아하는지, 어디서 읽기를 좋아하는지를 드러내는 정보들은 학생들의 주의력을 붙들 수 있다. 읽기 선호도와 습관에 대하여 지닐 수 있는 어떤 질문이라도 학생들이 질문을 하도록 북돋워 주어야 한다. 교사와 이와 같은 상호작용을 통한 소개가 끝나고 나면 학생들은 다음의 입력 요구 가운데 하나를 고르고 짧게 응답을 쓰도록 한다. (a) 무엇을 읽기를 좋아하며 그 이유는? (b) 언제 읽기를 좋아하며 그 이유는? (c) 어디에서 읽기를 좋아하며 그 이유는? 다른 방식으로 학생들은 다음의 입력 요구 가운데 하나를 고를 수 있다. (a) 읽었던 책 가운데 좋아하는 책에 대해 쓰시오. (b) 읽기를 즐길 만한 장소에 대해 쓰시오. (c) 읽기를 즐기는 시간에 대해 쓰시오. 학생들에게는 선택한 입력사항을 되살펴보게 한 뒤 몇 가지를 적어 두고 모둠에서 혹은 학급에서 자신의 응답에 대하여 이야기해 보게 할 수 있다(이는 이용 가능한 시간과 학급의 크기에 달려 있다).

학생들이 이야기를 하는 동안 읽기와 관련된 긍정적인 경험, 부정적인 경험 혹은 중립적인 경험을 드러내는 학생들의 생각들에 대하여 머릿속에 적어 두는 편이 (혹은 아예 등급을 매겨진 책에 학생들의 이름 다음에 주석으로 붙여놓는 것이) 좋다. 그 다음에 글말(그리고 날짜가 매겨진) 응답을 수행내용철에 넣어 두게 한다. 똑같은(혹은 비슷한) 질문들을 제시하고 똑같은(혹은 비슷한) 절차가 4개월 주기에 걸쳐 한 달에 한 번씩 뒤따를 수 있다. 4개월 주기의 막바지에 학생들의 수행내용철을 모을 때 바람직한 것은 읽기와 독자로서 자기 자신에 대한 관점에 대한 기록을 갖게 되는 것이다.

자료 분석: 네 개의 글말로 이뤄진 본보기 과제[8]에 대하여 등급이 매겨진 책에 해 둔 기록과 학생들의 수행내용철을 훑어보는 것은 학생들

이 독자로서 자신에 대해 발전해 나가는 관점에서 통찰을 얻도록 해줄 것이다. 읽기에 대한 긍정적 방향, 부정적 방향이나 중립적인 방향을 나타내는 낱말들, 구절들과 일화를 찾아낼 수 있다. 학생들이 읽기를 좋아하는 책들의 유형, 읽기를 좋아하는 장소, 읽기를 좋아하는 시간에 대한 정보에 조심스럽게 주의를 기울이는 것은 유용한 것으로 밝혀질 것이다. 이런 방식으로 얻은 통찰은 읽기를 북돋워주고 학생들이 독자로서 자기 이미지를 확립하는 교실수업 활동을 고안하기 위해 활용할 수 있다.

필요로 하는 시간: 자료 모으기를 시작하기 전에 교사의 읽기 선호도와 습관들을 학생들과 공유하기 위해 시간을 배분해 둘 필요가 있다. 그 뒤에 수업 시간에서는 학생들의 쓰기를 위해 배당해 두어야 한다. 학생들이 자신들의 읽기 경험을 되살피도록 한 첫 번째 수업 주기 동안에는 그 과제의 방향을 제시하는 데 주의를 기울여야 한다. 학생들이 과제에 편안해짐에 따라 자신들의 관점을 설명하기 위해 시간을 덜 필요로 할 수 있거나 읽기에 대해 발전된 생각들을 표현하기 위해 추가적인 시간을 덜 필요로 할 수 있다. 모든 자료들을 모으고 난 뒤에 등급이 매겨진 책에 있는 기록과 학생들의 수행내용철이 검토를 위해 준비되어 있을 것이다.

필요로 하는 자원들: 없음.

7.3.3. 읽기에 대한 학생들의 태도

목적: 교실수업에 학생들은 읽기에 대한 서로 다른 태도를 지니고 있다. 이런 태도들은 읽기 단원과 그에 관련된 활동에서 참여하고자 하는 학생들의 동기에 영향을 미친다. 읽기에 대한 학생들의 태도는 읽

---

8) 넉 달 동안 한 달에 한 번씩 위와 같은 절차를 되풀이한다고 했을 때 네 개의 글말로 쓴 기록물이 있게 된다.

기에 관련되는 이전의 경험들과 연결되어 있으며 읽은 사람과의 접촉, 독서의 유용성에 대한 인식과 연결되어 있다. 학생들의 태도에 대한 이해는 단원을 구조화하는 데 도움을 주고 개인별로 학생들에게 제시하는 되짚어주기를 하는 데 도움을 준다. 읽기에 대한 학생들의 태도와 관련되는 정보가 학교 기록물에서 구할 수 없거나 읽기 검사에서 거의 드러나지 않기 때문에 그와 같은 정보를 모으고자 하는 현장 연구는 유용한 것으로 증명될 수 있다.

핵심적인 질문: 읽기에 대한 학생들의 태도는 어떠한가?

예상되는 결과: 이와 같은 갈래의 현장조사연구는 읽기와 관련되는 경험과 태도에 대해 더 나은 이해로 이어지게 할 수 있다. 읽기 교사로서 우리는 새롭게 발견된 지식을 여러 가지로 활용할 수 있다. 개인에 맞춘 교사-학생 협의를 할 수 있으며 더 많은 학생들이 도달할 수 있도록 읽기 단원을 구조화하고, 좀 더 효과적인 읽기에 대하여 학급 토의를 안내하며 학생들에게 제시되는 되짚어주기에서 좀 더 전략에 맞출 수 있다. 이 연구거리로부터 나온 통찰은 왜 몇몇 학생들은 읽기에 뛰어나며 왜 어떤 이들은 그렇지 않은지를 이해하는 데 도움을 줄 수 있다.

자료를 모으는 일차적인 방법: 학생들의 설문지(본보기 문항에 대해서는 그림 7.4를 참조하되 서로 다른 나이 집단에 맞추어 적용되어야 한다.)

자료 모으기: 교사와 학생들 사이의 믿음 수준이 높아진 뒤에, 읽기의 태도에 대한 설문을 실행해야 한다. 학생들은 가능한 한 솔직하도록 권하여야 한다. 그들은 옳거나 그른 답이 없음을 알아야 한다. 설문지를 시작하기에 앞서 1-2-3-4로 점수를 매기는 도식(그림 7.4 참조)에 낯선 학생들이 불편해 하지 않도록 칠판에서 그 절차를 본보기로 보여 주는 것이 좋다. 학생들이 설문지를 마무리하고 나면, 설문지를 모으고 연구거리의 분석 단계로 나아갈 수 있다.

자료 분석: 이런 유형의 설문지들은 개별 학생들에 대한 서로 다른 세 개의 점수를 얻기 위하여 부분 부분으로 분석하는 것이 가장 낫다.

	예	언제나	아니오	결코 아님
	1	2	3	4

(a) 읽기에 관련된 과거의 경험에 대해 생각해 보십시오.

나는 읽기를 지난해에 잘 하였다.	1	2	3	4
나를 생각하게 하는 책 읽기를 좋아한다.	1	2	3	4
내가 잘 읽는다고 하는 선생님이 말해 주기를 좋아한다.	1	2	3	4
가족과 함께 도서관을 간다.	1	2	3	4
비가 오는 토요일에 책 읽기를 좋아한다.	1	2	3	4
가족 중 누군가가 나에게 책을 읽어 준 걸 기억한다.	1	2	3	4

(b) 읽었다고 생각하는 누군가에 대해 생각해 보십시오.

가족들은 읽기를 좋아한다.	1	2	3	4
나의 읽기를 도와줄 수 있는 사람은 안다.	1	2	3	4
형제자매들은 때때로 나에게 읽어 준다.	1	2	3	4
내 친구들은 읽기를 좋아한다.	1	2	3	4
내 친구와 나는 책을 공유하기를 좋아한다.	1	2	3	4
나는 읽고 있는 것에 대해 친구와 이야기한다.	1	2	3	4

(c) 읽기에 대해 생각해 보세요. 어떻게 그것이 유용합니까?

읽기로부터 많은 것을 배울 수 있다.	1	2	3	4
읽기를 좋아하게 해 주는 흥미로운 주제가 나에게는 있다.	1	2	3	4
나는 관심 있는 주제에 대하여 새로운 정보를 배우기 위해 읽는다.	1	2	3	4
새로운 사물에 대해 읽기를 좋아한다.	1	2	3	4
읽은 것을 숙제를 하는 데 도움을 주도록 활용할 수 있다.	1	2	3	4
나는 때로 부모님께 읽어 드린다.	1	2	3	4

[그림 7.4] 읽기에 대한 학생들의 태도를 정하기 위한 본보기 설문지

주석: 그림 7.4에 포함된 몇 가지 설문 문항은 Wigfield and Guthrie(1997)로부터 가져와서 맞게 고쳤다.

부분 a, b, c는 각각 독서에 관련되는 이전의 경험, 읽은 적이 있는 사람과의 접촉, 읽기의 유용성에 대한 학생들의 인식에 바탕을 두고 읽기에 대한 학생들의 태도를 간접적으로 보여 준다. 점수를 셈하기 위해 각 부분에 있는 문항들에 대하여 학생들이 점수로 반응한 것을 더해야 한다. 그 다음에 그 부분에 있는 전체 문항들의 개수로 나눈다. 평균 점수들은 1에서 4에 걸쳐 퍼져 있을 것이다. 모든 점수들이 계산 되고 나면 개인별 개략적인 모습과 학급 전체의 개략적인 모습을 알 게 될 것이다. 이런 정보를 갖추고 있다면 긍정적인 태도를 활용하고 학급 전체의 읽기 가르침과 개인별 읽기 가르침을 통해 부정적인 태 도를 나아지게 할 수 있다.

필요로 하는 시간: 설문지는 교실수업 환경(예를 들면, 학생들의 나이, 제2 언어를 배우는 이유, 교육 환경이 있음)에 따라 보완되도록 마련되어야 한다. 그림 7.4는 출발점으로 활용될 수 있다. 다른 타당한 설문 문항 은 적용이 가능하도록 참조할 수 있다(Komiyama(2009b), McKenna, Kear and Ellsworth(1995)와 Wang and Guthrie(2004) 참조). 설문 조사를 하는 데 는 많은 시간이 필요하지 않다. 분석을 위해 더 많은 시간이 필요하다.

필요로 하는 자원들: 학생들의 설문지

7.4. 추가적인 현장조사연구거리들

이 장에서 언급한 각각의 영역들은 셀 수 없이 많은 현장조사연구를 위한 잠재력이 있다. 여러 다른 환경에 있는 교사들의 관심에 살아 있는 기운을 불어넣어 주게 될 몇 가지 추가적인 탐구거리를 여기에 늘어놓는다. 그 탐구거리들은 세 개의 목표로 삼은 영역, 즉 어휘, 유 창성과 동기부여에 따라 짜여 있다.

7.4.1. 어휘와 관련된 탐구거리

어휘와 관련된 추가적인 질문들이 포함되지만 다음에 한정되지는 않는다.

- 사전에 지나치게 기대고 있는 학생들이 자유로워지도록 하는 데 어떻게 도울 수 있을까?
- 낱말의 여러 의미들을 이해하기 시작하는 학생들을 어떻게 도울 수 있을까?
- 어떤 어휘 학습 전략들을 학생들이 이용하는가? (예를 들면, 설문지에 대한 착상을 위해 Schmitt and Schmitt(2005)의 20장 참조. 또한 Coxhead (2006)도 참조).
- 어떤 주석을 다는 절차가 어휘를 더 회상하도록 하는가? 주석은 제1 언어로 혹은 제2 언어로 해야 하는가?
- 학업을 위한 낱말 목록(Coxhead, 2000)에서 어떤 낱말들에 초점을 맞추어야 하는가? 그리고 어떻게?
- (교육과정의) 규정을 따르고 있는 가르침 자료들이 어느 정도로 이음말에 초점을 맞추는가? 어느 정도로 이음말이 실생활 맥락에서 나타나는가?
- 빈도가 높은 낱말을 가르치는 효과적인 방법은 무엇인가? 낮은 빈도의 낱말은?
- 어떻게 전자 말뭉치(학업을 위한 입말 영어의 미시간 말뭉치–MICASE)의 활용을 어휘 가르침으로 통합시킬 수 있을까?

7.4.2. 읽기 유창성과 관련된 탐구거리

읽기 유창성과 관련된 추가적인 질문들이 포함되지만 다음에 한정되지는 않는다.

- 네이션(2009)에서 제시한 네 가지 유창성 발달 조건, 즉 (a) 학습자들은

메시지에 초점을 맞추며, (b) 자료들은 쉬어야 하며, (c) 정상보다 더 빠른 속도로 수행되어야 한다는 압박감이 있으며, (d) 연습 기한이 있는 조건을, 학급에서 충족시키기 위해 어느 정도로 유창성 활동이 수행되어야 하는가?

- 일반적인 이해를 위해 읽을 때 학생들이 얼마나 빨리 읽는가?
- 처음의 보조를 맞춘 읽기 활동을 위해 속도를 어떻게 설정해야 하는가?
- 내가 가르치는 학급에서는 어떤 읽기 활동(표 7.2)이 잘 듣는가?
- 배당된 덩잇글로부터 나온 핵심어로부터 비롯된 인지 연습 문제를 읽기 단원에 어떻게 통합해야 하는가? 학생들이 덩잇글을 읽고 난 뒤에, 혹은 앞서 통합해야 하는가?
- 어떤 학생들이 유창성 발달에서 가장 많이 나아지는가? 시간을 맞춘 읽기, 낱말 인지 연습에 참여하는 학생인가, 혹은 시간이 정해진 순간 파악 연습용 카드 활동에 정해진 때에 참여하는 학생인가?

7.4.3. 동기부여와 관련된 탐구거리

다음에는 학생들의 동기부여에 관련되는 추가적인 탐구거리와 학생들의 관심과 태도에 관련되는 문제들이 포함되어 있지만 이에 한정되지는 않는다.

- 마지못해 읽는 학생 독자들이 개인별 학생 기록 장부에 나아짐을 그림으로 나타내어 줌으로써 읽기에 어느 정도로 좀 더 동기부여가 될 것인가?
- 학생들에게 자신의 읽을거리를 선택하는 기회를 부여할 때 어느 정도로 학생들이 동기부여가 되는가?
- 어떤 갈래의 인쇄물 제시가 인쇄물이 풍부한 교실 환경에서 가장 많은 학생들의 흥미를 끌 것인가?
- 나는 얼마나 협력적이며, 일방적인 판단을 하지 않고 건설적인 분위기를 만들기 위해 어떻게 실천하는가?

- 학급에서 학생들에게 동기부여를 하는 데 최선의 가르침 활동은 어느 것인가?

위와 같은 탐구거리는 어휘와 유창성, 동기부여와 관련되는 영역에서 교사의 더 발전적인 탐구를 이끌어줄 수 있다. 중요한 것은 가르침 맥락에서 의미 있는 질문들을 제시한다는 것이다. 가르침의 효율성, 교육과정에 규정된 자료나 보충 자료들의 적절성, 학생들의 능력, 교실수업 절차와 특정의 가르침 기법에 대해 제기하는 질문이 무엇이든 핵심은 자신들의 교실수업에 대해 더 나은 이해로 이어지며 특정의 교실수업과 관련된 문제에 대한 해결책을 제안할 수 있는 질문을 하는 것이다.

7.5. 결론

이 장에서 저자는 어휘와 읽기 유창성, 동기부여와 관련되는 아홉 개의 현장조사연구거리를 시범적으로 보여 주었다. 이들 연구거리 모형은 교사로부터 비롯되는 탐구에 참여하면서 취할 수 있는 단계들을 시범으로 보여 주었다. 현장조사연구를 이끌어 나가도록 이 연구거리의 수정된 내용들 혹은 이 장의 끄트머리에 제시한 것과 같은 다른 탐구거리를 연구해 볼 수 있다. 그 최종 결과는 읽기 교실수업에 대한 더 나은 이해로 이어질 것이며 실제 교실수업과 실제 학생들, 실제 가르침 맥락에 대하여 실천을 위한 해결책의 마련이 될 것이다.

■■■■■ 더 읽을거리

이 장에서 나타나는 인용 문헌들은 여기서 제시한 연구들의 세부 내용들에 대한 핵심적인 참고문헌들을 대표한다. 이 장과 10장(10.6과 10.9)에서 언급되는 것을 넘어서는 유용한 자료들은 다음과 같다.

- 어휘에 대해서는 Alessi and Dwyer(2008); Baumann and Kame'enui(2004); Beck, McKeown and Kucan(2002, 2008); Calderón(2007), Folse(2006), Hedgcock and Ferris(2009); Laufer(2009); Stahl and Nagy(2006); Webb(2007) 참조.
- 어휘 공책(vocabulary notebook)에 대해서는 Fowle(2002); McCrostie(2007); Schmitt and Schmitt(1995) 참조.
- 주석 달기에 대해서는 Jacobs, Dufon and Fong(1994); Ko(2005); Leow (2009); Taylor(2006); Yoshii(2006) 참조.
- 사전 활용에 대해서는 Knight(1994); Luppescu and Day(1993); Peters(2007); Prichard(2008) 참조.
- 읽기 유창성에 대해서는 Blevins(2005); Iwahori(2008); Kuhn, Schwanenflugel (2008); Rasinski(2009); Samuels and Farstrup(2006); Taguchi, Gorsuch and Sasamoto(2006); Takayasu-Maass and Gorsuch(2004) 참조.
- 친구와 읽기에 대해서는 Samway, Whang and Pippitt(1995) 참조.
- 되풀이 해서 읽기에 대해서는 Dowhowr(1987/1994); Rasinsky(2003); Rasinsky, Padak, Linek and Sturtevant(1994) 참조.
- 독자들의 극장에 대해서는 Martinez, Roser and Strecker(1988); Rasinsky(2003); Worthy and Prater(2002)를 참조하고 www.literacyconnections.com/rasinski-readers-theater.php와 www.literacyconnections.com/ReadersTheater.php 참조.
- 동기부여에 대해서는 Dörnyei and Ushida(2010); Malloy and Gambrell(2008); Malloy, Marinak and Gambrell(2010); Pressley(2006); Pressley et al.(2003); Rueda, Velasco and Lim(2008) 참조.

낱말 인지 연습과 구절 인지 연습을 가르침에 체계적으로 통합하고 있는 교재는 폴스(2004a), 제프리스와 미쿨레키(2009a/2009b), 로젠과 스톨러(1994)를 참조할 것. 일관되게 유창성을 촉진하는 교재로는 앤더슨(2007~2008), 폴스(2004a), 미쿨레키와 제프리스(2004/2007), Nation and Malarcher(2007)와 『On your mark』(출판일이 없음)9) 참조.

---

9) n.d.로 표시되어 있는데, 아마도 no date(출판일이 없음)의 뜻일 것이라 짐작이 된다. 정확한 뜻은 출판일을 알 수 없다는 뜻일 테다.

제8장 전략적인 읽기, 담화 구성과 중심 생각 파악

: 현장조사연구거리들

7장에서와 마찬가지로 이 장에서는 아홉 개의 현장조사연구를 시범으로 보여 준다. 여기서 포함된 연구거리들은 전략적인 읽기, 담화 구성과 중심 생각 이해하기에 초점을 맞춘다. 특별히 관심을 두는 것은 다음과 같다.

- 관심을 갖고 있는 교사들에 의해 채택될 수 있는 현장조사연구거리
- 교실수업에 기반을 둔 조사연구를 수행하기 위해 교사들이 따라 할 수 있는 단계들
- 여러 가르침 환경에서 채택될 수 있는, 사용하기 쉬운 자료 모으기 도구
- 의미 있는 조사연구를 이끌어갈 수 있는 추가적인 현장조사연구거리 묶음
- 읽기 교실에서 곧바로 적용될 수 있는 가르침을 위한 다수의 착상들

7장에서 저자는 어휘와 읽기 유창성, 동기부여와 관련된 문제를 중심으로 하여 일련의 현장 연구거리의 묶음을 제안하였다. 이 장에서는 서로 다르지만 마찬가지로 중요한 읽기의 측면들 특히 전략적인 읽기와 담화 구성, 중심 생각 이해와 읽기 가르침에 초점을 맞춘 추가적인 현장 연구거리를 제안한다. 자기를 되살피는 교사들은 자신이

[인용 8.1] 현장조사연구의 수행

> 현장조사연구는 특정의 사회적 맥락에서 일어나는 실제적인 문제들이나 관심거리에 대하여 체계적인 과정이 적용된다. … 현장조사연구는 끌어들일 수 있는 배움과 가르침에 대한 이론으로부터 나온 실질적인 행위에 의해 주도된다.
>
> ▶▶▶Burns, 1999: 31

가르치는 학생들이 더 나은 독자가 되도록 도와주고자 애쓰면서 이러한 주제들에 대해 스스로 질문을 한다. 한두 번쯤은 대부분 다음에 나오는 것과 같은 질문을 던져 보았을 것이다. 읽기 전략을 가르치는 일과 학생들로 하여금 전략적 독자가 되도록 훈련시키는 것이 어떤 다른 점이 있는가? 초보 독자를 위해서 어떤 읽기 전략이 가장 쓸모가 있는가? 좀 더 수준 높은 과정을 위해 어떤 읽기 전략이 가장 잘 마련되어 있는가? 학생들이 읽고 있는 것을 이해하기 위해 덩잇글 구조에 대한 지식을 어느 정도로 활용하는가? 학생들의 독해를 내가 어떻게 도와줄 수 있는가? 이와 같은 질문은 자극적이지만 현장조사연구에 참여하기를 원하는 바쁜 교사들에게 쓸모가 있기에는 너무나 얼안이 넓다. 질문의 초점을 좁힘으로써 좀 더 관리 가능한 현장조사연구를 계획할 수 있다.

저자는 이 장에서 7장에서 접근했던 것과 같은 방식으로 현장조사연구거리에 접근을 한다. 여기서 기술된 연구거리(표 8.1)는 고정된 틀이 아니라 서로 다른 가르침 환경에서 적용될 수 있는 유연한 모형으로 간주해야 한다. 이 시범적인 연구거리를 다 읽은 교사들이 여기서 시범으로 제시된 주제나 이 상의 마지막에 늘어놓은 것과 같은 주제처럼 다른 탐구거리에 응하여, 스스로(혹은 동료들과 함께) 현장 연구를 수행하기 위한 영감을 받을 것이라고 기대한다.

8.1. 전략적인 읽기에 대한 현장조사연구거리들

[인용 8.2] 전략들의 적용, 점검과 평가

> [능]숙한 독자들은 그런 방식으로 밤새워 나아가지 않는다. 그들은 오랜 시간 동안, 서로 다른 많은 덩잇글과 실천해 볼 수 있는 많은 기회를 통하여 읽기에 몰두하여 참여함으로써 어떻게 전략적일 수 있는지를 터득하였다. 상당히 다양한 전략들의 활용에 대하여 설명하고 시범을 보이는 교사들로 인해 학생들은 전략의 적용과 그 과정에 대한 점검과 서로 다른 전략들의 효율성에 대한 평가를, 서로 다른 읽기 상황에서 스스로 실천해 보았던 것이다.
>
> ▶▶▶Mokhtari and Sheorey, 2008: 224로부터 고침

전략적인 독자들은 자동적으로 그리고 판에 박힌 듯이 독자의 목표, 읽기 과제, 독자의 전략 처리 능력에 달려 있는 전략들의 조합을 적용한다(Grabe(2009), 1장의 개념 1.2도 참조). (교재에서 흔히 볼 수 있는 것처럼) 읽기 교사가 따로따로 단순하게 읽기 전략에 초점을 맞추기보다는 전략적인 독자가 되도록 도와주어야 한다는 것이 이제는 효과적인 읽기 가르침으로 받아들여지고 있다(예를 들면, Klingner and Vaughn (2000), Klinger, Vaughn, Argeulles, Hughes and Leftwitch(2004), Pressley(2006)가 있음). 그러나 교사들은 읽기 전략 가르침에 초점을 맞추기 위한 시간을 내는 데 고군분투한다. 왜냐 하면 전략에 대한 학급 전체의 토의, 교사의 시범 보이기, 상당한 분량의 안내와 독자적으로 학생들의 연습에 전념하는 데는 오랜 시간을 필요로 하기 때문이다(Block and Parris, 2008; McCardle, Chhabra and Kapinus, 2008; Pressley, 2006). 상황을 더 나쁘게 하는 것은 많은 교사들이 전략적인 읽기를 다루거나 읽기 전략을 가르치도록 연수를 받지 않았다는 사실이다. 따라서 많은 교사들은 학생들이 읽을 때 개인적으로 그리고 전략들을 결합하여, 적

<table>
<tr><td colspan="3"><표 8.1> 8장에서 제시한 시범적인 현장 연구거리</td></tr>
<tr><td>시범적인
현장조사연구
거리</td><td>주제</td><td>자료를 모으는 일차적인 방법(들)</td></tr>
<tr><td colspan="3" align="center">전략적인 읽기</td></tr>
<tr><td>8.1.1</td><td>읽기 전략 가르침을 위한 협조적
인 교실수업 분위기 만들기</td><td>자기 관찰과 교사의 기록용지</td></tr>
<tr><td>8.1.2</td><td>학생들의 일반적인 읽기 전략의
활용을 결정하기</td><td>학생들의 설문지</td></tr>
<tr><td>8.1.3</td><td>교사가 소리 내어 읽어 주기를 통해
전략적인 읽기 행동 시범 보이기</td><td>단원 수업 계획 각본, 단원 수업에 대
한 주석, 벽에 붙이는 전단지 서류 모
으기</td></tr>
<tr><td colspan="3" align="center">담화 구성</td></tr>
<tr><td>8.2.1</td><td>덩잇글 단락과 구성 얼개 그림 대
응시키기</td><td>주간지/ 가르침 일지, 사례 연구</td></tr>
<tr><td>8.2.2</td><td>이해를 잘 하도록 하기 위해 구성
얼개 그림 활용하도록 연습하기</td><td>가르침 일지</td></tr>
<tr><td>8.2.3</td><td>신호 낱말들의 확인에 초점 맞추기</td><td>사전 평가와 사후 평가, 가르침 일지</td></tr>
<tr><td colspan="3" align="center">중심 생각 파악</td></tr>
<tr><td>8.3.1</td><td>중심 생각 파악을 촉진하기 위해
저자에게 질문하기</td><td>비디오 녹화, 기록 보관 용지를 통한
자기 관찰</td></tr>
<tr><td>8.3.2</td><td>교사–학생 사이의 상호작용 다시
생각하기</td><td>주석이 달린 단원 수업 계획</td></tr>
<tr><td>8.3.3</td><td>덩잇글 자료로 문법적인 자각 확
립하기</td><td>문서 모으기</td></tr>
</table>

절한 전략을 이용하도록 학생들이 배우도록 하는 데 언제 그리고 어떻게 도와주어야 하는지 알기 어렵다(Pressley, 2006; Trabasso and Bouchard, 2002). 읽기 전략, 전략적인 읽기와 전략 가르침에 관련된 현장 연구에 몰두함으로써 교사들이 혜택을 입을 수 있다는 것이 그와 같은 이유로부터 비롯된다.

8.1.1. 읽기 전략 가르침을 위한 협조적인 교실수업 분위기 만들기

목적: 전략적인 읽기 행위를 강조하는 읽기 가르침에는 종종 협력이라는 특징이 포함된다(예를 들면, Bennett(2003), Mokhtari and Sheorey(2008b), Pressley and Gaskins(2006), Swan(2003)이 있음). 이런 특징들을 가르침에서 통합하는 정도를 결정하는 것은 매우 유용할 것이다.

핵심적인 질문: 나는 어느 정도로 학생들의 전략적 읽기 행위의 발달을 뒷받침해 주고 있는가?

예상되는 결과: 이와 같은 연구거리의 막바지에 가르침이 전략적인 읽기 행위 발달을 뒷받침하는 정도에 대해 더 나은 감각을 가지게 될 것이다. 이와 같은 이해에 바탕을 두고 효과적인 전략 가르침이 좀더 잘 전달되는 교실수업 환경을 만들도록 가르치는 방법을 더 나아지게 할 수 있을 것이다.

자료를 모으는 일차적인 방법: 자기 관찰과 기록 용지

자료 모으기: 전체적으로 하나의 자기 선택적 독서가 이뤄지는 동안 수업 주기의 막바지마다 전략적인 읽기 행위의 발전을 위해서 수업에서 뒷받침하는 정도가 평가될 것이다. (그림 8.1에 있는 것과 같은) 기록 용지가 학급에서 있었던 뒷받침 사례들을 기록하기 위해 사용된다. 이와 같은 현장조사연구가 이뤄지는 동안에도 전략적 읽기 수업의 어떤 측면들을 무시하고 있다는 것이 분명해지면 가르침의 사례들을 수정해 나갈 수 있다.

자료 분석: 자기 선택적 독서의 막바지에 전략적 읽기를 뒷받침하는 공통적인 사례뿐만 아니라 전략적인 읽기 수업의 측면들을 무시하는 공통적인 사례를 확인하기 위해 기록하고 있는 용지를 훑어본다. (제일 오른쪽의 세로줄에 있는) 글로 적은 촌평에 특별히 주의를 기울임으로써 유용할 수 있는데 전략적인 읽기에 대한 접근 방법과 태도가 시간에 걸쳐 어떻게 변화되고 있는지 드러내기 때문이다. 어떤 교실수업 사례들이 계속되어야 하고 어떤 유형의 수정이 상당할 정도로 전

교사용 기록 용지

날짜: _____   학급: _____

전략적인 읽기 행위를 강조하는 강좌에서의 특징들	특징이 나타남		촌평
1. 학생들이 읽을 때 그들이 사용하는 읽기 전략들에 대한 학생들의 자각 여부를 교사가 발견하는 데 시간이 걸린다.	예	아니오	
2. 교사는 무슨 전략이며, 왜 중요하고 어떻게 사용하며 언제 사용하는지 설명한다.	예	아니오	
3. 무슨 전략이며, 왜 중요하고, 어떻게 사용하며 언제 사용하는지 학생들이 토의한다.	예	아니오	
4. 교사는 읽으며 생각을 소리 내어 말하고, 전문가적인 읽기 행위를 시범으로 보여 준다.	예	아니오	
5. 안내를 해 주는 연습의 일부로 실생활에 관련되고 목적에 맞춘 과제를 통해 특정의 전략을 활용하고 연습하도록 학생들을 북돋워 준다.	예	아니오	
6. 충분히 안내를 받은 실습을 마친 뒤 학생들에게 혼자서 연습하기 위한 기회를 준다.	예	아니오	
7. 학생들에게 그들이 사용한 전략에 대해 되짚어주기를 한다.	예	아니오	
8. 학생들은 전략 사용의 혜택에 대해 상기하고 덩잇글을 처리하기 위해 어떻게 전략들을 사용하는지 설명하도록 한다.	예	아니오	
9. 교사들은 학생들이 쉽게 참고할 수 있도록 연습한 전략들을 볼 수 있는 교실의 어떤 곳(예를 들면, 칠판, 게시판, 벽에 붙이는 그림)에 늘어놓는다.	예	아니오	
10. 교실은 교과 자료 창고이다. 즉, 학생들이 흥미로운 내용을 배우기 위해 전략을 사용하는 곳이다.	예	아니오	

[그림 8.1] 전략적인 읽기 행위를 강조하는 강좌의 특징들

략적인 읽기 행위를 뒷받침하기 위해 이뤄져야 하는지 결정하기 위해 분석의 결과를 찬찬히 살펴보아야 한다.

필요로 하는 시간: 자료를 모으기 위한 목적으로 그림 8.1과 비슷한 기록 용지를 만드는 데 많은 시간이 필요하지는 않다. 수업이 끝날 때마

다 최대한 그 시간에 가깝게 기록 용지를 채우도록 5분에서 10분 정도 할애해 두어야 한다. 자료를 모으는 마지막(예를 들어 자기 선택적 독서의 막바지)에 기록 용지 전체를 분석하는 데 시간이 필요하며 그 다음에는 물론 더 나은 가르침 계획을 짜는 데도 시간이 필요하다.

필요로 하는 자원들: 교사용 기록 용지 묶음

8.1.2. 학생들의 일반적인 읽기 전략의 활용을 결정하기

목적: 숙달된 독자들은 다른 전략들과 결합하면서 다양한 전략들을 유창하고 유연하게 사용할 수 있다(Grabe, 2009; Pressley and Harris, 2006). 일반적인 읽기 전략에 대하여 학생들이 사용하는 정도를 결정하는 것은 발달을 하고 있는 독자들이 좀 더 전략적인 독자가 되도록 하는 데 많은 시간을 전념하고 있는 교사들에게 유용할 것이다.

핵심적인 질문: 일반적인 읽기 전략을 학생들이 어느 정도로 활용하는가?

예상되는 결과(들): 이 현장조사연구는 읽는 도중에 활용한다고 생각하고 있는 전략들을 밝혀낼 수 있다. 설문지의 결과들은 교사의 시범 보이기, 교실수업에서의 토의, 안내를 받고 혼자서 학생들이 연습하는 기회를 통하여 앞으로 학급에서 강조할 수 있지만, 충분히 사용되지 않는 전략들을 밝혀낼 것이다.

자료를 모으는 일차적인 방법: 학생들의 설문지

자료 모으기: 이 현장조사연구는 실제로 전략 가르침에 전념하고 있는 학기 동안에 가장 잘 수행된다. 그때 명시적인 교사의 시범, 학급 전체의 토의와 학생들의 연습을 통하여 일련의 전략(그림 8.2, 1장의 개념 1.2 참조)들을 학생들에게 소개할 기회를 갖게 될 것이다. 학기말로 가면서 (그림 8.2에서와 비슷한) 설문지 조사를 행할 수 있는데 이상적으로는 4~5주 동안 일주일에 한 번을, 학급 전체의 집중적인 읽기 수업 주기의 끝에 실시한다. 학생들은 미리 설문 조사지를 채워 넣어야 한다는 것을 알아야 한다. 이와 같은 방식으로 그들이 사용하는 전략들

학생 이름 _____   읽기 제목 _____

읽는 도중에 어떤 전략을 사용합니까? 사용하는 전략에 대하여 다음의 질문에 답하기 바랍니다. 언제 전략을 사용합니까? 어떻게 그 전략을 사용합니까? 그 전략이 얼마나 잘 적용됩니까?

전체적인 읽기 전략들
읽기 목적(예를 들면, 의도) 확인하기**   예   아니오 _____
훑어보기*   예   아니오 _____
예측하기**   예   아니오 _____
예측한 내용 점검하기   예   아니오 _____
질문 만들기*   예   아니오 _____
질문에 답하기*   예   아니오 _____
덩잇글과 배경 지식 연결하기*   예   아니오 _____
덩잇글 구조에 주의기를 기울이기*   예   아니오 _____
덩잇글의 한 부분을 다른 부분에 연결하기   예   아니오 _____
추론하기   예   아니오 _____
머릿속 그림(mental image) 그리기*   예   아니오 _____
담화 짜임을 인식하기   예   아니오 _____
담화들 사이의 관계를 알기 위해 담화 표지 활용하기   예   아니오 _____
맥락으로부터 의미 추측하기   예   아니오 _____
덩잇글이나 저자를 비판하기   예   아니오 _____

읽기 전략 점검하기
중심 생각 파악 점검하기*   예   아니오 _____
어려운 요인들 확인하기   예   아니오 _____
잘못 파악한 부분을 고치는 단계 밟아나가기   예   아니오 _____
목적이 얼마나 잘 충족되는지 판단하기   예   아니오 _____
다시 읽어보기**   예   아니오 _____
배운 내용들에 대하여 되살펴 보기   예   아니오 _____

읽기 전략들에 대한 뒷받침
사전을 활용하기   예   아니오 _____
공책에 적어 두기**   예   아니오 _____
부연해 보기(풀어쓰기)**   예   아니오 _____
번역하기(머릿속에 번역하기)**   예   아니오 _____
강조하기   예   아니오 _____
구성 얼개 그림 활용하기*   예   아니오 _____
요약하기*   예   아니오 _____
종합하기**   예   아니오 _____

[그림 8.2] 읽기 전략의 활용에 대한 학생들의 설문지

* 경험적으로 타당한 읽기 전략들(Grabe, 2009)을 참조하였는데, 다른 타당한 전략들의 목록은 Block and Duffy(2008)를 참조.
** 타당한 여러 전략들의 가르침에서 간접적으로 지지를 받는 읽기 전략들(Grabe, 2009) 참조.
주석 (1) 이 그림에서 별표는 교사들에게만 안내되어 있다. 학생들에게 주는 설문지에서는 생략되어야 한다.
     (2) 부분의 표제들은 기술을 위한 구성 얼개로 사용되었는데 Mokhtari, Sheorey and Reichards(2008)로부터 고쳐서 씀.

에 좀 더 주의를 기울일 수 있다. 첫 번째로 설문지를 완성하기 전에 언제 그리고 어떻게 특정의 전략들을 사용할 것인가에 대하여 교사가 이끄는 토의가 이뤄지는 동안 (학생들이 질문에 익숙해지고 그 질문에 답하는 연습을 할 수 있도록) 비슷한 질문을 하는 시간을 가져야 한다.

자료 분석: 학기의 마지막에 이르면 학생들로부터 네댓 개의 설문지를 모을 것이다. 설문지는 두 가지 관점, 즉 개별 학생의 관점과 학급 전체의 관점에서 분석될 수 있다. 개별 학생들에 대해서는 그 목표가 학생 각자의 전략 사용이며 4~6주 동안에 걸쳐 전략에 대한 인식의 변화를 결정하는 것이다. 전체 학급의 경우 더 명시적인 교실수업 집중의 장점을 지니고 있는 전략들을 확인하는 것이다.

학생들의 반응을 분석할 때 학생들이 언급한 전략들을 두 개의 범주로 나눌 수 있다.

범주1: 대다수의 학생들이 적절하게 사용하는 것으로 보이는 전략들

범주2: 대다수의 학생들이 충분히 사용하지 않거나 부적절하게 사용하는 것으로 보이는 전략들

분석의 결과들은 (교사의 시범 보이기, 교실수업에서 토의와 의미 있는 연습 기회를 통해) 단원을 계획하는 데 도움을 주어야 하므로 범주1에 있는 전략들은 강화하고, 범주2에 있는 전략들은 소개(혹은 다시 소개)할 수 있다.

필요로 하는 시간: 학급에서 소개되고 시범을 보였으며 연습한 전략들을 포함하고 있는 (그림 8.2에서와 비슷한) 설문지를 만들 필요가 있다. 학급에서 사용된 용어(와 범주들)는 설문지에서 사용되어야 한다. 학기의 막바지에 이르러 4~5주 동안, 수업 시간은 학생들의 설문지 조사 시행을 위해 제외해 두어야 한다.

필요로 하는 자원들: 학급에 맞춘 설문지

8.1.3. 교사의 소리 내어 읽기1)를 통해 전략적인 읽기 행위 시범 보이기

목적: 교사들이 읽기 전략에 대한 학생들의 자각을 끌어올릴 수 있다는 주장이 있어 왔고, 학급에 덩잇글을 소리 내어 읽어 주는 동안 어떻게 전략적인 행위들을 언어로 표현함으로써 함께 공부할 수 있는가를 제안하여 왔다(Duffy, 2002; Janzen, 1996; 2001). 아래에 각본을 보인 사례(Grabe, 2008로부터 나옴)는 어떤 덩잇글을 학급에서 소리 내어 읽는 동안 교사가 어떻게 일반적인 읽기 전략(예를 들면, 배경 지식 활성화하기, 질문 만들기, 예측하기, 파악 내용 점검하기, 정보를 분명하게 하기가 있음)을 언어로 표현할 수 있는지(각 괄호 안에 고딕 강조된 형태로) 보여 준다(Anderson, 2008: 162~163).2)

> 말썽꾸러기 트랜스 지방. [제목이군, 말썽꾸러기 트랜스 지방. 이전에 트랜스 지방에 대해 들어본 적이 있어. 우리에게 안 좋은 것으로 알아.] 오늘날에 트랜스 지방을 둘러싸고 상당한 법석을 떨고 있다. [법석?, 법석, 아, 촌평이 들어간 말이구나. 이 덩잇글은 트랜스 지방에 관련된 어떤 문제에 대한 것인가?] 이 법석의 대부분은 2006년도의 의학 연구 때문인 것으로 볼 수 있는데 [음. attributed 가 무엇을 의미하지? 의학 연구와 관련이 있을 거야.] 의학 공동체가 상관관계를 … 타당성이 입증되었다[validated와 correlating. 이들 낱말들에 대해 사전에서 점검해 보거나 뜻매김에 대해서 다른 사람에게 물어보아야겠어. 이 문장은 다시 시작하도록 할게. 아마도 혼자서 의미를 이해할 수 있을 거야.]. 이 법석의 대부분은 2006년도 의학 연구 때문인 것으로 볼 수 있는데 의학 공동체가 고도의

---

1) 교사의 소리 내어 읽기(read-aloud)는 한자어로 낭독으로 볼 수 있지만 실제로 이 맥락에서 read-aloud는 생각한 내용을 소리 내면서 글을 읽어 나가는 일을 가리킨다.

2) 교사가 생각을 소리 내어 읽은 부분을 제외하고 본문만을 제시하면 다음과 같다. 편의상 [ ] 부분을 집어넣어서 그 부분에 생각을 소리 낸 부분임을 표시하도록 한다.
   Trans Fats in Trouble. [ ] There is a great deal of fuss revolving around trans fat these days. [ ] Much of this can be attributed to a 2006 medical study,[ ] validated by the medical community correlating [ ] Much of this can be attributed to a 2006 medical study,[ ] validated by the medical community correlating a high intake of trans fat …

트랜스 지방의 섭취를 …와 상관관계를 밝힘으로써 타당성이 입증되었다 [고도의 섭취? 트랜스 지방은 음식에 대한 것이다. 섭취하다=받아들이다. 아마도 트랜스 지방을 많이 받아들임 또는 먹음에 대한 것일 테지]. …

이와 같은 유형의 교사 시범 보이기를 통하여 유창한 독자들에 의해 사용되는 전략들이 학급에서 분명해진다. 안타깝게도 소수의 사람들만이 생각을 소리 내어 읽기 대본을 **쓰도록** 연수를 받았고 그것을 효과적으로 소리 내어 읽는다. 이 현장 연구거리는 이와 같은 기술을 계발하는 데 도움을 주고자 한다.

핵심적인 질문: 학급에 생각을 소리 내어 읽어 주는 동안 명시적으로 전략적인 읽기 행위들을 언어로 표현함으로써 읽기 전략에 대한 학생들의 자각을 끌어올리는 능력을 개선할 수 있을까?

예상되는 결과(들): 이와 같은 유형의 현장조사연구에 참여한 결과로 읽기 전략들에 대한 학생들의 의식을 끌어올리기 위한, 생각 소리 내어 읽어 주기의 실행과 계획에서 좀 더 숙달될 것이다. 물론 이와 같은 방식으로 시간에 걸쳐 읽기 전략을 접촉한 학생들이 그와 같은 전략들을 자신들의 읽기에서 통합하기 시작하기를 바란다.

자료를 모으는 일차적인 방법: 단원 수업 각본, 단원 수업 계획에 대한 주석, 벽보

자료 모으기: 이 현장조사연구거리의 중요한 부분은 교사의 읽으면서 생각 소리 내기 준비에 관련된다. 소개하고 다시 사용하는 전략들(읽고 생각 소리 내기에 통합될 수 있는 전략들의 부분적인 목록에 대해서는 그림 8.2 참조)에 대한 통제력을 유지하기 위해 읽기 전략들에 대한 언어적 표현을 자세하게 수업 계획 각본에 적어둘 필요가 있다. (읽으면서 생각 소리 내기가 될 만한 짧은 단락에 필요한 만큼) 하나 또는 두 개의 전략들에 대한 시범 보이기로부터 시작할 수 있다. 그 다음에 점차 시범을 보이는 전략들의 수를 늘려 나간다.

학급에 실제로 각본을 소리 내어 읽기에 앞서 읽기 전략에 대해 듣

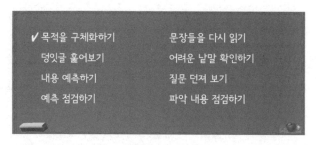

[그림 8.3] 학급에서 시범을 보인 전략들의 칠판 게시 본보기

게 될 것임을 학생들에게 알려 주어야 한다. 각각의 생각 소리 내어 읽어 주기의 마지막에 학생들은 시범으로 들었던 전략들을 보고할 수 있다. 시간이 흐름에 따라 학생들과 함께 작업하면서 목록들을 칠판이나 벽보에 목록으로 늘어놓을 수 있다(그림 8.3 참조). 이전에 전개되었던 목록은 다음 수업에서 학생들을 위한 편리한 참고 도구로서 제공될 수 있고 교사를 위해서 시범을 보인 전략들에 대한 편리한 기록으로 제공될 수 있다.

수업이 끝난 뒤 곧바로 생각 소리 내어 읽어 주기를 되짚어 본다면 이 현장 연구거리로부터 많은 혜택을 입을 가능성이 크다. 전략들의 선택을 고려하면서 글말로 된 각본(또는 다른 형태의 자료), 생각 소리 내어 읽은 '수행'뿐만 아니라 학생들의 반응, 촌평, 목표 전략들을 알아차릴 수 있는 능력에 대해 되살핀 내용을 적어둘 수 있다.

자료 분석: 적어도 다섯 시간의 생각 소리 내기 주기를 마친 뒤 접근법이 어떻게 변했으며 어떤 것들이 잘 작동하며 어떤 것들이 그렇게 잘 적용되지 않는지, 그리고 앞으로 생각을 소리 내어 읽기가 나아질 수 있는지 재어보기 위하여 수업 계획 각본과 덧붙여 놓은 설명을 아마노 쉽게 검토할 수 있을 것이다. 단원 수업 계획 각본은 생각 소리 내어 읽는 주기에서 있었던 구체적인 사항들을 기억나게 할 것이다. 그리고 단원 수업 계획에 덧붙여 놓은 설명이 좀 더 주관적인 정보를 바칠 것이다. 더 나아가서 벽보에 있는 전략들을 살펴봄으로써 생각

소리 내어 읽기를 통해 학생들이 의식적인 집중을 하도록 한 전략들의 개수가 드러날 것이다. 이들 다양한 자료들의 원천에 대한 분석이 끝난 뒤에 학급에서 생각 소리 내어 읽어 주기 능력이 나아졌는지 그리고 읽기 전략에 대한 학생들의 자각을 끌어올렸는지를 알아보게 되는 좋은 위치에 있게 될 것이다. 어떤 전략이 더 언어로 표현할 만한 값어치가 있는지 그리고 어떤 새로운 전략들이 숙달된 독자에 의해 사용되는 것으로서, 학생들의 전략에 대한 자각을 드넓히기 위해 소개되어야 하는지 결정할 수 있는 통찰력을 활용할 수 있게 된다.

필요로 하는 시간: 이 연구거리에서 가장 시간 집약적인 부분은 수업이 시작되기 전에 있다. 어떤 전략들을 생각을 소리 내어 읽게 될 짧은 덩잇글에 덧붙일지 결정할 필요가 있는 시기도 그때이다. 물론 언어 표현으로 적어둘 필요가 있다. 단원 수업 계획 각본에 대한 검토와 덧붙인 설명, 벽보에 대한 검토에는 아마도 시간이 덜 걸릴 것이다.

필요로 하는 자원들: 단원 계획 각본과 교사가 생각 소리 내어 읽어 주는 동안 학생들이 알아차린 전략들을 늘어놓은 벽이나 칠판들의 영속적인 공간(permanent space).

8.2. 담화 구성에 대한 현장조사연구거리들

독해는 부분적으로 담화가 어떻게 구성되어 있는가에 대한 독자의 자각에 달려 있다(Grabe, 2009; Meyer and Poon, 2000). 훌륭한 독자들은

[인용 8.3] 능숙한 독자와 담화 구성

> 훌륭한 독자들은 [덩잇글에서] 정보가 구성되는 방식과 이와 같은 구성에 실마리를 제공하는 신호 기제에 맞추어 나간다.
>
> ▶▶▶Grabe, 2009: 243

그들이 읽고 있는 덩잇글의 구성 자질들(예를 들면, 표제, 부제, 덩잇글 상자, 주제 문장들이 있음)과 새로운 주제와 주제 전환을 알려 주는 실마리에 주의를 기울인다. 훌륭한 독자들은 대명사와 선행 조응 표현 단서들뿐만 아니라 덩잇글 요소들 사이의 관계를 나타내는 다른 어휘 단위들을 찾아낼 수 있다. 숙달된 독자들은 또한 일반적으로 '수사적 유형'이나 '지식 구조'라고 언급되는, 덩잇글 구성에서 되풀이 되는 모습에 더하여 일반적인 갈래들의 특징을 인식한다(표 8.2 참조). 이와 같은 유형의 담화 구조에 대한 자각은 자주 읽기 전략(예를 들면, 중심 생각 밝히기, 덩잇글 부분들에 걸쳐 연결 추론하기, 덩잇글에 구성 유형 인식하기가 있음)과 관련되어 있다. 담화 구조 자각의 중요성이 잘 인식되었기 때문에 읽기 교사들이 사용하는 교재와 읽기교육과정 도입 부분에서 그리고 읽기 교사들 다수가 (a) 담화 구조 신호와 (b) 구성 유형을 보여 주는 **담화 구성 얼개 그림**(graphic organisers)의 활용, (c) 독자들이 담화 구조를 확인하는 데 도움을 주는 전략들을 언급한다.

<표 8.2> 일반적인 구성 유형	
원인과 결과	기술
분류	이야기 전달 흐름
비교와 대조	문제와 해결
뜻매김	과정이나 순서

8.2.1. 일반적인 담화 구성 얼개 그림과 읽기 단락을 대응시키기

목적: 담화 구성에 대한 학생들의 자각이 독해를 나아지게 한다는 것을 다수의 연구들에서 설득력 있게 주장한다(예를 들면, Jiang and Grabe, 2007/2009), Meyer and Poon(2001); Pearson(2009); Williams(2007)가 있음). 담화 구성을 학생들과 함께 다양한 방식으로 탐구할 수 있는데, 예를 들면 덩잇글 **훑어보기**(preview), 비판적인 읽기, 덩잇글 분석, 덩잇글 본

뜨기, 담화 구성 얼개 그림, 단락 뒤섞기, 의미 지도 만들기와 신호 낱말들에 대한 좀 더 명시적인 가르침이 있다(Grabe, 2009; Blachowicz and Ogle, 2008; Jiang and Grabe, 2007/2009; Ogle and Blachowicz, 2002). 이 현장 연구에서는 가르침의 진행 단계를 탐구한다. 구체적으로는 (a) 학생들에게 숙제로 내어 준 덩잇글에서 핵심적인 담화 구조를 확인하고 (b) 이들 덩잇글(혹은 그 덩잇글의 부분)을 적절한 덩잇글 구성 얼개 그림(그림 8.4 참조)과 대응시키는 단계이다.

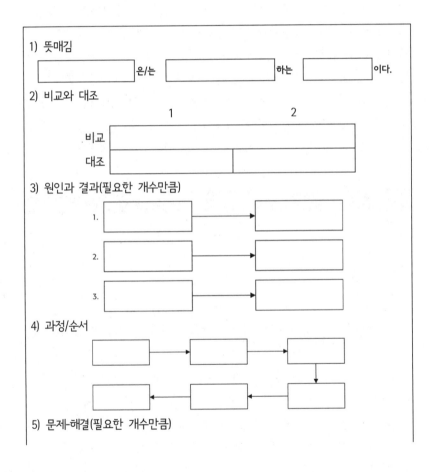

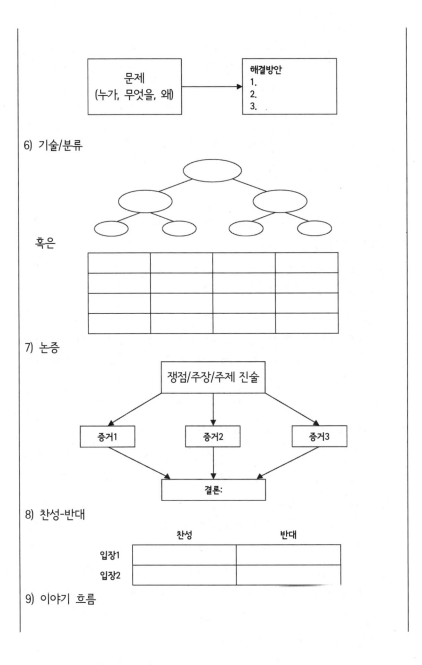

6) 기술/분류

혹은

7) 논증

8) 찬성-반대

	찬성	반대
입장1		
입장2		

9) 이야기 흐름

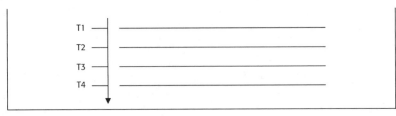

[그림 8.4] 일반적으로 사용되는 덩잇글 구조에 대한 기본적인 구성 얼개 그림

※ Jiang and Grabe, 2009: 36~38

핵심적인 질문: 학생들에게 나누어 준 읽을거리(혹은 읽을거리의 부분)를 가장 잘 따르는 구성 얼개 그림은 무엇인가?

예상되는 결과: 이 조사 연구거리의 실행 결과, 덩잇글의 가장 두드러진 구성에서 특징을 시범적으로 보여 주는 구성 얼개 그림과 읽도록 요구한 읽을거리(혹은 그 가운데 일부)를 대응시킬 수 있는 능력을 다듬게 될 것이다. 가장 잘 대응되는 것들끼리 대응을 정한 다음에 읽을거리와 구성 얼개 그림을 연결하는 효과적인 단원을 설계할 수 있게 되고 그에 따라 일반적인 덩잇글 유형에 대한 학생들의 자각을 끌어올릴 수 있게 될 것이다.

자료를 모으는 일차적인 방법: 문서 모으기

자료 모으기: 이 조사 연구거리는 스스로 혼자의 노력으로 혹은 동료들과 모둠으로 수행될 수 있다. 자료를 모으기 위하여 간단히 학생들이 숙제로 읽게 될 덩잇글을 모아보고자 할 수 있다.

자료 분석: 덩잇글이 손에 있기 때문에 목표는 그와 같은 덩잇글에서 구성에서 두드러진 특징을 확인하고 덩잇글과 구성 얼개 그림(그림 8.4)을 대응시키는 것이다. 다음에 나오는 하나 또는 그 이상의 덩잇글 구조의 특징을 보여 주는 덩잇글을 찾아냄으로써 시작해 볼 수 있다. 그 특징에는 뜻매김, 인과, 비교와 대조, 과정이나 순서, 문제와 해결, 기술이나 분류, 논증, 찬성과 반대, 연대기가 있다. 읽을거리와 대응되는 구성 얼개 그림의 목록을 간직함으로써 학생들의 담화 구성에 대

한 자각을 끌어올릴 수 있는 단원 설계의 유용한 자원을 지니게 되는 것이다.

필요로 하는 시간: 이 조사 연구거리에서 자료 모으기가 쉬운 부분이다. 좀 더 집중된 노력이 필요한 것은 가장 두드러진 담화 구성 유형을 결정하기 위해 (전체적으로든/부분적으로든) 모은 읽을거리의 분석이다. 그리고 그 다음에 덩잇글을 전형적인 구성 얼개 그림(그림 8.4나 10장에 있는 10.8 참조)이나 (만약 지정한 덩잇글이 전형적인 유형을 따르지 않는다면) 스스로 만들어낸 구성 얼개 그림과 짝을 지워야 한다. 이들 단계를 밟고 난 뒤에야 구성 얼개 그림과 담화 구조에 대한 논의를 읽기 단원에서 통합할 준비가 된 것이다.

필요로 하는 자원들: 학생들에게 나누어줄 읽을거리와 덩잇글과 대응시킬 덩잇글 구성 얼개 그림의 모음.

8.2.2. 이해를 나아지도록 학생들에게 구성 얼개 그림을 활용하도록 연습시키기

목적: 그림 8.4에 있는 것들과 같은 구성 얼개 그림들은 읽기 교실에서 여러 가지 방법으로 활용될 수 있는, 여러 가지 쓸모가 있는 도구이다. 학생들이 덩잇글 구조에 대한 자각을 계발하고 덩잇글에 있는 생각들의 관계를 발견하며 드러나는 신호 낱말들의 중요성에 주의를 기울이며 새로운 내용을 알려진 내용과 연결하고 읽기 과제에서 쓰기 과제로 전환하는 데 도움을 줄 수 있다. 학생들은 처음에는 교사의 안내로 시작하여 '어떤 덩잇글에 있는 서로 다른 정보 조각들이 중심 생각으로서, 생각을 뒷받침하는 것으로서 그리고 세부적인 정보로서 어떻게 서로 관련이 있는지' 결정하기 위해 구성 얼개 그림을 활용할 수 있다 (Jiang and Grabe, 2009: 26). 구성 얼개 그림과 함께 가르침이 효과적으로 이뤄진다면 학생들은 학급 전체에서 논의될 수 있는 덩잇글의 의미에 대해 일관된 표상을 할 수 있는데 모두 같은 시각적인 표상에

접속하기 때문이다(Jiang and Grabe, 2009).

이 조사 연구거리의 목적을 위하여 그림 8.4에 있는 단 하나의 구성 얼개로 시작한다. 선택한 구성 얼개 그림은 학생들에게 숙제로 내어 준 덩잇글에서 가장 잦게 나타나는 덩잇글 구조와 대응하여야 한다. (이와 같은 탐구 영역에 관심이 있는 교사는 이와 같은 조사 연구거리를 시작 하기 전에 8.2.1에 있는 연구거리에 참여하고자 할 것이다.)

핵심적인 질문: 학생들의 파악 능력 향상을 위해 구성 얼개 그림의 사용에서 학생들을 어떻게 잘 이끌어 줄 수 있을까?

예상되는 결과: 이와 같은 조사 연구거리는 특히 구성 얼개 그림의 활용 에 익숙하지 않는 경우 이들을 읽기 단원에 통합하는 연습을 해 볼 기회를 제공한다. 얻을 수 있는 통찰은 읽기 가르침의 효율성을 더 나아지게 하며 앞으로 학급에서 다른 구성 얼개 그림으로 실험을 해 보는 데 자신감을 줄 것이다. 물론 우리 학생들도 이 연구거리로부터 혜택을 입을 것이다. 학생들이 얻을 수 있는 결과는 주로 독해력의 향상에 구성 얼개 그림을 할당해 보는 경험에 있다.

자료를 모으는 일차적인 방법: 일지/교사의 일기, 적은 수의 학생으로 해 보는 사례 연구

자료 모으기: 이 조사연구는 담화 구성에 진지하게 참여할 수 있는 학 기 동안에 가장 잘 수행된다. 자료를 모으기에 앞서 위에서 제안한 것처럼 그림 8.4로부터 실험으로 다뤄 보기 위해 한 개(혹은 두 개)의 구성 얼개 그림을 선택할 필요가 있다. 선택한 구성 얼개 그림은 학생 들이 자주 마주치게 될 어떤 유형을 기술하는 것이어야 한다. (우리는 실제로 학생에게 내어줄 덩잇글에 대해 신중한 검토가 있고난 뒤에야 그와 같은 결정을 할 수 있을 뿐이다.) 예컨대 덩잇글 단락에서 비교와 대조 유형(그림 8.4에서 두 번째 유형)이 상당히 자주 나타난다면 비교-대조 를 나타내는 구성 얼개 그림을 과제와 관련짓고 가르침에 통합하는 기회를 찾아야 한다.

이와 같은 조사 연구거리에 몰두하면서 (a) 단원 수업에 목표로 하

는 구성 얼개 그림을 통합하기 위해 취한 단계들, (b) 학생들이 한 촌 평이나 질문, (c) 교사뿐만 아니라 학생들이 마주치는 장애물들, (d) 관련이 있는 것(예를 들면, 속도 조절하기, 가르침, 교사의 시범 보이기가 있음)으로 간주할 만한 다른 문제들을 문서로 만드는 일지(혹은 교사 일기)를 적게 된다. 그들이 구성 얼개 그림과 관련된 과제에 어떻게 반응하는지 보기 위하여 학생들 가운데 일부(예를 들면, 훌륭한 독자, 중간 수준의 독자와 빈약한 독자, 동기부여가 된 독자와 동기부여가 덜 된 독자, 도전하기를 좋아하는 학습자[3]와 그렇지 않은 학습자)를 관찰하도록 선택할 수 있다. 논리적인 확장으로 그와 같은 사례들을 일지나 일기[4] 에 촌평으로 적어둘 수 있다.

자료 분석: 일지나 일기의 내용에 대한 검토를 통해 (a) 시간에 걸친 가르침으로 구성 얼개 그림을 통합하기 위해 조정해 나가는 자세한 방법들 (b) 앞으로의 가르침과 아마도 다른 구성 얼개 그림으로 실험 하였을 때 영향을 미치게 될 문제들이 드러나게 될 것이다. 사례 연구 들은 다른 특징을 지니고 있는 학생들이 어떻게 구성 얼개 그림과 관 련되는 과제를 다루어 나가는지 보여 줄 것이며 앞으로 같은 학생들 을 대상으로 할 때 발판을 마련하고 고쳐나갈 수 있는 방법들을 제안 할 것이다.

필요로 하는 시간: 이 연구거리의 이른 단계에 어떤 구성 얼개 그림을 시험 삼아 해 볼 것인지 결정해야 한다. 일지나 일기의 내용은 세부 내용들이 마음에 분명할 때 수업이 끝난 뒤 간단하게 마무리한다면, 많은 시간을 필요로 하지 않을 것이다. 물론 이와 같은 연구거리에

---

3) 도전적인 독자란 자기 자신의 수준에 높은 읽을거리를 즐겨 읽으려고 하는 독자를 가리 킨다. 우리말 어감에서 도전이란 말은 때로 부정적으로 쓰이기 때문에 쓰기가 꺼려지지 만 이 맥락에서는 좀 더 적극적인 독자를 가리키는 의미를 지닌 것으로 쓴다.

4) 일기(log)와 일지(journal)의 구별은 그렇게 분명하지 않은 듯한데, 일기는 형식에 덜 얽매이지만, 일지는 형식에 기대어 해당되는 항목들을 채워 넣어서 완성한다. 바쁜 와중 에 일기를 빼곡히 적어 나가기란 쉽지 않은 일이기 때문에 일지를 쓰는 일을 추천한다. [개념 6.2](290쪽)에 있는 각주도 참고할 것.

참여할 때 어느 정도 시간이 걸리는 것은 학급에서 목표로 하는 구성
얼개 그림의 활용에 따른 가르침 과제를 설계하는 일이다.

필요로 하는 자원들: 일지나 일기, 목표로 하는 구성 얼개 그림에 관련되
는 읽기 과제들

8.2.3. 신호 낱말의 확인에 초점을 맞추기

목적: 훌륭한 독자들은 덩잇글 구성을 드러내며 덩잇글에 중요한 것이
무엇인지에 대하여 단서를 제공하는 덩잇글 표지(말하자면 신호 낱말)
를 확인할 수 있다. 덩잇글 표지들(표 8.3)은 인과, 비교와 대조, 문제와
해결, 결론, 계속 이어짐, 강조, 사례, 울타리 친 표현(hedging),[5] 순서,
시간 등등을 신호해 줄 수 있다. 발달을 계속하고 있는 독자들은 이런
중요한 덩잇글 표지들과 그 기능의 확인에 초점을 맞춘 가르침으로부
터 혜택을 받을 수 있다. 이와 같은 연구거리를 관리 가능하게 하고
의미 있게 하기 위해서는 오직 가장 두드러진 신호 낱말, 즉 학생들이
덩잇글에 가장 마주칠 가능성이 높은 신호 낱말을 탐구하는 것이다.

<표 8.3> 신호 낱말들(Fry and Kress, 2006에서 손을 봄)[6]

원인, 조건이나 결과를 나타내는 신호들: 때문에, 결과적으로, ~로부터, 따라서, ~하기
때문에 , 그렇지 않다면, ~인 반면(as, because, but, consequently, due to, for, from,
if, in that, resulting from, since, so, so that, that then, therefore, thus, unless, until,
whether, while, without, yet)

비교-대조를 나타내는 신호들: 또한, 비록 ~하지만, ~와 비슷하게, 최선이다, 더 낫다,
~와는 달리, ~와 다르다, ~인 경우에도, 그러나, ~와 마찬가지로, 대조적으로, ~에도
불구하고, 대신에, ~보다 덜, ~와 같은, ~와 같이, 더 ~한, 가장 ~한, 한편, 혹은,
오히려, 비슷한, 다른 것은, ~반면에, 나쁜 것은, 그럼에도 불구하고(also, although,

---

5) 간접적인 표현법 혹은 완곡어법의 일종을 가리킨다. 직접적으로 표현함으로써 상대방
  의 체면을 손상시킬 가능성이 높기 때문에 이와 같은 표현 방법을 쓴다.

analogous to, and, best, better, but, conversely, despite, different from, either, even, even though, half, however, in contrast, in spite of, instead of, less, less than, like, more than, most, much as, nevertheless, on the contrary, on the other hand, opposite, or, otherwise, rather, same, similar to, then, the opposite, though, too, while, worst, yet)

결론을 나타내는 신호: 그 결과로, 결론적으로, 끝으로, 이것으로부터 ~을 알 수 있다, 따라서, 끝맺으면서, 요약하자면, 무엇보다도, 따라서(as a result, consequently, finally, from this we see, hence, in closing, in conclusion, in sum, last of all, therefore)

계속을 나타내는 신호: 다시 한 번, 또한 그리고, 그리고 끝으로, 무엇보다도, 다른, 더 나아가, 덧붙인다면, 이와 마찬가지로, 좀 더, 게다가, 다음으로, 한 가지 이유는, 두 번째로(a final reason, again, also, and, and finally, another, first of all, futhermore, in addition, last of all, likewise, more, moreover, next, one reason, other, secondly)

강조를 나타내는 신호: 무엇보다도, 핵심적인 문제는, 두드러진 특징으로, 핵심적인 특징은, 중요한 발달은, 중요한 사건은, 중요한 관심사는, 중요한 요인은, 결정적인 힘은, 그렇지만, 특별히 중요한, 특별히 관련이 있는, 특별히 가치 있는, 주목할 만한 것은, 요약하면, 다른 무엇보다도, 가장 주목할 만한, 당연히, 특별히 주의를 기울인 것은, ~을 기억할 것. 그 문제의 핵심은, 주목하여야 한다, 중요한 소득은, 가장 지속적인 문제는, 일차적인 항목은(above all, a central issue, a distinctive quality, a key feature, a major development, a major event, a primary concern, a significant factor, a vital force, by the way, especially important, especially relevant, especially valuable, important to note, it boils down to, more than anything else, most noteworthy, noted, the chief outcome, the crux of the matter, the most substantial issue, the principal item)

예시를 나타내는 신호: 예를 들면, 예컨대, 그와 비슷하게, 매우 비슷하게, 예를 들자면, ~와 같은, 구체적으로(for example, for instance, in the same way, much like, similar to, specifically, such as, to illustrate)

에두른 표현을 나타내는 신호: 들리는 소문에 따르면, 만약 ~라면, 대체로, ~ 것이다. 제외하면, ~와 같다, 거의, 아마도 ~일 것이다, ~일 가능성이 높다, 아마, ~라고 소문이 난, ~으로 소문이 자자한, ~로 알려진, 어느 정도, 일종의(alleged, almost, if, looks like, maybe, might, nearly, probably, purported, reputed, seems like, should, some, sort of, was reported)

강조를 나타내는 비낱말 신호: 굵은 글씨, 감탄 부호, 기울인 글씨(italics), 문자 도안, 숫자가 매겨진 점(1, 2, 3). 인용 부호, 밑줄

순서를 나타내는 신호: 가, 나, 다 등, 뒤에, 언제나, 앞에, 동안, ~보다 앞서, 첫째로, 둘째로, 셋째로, 우선, 마지막으로, 너 뒤에, 이제, 청각에, 시간에 맞춰, 이후로, 그때, ~일 때까지(A, B, C, after, before, during, earlier, first, second, third, in the first place, last, later, next, now, o'clock, on time, since, then, until, while)

공간을 나타내는 신호: ~쯤에, 위에, 걸쳐서, 을 가로질러, ~와 이웃하여, ~와 나란히, ~의 주변에, ~와 떨어져서, 뒤에, 아래에, 옆에, 사이에, 넘어서, 곁에, 가까이, 동쪽으로, 멀찍이, 멀리, 여기, 안에, 앞에, 내부적으로, ~으로, 오른쪽에, 왼쪽에, 가운데, 다음에, 북쪽으로, ~의 위에, 반대편에, 바깥에, 밖에, 저편에, 옆에, 남쪽으로, 거기에, 아래에 서쪽에(about, above, across, adjacent, alongside, around, away, behind, below, beside, between, beyond, by, close to, east, far, here, in, in front of, inside, into, left, middle, near, next to, north, on opposite, out, outside, over, right, side, south, there, toward, under, west)

시간을 나타내는 신호: 뒤에, 잠시 뒤에, 이미, 동시에, 동안, 끝, ~을 따라서, 곧바로, 최근에, 점점, 이제, 언젠가, 그 때, ~할 때(after, after a while, already, at the same time, during, final, following, immediately, lately, little by little, now, once, then, when)

주석: 여기서 늘어놓은 신호 낱말들은 다르게 범주화할 수 있을 것이다. 좀 더 자세한 구별에 대해서는 Biber, Johansson, Leech, Conrad and Finegan(1999) 참조.

핵심적인 질문: 학생들이 덩잇글을 읽고 있는 동안 덩잇글에서 가장 두드러진 신호 낱말을 확인하도록 배우는 데 어떻게 도와줄 수 있을까?

예상되는 결과: 이 조사 연구거리로부터 얻을 수 있는 두 가지 중요한 결과들이 예상된다. 목표로 삼은 신호 낱말에 대한 가외의 주의집중 때문에 학생들은 효율적인 읽기에 중요한 능력을 발전시켜 나갈 가능성이 높다. 특히 어떻게 정보가 짜여 있으며 덩잇글에서 무엇이 중요한가에 대한 실마리를 확인하는 능력을 발전시켜 나갈 가능성이 높다. 그러나 이 조사 연구거리의 주요 목표는 읽기 교사들이 어떻게 신호 낱말을 학생들의 의식적인 주의집중으로 끌고 오느냐를 터득하는 것이다. 그와 같은 지식은 가르침 기법의 목록을 넓혀 줄 것이다.

자료를 모으는 일차적인 방법: 사전 검사와 사후 검사, 가르침 일기

자료 모으기: 목표로 삼은 신호 낱말(표 8.3에서 굵은 글씨)에 대해 결정

---

6) 원서에는 다양한 영어 표지들이 제시되고 있다. 의미가 같지만 흐름이나 운율적인 고려 때문에 혹은 같은 구절의 반복을 회피하는 영어 사용의 관례 때문에 다르게 쓰이는 표지들이 있다. 이런 점을 고려하여 여기에서는 우리말에서 해당되는 담화 표지들의 대표 형태 몇몇을 소개하고, 나머지는 영어 형태로 제시하여 참고하기로 한다.

을 하고 난 뒤에 여러 가지 본보기 사례가 있는 읽을거리를 선택하고 학생들에게 읽을거리 복사본을 나누어 준다. (이 논의를 위하여 순서 표지와 대조 표지를 가르침의 과녁으로 삼는다.) 학생들에게 읽도록 하고 순서 표지(예를 들면, 사건이나 생각의 구체적인 순서를 알려 주는 낱말이나 구절들이 있음)에 밑줄을 긋고 대조 표지(예를 들면 차이와 관점의 차이, 관점에서 변화를 알려 주는 낱말들이 있음)에 동그라미를 그리도록 한다. 이와 같은 활동들은 사전 검사로 제공되며 순서 표지와 대조 표지에 학생들이 낯익은 정도를 나타낸다.

학기가 진행되고 난 뒤, 학급의 읽기에서 학생들의 주의집중을 차례를 나타내는 표지와 대조를 나타내는 표지들이 나타날 때 그것에 초점을 맞춘다. 가르침의 일부로, 학생들이 이런 표지들을 확인하도록 이끌어 주고, 그것들을 토의하며 그들이 찾아낼 때마다 덩잇글에서 이들의 기능을 탐구하도록 한다. 학생들은 마주칠 때마다 공책에 이들 표지들의 목록을 계속해서 보관하도록 한다. 정기적으로 목록들을 비교할 기회를 주고 스스로 좀 더 마무리된 목록을 만들어내도록 조정하게 할 수 있다. 이 시간 동안 학생들이 학급에 맞닥뜨린 신호 낱말들의 일지를 보관한다(처음 만난 날짜와 되풀이해서 만난 날짜를 확인한다). 일지에는 어떤 낱말들이 설명되는 방법들뿐만 아니라 학생들이 경험하는 어려움과 탐구거리에 대해 촌평을 할 수 있다.

한두 달이 지난 뒤, 기본적으로 학생들이 여러 차례 그리고 다양한 맥락에서 표지들을 마주치고 난 뒤에 학생들에게 각각의 밑줄 그은 낱말의 기능에 대하여 설명하도록 하는 점을 제외하고는 사전 검사가 실행된 것과 같은 양식으로 사후 검사를 시행한다.

자료 분석: 학생들이 목표로 삼은 신호 낱말을 이해하고 친숙성이 더 높아졌는지 알아보기 위하여 학생들의 사전 검사와 사후 검사 점수를 비교한다. 사후 검사에서는 좀 더 명시적인 가르침을 필요로 하는 여러 신호 낱말이 드러날 것이다. 가르침 일지의 주석을 검토함으로써 어떤 기법이 작동을 하며 어떤 기법이 제대로 듣지 않는지 결정을 하

는 데 도움을 줄 것이다.

필요로 하는 시간: 어떤 범주의 신호 낱말 범주들에 특별히 주의를 기울여야 하는지 정하기 위하여 학기 동안 제시한 단락들을 되풀이해서 읽어둘 필요가 있다. 그 다음에 찾아내야 하는 목표로 하는 신호 낱말들이 여럿 있는, 수준에 알맞은, 두 개의 덩잇글을 준비하는데 하나는 사전 검사를 위해서 다른 하나는 사후 검사를 위해서이다. 사전 검사와 사후 검사 사이에 시간을 나누어야 하는데 마주치는 신호 낱말들을 일정하게 유지하고 학급에서 그와 같은 낱말들을 어떻게 다루는지 기록하고 학생들이 겪는 어려움이 무엇이든 있다면 기록해 두어야 한다.

필요로 하는 자원들: 목표로 하는 신호 낱말이 들어 있는 수준에 맞춘 읽을거리와 가르침 일지.

8.3. 중심 생각 파악에 대한 현장조사연구거리들

[인용 8.4] 읽기의 궁극적인 목적

> 여러 읽기 가르침 교육거리에서 독자들이 읽고 있는 것의 의미에 대하여 그들이 어떻게 생각하도록 할 것인가를 가르치는 것보다 독해를 어떻게 평가할 것인가에 더 많은 시간을 들이고 상당할 정도로 강조한다. 읽기의 궁극적인 목적은 이해이다. 이해를 조정하는 것은 성공적인 읽기에서 본질적이다.
>
> ▶▶▶Anderson, 2009: 125~126

중심 생각 파악보다 독자들에게 더 중요한 것으로 무엇이 있을 수 있을까? 그럼에도 불구하고 많은 교사들은 학생들이 이해 능력의 발달시키는 데 도움을 주기 위해 최소한의 시간을 바치고 있다. 말하자면 수업 시간은 이해에 관련되는 질문에 답하는 데 보내고 있는 것이다 (그리고 다음 장이나 다음 덩잇글로 넘어가 버린다). 실제로 "학생들의 이해를 왜, 언제, 어떻게 조정해야 하는가에 대한 지식을 늘리는 일은 읽기 가르침의 중요한 부분[이어야 한다]"(Baker, 2002: 82).

중심 생각 파악은 간단한 문제는 아닌데 덩잇글 이해에는 최소한으로 기본적인 문법 지식, 많은 이해 어휘[7]와 담화 구조에 대한 자각이 필요하기 때문이다. 그리고 학생들이 학업을 목적으로 정보가 담긴 더 긴 덩잇글을 읽어 나감에 따라 주의집중의 처리와 복잡한 덩잇글을 다루어 나가기 위한 전략들의 필요에 대한 수요가 더 절박해진다. 이해 능력의 발달에 이르는 한 가지 핵심적인 요소는 뒷받침이 되는 가르침 환경이다(Grabe, 2009). 다음에 나오는 세 가지 시범적인 현장 연구와 같이 중심 생각 파악에 관련되는 문제들에 초점을 맞춘 현장 연구가 읽기를 가르치는 사람들을 위해 값진 노력이 될 수 있으리라 생각한다.

8.3.1. 중심 생각 파악을 촉진하기 위해 필자[8]에게 질문하기

목적: 덩잇글에 대한 질문을 만들고 답하는 데 학생과 교사가 관련되는 가르침 접근법은 중심 생각 파악 능력의 발달을 촉진할 수 있다. 필자에게 질문하기(QtA) 접근법(예를 들면, McKeown and Beck(2001), Raphael, George, Weber and Nies, 2009가 있음)은 질문들이 '볼 수 없는' 저자들에 향하고 있다는 점에서 특이하다. 이와 같은 접근법에서 질문들은 덩

---

7) 학습자들이 필요로 하는 어휘를 두 갈래로 나눈다. 하나는 위에서 제시되는 이해 어휘(receptive vocabulary)이고, 다른 하나는 산출 어휘(productive vocabulary)이다. 이는 사람의 정신 어휘집(mental lexicon)이 균질적이지 않다는 것을 전제로 한다. 고급 수준의 언어 사용자일수록 이 두 어휘 사이의 차이가 줄어들 것이다. 일반저으로 교육을 목적으로 하는 조사연구에서 사람의 어휘력을 잴 수 없는 이유 가운데 하나는 어휘에 이런 측면이 있기 때문이다. 우리말로 뒤칠 때 receptive를 산출과 짝이 되도록 이해로 뒤치도록 한다.

8) 이 책에서 author는 말 그대로 이 책의 저자를 가리키기도 하고, 이 맥락에서는 학생들이 읽고 있는 글을 쓴 사람을 가리키기도 한다. 둘 다 저자라고 하면 헷갈릴 수 있으므로 이 책의 저자만을 저자로 가리키기고, 교육 맥락에서 제시한 글을 쓴 사람은 필자라고 하도록 한다.

잇글 파악과 조정하기를 언급할 뿐만 아니라 필자의 목적에 대한 가정, 필자의 글에 대한 비판, 필자의 편향과 어조, 덩잇글의 의의 탐구, 덩잇글 정보의 유용성에 대한 학생들의 입장 표명으로 이어질 수 있다. 이와 같은 접근법에서 필자는 틀릴 수 있으며, 의도를 지닌 것으로 간주되고 독자들은 그것들에 질문할 권리를 갖고 있다(Underwood and Pearson, 2004: 143; Baker and Beall, 2009도 참조할 것).

핵심적인 질문: 어떤 질문이 학생들에게 멋진 반응을 불러일으키는 대표적인 질문인가? 어떤 질문이 덩잇글 파악을 위하여 최선의 학급 토의로 이어지는가?

예상되는 결과(들): 교사들은 학생들로 하여금 덩잇글 이해와 필자의 목적과 편향, 덩잇글의 의의 등등에 대한 토의에 학생들이 참여하게 하는, 새로운 유형의 질문들을 하는 실습을 하게 될 것이라고 기대한다. 체계적인 자료 수집을 통하여 학급 토의와 학생들에게 가장 좋은 반응을 불러일으키는 질문들의 갈래를 확인할 수 있을 것이다. 동시에 학생들이 필자에게 질문하기(QtA) 접근법에 참여함으로써 곧바로 중심 생각 파악 능력의 향상, 덩잇글에 더 깊이 몰입하기 그리고 궁극적으로 질문 제기 방법이 교사로부터 학생으로 옮겨감에 따라 알맞은 질문 제시 능력들의 발달로 이어질 가능성이 높다.

자료를 모으는 일차적인 방법: 녹음을 통한 자기 관찰과 교사들의 촌평을 허용하는 기록 보관 용지

자료 모으기: 자료 모으기를 시작하기 전에 먼저 필자에게 질문하기(QtA) 방법에 익숙해질 필요가 있으며(참고로 위의 내용 참조), 학급에 알맞은 QtA 탐구거리 묶음들을 적어 두도록 한다(표 8.4). 그 다음에 학급의 읽기 단원의 QtA 탐구거리를 녹음해 두어야 한다. 수업이 끝난 뒤 그 녹음 자료를 훑어보면서 QtA 시간 동안 물었던 질문들을 기록 보관 용지에 기록해 두도록 한다(그림 8.5). 또한 (a) 질문에 대한 학생들의 반응 정도, (b) 수업 토의의 특성, (c) 덩잇글 이해에 적합한 것으로 밝혀진 정도, (d) 덩잇글을 학생들로 하여금 탐색할 수밖에 없도록 하는 정도를 기록해 둘 수 있다. 만약 상당한 분량의 시간으로

예를 들면, Beck, McKeown, Hamilton and Kucan(1997)이 있음.

1. 필자가 말하려고 하는 것이 무엇인가?
2. 필자의 전달내용은 무엇인가?
3. 왜 필자는 이 특정의 정보를 포함도록 정하였는가?
4. 필자의 전달내용은 분명한가? 왜 그런가, 왜 그렇지 않은가?
5. 필자가 어떻게 더 분명하게 말할 수 있을까?
6. 필자의 입장을 강화하기 위해 어떤 유형의 사례들을 더할 수 있겠는가?
7. 필자가 제시한 사례는 도움이 되는가, 아니면 혼란스럽게 하는가?
8. 어떻게 필자가 중심 생각을 알려 주는가(그리고 필자가 얼마나 그것을 잘 하는가)?
9. 필자의 중심 생각은 분명히 언급되고 설명되는가?
10. 필자는 독자들에게 제기한 문제들에 대하여 답을 제시하는가?
11. 필자는 어떤 관점이나 편향을 드러내는가?
12. 필자의 전달 내용이 어떤 의의를 지니는가?

이 조사연구에 참여한다면 누가 질문을 제시하였는지 기록할 수도 있는데 QtA 접근법의 궁극적인 목적은 학생들로 하여금 스스로 질문을 하게 하는 것이기 때문이다.

자료 분석: 어떤 질문 유형이 가장 훌륭한 반응과 학급 토의를 불러일으켰는지 결정하기 위하여 마무리된 기록 보관 용지(들)를 활용할 수 있을 것이다. 그 목표는 덩잇글에 대한 필자의 의도, 필자의 효율성과 덩잇글의 의의, 덩잇글의 탐구에서 학생들의 능동적인 참여를 이끌어 내는 질문(혹은 질문의 유형)을 확인하는 것이다.

필요로 하는 시간: 이 조사연구가 가장 유용하기 위해서는 필자에게 질

필자에게 질문하기: 기록 보관용		
물었던 질문들	학급에서 이용한 날짜	촌평
1. 필자가 말하고자 하는 게 무엇인가?		
2.		
3.		

[그림 8.5] 학업을 위한 기록 양식

문하기(QtA) 접근법에 대해서 더 읽어보아야 한다. (이 접근법은 제2
언어 교사의 연수에서 종종 논의되지 않는다.) 이 접근법에 대한 이해를
높인다면 표 8.4에 늘어놓은 좀 더 일반적인 탐구거리를, 가르치는
학급과 학생들이 읽고 있는 덩잇글에 알맞게 바꿀 수 있을 것이다.
녹음 자료를 훑어보고 동시에 질문과 촌평을 (자료 기록 용지에) 기록하
는 일도 시간을 쏟아 부어야 한다.

필요로 하는 자원들: 녹음기와 기록 보관 용지.

8.3.2. 교사-학생 상호작용을 다시 생각해 보기

목적: 중심 생각 파악하기는 덩잇글을 중심으로 하여 거의 대부분 교사
와 학생들의 상호작용에 의해 직접적으로 이뤄진다(예를 들면, Baker
(2002), Fitzgerald and Graves(2004), Snow, Griffin, Burns(2005)가 있음). 이와
같은 발판을 제공하는 토의에서 교사와 학생들은 다음을 토의한다.

- 덩잇글이 무엇을 의미하는가
- 어디서 그리고 어떻게 중요한 정보를 찾을 수 있는가
- 왜 그 정보가 중요한가
- 어떻게 중심 생각을 담은 정보가 활용되는가
- 덩잇글 해석에서 어떤 어려움이 나타나는가
- 어떻게 그 어려움을 해결할 수 있는가

이와 같은 토의에서 가장 값진 결과는 중심 생각 파악을 뒷받침하
는 읽기 전략을 학생들이 사용한다는 것이다. 불행하게도 규모가 큰
학급에서는 교사-학생 상호작용이 때로 가장 필요로 하는 독자들(예
를 들면, 빈약한 독자, 동기부여가 덜 된 독자가 있음)에게 닿지 않는다는
것이다. 이 조사연구에서는 상호작용의 필요성이 있는 독자들에게 가
장 효과적인 방식이 무엇인지 결정하기 위해 중심 생각에 대하여 토

의하는 두 가지 양식으로 실험을 해 보기로 한다.

핵심적인 질문: 중심 생각에 대하여 교사가 이끄는 학생 모둠 토의가 학급 전체의 교사-학생 토의만큼이나 효율적인가?

예상되는 결과(들): 이 현장조사연구는 교사들에게 (a) 규모가 큰 학급에서 중심 생각 파악에 대한 학생 모둠 토의의 활용 가능성과 (b) 중심 생각에 대한 모둠 토의에서 학생들을 이끄는 방법, (c) 학생들의 잴 수 없이 큰 읽기 욕구를 충족시켜 줄 수 있는 기법에 대한 통찰로 이어지게 할 가능성이 높다.

자료를 모으는 일차적인 방법: 설명이 덧붙은 단원 수업 계획

자료 모으기: 두 개의 읽기 학급이 있을 때 학기 동안에 한 학급에는 학급 전체로 중심 생각을 토의하는 방법을 이끈다. 다른 학급에서는 학생들을 작은 모둠으로 나누고 학생들 스스로 중심 생각에 대한 토의에 참여하도록 이끈다. 이 연구거리를 시작하기 전에 '핵심적인' 중심 생각 파악을 위해 표 8.5에서와 같은, 전체 학급 토의와 학생 모둠 토의의 기본 자료로 제공할 질문들의 목록을 쌓아두게 될 것이다.

현장조사연구 시간 얼개(그것이 한 달이든, 어떤 주제를 다루는 단원 수업 기간이든 혹은 한 학기 전체이든) 안에서 두 학급을 대상으로 하여 중심 생각에 대한 토의를 이끌어갈 핵심적인 중심 생각 관련 질문들을 활용할 것이다. 핵심적인 질문을 활용하여 중심 생각들이 토의되

<표 8.5> 중심 생각에 대하여 학급 전체 토의와 학생 모둠 토의를 위한 본보기 질문들

1. 덩잇글은 무엇에 대한 것인가?
2. 가장 중요한 생각은 무엇인가?
3. 그와 같은 중요한 생각을 어디에서 찾았는가?
4. 가장 중요한 생각을 어떻게 찾았는가?
5. 이 덩잇글에서 그 정보가 왜 그렇게 중요한가?
6. 이들 중요한 생각들을 어떻게 활용할 수 있는가?
7. 그 덩잇글을 읽는 동안 어떤 어려움을 겪었는가?
8. 그 덩잇글을 해석하면서 어떤 어려움을 겪었는가?
9. 이와 같은 어려움을 어떻게 해결하였는가(할 수 있는가)?

는 각각의 수업 주기가 끝난 뒤 (교사가 이끄는 방식과 학생 모둠 방식 둘 다에서) 핵심 질문을 바꾸게 한 변화와 명료화를 위한 학생들의 요구 사항, 학생들의 참여 정도, 토의와 질문에 대한 학생들의 반응 정도, 학생들의 중심 생각 파악을 포함하여 주목할 만한 가치가 있는 토의의 특징들을 지적하기 위하여 단원 계획에 설명을 덧붙여 놓을 것이다. 이 조사연구가 있게 한 유리한 점 가운데 하나가 중심 생각 파악을 위해 토의에 빈약한 독자들을 참여시키는 방법을 찾는 것이기 때문에 두 개의 수업 형태에서 동기부여가 덜 되어 있고 빈약한 독자들의 반응 정도에 주목하여야 한다.

자료 분석: 단원 수업 계획에 적어놓은 주석을 검토해 봄으로써 중심 생각 파악을 위한 토의 두 가지 양식(전체 학급 토의와 학생 모둠 토의)의 효율성에 대한 통찰을 얻을 수 있다. 학생들의 참여 수준과 중심 생각 파악 수준에 어떤 차이를 토의 방식에서 내고 있는지 알아보기 위하여 두 학급에서 빈약한 독자들에 대한 주석에 특별한 주의를 기울여야 한다. 토의를 이끄는 핵심적인 질문들이 두 토의 양식에서 거의 같기 때문에 학생들의 반응 정도에서 차이들이, 어느 한 가지 유형의 토의 형식이 특히 빈약한 독자와 동기부여가 덜 이뤄진 독자에 대해서 높아진 효율성에 대한 통찰을 제공해 줄 수 있을 것이다.

필요로 하는 시간: 중심 생각 파악을 위한 핵심적인 질문을 만드는 데 시간이 필요하며 단원 수업 계획에 설명을 덧붙이고 결과를 분석하는 데 시간이 필요하다.

필요로 하는 자원들: 중심 생각 파악을 위한 핵심 질문들(표 8.5 참조)과 단원 수업 계획

8.3.3. 덩잇글 자료로 문법적인 자각 확립하기

목적: 중심 생각 파악에 명시적인 문법 가르침이 어느 정도 학생들에 도움을 줄 수 있다(Nation, 2009). 그러나 그와 같은 가르침의 초점은

```
• 복잡한 분사 구절           • 복잡한 조건절
• 복잡한 관계절             • 절의 주어
• 확장된 동격 구절           • 외치 변형(extraposition)
• 복합 절 안에 있는 절        • 분열 구문
• 여러 절을 거느린 복합 명사구   • 복합적인 수동태
• 복합 동사구문(예를 들면, 목적어-보어 절, 사역 구문)
• 흐릿한 선행사(vague antecedents)
```

[그림 8.6] 명시적인 주의집중의 장점이 있는 문법 구조

학생들에게 읽도록 나누어 준 읽을거리로부터 직접적으로 유도되어야 한다(Grabe, 2005). 더 나아가서 명시적인 가르침은 덩잇글에서 여러 차례 나타나는 구조를 목표로 삼아야 하고 중심 생각 파악과 관련이 있어야 한다. 맥락에서 벗어난 전통적인 문법 연습은 그렇게 할 경우에는 나누어 준 덩잇글로부터 끌어낼 수 있는 미리 맞춰진 맥락에 따른 가르침이 있고 난 뒤에 활용될 수 있을 뿐이다.

핵심적인 질문: 일차적인 읽을거리에서 어떤 문법적인 구조가 문법을 명시적으로 가르치고 문법 자각 활동을 할 만한가?

예상되는 결과(들): 일차적인 덩잇글을 훑어봄으로써 명시적으로 문법을 가르치고 문법 자각 활동을 할 만한 문법적인 구조를 밝혀낼 수 있을 것이다. 그 결과로 수업에서 활용되는 일차적인 덩잇글로부터 끌어낸 맥락에 맞춘 가르침은, 학생들의 중심 생각 파악과 학생들의 문법적인 자각을 끌어올릴 것이다.

자료를 모으는 일차적인 방법: 문서 모으기

자료 모으기: 스스로 혹은 같은 학급이나 같은 수준을 가르치도록 배정된 다른 교사들과 함께 모든 일차적인 읽을거리를 모아두고 나누어 주기 전에 그것들을 읽는다. 목적은 어떤 덩잇글이 명시적인 문법 자각 활동과 가르침의 가치가 있는 문법 구조를 지니고 있는지 정하는 것이다.

자료 분석: 자료를 분석하기 위하여, 여러 차례 나타나는 구문들을 확인하려는 목적으로 강조하였으며 중심 생각 파악에 적합하고 가르침

시간에 활용할 문법적인 구조를 살펴본다. 우리의 목표는 명시적인 주의집중을 하기 위해 가장 두드러진 구문을 찾아내는 것이다.

필요로 하는 시간: 수업 시간이 필요하지는 않다. 목표로 삼은 문법적인 구조를 확인하기 위하여 학생들에게 덩잇글을 나누어 주기 전에 일차적인 덩잇글을 읽을 시간을 떼어 두어야 한다.

필요로 하는 자원들: 학생들의 일차적인 읽을거리.

8.4. 추가적인 현장조사연구거리들

이 장에서 살펴본 세 영역은 다른 많은 현장조사연구자들에게 잠재적인 실현 가능성을 지닌다. 여기서 몇 가지 추가적인 탐구거리들을 늘어놓을 것인데 이들은 다른 환경에 있는 교사들에게 관심의 불을 지필 것이다.

8.4.1. 읽기 전략에 관련되는 탐구거리

읽기 전략에 관련되는 추가적인 탐구거리가 포함되어 있지만 다음에 한정되어 있지는 않다.

- 정보 밀집도가 높은 덩잇글을 이해하는 데 학생들을 도와주기 위해 소개할 수 있는 전략은 무엇인가?
- 읽기 단원의 막바지에 자기 성찰을, 상위 인지적 전략 사용을 촉진하기 위한 방법의 하나로 어떻게 잘 통합할까?
- 학생들이 어려운 덩잇글을 읽을 때 그들이 활용하는 전략들의 확인에서 학생들이 얼마나 성공적인가?
- 효과적인 전략 가르침에 이바지하도록 과제들을 어떻게 묶을 수 있을까?
- 어떻게 제1 언어의 기술과 전략들이 제2 언어 읽기 발달을 위해 긍정적인

뒷받침이 되게 할 수 있을까?

8.4.2. 담화 구성에 관련되는 탐구거리

담화 구성에 관련되는 추가적인 탐구거리가 포함되어 있지만 다음에
한정되어 있지는 않다.

- 덩잇글에 대하여 학생들이 방향을 잡도록 하기 위해 두드러진 덩잇글
  특징을 활용하도록 배우는 데 어떻게 도울 수 있을까? 중요한 정보의
  위치를 알아내도록 배우는 데 그리고 덩잇글의 내용을 예측하도록 배우
  는 데 어떻게 도울 수 있을까?
- 덩잇글 구성에 대해 언제 초점을 맞추는 것이 가장 유리할까? 읽기 전
  활동의 일부인가, 읽는 도중인가, 아니면 읽고 난 뒤 활동인가?
- 읽고 있는 덩잇글의 계층 구조를 학생들이 알아차리는 데 어떻게 도와줄
  수 있을까?
- 가르침에 덩잇글 구조와 담화 구성의 자각과 같은 중요한 문제를 통합하
  기 위해 이들에 대한 자각을 기르기 위해 어떻게 연습을 할 수 있을까?
- 덩잇글 구조를 알려 주는 핵심 낱말을 확인하는 데 학생들을 이끌어 줄
  훑어보기 기법으로 활용할 수 있는 것은 무엇인가?
- 담화 구성 관례를 이해하는 데 뒤섞인 문장과 단락을 활용하는 것이 어느
  정도로 도움을 주는가?
- 서로 다른 신호 낱말의 기능과 의미를 배우는 데 신호 낱말이 제거된
  뒤 채워 넣기 단락이 어느 정도로 도움을 주는가?

8.4.3. 중심 생각 파악과 관련된 탐구거리

중심 생각 파악에 관련되는 추가적인 탐구거리가 포함되어 있지만 다
음에 한정되어 있지는 않다.

- 중심 생각 파악을 잘 하도록 하기 위해 어떤 갈래의 요약 활동을 할 수 있을까?
- 중심 생각 파악을 잘 하도록 하기 위해 왜 질문을 어떻게 활용할 수 있을까(예를 들면, Ozgungor and Guthrie(2004)가 옹호한 다듬어진 부가 의문문을 이용한 접근법(Elaborative Interrogation Approach)이 있음)?
- 중심 생각 파악을 나아지도록 하는 것으로 학생들의 앞선 지식을 활성화하는 가장 효과적인 방법은 무엇인가?
- 앞선 지식에 대한 활성화 활동이 실패하였을 경우, 즉 덩잇글에 모순이 되는 정보를 불러내었을 때 어떤 단계를 밟아야 하는가?
- 어떤 이해 점검 전략을 학생들이 가장 잘 받아들이는가(이해 점검 전략들의 목록에 대해서는 Grabe(2009: 211)를 참조할 것)?
- 빈약한 독자와 능숙한 독자들 사이의 주요한 차이를 추론 능력이 보여준다고 종종 말한다(Grabe, 2009). 내가 가르치는 학급에서는 참일까?

이와 같은 탐구거리들은 교사가 시작하는 현장조사연구를 이끌어 줄 수 있다. 물론 가장 좋은 탐구거리는 교실수업 가르침에서 효율성과 어떤 가르침 기법의 유용성, 다른 교실수업 절차에 대한 학생들의 반응 정도, 자료에 대한 학생들의 이해 정도 등등을 이해하는 데 도움을 주는 질문들이다.

8.5. 결론

이 장에서는 전략적인 읽기와 담화 구성, 중심 생각 파악에 관련되는 문제를 중심으로 하는 현장조사연구의 아홉 개 본보기를 제시하였다. 자료 수집과 자료 분석에 대해 제안된 절차들과 제시된 질문들은 교사별 관심사와 필요에 맞게 현장조사연구의 발판으로 활용될 수 있을 것이다.

■■■■ 더 읽을거리

이 장에서 나타나는 인용 문헌들은 여기서 제시한 연구들의 세부 내용들에 대한 핵심적인 참고문헌을 대표한다. 이 장과 10장(10.6과 10.9)에서 언급되는 것을 넘어서는 유용한 자료들은 다음과 같다.

- **전략들**에 대해서는 Anderson(1991); Block and Duffy(2008); Chamot and O'Malley (1994); Hedgcock and Ferris(2009); Li and Munby(1996); Mokhtari and Sheorey(2008a) 참조.
- 가르침을 위해 추천할 만한 이해 전략들에 대해서는 블락과 더피(2008) 참조.
- 교실에서 소개되고 연습할 수 있는 **47개의 전략들**에 대해서는 Anderson(1991: 463) 참조.
- **담화 구성**에 대해서는 Meyer and Poon(2001); Pearson(2009) 참조.
- **중심 생각 파악**에 대해서는 Blachowicz and Ogle(2008); Israel and Duffy (2009); Ogle and Blachowicz(2002); Snow, Griffin and Burns(2005); Trabasso and Bouchard(2002) 참조.

제9장 읽기 단원 단계들, 읽기 자료와 널리 읽기

: 현장조사연구거리들

앞의 두 장에서처럼 여기서도 아홉 개의 시범적인 조사연구를 소개한다. 이 장에 있는 연구거리들은 읽기 단원의 단계들의 측면, 읽을거리의 측면과 널리 읽기의 측면들에 대한 선택에 초점을 맞춘다. 이 장에 포함되어 있는 이 연구거리들과 추가적인 조사연구 탐구거리들은 읽기 교사들에게 현장조사연구의 가능한 범위를 열어 두는 데 이바지한다. 특별한 관심거리는 다음과 같다.

- 쉽게 적용될 수 있는 현장조사연구거리들
- 교사들이 (고치거나 고치지 않고) 따를 수 있는 세부적인 단계들
- 자료를 모으는 도구로 활용될 수 있는 유용한 표나 그림들
- 교사가 시작하는 탐구를 이끌어 줄 수 있는 추가적인 일련의 탐구거리들
- 읽기 단원에서 직접적인 응용을 제안하는 가르침

효과적인 언어 가르침은 우리가 인식하는 훌륭한 가르침의 실천 사례들에 달려 있다. 여기는 단원 목표의 적절성, 교실수업 활동을 꼼꼼하게 차례가 맞추기, 가르침의 명료성, 교재와 과제의 적절성, 학생들의 요구에 대한 교사의 수용과 유연성, 속도 맞추기와 시간 배당, 학생들의 동기에 주의를 기울이기, 교사와 학생의 준비성이 포함된다. 특

히 읽기 교실수업은 교사들에 대한 요구를 더 많이 한다. 예컨대 단원에서 읽기 전, 읽는 도중, 읽고 난 뒤의 단계 전체에 걸쳐 꿰맨 자국 없이 나아가야 하며 학생들의 구체적인 요구를 충족시켜 주기 위해 이미 쓰이고 있는 자료를 고치고, 단원 수업의 품질을 끌어올리기 위해 자료들을 만들며 쓰고 있는 교재의 결점을 보완하고 학생들에게 다른 목적으로 읽을 기회를 제공하며 깊이 읽기와 널리 읽기의 균형을 맞추어야 한다. 이런 읽기 교실수업의 요구 사항들과 다른 많은 것들을 스스로 물어 보는 일들을 통하여 셀 수 없이 많은 의미 있는 현장조사연구거리들로 이어질 수 있다.

이 장에서는 서로 다른 가르침 환경에서 쉽게 고쳐 쓸 수 있는 아홉 개의 현장 연구를 훑어본다. 7장, 8장에서와 매우 비슷하게 이들 연구거리들은 탐구에 참여하는 교사의 목적에 따라 작든 크든 수정될 수 있는 유연한 시범사례로 간주되어야 한다. 〈표 9.1〉은 이 장의 나머지 부분에서 강조되는 현장조사연구거리의 주제들을 늘어놓는다. 핵심 영역에 대한 같은 수의 시범적인 연구거리들이 있었던 7장, 8장과 달

[인용 9.1] 현장조사연구의 접근 방법

현장조사연구는 … '안에서 바깥으로' 접근법이라고 부를 수 있는 접근법을 대표한다. '바깥에서 안으로'(예를 들면, 외부의 '전문가'가 연수 모임이나 학술발표의 형식으로 실천가들에게 '좋은 소식'을 가져다주는) 접근법의 출발점을 보여 준다. 이와 달리 안에서 밖으로 접근법은 실천가의 관심사로 시작하며 그것들을 탐구 과정의 중심에 둔다. 실천가의 관심사와 필요를 중심에 두며 그리고 전문 직업(≒교사-뒤친이) 발전에 그것들을 직급직으로 연관을 짓는 것에 너하여, 현장조사연구를 동하여 안에서 밖으로 접근하는 방법은, 실천가들이 오랜 기간에 걸친 탐구를 통하여 참여한다는 점에서 장기적이다.

▶▶▶Nunan, 1993: 41

리 이 장에서는, 대부분의 현장 교사들의 중요한 관심사인 읽기 교재에 별도의 주의를 기울였다.

9.1. 읽기 단원 단계들에 대한 현장조사연구거리들

때로 읽기 교사들은 자리매김이 잘 되고 폭넓게 해석되는, 세 단계를 중심으로 구체적으로는 읽기 전 단계, 읽는 도중(또는 읽어 나가는 동안 혹은 안내가 이뤄지는 읽기), 읽고 난 뒤(읽은 뒤) 단계로 읽기 단원을 구조화한다(예를 들면, Hedgcock and Ferris(2009)가 있으며, Laverick(2002)도 참조할 것). 각 단계에 몰두하는 수업 시간의 양은 가변적인데 가르침의 목적, 학생들의 읽기 유창성, 수업 시간에서 만남의 길이, 할당된 덩잇 글에 달려 있다. (어떤 목적을 이루기에는 덩잇글이 매우 짧거나 혹은 시간이 너무 긴 경우에라도) 하나의 단원에 읽기 전 활동 요소, 읽는 도중 활동 요소, 읽고 난 뒤 활동 요소들이 포함되어야 할 때가 있다. 아마도 좀 더 일반적으로 읽기 전 활동, 읽는 도중의 활동, 읽고 난 뒤의 활동을 보게 되는 경우는 여러 차례의 수업 시간의 만남이 이뤄지는 기간 안일 것이다.

비록 숙달된 독자들이 활용하는 단계에 매인 전략들에 대한 주의집 중이 각각의 단계에 알맞기는 하지만(Hedgcock and Ferris, 2009; Hudson, 2007) 각각의 단계들은 서로 구별되는 일련의 가르침 목적에 이바지한

<표 9.2> 읽기 전-읽는 도중-읽고 난 뒤 얼개에서 각 단계의 주요 목적들

읽기 전 단계	읽는 도중 단계	읽고 난 뒤 단계
• 읽기 목적의 수립 • 앞선 지식 건드려 주기 • 파악을 위해 필요한 정보 (예를 들면 어휘, 배경) 제공하기 • 예상하기 • 흥미 자극하기 • 자신감을 주고 동기부여 하기 • 덩잇글 구조를 설명하거나 뒷받침하기 • 이 단계에서 활용되는 일반적인 전략들을 시범 보이기	• 이해를 촉진하기 위하여 읽기 안내하기 • 학생들의 의미 구성을 도와주고 이해를 점검하기 • 알고 있는 것과 읽은 것을 연결하며 읽고 있는 것에 대해 평가할 수 있는 기회를 학생들에게 주기 • 유창성 발달을 위한 기회를 제공하기 • 요약하기의 진행을 도와주기 • 이 단계에서 활용되는 일반적인 전략들을 시범 보이기	• 이해를 점검하기 • 덩잇글 구성이 어떻게 이해를 도와주는지 탐구하기 • 배움을 굳건하게 하기 • 덩잇글의 정보를 요약하고, 종합하며, 평가하고, 다듬으며, 통합하고, 늘이며, 적용할 기회를 학생들에게 제공함 • 필자와 덩잇글이 지니고 있는 측면들(예를 들면, 표현력이나 내용)에 대하여 비평할 수 있는 기회를 주기 • 이해에 성공하도록 하고 인식하도록 하기 • 이 단계에서 활용되는 일반적인 전략들을 시범 보이기

[인용 9.2] 깊이 읽기

> [대]부분의 교사들은 읽기 전, 읽는 도중, 읽고 난 뒤 교사와 학생들이
> 해야 할 활동에 기대어 (이는 단 한 번의 수업이 아니라 여러 날에 걸쳐
> 수행되어야 하는) 깊이 읽기 단원에 대한 개념을 잡는 것이 유용하다는
> 것을 발견하였다.
>
> ▶▶▶Hedgcock and Ferris, 2009: 162

다. 읽기 단원에 있는 이와 같은 중요한 단계들의 측면에 대한 현장조
사연구는 많은 점을 깨우칠 수 있게 한다.

9.1.1. 읽기 전 활동의 효과

목적: 많은 독서 방법론자들이 학생들의 배경 지식을 건드리고, 학생
들이 지니고 있지는 않을 가능성이 높지만 덩잇글을 이해하는 데 필
요한 정보를 제공하며, 학생들이 예상하도록 하고 주제에 대한 학생
들의 흥미를 자극하고, 숙달된 독자들이 일반적으로 활용하는 전략들
을 학생들에게 소개하기 등등을 위해 읽기 전 활동의 활용을 지지하
고 있다(표 9.2와 Taboada and Guthrie(2006), Hedgcock and Ferris(2009),
Hudson (2007)도 참조할 것). 대부분의 제2 언어 읽기 교재들은 (학생들의
배경 지식을 건드리고, 학생들에게 동기를 설정하려는) 구체적인 목적을
밝히지 않은 채로 종종 '읽기 전에'나 '읽기 준비'와 같은 제목이 붙은
읽기 전 연습활동을 포함한다. 교사들은 때로 자신들이 마련한 읽기
전 과제로 교재들을 보완하기도 한다. 이 현장조사연구는 쓰이고 있
는 읽기 전 활동의 범위와 그 효과를 확인하는 데 길잡이이다.
핵심적인 질문: 어떤 갈래의 읽기 전 활동을 활용하는가? 어느 것이 잘 듣는
것 같은가? 어떤 것들이 잘 듣지 않는가?
예상되는 결과(들): 이 현장조사연구에 참여함으로써 읽기 단원에서 읽

기 전 활동의 세부 요소들을 더 잘 이해할 수 있게 될 것이다. 우리들 대부분은 학생들에게 배당된 읽을거리에 잘 듣는 읽기 전 활동들의 갈래에 대한 통찰을 얻을 것이다. 또한 왜 어떤 읽기 전 활동이 잘 듣지 않는지 그리고 왜 적용해 보려고 하는가를 이해하기 시작할 것이다. 이런 활동을 통해 얻은 지식으로, (a) 앞으로 더 잘 단원을 계획하고, (b) 교재에 있는 읽기 전 활동에 지나치게 기대는 일을 최소화하며, (c) 불어난 자신감으로 다양한 목적에 이바지하는 자신만의 읽기 전 활동을 만들어낼 수 있다.

자료를 모으는 주된 방법: 주석이 달린 단원 계획과 수업이 끝난 뒤 되살핀 기록 용지

자료 모으기: 4주 동안, 단원의 읽기 전 활동(의도한 목적, 근거, 물어야 될 탐구거리, 제시해야 하는 가르침 등등)에 대하여 자세한 주석이 달린 단원 설계를 적어 나간다. 각각의 수업 주기의 끝에는 원래의 계획이 바뀐 방식과 고친 근거를 지적하기 위해 단원 설계에 대한 주석을 붙인다. (그림 9.1에서 보인 것과 같은) 기록 용지를 채워 넣을 수 있는데 이는 읽기 전 활동뿐만 아니라 목적에 초점을 맞추기 쉽도록 해 준다.

자료 분석: 주석이 달린 단원 계획과 기록 용지를 통해 어떤 읽기 전 활동이 제대로 작동하는지 그리고 (그리고 의도하였던) 어떤 읽기 전 활동이 듣지 않는지 결정하기 위해 각각의 수업 주기를 분석한다. 그 다음에 특정의 읽기 전 활동의 값어치와 효율성에 대한 통찰로 이어질 수 있는 자료의 유형들을 찾아낼 것이다.

필요로 하는 시간: (적어도 단원의 읽기 전 부분에서는) 자세한 단원 수업 계획을 쓰기 위해 매번 수업에 앞서 시간이 필요하다. 수업이 끝날 때마다 주석이 달린 단원 계획을 보관하고 기록 용지를 채워 넣기 위해 시간이 필요하다.

필요로 하는 자원들: 수업이 끝난 뒤 되살피기 위해 필요한 기록 용지 묶음

수업 일자_____ 읽을거리_____			
목적: …하기 위해 읽기 전 활동을 하는 동안 무엇을 하였는가?	어떻게 작동하였는가? 왜?	어떻게 작동하지 않았는가? 왜?	다음에 이것을 해 보기 위해 무엇을 하여야 하는가?
… 학생들의 배경 지식을 건드리기			
… 필요한 배경 정보를 제공하기			
… 앞으로 있을 읽기에 대해 학생들이 기대하도록 하기			
… 학생들의 흥미를 자극하기			
… 학생들에게 자신감을 주고 동기를 부여하기			
… 숙달된 독자들이 일반적으로 쓰는 읽기 전 전략을 학생들에게 소개하기			
… 전략 사용을 시범 보이기			
… 학생들에게 덩잇글의 어려운 부분을 준비하도록 하기			
… 덩잇글 구조를 결정하고 덩잇글 구조의 구체적인 특징들을 확인하도록 안내하기			
… (다른 어떤)			

[그림 9.1] 수업이 끝난 뒤 교사를 위한 되살핌 기록 용지

9.1.2. 읽기 도중의 과제

목적: 대부분의 교재들이 읽기 전 과제와 읽은 후 과제를 포함하고 있지만 읽는 도중에 학생들을 명시적으로 안내하지 않는다(Hedgcock and Ferris, 2009; Hudson, 2007). 읽기 전 과제에 곧장 따라 나오는 것으로 '제시된 글을 읽어라'고 학생들을 단순히 이끌 뿐인 지시문을 보게 되는 것이 일반적이다(Anderson, 2007~2008; McEntire and Williams, 2009; Pakenham, 2004; Richards and Eckstut-Didier, 2003~2004). 이 현장조사연구에서는 읽는 도중의 과제를 계발하고 실행하는 실험을 한다. 이 조사연구의 목적을 위해 덩잇글을 읽는 절반의 시점에 나타나며 학급 전체의 읽기에서 필요한, 읽는 도중 과제에 초점을 맞춘다. 다른 현장조사연구에서는 다른, 읽기 도중의 과제로 실험해 볼 수 있을 것이다.

핵심적인 질문: 대략 덩잇글의 절반 쯤 읽을 때 학생들은 실행되는 읽기 도중의 과제를 어떻게 처리할까?

예상되는 결과(들): 이 현장조사연구의 결과로 교재들에서 거의 나타나지 않는 읽는 도중 과제를 계발하고 실행하는 경험을 하게 된다. 이 과제에 몰두하는 학생들의 한두 짝들을 살펴봄으로써 가르침과 과제 제시 절차들, 학생들의 반응 정도에 대한 흥미로운 통찰력을 얻을 것이다. 여기서 제시한 읽는 도중 과제의 선택내용으로 실험을 하고 난 뒤 학생들에게 읽는 도중의 경험을 더 넓고 풍부하게 하기 위해 목록을 더 넓힐 수 있다(읽는 도중에 할 수 있는 다른 제안에 대해서는 Hedgcock and Ferris(2009) 참조).

자료를 모으는 주된 방법: 학생들 짝 하나 또는 그 이상에 대한 사례 연구로 교사가 마련한 읽는 도중 과제를 모은다.

자료 모으기: 다음의 일반적인 단계를 따르면서 (덩잇글의 절반쯤 되는 지점이든 아니면 다른 적절한 지점이든) 덩잇글을 읽는 적절한 지점에서 (표 9.3에서 늘어놓은 것들 가운데서) 읽는 도중 과제를 내어 준다.

<표 9.3> 덩잇글을 읽는 절반쯤이나 혹은 끊어 읽기의 다른 편리한 지점에서 활용할 수 있는 읽는 도중 과제의 선택내용들

덩잇글을 절반쯤 읽고 난 뒤 혹은 다른 편리한 지점에서 교사는 학생들에게 다음의 읽는 도중 과제를 하나 또는 그 이상 하도록 한다.

1. 덩잇글에서 가장 중요한 세 가지 사항을 늘어놓으시오.
2. 읽는 도중에 하였던 예측이 맞아 떨어졌는지 생각해 보시오. 덩잇글의 나머지 부분에 대하여 새로운 예측을 하여 보시오.
3. 덩잇글의 첫 번째 부분에 대하여 부분적으로 완성된 개요를 채워 넣으시오.
4. 덩잇글의 첫 번째 부분이나 특정의 단락을 반영하고 있는 구성 얼개 그림을 완성하시오(예를 들면, 연대기 형식의 덩잇글에서 시간의 흐름, 비교와 대조 단락에서 밴다이어그램이 있음).
5. 덩잇글에서 끌어들인 관계들을 보여 주는 진술들을 대응시켜 보시오(예를 들면, 원인-결과, 문제-해결, 사실-의견, 찬성-반대, 진술-추론이 있음).
6. 덩잇글에 대한 진위판단 과제를 마무리하시오.
7. 그 지점에서 요약글을 써 보시오.
8. 덩잇글의 나머지 부분에서 답변이 이루어지리라 예상하는/혹은 답변이 이뤄지기를 기대하는 두 개의 질문을 써 보시오.
9. 다섯 개의 어휘를 확인해 보시오. 둘은 이해한 어휘로서 덩잇글 이해에서 중요한 것으로 인식한 것이고 셋은 이해하지는 못하였지만 덩잇글 이해를 위해 중요한 것으로 인식한 것입니다.
10. 중심 생각과 뒷받침 내용들을 구별해 보시오.
11. 읽은 것과 알고 있는 것을 비교해 보시오.
12. 덩잇글에서 제시하는 정보의 값어치를 평가해 보시오.

1. 학생들에게 읽기를 그만 두도록 한다.
2. 학생들이 개인별로 마무리해야 하는 읽는 도중 과제를 내어 준다.
3. 급우들과 답변들을 비교해 보게 한다.
4. 답변과 명료화 요구에 대한 학급 전체의 토의에 참여하게 한다.
5. 잘 자리매김된 목적을 위해 읽기를 계속 해 나가도록 한다.

학생들이 짝을 지어 공부를 해 나가는 동안 과제를 어떻게 해석하며 어떻게 답변을 비교해 나가는지 결정할 수 있도록 초점이 되는 한 두 짝을 관찰한다. 기록들을 뒤에 검토할 때 무엇이 일어났는지 재구성하는 데 도움을 주도록 관찰을 하는 동안 비공식적인 기록을 해 두어야 한다.

자료 분석: 손안에 있는 사례 연구 기록과 읽는 도중 과제의 복사본과 함께 적어 놓았던 기록들을, 가르침과 절차와/혹은 학생들과 함께 하는 후속 조치에서 발전으로 이어질 수 있는 통찰을 찾아내기 위해, 검토해 볼 수 있다.

필요로 하는 시간: 이 현장조사연구가 실제로 의미 있기 위해서는 나누어 준 덩잇글을 완성하는 읽는 도중 과제로 고칠(혹은 바꿀) 필요가 있다. 표 9.3에 있는 생각들 가운데 하나 또는 그 이상을 활용할 수 있다. 조사연구하고자 하는 읽는 도중 과제에 대하여 학생들이 아무런 경험이 없을 경우, 조사연구를 실제로 시작하기 전에, 그 과정(혹은 과제)에 대한 시범을 보일 수 있다. 이와 같은 일차적인 단계들이 모은 자료에 대한 분석에서보다 더 많은 시간이 걸릴 수 있다.

필요로 하는 자원들: 읽는 도중 과제는 교사에 의해 마련되어야 한다.

9.1.3. 교사가 만든, 읽고 난 뒤 질문

목적: 현장에 있는 교사들의 입장에서 볼 때 읽기 교사들이 읽고 난 뒤 탐구거리를 스스로 만들 필요가 있음을 발견한다는 것이 놀랍지 않을 것이다. 교사들은 교재에서 그런 것들을 포함하지 않는다면, 그리고 교재에 있는 질문들이 불충분할 경우 그렇게 한다. 읽기 교과과정을 풍부하게 하기 위해 교실에 가져가는 (예를 들면, 누리그물이나 잡지, 신문에서 나온) 보완적인 읽을거리에 대하여 읽고 난 뒤 탐구거리를 쓰기도 한다. 편의상 교사들은 종종 예/아니오 질문과 단답형 질문을 학생들의 덩잇글 이해를 점검하기 위해 제시한다. 불행하게도 독해를 점검하기 위한 이와 같은 접근법은 교사들에게서 학생들의 읽기 능력에 대한 실제적인 평가를 할 기회를 빼앗으며, 학생들에게는 읽기 능력과 비판적 사고력 발전을 속이고 좀 더 심각한 것은 학생들의 읽기와 반응에 대한 설명이 가능한 경험을 속일 가능성이 있다는 것이다.

이 현장조사연구의 일부분을 통하여 교사들은 읽고 난 뒤 탐구거리의 새로운 유형을 작성하는 경험을 할 것인데 이 탐구거리들은 읽고 난 뒤 가능한 형태의 일정한 범위를 수행한다(표 9.4 참조).

핵심적인 질문: 읽고 난 뒤 탐구거리의 어떤 갈래를 작성할 수 있는가? 그 탐구거리들을 학생들은 어떻게 해석할까?

예상되는 결과(들): 아마도 이와 같은 현장조사연구의 가장 가치로운 결과는 학생들과 함께 활용하도록 배우게 될, 읽고 난 뒤 질문하기의 기법 수가 늘어난다는 데 있을 것이다. 예/아니오 질문과 단답형 질문보다 더 많은 것을 요구하는 질문을 제시한다는 목표로 비판적인 사고를 장려하고, 읽고 난 뒤에 할 수 있는 다양한 기술과 전략들의 발전을 북돋워주는, 읽고 난 뒤 탐구거리를 작성할 것이다. 수업 주기의 작은 부분들에 대한 녹음의 방식으로 모은, 구체적인 자료에 대한 분석은 이 현장조사연구를 가치롭게 할 것인데 교사-학생 사이의 상호작용을 단순히 다시 모으기보다는 이들 사이의 실질적인 상호작용을 반영할 것이기 때문이다. 좀 더 신중하게 읽고 난 뒤 탐구거리를 깊이 생각하여 만들어냄으로써 학생들도 읽기 단원으로부터 많은 것을 얻을 수 있을 것이다.

자료를 모으는 주된 방법: 읽고 난 뒤 질문에 부호를 매긴 단원 계획과 녹음된 수업 단원

자료 모으기: 자료를 모으기 위해서 한 달 동안, 매주 읽기 단원의 읽고 난 뒤 활동이 이뤄지는 부분을 녹음할 것이다. 전체적으로는 네 개의 녹음된 부분이 있게 된다. 녹음된 부분은 단원들에서 교사가 만든, 읽고 난 뒤 탐구거리를 포함할 것이라고 예상되는 부분들일 것이다. 녹음이 이뤄지기 전에 물어보고자 하는, 읽고 난 뒤 탐구거리를 쓰고 단원 계획에 그것들을 통합하며 의도하는 강조점에 따라 부호화할 것이다(표 9.4 참조). 단원 계획과 녹음된 단원들은 일차적인 자료의 원천을 제공할 것이다.

단원 계획 부호	읽고 난 뒤 질문 의 강조내용	본보기 질문들
A	적용1)	우리 지역의 교통 문제를 해결하기 위해 저자의 해결 방안을 어떻게 활용할 수 있을까?
B	연결	우라늄 채광에 대한 이 논의가 우리가 비디오로 보았던 석탄 채광과 어떻게 연결되는가? 그리고 태양 에너지에 대해서 우리가 신문 기사에서 읽었던 것과 어떻게 연결되는가?
C	필자와/나2) 덩잇글 비판	필자는 자신의 입장으로 독자를 설득하였는가? 필자의 입장에 동의하는가, 동의하지 않는가? 그 이유는?
D	평가/판단	자신이 생각하기에 보기에 풍력의 장점과 약점은 무엇인가?
E	확장	새로운 대통령이 갖추었으면 하는 자질은 무엇인가?
F	설명	왜 그 공연이 취소되었는가?
G	세부 내용 확인	플라스틱 가방을 재활용할 수 있는 두 가지 방법의 이름을 말하시오.
H	추론	자동차 얻어 타는 여행자는 등에 무엇을 지고 있을까? 왜?
I	통합	1장과 2장에서 배운 것에 바탕을 둘 때 이상적인 직업은 무엇인가?
J	해석	뇌 외과의사가 되는데 가장 안 좋은 점은?
K	개인화	자신이 사는 나라에서 주택 상황은 어떠한가?
L	예측하기	다음에 무엇이 일어날 것이라고 생각하는가?
M	재진술	대서양 횡단 비행에 대하여 저자는 무엇을 말하였는가?
N	읽기 전 예상 내 용 다시 보기	이 읽을거리에 대한 예측이 맞았는가? 설명해 보시오.
O	요약	이 단락의 중심 생각은 무엇인가?
P	다른 것들	

---

1) 적용(apply)과 개인화(personalise)는 명확하게 구별되는 개념은 아니다. 구별을 하자면 적용은 저자의 논지를 새로운 문제나 상황에 대입시키는 활동이고, 개인화는 필자가 제시하는 일반적인 개념을 자신의 상황이나 맥락에 맞게 구체화하는 활동을 가리킨다고 할 수 있다.

자료 분석: 첫 번째 단계는 가까이 있는 단원 계획과 녹음된 단원 수업을 듣는 일과 관련이 있다. 이용 가능한 부호화 얼개(표 9.4)를 지니고 있다는 것이 질문에서 의도한 강조내용(예를 들면, 추론을 끌어내기, 예측하기, 필자의 생각을 다시 진술하기, 필자를 비판하기가 있음)을 상기시켜 줄 것이다. 질문한 각각의 물음들에 귀 기울여 들어 나가면서 그리고 학생들의 응답을 대응시켜 나가는 과정에서 목표는, 학생들이 원래 의도하였던 것처럼 질문들을 해석하는지 여부를 결정하는 것이다. 학생들의 응답과 원래 의도 사이에 부조화가 있을 경우(말하자면 학생들이 일종의 개인화에 대한 지시의 의미를 담고 있는 질문에 반응하여 요약을 제시할 경우), 이유를 살펴서 결정하여야 한다. 교사가 어떤 식으로든 원래 질문의 언어 표현을 바꾸었는가? 오해될 수 있는 특정의 어휘 항목이 있었는가? 교사의 의도가 오해를 가져왔는가? 바람직한 응답을 얻어내기 위해 그 질문을 어떻게 고칠 수 있을까? 그와 같은 질문들을 고려하는 것은 읽기 단원에서 읽고 난 뒤 질문의 영향을 이해하는 데 도움을 주고 교사가 지니고 있는 읽고 난 뒤 탐구거리의 선택 내용에 대한 자각을 끌어올리며, 앞으로의 단원을 위하여 탐구거리를 작성하도록 도움을 줄 것이다. 학생들은 물론 이 현장조사연구의 궁극적인 수혜자일 것이다.

필요로 하는 시간: 수업에 앞서 학생들에게 예/아니오 응답과 단답형 질문의 범위를 넘어서도록 하기 위해, 읽은 뒤 질문거리를 작성하고자 한다. 각각의 질문들은 단원 설계에서 원래의 의도를 나타내도록 부호화되어 있어야 한다(예를 들면, 표 9.4에서 K-개인화). 녹음 자료를 듣고 질문의 효과를 분석하는 가외의 시간을 배정해 두어야 한다.

필요로 하는 자원들: 단원 계획, 녹음기와 녹음테이프

---

2) and/or는 영어에서 배타적인 쓰임이 아니기 때문에서 세 가지 의미를 가진다. 이 맥락에서는 저자에 대해서 비판해 보거나, 덩잇글에 대해서 비판하기, 또는 덩잇글과 저자를 비판해 보기를 아우른다. 이를 풀어쓰기에는 번거롭다. 어색하기는 하지만 궁여지책으로 이와 같이 옮겨놓기로 한다.

9.2. 읽기 자료들에 대한 현장조사연구거리들

읽기 수업은 교재를 중심으로 하며 읽기 전 활동, 읽는 도중 활동, 읽고 난 뒤 활동이 함께 한다. 좀 더 특성화된 환경(예를 들면, 학업을 위한 영어 학급과 특정의 목적을 위한 영어 학급)에서 교사들은 때로 학생들의 관심사와 필요를 수용하기 위하여 읽을거리 묶음을 쌓아두기도 한다. 가장 운이 좋은 교사들에게는 추가적인 읽을거리를 끌어 쓸 수 있는 학급 문고나 학교 도서관이 있다. 다른 환경에서 신문과 잡지의 정기 구독이 학급의 읽을거리로 활용된다. 이와 같은 학급의 정기 구독은 때로 교사가 제공하는 원천 자료(예를 들면, 어휘에 대한 주석, 이해를 위한 질문, 추천하는 활동이나 평가)가 따르기도 한다. 매우 드문 환경에서 읽기 교사들이 교실수업을 위해 모든 읽을거리를 제공하는 책임을 맡고 있다.

교재에 있는 읽을거리가 모든 교실수업의 요구조건을 충족하기는 어렵다(교재에 기댈 경우에 나타나게 될 결점은 Hedgcock and Ferris(2009) 참조). 따라서 독서교육을 실천하는 교사들은 학생들의 요구를 충족시키기 위하여 그리고 대부분의 경우 교육과정의 목표를 달성하기 위하여 교재를 보완하고 수정하여야 한다는 것을 알고 있다. 상업적이든 기관에서 나온 것이든 혹은 교사에 의해 만들어진 것이든 가르침을 위한 자료들은 교사가 주도하는 현장조사연구의 초점이 된다.

[인용 9.3] 읽을거리의 선택과 계발

교사들은 하나의 교실수업 교재가 정독과 다독 기르침에 따른 요구를 충족시킬 수 없다는 것을 자각하여야 한다. 두 유형의 읽기에 학습자들이 몰두할 자료들을 선택하고/선택하거나 계발할 필요가 있을 것이다.

▶▶▶Anderson, 2008b: 9

9.2.1. 교재 이해 활동에서 도전거리의 수준들

목적: 일반적으로 읽고 난 뒤 이해 활동들은 독자의 덩잇글 이해를 점검하기 위해 활용된다(Nation, 2009). 교재에서 일반적으로 찾을 수 있는 것들은 다양한 유형의 이해 점검 문제들인데 WH[3]) 유형의 질문과 예/아니오 질문, 참/거짓 질문, 다지선택형 질문, 문장 완성 과제, 정보 변환 활동들이 여기에 포함된다. 그와 같은 활동들의 초점은 최소한의 도전거리인 축자적인 이해로부터 추론을 하고, 다른 목적으로 덩잇글을 활용하며 덩잇글을 비판적으로 평가하도록 변환되는데 후자는 가장 도전적인 과제가 된다(Nation, 2009; Day and Park, 2005 참조). (Nation(2009)로부터 고친 그림 9.2에 묘사된 것과 같은) 도전에 대한 이와 같은 수준은 모든 추론 질문들이 축자적인 이해를 묻는 질문보다 더 복잡하고 어렵다는 것으로 이해되거나 모든 응용 문제들이 모든 추론 문제보다 어렵다는 것으로 해석되어서는 안 된다는 것에 주의하는 것이 중요하다.[4]) 그러나 이와 같은 계층 구조에서 중요한 점이 있다. 질문들은 전체 질문 유형에 걸쳐 좀 더 복잡하게 마련될 수 있다. 이해

[그림 9.2] 읽고 난 뒤 이해 과제의 강조 내용에서 전환

※ Nation(2009)을 고침.

---

3) '언제, 어디서, 누가, 무엇을, 왜, 어떻게'와 관련되는 질문을 가리킨다.

4) 어떤 문제 유형의 난도가 정해져 있다기보다는 문제가 적용되는 범위에 달려 있을 가능성이 높다. 또한 질문의 형태가 아니라 질문의 내용이 중요하다.

점검이 이뤄지는 동안, 학생들의 읽기 능력과 그들에게 읽도록 요구한 덩잇글이 상당할 정도로 학생들이 경험하는 도전의 수준에 영향을 미칠 수 있기 때문이다. 이해 점검 활동의 검토가 지정된 읽을거리에서 다수의 현장조사연구의 훌륭한 출발점임을 보여 준다. 학생들이 경험하게 될 다양한 이해 과제 유형을 알고 있음으로써 그리고 학생들이 경험하게 될 도전의 수준을 대응시킴으로써 읽기 교사들에게 깨우침을 줄 것이다.

핵심적인 질문: 교재 이해 활동으로 학생들이 어떤 수준의 도전을 경험하게 되는가?

예상되는 결과(들): 읽기 교사들이 교재 이해 활동에 대한 체계적인 평가에 몰두할 때 교재로 학생들이 경험할 가능성이 높은 범위들을 더 많이 자각하게 된다. 경험에서 간격들을 확인할 때(예를 들면, 도전거리의 색띠5)에서 더 끝에 있는 활동), 학생들을 위해 만든 보완 과제로 그와 같은 간격을 채울 수 있다.

자료를 모으는 주된 방법: 문서 모으기와 기록 보관 용지

자료 모으기: 교육의 과정에 활용되는 교재들을 모으고 난 뒤, 교재 이해 활동을 분석하기 위해 스스로 작업을 하거나 같은 읽기 교재를 활용하는 동료들과 작업할 수 있다. 비록 도전거리의 수준들이 학생들의 읽기 능력에 매우 크게 영향을 받는다는 사실을 언제나 자각하고 있어야 하지만 표 9.5에 있는 범주들과 기술 요소들은 분석을 이끌어가는 데 도움을 줄 수 있다. 따라서 그 표를 열린 마음으로 유연하게 해석할 필요가 있다. 여기서 목표는 도전거리의 가장 낮은 수준에서부터 가장 높은 수준에 이르기까지 이해 활동의 목록을 만들어냄으로써 학생들에게 부과된 요구사항들을 확인하는 것이다.

자료 분석: 교재를 통해 학생들이 경험할 가능성이 높은 도전거리의 수준을 결정하기 위하여 덩잇글 이해 활동에 대한 범주들을 되살피는

---

5) 이와 같은 색띠는 [그림 9.2]를 생각해 보면 될 듯하다.

<표 9.5> 읽고 난 뒤 이해 과제 유형에 대한 간단한 기술 요소들			
도전의 정도	덜 도전적임	이해 활동의 강조점	간단한 기술 요소들
		축자적인 이해	덩잇글에서 명시적으로 언급한 것을 이해하기
		추론을 끌어냄	행간을 읽기. 명시적으로 언급되지 않았지만 그 덩잇글을 참조함으로써 용인될 수 있는 정보
	가장 도전적임	다른 목적을 위해 덩잇글 활용함	덩잇글에 있는 정보를 어떤 문제에 적용하거나 개인적인 경험을 되살피고 다른 원천에서 나온 생각들과 비교하며 그 덩잇글을 넘어서 정보를 확장함
		비판적으로 반응하기	내용의 적절성, 증거의 품질, 필자의 편향, 표현의 품질에 대한 평가, 덩잇글에 있는 생각들에 동의나 거부, 덩잇글에 대한 만족감이나 불만감

(Nation, 2009의 자료를 고침)
※ 작성된 질문이나 학생들의 읽기 능력, 내어 준 덩잇글에 따라 실제적인 도전의 수준은 가변적임.

일이 도움이 된다. 교육과정에서 위임받은 교재에 도전적인 이해 과제가 충분하지 않다면 색띠의 끝에 들 수 있는 좀 더 도전적인, 교사가 마련한 이해 과제로 보충할 수 있다. 좀 더 요구조건이 많은 질문들이 (a) 좀 더 깊이 있고 좀 더 사려 깊은 처리에 관련되며, (b) 실질적인 언어 학습으로 이어진다는 증거가 있기 때문에 이와 같은 단계를 밟아보기를 원한다(Nation, 2009).

필요로 하는 시간: 문서를 모으고 간단한 기록 자료 보관용지를 만드는 데는 최소한의 시간이 필요하다. 혼자서 연구를 하든 동료와 함께 하든, <표 9.5>에서 지적된 네 개의 범주들로 이들 이해 활동과 범주들을 분석하는 데는 방과 후 시간이 필요할 것이다.

필요로 하는 자원들: 교육과정에서 위임받은 읽을거리와 간단한 자료 기록 보관용지가 필요하다.

9.2.2. 인정된 읽을거리에서 비-줄글(non-linear text)[6]에 대한 접촉

목적: 숙달된 독자들은 줄글로 된 덩잇글뿐만 아니라 비-줄글로 이뤄진 덩잇글도 처리할 수 있는데 후자에는 순위표(chart), 도형(diagrams), 숫자 도표(figures), 도해(graphs), 예시 그림(illustration), 지도와 표(table)들과 같은 '전통적인' 양식들이 포함된다. 교육과정에서 용인된 교재와 학습지에서 비-줄글과 같은 재빨리 볼 수 있는 양식들은 학생들이 마주칠 가능성이 높은 비-줄글 읽기 경험의 빈도와 범위를 평가하는 데 교사들을 도와줄 수 있다. 만약 교재에 누리그물 주소가 포함되어 있다면 그곳에서 학생들이 마주칠 수 있는 아래로 내려가는 차림표(drop-down menu)와 웹 페이지에서 한쪽 옆의 좁은 공간(side bar), 연결 주소를 꼼꼼히 살펴보기를 원할 것이다.

비-줄글 덩잇글다움이라는 개념이 새로운 (그리고 확장된) 의미를 지니고 있다는 점을 주목할 필요가 있다. 이는 대체로 (실시간 연결된 문서 체계를 통하여) 누리그물에서 읽기가 '덩잇글'의 처음과 끝이 전혀 말로 표현되지 않는 서로 다른 경로들이 개입되어 있기 때문이다. 누리그물에서 독자들은 누리그물의 주소를 찾아서 항해할 때 어디서 시작할지 결정해야 할 뿐만 아니라 어떻게 그리고 어디로 나아가야 하는지 결정해야 한다. 학생들이 누리그물에서 읽어야 한다면 교사들은 다른 현장조사연구에서 이와 같은 비-줄글의 좀 더 현대적인 개념을 탐구하고자 할 수 있을 것이다.

핵심적인 질문: 교육과정에서 용인된 읽을거리에서 학생들이 얼마나 자주 비-줄

---

6) non-linear text는 뒤에 용어 풀이에도 나와 있듯이 덩잇글에 포함되어 있는 도표나 그림 등을 가리키는데, 이는 줄 단위로 전개되지 않는다. 우리말로 뒤치기 쉽지 않은 개념인데 줄글이라는 개념을 빌려 쓰기로 한다. 일찍이 국어교육에서 글의 갈래를 나누면서 산문과 운문으로 나눈 적이 있다(지금은 문학과 비문학으로 나누는 경향이 강함). 이를 순우리말로 줄글과 가락글로 바꾸어 써 오고 있다. 여기서 실마리를 찾으면 정확하게 그 뜻을 담아내지는 않지만 도표나 그림으로 된 부분은 줄글로 이뤄지지 않기 때문에 앞에 접두사처럼 비(非)를 붙여서 비-줄글로 뒤친다.

글로 된 덩잇글(예를 들면, 순위표(chart), 도형, 숫자 도표, 도해 예시 그림, 지도, 표가 있음)**에 접속할까?**

예상되는 결과(들): 용인된 교재와 학습지(그리고 함께 수록되어 있는 누리 그물 주소)에 포함되어 있는 비-줄글 덩잇글의 목록을 만든 뒤에 학생들이 겪어 본 경험들의 범위에 대하여 더 나은 감각을 갖게 될 것이다. 그와 같은 목록을 살펴본다면 교육과정에서 제시되지 않았거나 덜 제시되어 있는 비-줄글로 된 덩잇글이 드러날 것이다. 그 뒤에 학급을 위해서 더 다양한 읽기 경험을 보장해 줄, 학급을 위한 보충 교재와 개인별 읽을거리를 편집하게 될 때 교육과정에서 빈약하게 제시된 비-줄글 덩잇글 유형을 찾아보고자 할 수 있다.

자료를 모으는 주된 방법: 문서와 점수 기록용지 모으기

자료 모으기: 교재와 딸려 있는 학습지의 장들에 걸쳐 쪽수를 (그림 9.3에 있는 것과 같은) 석쇠 모양의 표에 채워나가면서 교재에 포함되어 있는 비-줄글로 된 덩잇글의 목록을 만들 수 있다. 목록을 완성하기

비-줄글 덩잇글	1장		2장		3장		가로줄 합
	교재	학습지	교재	학습지	교재	학습지	
순위표							
도형							
숫자 도표							
도해							
예시 그림							
지도							
사진							
표							
다른 것들							
세로줄 합							

[그림 9.3] 필요로 하는 교재와 학습지에서 비-줄글 덩잇글의 목록에 대한 집계표

위해 해당되는 세로줄과 가로줄에 셈표(tally mark)를 간단하게 넣을 수 있다.

자료 분석: 셈표로 이뤄진 간단표는 가로줄과 세로줄의 합으로 나타날 것이다. 교재와 학습지에 있는 비-줄글 덩잇글의 빈도와 범위를 결정하기 위해 그 합을 살펴보아야 한다. 결과는 교재에서 어떤 유형의 비-줄글 덩잇글이 잘 나타나고 어떤 유형의 비-줄글 덩잇글이 덜 나타나는지 보여 줄 것이다.

필요로 하는 시간: 필요로 하는 자료들에 쪽수를 매기고 집계표를 만드는 데는 비교적 적은 시간이 필요하다.

필요로 하는 자원들: 수업 교재와 연구 협의회, 집계표

9.2.3. 읽고 난 뒤 연습 문제들의 목표

목적: 바쁜 교사들은 과제의 목적(들)을 실제로 고려하지 않은 채 종종 수업 교재에 포함되어 있는 연습 문제들을 중심으로, 읽고 난 뒤 활동들을 구성한다. 이 현장조사연구는 (a) 교육과정에 따른 교재에 있는 읽고 난 뒤 연습 문제들의 목표를 확인하고, (b) 교재라는 한계 때문에 무시될 수 있는 읽고 난 뒤 활동들의 국면을 발견하는 데 교사들을 도와준다. 뒤따르는 조사연구가 읽고 난 뒤 활동을 구성하는 추가적이고 대안적인 방법을 발견하기 위하여 제2 언어의 다른 교재들을 현지 조사하는 것과 관련되어 있다(이와 비슷한 조사연구가 읽기 전 활동과 읽는 도중 활동을 대상으로 수행될 수 있다).

핵심적인 질문: 필요로 하는 읽을거리에 포함되어 있는, 읽고 난 뒤 연습 문제의 목표들이 무엇인가?

예상되는 결과(들): 이 연구의 결과로 교실수업에서 사용되고 있는 읽을거리에 포함되어 있는, 읽고 난 뒤 활동에 대해 더 잘 이해할 것이다. 이를 통하여 얻은 통찰력은 현재의 자료들에 새로운 연습 문제들을 제공하는 데 안내를 할 것이고 그에 따라 학생들은 좀 더 완결된 읽기

경험을 가지게 될 것이다. 그림 9.4에 대한 간단한 검토를 통해서도 수업에서 읽고 난 뒤 부분의 일부분으로 무엇이 성취될 수 있는가에 대한 감각을 넓히게 될 것이다.

자료를 모으는 주된 방법: 문서 모으기, 기록 보관 양식.

자료 모으기: 학급에서 (최근 한두 달에) 이미 쓰이고 있는 읽고 난 뒤 활동에 대한 재검토로부터 이 연구가 시작된다. 그림 9.4에 있는 것과 같은 자료 보관 양식을 활용하여 읽고 난 뒤 과제의 목표와 (그림 9.4에서 의도하고 있는) 세부목표들을 확인하기 위해 최선을 다할 것이다. 그리고 장들과 연습 문항을 제공된 여백에 적게 될 것이다(그림 9.4에서 A 부분에 있는 본보기를 볼 것). 예를 들면 읽고 난 뒤 과제 가운데 특정의 과제는 학생들에게 개인적인 경험과 덩잇글의 내용요소들을 비교하거나 대조하도록 요구할 수 있다(B 부분). 또는 다른 과제는 덩잇글 해석에서 양상 동사를 이해하도록 요구할 수 있다(L 부분). 이와 같은 방식으로 모인 자료들이 아주 적다면 현재 사용되고 있는 읽을거리와/나 앞으로 쓰게 될 읽을거리를 포함하도록 검토의 범위를 넓힐 수 있다.

자료 분석: 서로 다른 읽은 후 과제의 빈도와 범위를 알아내기 위하여 마무리한 자료 기록 용지를 검토해 볼 수 있다. 학생들에게 일정한 범위에 있는 읽을거리를 탐색할 기회를 주기 위해 읽고 난 뒤 활동을 보완하고 개선하는 방식을 고려하기 위해 활용하게 될 것이다.

필요로 하는 시간: 첫 번째로 취해야 할 단계는 자료 보관 기록용지(그림 9.4)와 친숙해지는 일이다. 학급에서 이미 활용되고 있는 읽고 난 뒤 과제에 초점을 맞추도록 선택하였다면 그것들을 다시 검토하고 집계표를 채우기 위해 필요한 시간은 많지 않을 것이다. 학생들과 함께 활용하지 않은 과제들을 검토한다면 더 많은 시간이 필요할 것이다.

필요로 하는 자원들: 학급에서 활용되는 읽고 난 뒤 과제, 자료 기록 용지

읽고 난 뒤에 하는 연습 문제의 목표와 세부목표(의도하는 것)

A. <u>3장 6번</u>   정보 분류
   <u>3장 6번</u>   대상을 묘사
   _____   정보 항목의 관점 늘어놓기
   <u>3장 6번</u>   구성 얼개 그림에 정보를 배치하기
B. _____   비교와 대조
   _____   개인의 경험과 덩잇글 내용요소들을 비교하고 대조하기
   _____   다른 덩잇글의 내용요소들과 비교하고 대조하기
   _____   덩잇글 안에 있는 인물, 사건, 사물들을 대조하고 비교하기
C. _____   필자의 관점 고려하기
   _____   필자의 편향 확인하기
   _____   필자의 의도나 목적을 확인하기
D. _____   어휘를 고려하기
   _____   개인의 삶이라는 관점에서 덩잇글에 사용된 낱말들의 의미
                를 확장하기
   _____   어떤 생각을 다른 생각에 연결하는 낱말 확인하기
   _____   한 부분에서 다른 부분으로 움직임(전환)을 신호해 주는 낱
                말들 확인하기
   _____   낱말 의미에 형태론적인 실마리를 인식하기
   _____   낱말들의 여러 의미들을 이해하기
   _____   특정 낱말의 의미를 이해하기
E. _____   절 사이의 관계 탐구하기
   _____   덩잇글에서 명시적으로 언급된 원인과 결과 관계 인식하기
   _____   덩잇글에서 추론한 원인과 결과 관계 인식하기
F. _____   일반화하기
   _____   한 덩잇글에서 다른 덩잇글로 일반화하기
   _____   덩잇글로부터 개인의 경험으로 일반화하기
G. _____   중심 생각과 세부 내용 확인하기
   _____   중심 생각을 뒷받침하는 세부 내용 확인하기
   _____   덩잇글의 중심 생각 확인하기
   _____   정보를 회상하기/다시 진술하기/부연하기
   _____   요약하기
H. _____   연쇄를 지적하기
   _____   연대기적 순서를 분명하게 하기
   _____   사건들의 차례를 인식하기

---

7) 이 부분은 원문에서 제목이 '내어 준 읽을거리에서 어려움의 잠재적인 원천'으로 되어

_____ 플롯이나 이야기 선을 재구성하기
_____ 논쟁의 전개 과정 추적하기
I. _____ 연결하기
_____ 같은 주제를 다룬 다른 읽을거리와 연결해 보기
_____ 덩잇글의 내용과 자신의 경험이나 배경 지식과 연결하기
_____ 덩잇글에 있는 생각들의 실제적인 적용 제안하기
J. _____ 결정하기
_____ 덩잇글의 의의 고려하기
_____ 사실과 의견 구분하기
_____ 결론 끌어내기
_____ 읽을거리로부터 개인적인 반응을 끌어내기(좋음/싫음, 동
의/반대)
_____ 인물들, 사건들, 개념들, 쟁점 평가하기
_____ 유용성, 진실성 등등 평가하기
_____ 해석을 확장하기
_____ 필자의 편향을 인식하기
_____ 함의하는 것과 언급한 것을 이해하기
_____ 증거를 평가하기
K. _____ 예측하기
_____ 이전에 일어났던 일에 대해서 깊이 살펴보기
_____ 앞으로 무엇이 일어날 것인지 미리 생각하기
L. _____ 문법적인 관계에 대한 이해를 보여 주기
_____ 비인칭 주어의 구실을 고려하기
_____ 정보를 알려 주는 장치로서 한정사과 정관사의 역할을 탐색
하기
_____ 안은문장에서 주절 찾아내기
_____ 관계절 확인하기
_____ 복합 시제의 활용 이해하기
_____ 양상 동사의 구실 이해하기
_____ 주어 자리에서 복합 명사구절의 용법 이해하기
_____ 수동 구문의 용법 이해하기
_____ 특정의 대명사가 누구나 무엇을 가리키는지 이해하기
M. _____ 다른 것

[그림 9.4] 목표와 세부목표를 확인하기 위한 집계표[7]

있으나, 9.2.4에 다루는 내용이 아니라, 9.2.3에서 다루는 내용이므로 제목을 내용에 맞게
바꾸었음을 밝혀둔다. 아마도 [그림 9.5]의 제목이 [그림 9.4]에 붙어 있는 듯하다.

9.2.4. 강좌 자료들에서 어려움의 원천

목적: 강좌에 따른 읽을거리는 다른 방식으로 그리고 서로 다른 이유로 학생들에게 도전거리일 수 있다. 어려움은 종종 학생들의 주제(그리고 그와 관련되는 어휘)와의 친숙성 부족으로부터 비롯되지만 다른 덩잇글 특징들이 학생들 독자에게 요구사항을 부과한다(Hudson, 2007). 그와 같은 특징들은 다음과 같다.

- 구체적인 사례의 부족
- 추상적인 시각 자료
- 추상적인 이론화
- 가정된 배경 지식
- 개념에서 복잡도

- 새로운 개념들의 밀집도
- 문법에서 복잡도
- 지나치게 긴 문장들
- 구성에 대한 빈약한 신호
- 낯선 어휘

읽기 교사들의 목표 가운데 하나가 덩잇글을 학생들이 접속 가능하도록 하는 것이기 때문에, 교사들은 덩잇글 그 자체가 부여하는 요구사항에 부응하여 읽기 단원 수업을 다양하게 하여야 한다. 의미 있는 단원 설계에서 교사들은 내어 준 덩잇글을 학생들이 맞닥뜨릴 어려움을 확인하면서 미리 살펴보아야 한다.

핵심적인 질문: 교육과정에서 요구하는 읽을거리에서 학생들이 어떤 어려움에 부딪힐 가능성이 높은가?

예상되는 결과(들): 이 현장조사연구는 여러 가지 유익한 결과들로 이어질 것이다. 실제로 내어 주기 전에 학생들에게 어려움을 유발할 가능성이 높은 덩잇글의 특징들을 확인하기 위하여 덩잇글을 세심하게 분석하는 것은 학생들에게 덩잇글이 접속 가능하도록 하는 일을 쉽게 해줄 것이다. 읽기 단원에 대한 표준적인 틀을 따르는 대신에 수업에서 정면으로 어려움들을 다루도록 계획할 수 있다. 이와 같은 방식으로 학생들이 한 학기에 걸쳐 도전거리가 될 덩잇글을 이해하기 위해 스스로 전략들을 발전시켜 나가는 데 도움을 줄 것이다. 더 나아가 학생들의 읽기 연습 문제에 대한 이런 새로운 관점은 관련되는 숙제의 등급을 매기고 학생들의 읽기 수행에 대한 되짚어주기를 할 때 더 많이 이해를 하고 보완하는 데 도움을 줄 것이다.

자료를 모으는 주된 방법: 문서와 점검표 모으기

자료 모으기: 혼자서(혹은 같은 읽을거리를 이용하는 동료들과 함께) (그림 9.5에서와 같이) 각 단락에서 있을 수 있는 잠재적인 어려움의 원천을 기록하기 위하여 교재의 각 장에서 핵심적인 읽기 단락을 평가하는 것으로 시작해 볼 수 있다. 시간이 있다면 딸려 있는 단락과 보충 자료가 활용될 경우 그것을 대상으로 하여 비슷한 단계를 따를 수 있다.

자료 분석: 세 가지 관점으로부터 완결된 점검표를 분석함으로써 이

읽을거리의 제목: _____

학생들에게 있을 수 있는 어려움의 원천(들)
_____ 구체적인 사례의 부족
_____ 추상적인 시각 자료
_____ 추상적인 이론화
_____ 필자에 의해 가정된 배경 지식
_____ 표현의 명료성
_____ 개념에서 복잡도
_____ 새로운 개념의 밀집도
_____ 형식화
_____ 문법에서 복잡도
_____ 문장의 길이
_____ 덩잇글의 길이
_____ 새로운 개념에 관련되는 지식
_____ 구성(예를 들면, 구성을 알려 주는 신호가 빈약함)
_____ 낯선 주제
_____ 낯선 어휘들(혹은 어휘의 새로운 의미들)
_____ 다른 것 _____

[그림 9.5] 내어 준 읽을거리에서 어려움의 잠재적인 원천들

조사연구를 최대한 활용할 수 있다. 그 관점은 (a) 각각의 단락과 관련된 도전거리, (b) (교재의 처음에서부터 끝에 이르기까지) 학생들이 맞닥뜨릴 가능성이 높은 도전거리들의 순서, (c) 학생들의 전체적인 읽기 경험이 있다. 처음에는 한꺼번에 각 단락에서 학생들이 맞닥뜨릴 가능성이 높은 가장 심각한 도전거리를 알아내기 위해 점검표를 검토하게 될 것이다. 이 단계에서는 학생들에게 좀 더 접속이 가능하도록 만들기 위해 있을 수 있는 어려움들을 어떻게 다룰 것인지에 대하여 적어둘 수 있다.

그 다음에는 시간의 흐름과 비슷하게 그 학기를 통하여 한 덩잇글에서 다음 덩잇글로 나아갈 때 학생들이 맞닥뜨릴 가능성이 높은 도전거리의 얼개를 잡을 수 있다. 모든 점검표를 검토하고 시간의 흐름을 만들어 나가는 동안 다음과 같은 탐구거리를 고려해 보아야 한다.

- 학기가 진행됨에 따라 단락들이 인지적으로 더 도전거리가 되고 있는가?
- 비슷한 도전거리를 반복해서 마주치는가?
- 학생들이 덜 어려운 단락에서부터 좀 더 어려운 단락으로 나아갈 수 있도록 어떤 식으로든 읽기 단락들의 연쇄가 바뀌어야 하는가?
- 어려움의 수준 때문에 어떤 읽을거리에 대해서 가외의 가르침 시간이 할당되어야 하는가?

끝으로 다음과 같은 질문을 고려해 봄으로써 학기에 걸친 교육과정으로부터 나타나는 전체적인 읽기 경험에 초점을 맞추어 볼 수 있다.

- 읽기의 도전거리가 충분한가, 너무 지나친가?
- 일반적인 믿음, 상식이나 추리에 도전적인 개념들을 학생들이 맞닥뜨리게 되는가?
- 서로 다른 유형의 도전거리를 다룰 수 있는 전략들에 학생들이 접촉하게 될까?

- 어려움의 수준이 학생들에게 불필요한 걱정이나 좌절을 가져오게 하는가?
- 이와 같은 일련의 읽기를 통해 성공적인 읽기 경험을 하기 시작하는가?
- 더 쉬운 읽을거리나 혹은 더 도전적인 읽을거리로 핵심적인 읽을거리를 보충해야 하는가?

이와 같은 질문에 대한 답은 단원별 설계와 읽기에 성공할 기회와 도전의 적절한 균형을 지닌 읽기 교육과정 설계에 도움을 준다. **필요로 하는 시간:** 처음에는 [그림 9.5]에 있는 점검표를 필요에 맞게 고치고 여러 벌의 복사를 하여야 한다. 그 다음에 잠재적인 어려움의 원천을 찾아내기 위해 교재의 핵심적인 글을 읽고 평가한다. 이 작업의 상당 부분을 학기가 시작하기 전에 끝낼 수 있다.
필요로 하는 자원들: 강좌에서 읽을거리, 복사된 여러 벌의 점검표

9.3. 널리 읽기에 대한 현장조사연구거리들

유창한 읽기 능력의 발달은 늘어난 시간 동안 불어난 덩잇글에 대한 학생들의 읽기 경험에 주로 달려 있다. 조사연구는 혼자서 읽고 즐거움을 얻기 위해 읽으며, 도서관으로부터 책을 빌리고 늘어난 시간 동안 읽은 학생들에게 (a) 더 굳건한 독해 능력이 발달하며(Day and Bamford, 1998; Stanovich, 2000), (b) 읽기에 대하여 긍정적인 태도가 발달한다(예

[인용 9.4] 제2 언어 교육과정에서 널리 읽기

> 널리 읽기는 제2 언어 교육과정에서 중요한 자리를 차지하는데 핵심적인 언어 능력의 측면들이 그것을 통하지 않고는 쉽게 습득되지 않기 때문이다.
>
> ▶▶▶Horst, 2009: 41

를 들면, Wang and Guthrie(2004)가 있음)는 것을 보여 주었다. 널리 읽기의 중요성에도 불구하고 놀랍게도 소수의 읽기교육거리가 그것에 관련되어 있다(Grabe, 2009; Macalister, 2008). 널리 읽기에 동참하는 것을 가로 막는 여러 장애물 가운데에는 학급 문고, 복사된 읽을거리, 나이에 맞는 자료와 서로 다른 흥미를 지닌 학생들을 위한 자료를 포함하여 접속 가능한 읽을거리 자료들이 필요하다는 것이다(Grabe, 2009).

9.3.1. 이용 가능한 널리 읽기의 자료들의 목록

목적: 늘어난 시간 동안 일관되게 수행될 때 상당한 분량의 읽기가 학생들의 읽기 능력을 나아지게 할 것이라는 많은 증거가 있다(Day and Bamford, 1998; Grabe, 2009). 널리 읽기가 실현되려면 상당한 읽기 자원들이 필요하다. 서로 다른 유창성 수준과 나이 집단에 맞는 널리 읽을거리 자료를 모으기 위해, 가능하다면 금전적인 지원을 요청하기에 앞서 학교 도서관, 실습실, 교실, 공동체의 자원을 조사해 보고 이용 가능한 것이 무엇인지 누리그물을 검색해 보는 것도 유익할 것이다.
핵심적인 질문: 학교에는 널리 읽을 자원은 무엇이 있는가, 공동체에는? 누리그물에는? 널리 읽을 자원으로 무엇이 필요한가?
예상되는 결과(들): 여기서 목표는 교실수업이나 학교 규모의 널리 읽기 교육거리를 위해 활용될 수 있는 읽기 자료들을 지정해 주는 것이다. 이 연구를 위해 모은 정보들은 널리 읽기에 참여가 가능하도록 읽기 자료들을 모으거나 널리 읽기 자료 모음을 목적으로 하는 기금(혹은 기부금)의 배당을 위한 정당성을 입증하기 위해서 도움을 줄 것이다.
자료를 모으는 주된 방법: 문서 검색
자료 모으기. 혼자서 연구를 하든 혹은 학교의 사서나 관심이 있는 동료 교사와 연구를 하던 학교(도서관과 실습실, 교실, 사적인 공간)와 공동체(학생들의 집, 서점)에 그리고 널리 읽기를 위해 활용할 수 있는 누리그물에 어떤 읽기 자료들이 있는지 찾아내기 위해 작업을 한다.

자료 분석: 발견되는 어떤 읽기 자료이든 홍미롭고, 매력적이며 쉽게 접속이 가능한지 결정하기 위하여 범주로 나눌 수 있고 다양한 자료들이 이용 가능하다. 있을 수 있는 범주들에는 다음이 포함된다. 진지한 자료와 재미있는 자료, 허구와 비허구, 학교 관련 자료와 취미 관련 자료, 짧은 자료와 긴 자료, 쉬운 자료와 도전적인 자료, 나이에 맞춘 자료와 읽기 수준에 맞춘 자료, 간소화된 자료와 간소화되지 않은 자료8)의 범주가 있다. 발견되는 자료의 수는 널리 읽기 위한 (교실 안에, 학교나 컴퓨터 실습실(후자는 누리그물 자원에 대해서) 안에 두게 되는) 도서관의 마련을 위해 충분한 자료들이 이용 가능한지 결정하게 될 것이다. **필요로 하는 시간:** 가변적인데 학교와 공동체의 크기, 발견되는 자원들의 수에 달려 있다.

필요로 하는 자원들: 인내심

9.3.2. 널리 읽기의 열 가지 원칙들

목적: 연구 문헌에서 널리 읽기에 대한 자리매김이 다양하지만(예를 들면, Aebersold and Field(1997), Bamford and Day(2002), Day and Bamford (1998)가 있음), 그들 사이에 네 가지 공통적인 흐름이 있다. 여기에는 (a) 읽기의 양, (b) 일반적인 독서의 의미, (c) 즐거움을 얻기 위한 읽기, (d) 읽을거리에 대한 학생들의 선택이 있다. 일반적으로 참조되는 것은 데이와 밤포드의 널리 읽기에 대한 '열 가지 원칙'이다(Day and Bamford, 1998; Day and Bamford, 2002도 참조). 〈표 9.6〉을 참조할 것. 이 현장조사연구의 일차적인 목표는 이미 나와 있는 널리 읽기 교육거리가 이 열 가지 원칙들을 지키고 있는지를 정하는 것이다(원칙들의 다른 묶음에 대해서는 Aebersold and Field, 1997 참조).

---

8) 간소화된 자료와 간소화되지 않은 자료에 대해서는 이 묶음 기획물에 있는 『듣기교육과 현장조사연구』(미카엘 로스트, 2010; 허선익 뒤침, 2014, 글로벌콘텐츠)를 참조할 것.

1. 학생들은 교실 안과, 제한적이지만 교실 밖에서 가능한 한 많이 읽는다.
2. 폭넓은 주제에 대한 다양한 자료들이 서로 다른 이유와 서로 다른 방법으로 읽기를 장려하도록 이용 가능하다.
3. 학생들은 읽기를 원하는 책을 선택하고 그것들이 흥미를 끌기에 실패할 때 그만둘 자유가 있다.
4. 읽기의 목적은 일반적으로 즐거움을 얻기 위해, 정보를 얻기 위해, 일반적인 이해하기와 관련된다. 이들 목적들은 읽을거리의 특징과 학생들의 관심에 따라 결정된다.
5. 읽기는 그 자체가 보상이다. 읽고 난 뒤에는 뒤따르는 연습 문제가 거의 없거나 없다.
6. 읽기 자료는 어휘와 문법의 측면에서 학생들의 언어 능력 안에서 충분하다. 읽는 도중에는 사전이 거의 활용되지 않는데 낱말을 찾아보기 위해 쉼 없이 멈추는 것은 유창한 읽기를 어렵게 한다.
7. 읽기는 교실 밖에서 학생들에게 맞는 속도로 학생들이 선택한 장소와 시간에 개별적이며 조용하게 이뤄진다.
8. 쉽게 이해 가능하다는 것을 발견한 자료들과 책을 읽을 때, 느리다기보다는 일반적으로 더 빠르다.
9. 교사들은 교육거리의 목표에 대해 학생들에게 방향을 제시하고, 방법을 설명하며, 학생들이 읽는 것을 파악하고, 교육거리로부터 최대한의 것을 얻도록 학생들을 안내한다.
10. 교사들은 학생들에 대하여 독자로서 모범적인 시범자이다. 교실이라는 읽기 공동체에서 독자가 되는 것의 의미와 독자로서 받을 수 있는 보상을 보여 주는 능동적인 구성원인 것이다.

※ 데이와 밤포드(1998: 7~8)로부터 나온 자료, 데이와 밤포드(2002)도 참조할 것.

핵심적인 질문: 지금 하고 있는 널리 읽기 교육거리가 널리 읽기 전문가 데이와 밤포드(1998)에 의해 옹호되고 있는 상위 열 가지 원칙을 충족하는가?

예상되는 결과(들): 이 현장조사연구는 현재의 상황에서 현재의 널리 읽기 실천 사례들에 대한 더 나은 이해로 이어질 것이다. 데이와 밤포드의 상위 열 가지 원칙과 현재 하고 있는 널리 읽기 교육거리와의 비교를 통해 이 둘 사이의 다른 짐과 비슷한 점이 느러날 것이다. 맥락에 매인 요인들 때문에 다른 점들이 정당화될 수 있는지 혹은 수정을 할 만한지 결정할 수 있게 된다.

자료를 모으는 주된 방법: 안으로 살핀 비평에 바탕을 둔 평가와 비교를

담은 표

자료 모으기: 학교에서 널리 읽기 교육거리에 능동적으로 참여하고 있는 다른 교사들(그리고 교직원)과 함께 이 조사연구의 대부분을 수행할 수 있다. 그 목표는 그 교육거리에 대하여 안으로 살핀 비평에 바탕을 둔 평가이다. 솔직한 토의를 하는 과정에서 현재 하고 있는 널리 읽기 교육거리의 특징들과 데이와 밤포드가 얼개를 잡은 원칙을 비교해 본다. [그림 9.6]에 있는 것과 같은 순위표를 활용하여 데이와 밤포드가 제시한 원칙과 부합하는지 혹은 부합하지 않은지 모둠별로 (B 세로줄에) 보고한다. 부합하지 않은 경우 차이점들이 설명되고 현재의 실천 사례에 대한 근거를 (C 세로줄에) 제시한다.

자료 분석: 모둠으로 A-C에 있는 자료 모음 틀을 검토하고 현재의 읽기교육거리가 현재의 상태로 남아 있어야 하는지 혹은 변화가 정당한지를 결정한다. 추천내용들은 D 세로줄에 제시한다. 변화가 추천된다면 동료들과 학교 관리자와 마무리된 표를 공유하면서 널리 읽기 실천에 대하여 기관 차원의 출발점으로 활용할 것이다.

필요로 하는 시간: 교실 바깥에서 모둠회의가 필요하다.

필요로 하는 자원들: 되살핌 평가표

A 데이와 밤포드 (1998)의 널리 읽기 원칙	B 현재의 널리 읽기 실천사례: 데이와 밤포드에 부합하거나 부합하지 않은 점	C 현재의 실천사례 (들)에 대한 근거와 부합하지 않는 근거	D 추천내용: 현재의 실천사례를 고치거나 그대로 남겨두기
1. 학생들은 교실 안과, 제한적이지만 교실 밖에서 가능한 한 많이 읽는다.			
2.			

[그림 9.6] 현재의 널리 읽기 교육거리에 대한 되살핌 평가를 쉽게하는 비교표

9.4. 추가적인 현장조사연구거리들

이 장에서 탐구한 세 가지 분야는 현장조사연구를 위해서 셀 수 없이 많은 잠재력을 지니고 있다. 여기서는 다른 환경에서 교사들의 흥미와 자극을 줄 몇 가지 추가적인 탐구거리의 목록을 늘어놓는다. 탐구거리들은 세 가지 목표로 삼았던 영역으로 이뤄져 있다. 읽기 단원 단계들, 읽을거리와 널리 읽기가 있다.

9.4.1. 읽기 단원의 단계와 관련된 탐구거리

읽기 단원의 단계와 관련된 추가적인 탐구거리가 있는데 다음에 한정되지는 않는다.

- 구성 얼개 그림을 읽기 전 활동(혹은 읽는 도중의 활동 또는 읽고 난 뒤 활동)으로 어떻게 통합할 수 있을까?
- 읽고 난 뒤 토의가 이뤄지는 동안 교사는 어떤 역할을 하는가? 교사인가, 아니면 평가자인가?
- 모둠 활동을 위해 읽기 단원의 어느 단계가 가장 잘 들어맞는가?
- 읽기 단원의 각 단계에서 어떤 목표를 완수하고 있는가(표 9.2 참조)?
- 애초부터 읽기에 내재적인 흥미가 없는 학생들의 흥미를 어떻게 불러일으킬 수 있을까?
- 읽기 단원의 각 단계에서 어떤 읽기 전략들을 시범으로 보이는가(혹은 학생들에게 연습할 기회를 주는가)?
- 학급에서 읽는 도중의 어떤 부분에서 어떻게, 덩잇글 강조하기, 여백에 적어 두기, 개요 짜기와 격이 두기를 통합할 수 있을까?

9.4.2. 읽을거리와 관련된 탐구거리

읽을거리와 관련된 추가적인 탐구거리가 포함되어 있는데 다음에 한정되지는 않는다.

- 용인된 교재가 학생들이 낯설어하는 단어의 비율과 관련하여 어느 정도로 알맞을까?
- 학생들을 위해 교사가 마련한 읽고-쓰기 과제가 얼마나 효과적일까?
- 읽기 길잡이(reading guide)의 활용으로부터 학생들이 어떤 혜택을 입을까?
- 학생들이 읽기 단원에 최대한으로 참여하도록 하기 위해 완성하는 읽기 활동(jigsaw reading activities)을 어떻게 만들어낼까?
- 용인된 읽을거리를 학생들이 접속 가능하도록 하기 위해 어떻게 고쳐야 하는가(예를 들면, 주석 달기, 읽기 길잡이, 더 작은 부분들로 나누기가 있음)?
- 교재를 보충하기 위해 어떤 갈래의 유창성 발달 읽을거리를 계발할 수 있을까?
- 학생들이 자신들의 읽기와 읽기 향상을 쉽게 파악하도록 하기 위해 어떤 갈래의 기록 보관 도표를 계발할 수 있을까?

9.4.3. 널리 읽기와 관련된 탐구거리

널리 읽기와 관련된 부가적인 탐구거리가 있지만 다음에 제한되지는 않는다.

- 어떤 등급의 독본이 학생들에게 가장 알맞을까(이 장의 마지막에 있는 더 읽을거리 참조)?
- 널리 읽을거리로 전자말 모음집을 만들어내기 위해 어떤 실시간 연결 자원들을, 어떻게 편집할 수 있을까?

- 학생들이 자신들의 널리 읽기를 훤히 알도록 어떤 갈래의 자료 기록 양식을 만들 수 있을까? 그 도표에 대해 학생들은 어떻게 반응할까?
- 어떤 널리 읽기 자료를 가장 자주 대출할까, 가장 적게 대출할까?
- 헤쥐콕과 페리스(2009)에서 언급한 것 가운데 어떤 장애물이 널리 읽기 교육활동을 저지할까? 시간인가, 교육과정에서 제약인가, 제한된 자원 혹은 학습자의 저항인가?
- 매주에 학생들이 학급에서 그리고 집에서 얼마나 많은 시간을 널리 읽기를 하며 보낼까?
- 널리 읽기에 학생들이 지속적으로 참여를 유지하도록 어떤 종류의 격려를 해야 할까?

현장조사연구의 이와 같은 목록들은 쉽게 더 넓혀질 수 있는데 의미 있는 현장조사연구 가운데 교사들이 이용 가능한 선택내용의 본보기로 간주되어야 한다.

9.5. 결론

이 장에서는 읽기 단원 단계, 읽을거리, 널리 읽기 실천 사례를 포함하여 선택한 읽기 가르침의 측면을 조사 연구할 수 있는 방법에 대한

[인용 9.5] 현장조사연구의 구실

현장조사연구를 실행함으로써 가르침에 대하여 다시 탐구하고, 긍정적인 변화로 이어지며, 교사들이 하는 일의 복잡성에 대한 자각을 끌어올리고, 가르침에 대하여 개인적인 접근을 하도록 유도하는 것을 볼 수 있게 된다.

▶▶▶Burns, 2010: 7

시범을 보여 주는 아홉 개의 현장조사연구를 개략적으로 살펴보았다. 이 폭넓은 영역들에 대한 현장조사연구들은 실제적으로 한계가 없다. 저자는 여기서 제시한 시범적인 연구뿐만 아니라 위에서 늘어놓은 추가적인 탐구거리가 교사들에게 현장조사연구에 가담하고자 하는 동기를 부여하길 바란다.

■■■■■ 더 읽을거리

이 장에서 나타나는 인용 문헌들은 여기서 제시한 연구들의 세부 내용들에 대한 핵심적인 참고문헌을 대표한다. 이 장과 10장(10.4, 10.5와 10.7)에서 언급되는 것을 넘어서는 유용한 자료들은 다음과 같다. 추가적인 읽을거리에는 다음이 있다.

- 완성하는 읽기(jigsaw reading) 절차와 다른 읽기 관련 교실수업 활동에 대해서는 애버솔드와 필스(1997); Anderson(2008b/2009); Nuttall(2005) 참조.
- 읽기 전 활동, 읽는 도중 활동, 읽고 난 뒤 활동에 대해서는 Hess(1991); Stoller (1994) 참조.
- 읽기 전 활동의 일부로 미리 보기의 효과와 배경 지식 제공의 효과에 대해서는 Chen and Graves(1995) 참조.
- 널리 읽기에 대해서는 Bamford and Day(2002), Day and Bamford(1998/2002); Horst(2005); Pigada and Schmitt(2006); Yamashita(2008) 참조.
- 등급이 매겨진 독본에 대해서는 Hill(2008) 참조.
- 어른 글말 문화 학습자들을 위한 널리 읽기에 대해서는 Rodrigo et el.(2007) 참조.
- 읽기 교실수업을 위한 자료 계발에 대해서는 Evans, Hartshorn and Anderson (2010) 참조.

제5부

자원들

제10장 제2 언어로 읽기 탐구를 위한 자원들

이 장에서는 읽기교육과 읽기 현장조사연구와 관련하여 선택한 자원들을 늘어놓는다. (다른 자원들은 각 장에서 더 읽을거리와 이 책의 끝에 있는 참고문헌에 있다.) 이들 자원들은 교실수업에서 교사들의 가르침을 나아지게 하는 데 도움을 주고 의미 있는 현장조사연구를 수행하는 데 안내를 해줄 수 있다. 저자는 자원들을 다음의 10개로 나누었다.[1]

- 읽기와 그에 관련된 쟁점에 바쳐진 학술지들
- 읽기에 관련되는 연구들과 읽기 관련 주제들을 알려 주는 학술지들
- 제2 언어 읽기 가르침과 (조사연구에) 관련되는 논문들을 정기적으로 싣고 있는 학술지들
- 읽기와 그에 관련되는 주제들에 대한 제2 언어 교사들의 자료집
- 제2 언어 읽기 교사들을 위해 훌륭한 생각들이 있는 제1 언어 교사들의 자료집
- 현장조사연구에 대한 교사 자료집
- 읽기외 어휘에 대힌 누리그물 주소

---

[1] 여기에 소개된 자원들은 우리말로 뒤치지 않는다. 누리그물에서 영문 표기대로 찾는 것이 오히려 낫다는 생각을 하였기 때문이다.

- 구성 얼개 그림에 대한 누리그물 주소
- 현장조사연구에 대한 누리그물 주소
- 읽기 교사들에게 관심을 끌 만한 전문가 단체들

10.1. 읽기와 그에 관련된 쟁점에 바쳐진 학술지들

Journal of Adolescent & Adult Literacy (이전의 *Journal of Reading*)

Journal of Literacy Research (이전의 *Journal of Reading Behavior*)

Journal of Research in Reading

Language & Literacy: A Canadian Educational E-Journal (online journal)

Literacy Research and Instruction (이전의 *Reading Research and Instruction*)

Reading and Writing

Reading & Writing Quarterly

Reading in a Foreign Language

The Reading Matrix: An International Online Journal

Reading Online (An electronic journal of the International Reading Association)

Reading Psychology

Reading Research Quarterly

The Reading Teacher

Scientific Studies of Reading

10.2. 읽기에 관련되는 연구들과 읽기 관련 주제들을 알려 주는 학술지들

Applied Linguistics

Applied Psycholinguistics

Australian Review of Applied Linguistics

Canadian Modern Language Review

Elementary School Journal

Journal of Educational Psychology

Language Learning: A Journal of Research in Language Studies

Language Learning & Technology

Language Teaching

Language Teaching Research

Language Testing

The Modern Language Journal

Second Language Research

Studies in Second Language Acquisition

System

TESOL Quarterly

10.3. 제2 언어로 읽기 가르침과 (조사연구에) 관련되는 논문 들을 정기적으로 싣고 있는 학술지들

Applied Language Learning

ELT Journal

English for Specific Purposes

Foreign Language Annals

Internet TESL Journal

Journal of English for Academic Purposes

The Language Teacher

Prospect: A Journal of Australian TESOL

TESL-EJ (Teaching English as a Second or Foreign Language: An Electronic Journal)

TESL Canada Journal/La Revue TESL du Canada

TESOL Journal

10.4. 읽기와 그에 관련되는 주제들에 대한 제2 언어 교사들의 자료집

Aebersold, J. A. and Field, M. L.(1997), *From reader to reading teacher: Issues and strategies for second language classrooms*, New York: Cambridge University Press.

Anderson, N. J.(1999), *Exploring second language reading: Issues and strategies*, Boston, MA: Heinle & Heinle.

Anderson, N. J.(2008), *Practical English language teaching: Reading*, New York: McGraw-Hill.

Bamford, J. and Day, R. R.(eds)(2002), *Extensive reading activities for teaching language*, Cambridge: Cambridge University Press.

Bernhardt, E.(2011), *Understanding advanced second-language reading*, New York: Routledge.

Birch, B.(2007), *English L2 reading: Getting to the bottom*(2nd edn), Mahwah, NJ: Lawrence Erlbaum.

Calderon, M.(2007), *Teaching reading to English language learners, grades 6-12*, Thousands Oaks, CA: Corwin Press.

Chapelle, C. A. and Jamieson, J.(2008), *Tips for teaching with CALL: Practical approaches to computer-assisted language learning*, New York: Pearson Longman.

Cohen, R.(ed.)(2009), *Explorations in second language reading*, Alexandria, VA: TESOL.

Coxhead, A.(2006), *Essentials of teaching academic vocabulary*, Boston, MA: Houghton Mifflin.

Day, R. R.(ed.)(1993), *New ways in teaching reading*, Alexandria, VA: TESOL.

Day, R. R. and Bamford, J.(1998), *Extensive reading in the second language classroom*, New York: Cambridge University Press.

Farrell, T. S. C.(2008), *Teaching reading to English language learners: A reflective guide*, Thousand Oaks, CA: Corwin Press.

Folse, K. S.(2004), *Vocabulary myths: Applying second language research to classroom teaching*, Ann Arbor, MI: University of Michigan Press.

Grabe, W.(2009), *Reading in a second language: Moving from theory to practice*, New York: Cambridge University Press.

Han, Z.-H. and Anderson, N. J.(eds)(2009), *Second language reading research and instruction: Crossing the boundaries*, Ann Arbor, MI: University of Michigan Press.

Hedgcock, J. S. and Ferris, D. R.(2009), *Teaching readers of English: Students, texts, and contexts*, New York: Routledge.

Hess, N.(1991), *Headstarts: One hundred original pre-text activities*, Harlow, UK: Longman.

Hudson, T.(2007), *Teaching second language reading*, New York: Oxford University Press.

Kern, R.(2000), *Literacy and language teaching*, New York: Oxford University Press.

Khalifa, H. and Weir, C. J.(2009), *Examining reading: Research and practice in assessing second language reading*, Cambridge, UK: Cambridge University

Press.

Mokhtari, K. and Sheorey, R.(eds)(2008), *Reading strategies of first- and second-language learners: See how they read*, Norwood, MA: Christopher-Gordon.

Nation, I. S. P.(2001), *Learning vocabulary in another language*, New York: Cambridge University Press.

Nation, I. S. P.(2008), *Teaching vocabulary: Strategies and techniques*, Boston, MA: Heinle Cengage Learning.

Nation, I. S. P.(2009), *Teaching ESL/EFL reading and writing*, New York: Routledge.

Nuttall, C.(2005), *Teaching reading skills in a foreign language*(3rd edn), Oxford, UK: Heinemann.

Samway, K. D., Whang, G. and Pippitt, M.(1995), *Buddy reading: Cross-age tutoring in a multicultural school*, Portsmouth, NH: Heinemann.

Schmitt, N.(2000), *Vocabulary in language teaching*, New York: Cambridge University Press.

Schmitt, N.(2010), *Researching vocabulary: A vocabulary research manual*, Basingstoke, UK: Palgrave Macmillan.

Seymour, S. and Walsh, L.(2006), *Essentials of teaching academic reading*, Boston, MA: Houghton Mifflin.

Urquhart, A. H. and Weir, C.(1998), *Reading in a second language: Process, product and practice*, New York: Longman.

Zimmerman, C. B.(2009), *Word knowledge: A vocabulary teacher's handbook*, New York: Oxford University Press.

10.5. 제2 언어 읽기 교사들을 위해 훌륭한 생각들이 있는 제1 언어 교사들의 자료집

Baumann, J. and Kame'enui, E.(eds)(2004), *Vocabulary instruction: Research to practice*, New York: Guilford Press.

Beck, I. L. and McKeown, M. G.(2006), *Improving comprehension with Questioning the Author: A fresh and expanded view of a powerful approach*, New York: Scholastic.

Beck, I. L., McKeown, M. G. and Kucan, L.(2002), *Bringing words to life: Robust vocabulary instruction*, New York: Guilford Press.

Blevins, W.(2001), *Building fluency: Lessons and strategies for reading success*, New York: Scholastic.

Farstrup, A. and Samuels, S.(eds)(2002), *What research has to say about reading instruction*(3rd edn), Newark, DE: International Reading Association.

Fry, E. B. and Kress, J. E.(2006), *The reading teacher's book of lists*(5th edn), San Francisco, CA: John Wiley & Sons.

Gaskins, I. W. and Elliot, T.(1991), *Implementing cognitive strategy instruction across the school*, Brookline, MA: Brookline Books.

Graves, M. F., Juel, C. and Graves, B. B.(2006), *Teaching reading in the 21st century*(4th edn), Boston, MA: Allyn & Bacon.

Guthrie, J. T.(ed.)(2008), *Engaging adolescents in reading*, Thousand Oaks, CA: Corwin Press.

Guthrie, J. T., Wigfield, A. and Perencevich, K. C.(eds)(2004), *Motivating reading comprehension: Concept-Oriented Reading Instruction*, Mahwah, NJ: Lawrence Erlbaum.

Kuhn, M. R. and Schwanenflugel, P. J.(eds)(2008), *Fluency in the classroom*, New York: Guilford Press.

McCardle, P. and Chhabra, V.(eds)(2004), *The voice of evidence in reading research*,

Baltimore: Paul H. Brookes.

McCardle, P., Chhabra, V. and Kapinus, B.(2008), *Reading research in action: A teacher's guide for student success*, Baltimore: Paul H. Brookes.

McKenna, M. C. and Robinson, R. D.(2008), *Teaching through text: Reading and writing in the content areas*, Boston: Allyn & Bacon.

Moskal, M. K. and Blachowicz, C.(2006), *Partnering for fluency*, New York: Guilford Press.

Opitz, M. F.(2007), *Don't speed. Read! 12 steps to smart and sensible fluency instruction*, New York: Scholastic.

Pearl, N.(2007), *Book crush: For kids and teens ¬recommended reading for every mood, moment, and interest*, Seattle, WA: Sasquatch Books.

Pressley, M.(2006), *Reading instruction that works*(3rd edn), New York: Guilford Press.

Pressley, M., Billman, A., Perry, K., Reffitt, K. and Reynolds, J.(eds)(2007), *Shaping literacy achievement*, New York: Guilford Press.

Pressley, M., Dolezal, S., Raphael, L., Mohan, L., Roehrig, A. and Bogner, K.(2003), *Motivating primary-grade students*, New York: Guilford Press.

Pressley, M. and Woloshyn, V.(1995), *Cognitive strategy instruction that really improves children's academic performance*(2nd edn), Cambridge, MA: Brookline Books.

Rasinski, T. V.(2003), *The fluent reader: Oral reading strategies for building word recognition, fluency, and comprehension*, New York: Scholastic Books.

Rasinski, T., Blachowicz, C. and Lems, K.(eds)(2006), *Fluency instruction: Research-based best practices*, New York: Guilford Press.

Readence, J. E., Bean, T. W. and Baldwin, R. S.(2004), *Content area literacy: An integrated approach*(8th edn), Dubuque, IA: Kendall/Hunt.

Swan, E. A.(2003), *Concept-oriented reading instruction: Engaging classrooms, lifelong learners*, New York: Guilford Press.

Tierney, R. J. and Readence, J. E.(2004), *Reading strategies and practices: A compendium*(6th edn), Boston: Pearson.

Vacca, R. and Vacca, J.(2008), *Content area reading: Literacy and learning across the curriculum*(9th edn), New York: Allyn & Bacon.

10.6. 현장조사연구에 대한 교사 자료집

Borg, S.(2006), Conditions for teacher research. *English Teaching Forum* 4(4), 22–7.

Borg, S.(ed.)(2006), *Language teacher research in Europe*, Alexandria, VA: TESOL.

Burns, A.(1999), *Collaborative action research for English language teachers*, New York: Cambridge University Press.

Burns, A.(2010), *Doing action research in English language teaching: A guide for practitioners*, New York: Routledge.

Burns, A. and Burton, J.(eds)(2008), *Language teacher research in Australia and New Zealand*, Alexandria, VA: TESOL.

Coombe, C. and Barlow, L.(eds)(2007), *Language teacher research in the Middle East*, Alexandria, VA: TESOL.

Edge, J.(ed.)(2001), *Action research: Case studies in TESOL*, Alexandria, VA: TESOL.

Edge, J. and Richards, K.(eds)(1993), *Teachers develop teachers' research: Papers on classroom research and teacher development*, Portsmouth, NH: Heinemann.

Educational Action Research(refereed international journal).

Farrell, T. S. C.(ed.)(2006), *Language teacher research in Asia*, Alexandria, VA: TESOL.

Farrell, T. S. C.(2007), *Reflective language teaching: From research to practice*, London: Continuum.

Freeman, D.(1998), *Doing teacher research: From inquiry to understanding*, Boston, MA: Heinle & Heinle.

Makalela, L.(ed.)(2009), *Language teacher research in Africa*, Alexandria, VA: TESOL.

McGarrell, H. M.(ed.)(2007), *Language teacher research in the Americas*, Alexandria, VA: TESOL.

Richards, J. C. and Farrell, T. S. C.(2005), *Professional development for language teachers: Strategies for teacher learning*, New York: Cambridge University Press.

Wallace, M. J.(1998), *Action research for language teachers*, New York: Cambridge University Press.

10.7. 읽기와 어휘에 대한 누리그물 주소

Extensive Reading Foundation:
   www.erfoundation.org/index.html
Repository for information on extensive reading:
   http://extensivereading.net/er/index.html
ReadThinkWrite NCTE and IRA site for teachers:
   www.readwritethink.org/index.asp
List of reading strategies with links to an overview and procedures for each strategy:
   www.learningpt.org/expertise/literacy/bestpractices/strategies.php
International Reading Association teacher resources:
   www.reading.org/Resources/Radio.aspx
Education Northwest Teacher Resources:
   http://educationnorthwest.org/resources
National Literacy Trust(UK) reading teacher resources:

www.literacytrust.org.uk

National Council of Teaching English(NCTE) site with links to resources for elementary, middle, secondary and college teachers:

www.ncte.org

Resource database with references to articles and publications on national and international literacy programmes, research and projects:

www.literacy.org

Paul Nation's home page with links to many vocabulary and reading fluency resources:

www.victoria.ac.nz/lals/staff/paul-nation/nation.aspx

Paul Nation's online seminars on reading and vocabulary:

www.compasspub.com/english/book/book_view.asp?h_seq=1110

Compleat Lexical Tutor:

www.lextutor.ca

Sites that provide access to various word lists and information about them:

www.victoria.ac.nz/lals/resources/academicwordlist

www.nottingham.ac.uk/~alzsh3/acvocab/index.htm

www.duboislc.org/EducationWatch/First100Words.html

www.teaching-english-in-japan.net/directory/cat/84jbauman.com/aboutgsl.html

Vocabulary exercises for the Academic Word List:

www.academicvocabularyexercises.com

10.8. 구성 얼개 그림에 대한 누리그물 주소

Jiang, X. and Grabe, W.(2007), Graphic organizers in reading instruction: Research findings and issues. *Reading in a Foreign Language* 19: 34-55.
http://nflrc.hawaii.edu /rfl/April2007/jiang/jiang.html

Graphic organisers for reading teachers:

> http://community.wvu.edu/~xj002

Comprehensive site on graphic organisers that leads to numerous useful links, including those to help teachers make graphic organisers on their own:

> http://olc.spsd.sk.ca/DE/PD/instr/strats/graphicorganizers/index.html

Rationale for using graphic organisers in the classroom and illustration of steps for using customisable graphic organisers. Overview that itemises the thinking skills and language structures that specific graphic organisers target:

> www.carla.umn.edu/cobaltt/modules/strategies/gorganizers/index.html

Inventory of different graphic organisers, with multiple links:

> www.ncrel.org/sdrs/areas/issues/students/learning/lr1grorg.htm

> www.somers.k12.ny.us/intranet/skills/thinkmaps.html

Downloadable graphic organisers and teacher notes:

> http://my.hrw.com/nsmedia/intgos/html/igo.htm

10.9. 현장조사연구에 대한 누리그물 주소

Crookes, G.(1993), Action research for second language teachers-going beyond teacher research, *Applied Linguistics* 1(2): 130-44.

> www2.hawaii.edu/~crookes/acres.html

Hadley, G.(ed.)(2006), *Action research in action*[RELC Portfolio Series 8.] Singapore: SEAMEO.

> www.nuis.ac.jp/~hadley/publication/relcar/action-research.pdf

Hayman, A.(1999), Action research: A tool for improving practice in EFL classrooms, *The Language Teacher Online*:

> www.jalt-publications.org/tlt/articles/1999/12/hayman

Mann, S.(1999), Opening the insider's eye: Starting action research, *The Language Teacher Online:*

http://wrap.warwick.ac.uk/3235

NETWORKS: An On-Line Journal for Teacher Research.

http://journals.library.wisc.edu/index.php/networks

10.10. 읽기 교사들에게 관심을 끌 만한 전문가 단체들[2)

American Educational Research Association(AERA)

Association Internationale de Linguistique Appliquee(AILA)/International Association of Applied Linguistics

Australian Council of TESOL Associations

International Association of Teachers of English as a Foreign Language(IATEFL)

International Reading Association(IRA)

Japan Association of Language Teaching(JALT)

National Reading Conference(NRC)

Regional English Language Center(RELC)(Associated with the Southeast Asian Ministers of Education Organization, SEAMEO)

Teachers of English to Speakers of Other Languages(TESOL)

---

2) (원저자 주) 누리그물에서 회원가입을 위해서는 '관리자에게 문의할 것'.

용어풀이

우리말로 주제 찾아보기를 제공하기 때문에 이 부분에서는 영어의 자모 순서대로 늘어놓음–뒤친이

현장조사연구(action research): 교사가 주도하는 조사연구의 유형. 교사가 자신의 가르침을 개선하고 교실수업에서 일어난 학습의 품질을 끌어올리려는 목적으로 자신의 교실수업을 비판적이고 체계적으로 살핀다.

자모 원리(alphabetic principle): 글말 철자가 체계적으로 입말을 표상하는 원리. 낱자–말소리 지식(letter-sound knowledge)을 새로운 낱말에 전이할 수 있다.

낱말 부분들에 대한 분석(analysis of word parts): 어근, 접두사와 접미사를 확인하기 위하여 가장 작은 부분으로 낱말을 학생들이 분해하는 어휘력 수립 활동

읽기 평가(assessment of learning): 학습을 뒷받침하고 학습을 향상시키는 방법들에 대한 학생들의 자각을 끌어올리기 위해 학생들의 되짚어보기와 교사의 되짚어주기의 활용

자동성(automaticity): 개입된 과정에 대한 성찰 없이 그리고 그 기술에 대한 억제를 할 수 있는 능력이 없이 정확하고 재빠르게 어떤 기술을 수행할 수 있는 능력

배경 지식(background knowledge): 어떤 덩잇글을 해석할 때 독자가 활용하는 앞선 지식. 여기에는 일반적인 지식, 문화적인 지식, 특정 교과에 관한 지식이 포함된다.

기본적인 교육과정(basal curriculum): (주로 1~6학년에 이르는 어린 학생들에게) 읽기와 그와 관련된 기술을 가르치기 위해 사용된 교재와 초급 독자를 중심

으로 하는 교육과정. 표준적인 기본 교재는 학생들을 위한 상당히 얇고 두꺼운 딱딱한 표지의 책과 학습지의 모음, 평가 도구와 활동들이 마련되어 있다.

다독 교육거리(book flood programmes): 읽고, 토의하며 어떤 식으로든 공유하도록 흥미로운 읽을거리를 학생들에게 제공하는 읽기교육거리

상향식 모형(bottom-up models): 독자의 배경 지식으로부터 거의 추론을 하지 않은 채 덩잇글에 있는 정보를 단위마다 정신에 옮기는 자동적 처리 과정으로서 읽기에 대한 은유적인 묘사

사례 연구(case study): 좀 더 폭넓은 현상에 대한 연구의 방법으로서 개별 사례들에 대한 자료를 모으고 분석하는 일이 끼어드는 조사연구 방법. 그 사례는 한 명의 학생, 하나의 학습자 모둠이나 한 학급일 수 있다.

같은 어원을 지닌 낱말(cognate): 서로 다른 언어에서 비슷한 형태와 의미를 지니고 있는 낱말들로 어원에서 관련이 있는 낱말들(동족어)

이음말(collocation): 어떤 낱말이 규칙적으로 다른 낱말과 결합하는 방법들(예를 들면, 수술실, 개인 소비, 바닐라 아이스크림이 있음)

인쇄물에 대한 개념(concepts about print): 주로 덩잇글이 어떻게 되어 있는가에 대한 지식으로 예컨대 올바르게 책을 펼치며, 어떤 책의 처음 부분을 인식하고, 인쇄물을 읽는 방향을 알고, 정서법에 대한 약간의 기본적인 지식을 지니고 있는 경우를 가리킨다.

연결주의자 이론(connectionist theory): 두뇌의 신경학적 구조에 대응하는 심리적 대응물이 있음을 반영하는, 인지 처리가 작동하는 방법에 대한 이론. 가장 최근의 이론에서 연결주의자들은 낱말 인지 처리, 어휘 지식과 학습, 통사적 지식의 발달에 대한 강한 설명을 제공한다(개괄적인 소개를 위해서는 엘리스(Ellis, 1999) 참조).

구성주의 모형(constructivist model): 독자의 관점으로부터 비롯되는 해석과 독해에 대한 모형. 독자들은 어떤 덩잇글에 대한 이해를 능동적으로 구성하기 때문에 덩잇글의 의미는 근본적으로 독자가 결정하는 것이다. 이와 같은 이론들은 여러 가지 방법으로 그리고 다른 독자들에 의해 여러 수준에서

문학 작품이 어떻게 이해될 수 있는가에 대하여 유용하다. 그러나 읽기의 이론으로서 읽기 능력의 발달에 대해서는 아무런 세부적인 설명을 제공하지 않는다. 오히려 출발에서부터 용인 가능한 이해와 해석 수준을 가정한다. 또한 설명문이 어떻게 새로운 읽을거리의 학습을 위해 쓰일 수 있는지, 어떤 절차에 따라 덩잇글이 적절하게 이해되는가에 대한 아무런 설명을 제공하지 않는다.

교과내용 중심 가르침(content-based instruction): 반드시 그 비중이 같을 필요는 없지만 언어 학습과 교과 내용 학습에 이중으로 전념하는 가르침 접근법을 가리키는 중요한 용어(개념 5.5도 참조할 것)

통제 집단(control group): 통제된 실험에서 조사연구자가 관심을 갖고 있는 처치(treatment)를 받지 않는 비교의 표준으로 활용되는 (학생들의) 집단. 이상적으로는 그 집단은 조사연구자가 탐구를 하고 있는 단 하나의 요인에 의해서만 실험 집단과 다르다.

상관(correlation): 둘 또는 그 이상의 사물이 관련되는 정도로 두 자료 묶음들 사이의 관련성 강도를 측정한 값. 예컨대 어휘 지식이 불어남에 따라 독해 능력이 그렇게 되는 경우이다. 상관은 .00에서 1.00에 이르는 눈금에 따라 보고된다. 여러 개의 상관 공식이 있는데 가장 일반적인 것은 피어슨 상관이다. 상관은 잠재적인 관련성(potential relationship)을 보여 줄 뿐이지 다른 요인의 발생을 유발하는 유일한 변수를 나타내지는 않는다.

담화 지식(discourse knowledge): 담화 구성에 대한 지식

담화 구성(discourse organization): 담화 구성 틀. 갈래(genre), 작가의 의도, 정보의 흐름, 덩잇글 구조(text structure), 제시되는 정보의 유형을 반영하는 담화의 자질과 유형이다. (여기서는 담화 구성은 갈래, 수사적 구성(rhetorical organization)과 덩잇글 구조(text structure)보다 일반적인 용어임.)

실행 통제 처리/실행 통제 처리기(executive control processing/processor): 선택적인 주의집중, 앞선 과제에 대한 주의, 전략적인 과제 조작 할당, 읽기를 위한 목표 설정, 이해 점검과 이해 문제 수정에 초점을 맞추는 작업 기억의 작동

실험 집단(experimental group): 처치 집단(treatment group) 참조

인쇄물에 대한 접촉(exposure to print)[1]: 오랜 시간 동안 학습자에 걸쳐 이뤄지는 전체 읽기의 양

널리 읽기(extensive reading): 학습자들의 언어 능력 안에 있는 상당한 분량의 자료들을 읽는 읽기 학습과 가르침 접근법

유창성(fluency): 읽기에서 유창성은 처리의 속도, 정확성, 유연성의 결합과 관련이 있다. 유창성은 읽기 과제, 읽을 주제, 독자의 나이와 제2 언어에 접촉하는 양을 고려하여야 하는 상대적인 개념이다.

자유롭게 쓴 회상 (측정)(free written recall(measure)): 덩잇글을 읽고 난 뒤 어떤 시점에서 덩잇글로부터 나온 정보를 재구성하는 사람들의 능력에 대한 측정. 회상의 경우 덩잇글 정보에 대한 특정의 순서는 요구되지 않는다. 회상을 위한 실마리를 위한 지원이 때로 제공된다. 조사연구에서는 읽기로부터 어떤 정보를 입말로 제공하는 경우 자유롭게 입말 회상 기록을 활용하기도 한다.

갈래(genre): 어떤 집단이나 학문, 문화의 특정한 기능을 하도록 하는 의도를 반영하는 덩잇글의 구성을 위한 형식적인 수단. 갈래(예를 들면, 시, 추천서, 설교, 학문적인 논문, 추리 소설이 있음)는 특정의 목적과 예상, 몇 개의 한정된 특징을 지니고 있다.

등급이 매겨진 독본(graded readers): 일반적으로 제2 언어 학생들을 위해 학년 수준이 아니라 어휘 수준, 문법 구조나 난도에 대한 다른 수준에 따라 순위가 매겨진 일련의 책들. 어떤 언어를 배우거나 읽도록 배우는 학생들은 그것들을 읽는다. 학생들은 도전적인 어휘, 문법, 길이 등등에 대한 준비가 되어감에 따라 이 일련의 책들을 통해 점진적으로 공부를 해나간다.

구성 얼개 그림(graphic organiser): 정보를 구성하고 제시하기 위해 활용되는 시각적인 틀(예를 들면, 벤 다이어그램, 흐름도, 파이 순위 그림이 있음)

우연적인 학습(incidental learning): 특정의 정보에 초점을 맞추지 않고 일어나는

---

1) 이 용어 풀이는 맞지 않은 듯하다. 읽기의 양이라는 개념에 더 맞는 용어 풀이다.

학습. 어떤 수준의 의식적인 주의집중이 필요할 수도 필요하지 않을 수 있다. 읽기에 대한 논의에서 독자들은 덩잇글에 있는 낱말을 배우기 위해서가 아니라 덩잇글을 이해하기 위해서 읽는다. 그럼에도 불구하고 독자들은 덩잇글을 통해 나아가면서 매우 짧은 시간인 경우에도 낱말에 주목하고 주의를 기울인다. 이들 낱말 가운데 몇몇이 우연적인 학습을 통해 학습된다.

추론하기(inferencing): 덩잇글에 있는 명시적인 정보와 배경 지식에 바탕을 두고 논리적인 결론을 이끌어낼 수 있는 능력

사전 동의(informed consent): 어떤 사람이 자발적으로 어떤 연구나 현장 연구에 참여하기를 동의함을 기록하기 위해 사용되는 용어. 참여자들은 연구의 본질과 함의, 앞으로의 결과를 이해한다고 가정한다.

기관 감사 위원회(IRBs: institutional review boards): 예컨대 어떤 학교, 교육청, 대학이나 언어 교육거리에서 공식적으로 조사연구가 윤리적으로 수행되었음을 보장하는 책임을 지고 있는 위원회. 그 위원회는 참여자들을 보호하려는 목적으로 조사연구를 승인하고 조정하는 책임이 있다. 때로 기관 감사 위원회는 윤리 검토 위원회를 가리킨다.

읽기에 대한 상호작용 모형(interactive model of readings): 상향식 처리와 하향식 처리의 결합이 일반적으로 온전한 측면의 결합은 아니지만 이들의 결합으로서 읽기를 은유적으로 묘사함

대화 참여자들(interlocutors): 대화에 능동적으로 참여하고 있는 사람

IRB: 기관 감사 위원회 참조

완성하는 읽기 활동(jigsaw reading activity): 학급에서 세부집단에 속해 있는 학생들에게 덩잇글의 서로 다른 부분을 읽게 하는 가르침 기법. 전체적인 모습은 서로 다른 집단에 있는 학생들이 과제를 완수하기 위하여 모였을 때 조각 그림처럼 그 다음에 이들을 짜 맞추는 것이다.

KWHL: 네 개의 세로줄이 있는 구성 얼개 그림으로 학습자들의 읽기(그리고 다른 학습)를 도와주기 위해 마련된다. 이는 전통적인 KWL(아래 참조) 그림의 확장인데 여기서 학생들에게 자신들의 전략에 주의를 끌기 위해 '어떻게'(H) 세로줄이 포함된다.

KWL: 세 개의 세로줄이 있는 구성 얼개 그림으로 학습자들의 읽기(그리고 다른 학습)를 도와주기 위해 마련된다. KWL이라는 약어는 알고(Know: 학습자가 이미 알고 있는 것), 알고자 하고(Want to know: 읽는 도중에 학습자가 알기를 원하고), 배운 것(Learned: 읽기로부터 학습자가 알게 된 것)을 나타낸다. K는 읽기 전 단계로 학생들의 배경 지식을 활성화하고, W는 읽기 전 전략으로 읽기를 위한 목적을 수립하도록 학생들을 안내하며, L은 읽고 난 뒤 전략으로 학생들로 하여금 읽기를 통해서 배운 것들을 분명히 하는 데 도움을 준다.

언어 문턱(language threshold): 독자의 목적에 맞게 어떤 덩잇글을 유창하게 이해하도록 하는 제2 언어 능력의 일반적인 수준. 문턱 너머에 있으면 독자는 전략적인 읽기 과정을 (제1 언어와 제2 언어에서) 효과적으로 불러올 수 있다. 그 문턱은 특정의 과제와 주제, 독자의 목적에 따라 다르지만 읽기를 지속적으로 실천하는 어떤 지점에서 독자는 언어 문턱 너머의 어떤 수준에 있는 대부분의 덩잇글을 읽을 수 있다. (개념 2.3도 참조)

낱자-말소리 지식(letter-sounds knowledge): 낱자와 말소리를 관련지을 수 있는 능력. 어떤 말소리에 하나 이상의 철자가 있으며(/f/→f, ff, gh), 어떤 철자에 하나 이상의 말소리가 있음을 주목할 것(have에서 a→/a/, mad에서 /ae/, made에서 /e/처럼)

낱자-말소리 관계(letter-sounds relationship): 해당되는 낱자와 음운 변이형태 사이, 말소리와 철자의 변이형태 사이의 지속적인 관계

어휘 접속(lexical access): 어휘부에서 낱말 의미의 빠르고 자동적인 활성화. 제2 언어에서 낱말을 인지하는 것이 가능하지만 그 낱말에 대한 어떤 유용한 의미 항목은 어휘부에 저장되어 있다.

어휘 묶음(lexical sets): 의미에서 혹은 문법에서 유사성이 있는 낱말들의 묶음 (예를 들면, 먹거리에 대한 낱말들, 교실수업 용어들, 식물에 관계되는 낱말들, 울타리 치는 표현에 관련되는 낱말들, 전환을 나타내는 말들, 부사들이 있음)

장기적인 연구(longitudinal study): 일반적으로 적어도 5~6개월에 걸쳐 같은 학

습자들에 대한 연구와 관련되는 조사연구인데 때로 더 길어져 몇 해에 이르기도 한다.

메타 분석(meta-analysis): 어떤 주제에 대한 총괄적인 통계 연구를 위해 같은 주제에 대한 개별 연구들의 결과를 활용하는 고급 수준의 통계적 기법. 그 결과는 여러 연구들로부터 나온 종합이 된다. 일반적으로 어떤 통계량 (평균과 표준 편차)이 포함되며 실험 설계(실험 집단과 통제 집단, 사전 검사와 사후 검사)를 활용하고, 적절한 신뢰도 통계량도 보고할 필요가 있다. 조사연구 탐구거리들은 일반적으로 실험 집단과 통제 집단 사이의 효과 크기에서 차이를 비교하고 모든 관련되는 연구들에 걸쳐 이 효과 크기의 평균을 구함으로써 검토된다. 연구의 결과는 특정의 탐구거리에 대한 전체적인 효과 크기의 통계량이다. (.20이라는 효과 크기는 적으며, .50은 중간, .80이나 그 이상은 크다.)

상위 인지적 자각(metacognitive awareness): 상위 인지 지식(metacognitive knowledge) 참조.

상위 인지 지식(metacognitive knowledge): 개인의 지식에 대한 의식적인 자각. 좀 더 구체적으로 말한다면 알고 있는 것에 대하여 되살필 수 있는 능력(예를 들면, 언어 자각이 있음). 그와 같은 지식은 학습과 (이 책의 맥락에서는) 읽기를 계획하고, 조정하며 점검할 수 있도록 해 준다.

상위 언어적 자각(metalinguistic awareness): 상위 언어적 지식(metalinguistic knowledge) 참조.

상위 언어적 지식(metalinguistic knowledge): 명사, 동사, 종속절, 낱말 의미 등등과 같은 언어 범주를 인지하고 논의할 수 있게 해 주는 언어에 대한 의식적인 자각(개념 2.1도 참조)

읽기 모형(models of reading): 읽기에 관련되는 구성 기술, 지식 기반에 대한 이론들. 형식적인 모형들은 경험적인 증거로부터 나온 결과들에 바탕을 두고 일반적으로 추가적인 별개의 연구들을 통해 확정이 된다. 기술적인 모형들은 이미 있는 조사연구를 철저하게 종합하려는 시도를 한다. 은유적인 모형들은 이해에 관련되는 읽기 처리 과정을 좀 더 일반적으로 해석하려는 시도를 한다.

형태론적인 자각(morphological awareness): 접두사, 낱말 접사, 어간, 낱말 형성 처리에 대한 지식

다매체 학습(multimedia learning): 메이어(Mayer, 2009)에 의해 낱말과 그림(이원 방식, 이원 형식, 이원 부호로부터)으로부터의 배움을 가리키기 위해 사용된 용어. 다매체 학습의 기본적인 전제는 학습자들이 낱말만 제시되었을 때보다 그림과 낱말로 제시될 때 무엇인가를 더 잘 이해할 수 있다는 것이다.

다중 회귀(multiple regression): 하나 이상의 독립 변수가 종속 변수에 미치는 영향을 평가하기 위한 통계 기법. 두 개 또는 그 이상의 독립 변수로부터 하나의 종속 변수를 예측하거나 평가하기 위한 통계 기법이다. 예컨대 다중 회귀는 종속 변수(예를 들면, 독해 능력이 있음)에 대한 다른 변수들(예를 들면, 어휘, 배경 지식, 문법)의 영향을 제거하고 관심을 갖고 있는 기술(입말로 유창하게 읽을 수 있는 기술)이 종속 변수(독해)에 여전히 유의하게 독립적인 영향력을 지니는지 알아볼 수 있게 해 준다.

곱하기 효과(multiplier effect): 어떤 기술의 학습자가 그 다음에 추가적인 학습자들을 가르침으로써 가르침에서 가능한 결과. 예컨대 전문가 연수에서 새로운 가르침 기법을 배운 교사가 학교로 돌아와서 다른 교사들을 가르칠 때 원래 연수에 대한 곱하기 효과가 있음을 의미한다.

비줄글 덩잇글(non-linear text): 문장들과 단락의 연쇄로 구성되지 않은 덩잇글. 비-줄글 덩잇글의 사례들에는 순위 그림, 숫자 그림, 그래프, 지도와 표가 포함된다. 비-줄글로 된 전자 덩잇글에는 추가적인 정보에 대한 연결고리(hyperlinks)가 있다.

철자법(orthography): 글말에 대한 그림 형태의 표상. 이 그림 형태의 표상은 특성에서 자음과 모음, 음절, 낱말 표지(logographic)[2]일 것이나.

보조를 맞춘 읽기(paced reading): 교사가 결정한 고정된 속도로 학생들이 읽어

---

2) 이는 일종의 약어와 같이 어떤 낱말을 대신 해서 쓰이는 문자를 가리킨다.

나가는 동안 이뤄지는 속도 향상 활동이다(예를 들면, 100wpm[3]) 이상적으로 보조를 맞춘 읽기교육거리에서는 학생들은 도전적이지만 지나치게 실패하지 않은 속도로 읽고 시간에 걸쳐 점차 빠르게 된다.

짝을 지어 읽기(paired reading): 다양한 읽기 과제에 대하여 학생들이 짝을 지어 공부를 하는 활동. '듣는 이'의 점검과 읽기 문제에 도움을 주면서 서로에게 덩잇글의 일부를 번갈아 가며 소리 내어 읽어 주기가 가능하다.

분석하기(parsing): 절을 더 작은 구성단위로 나누는 일. 통사적 분석(syntactic parsing) 참조

음소 확인 능력(phoneme-identification abilities): 낱말에서 음소를 확인할 수 있는 능력. 이는 낱말의 첫 소리. 끝소리를 확인하거나 낱말들을 구성되는 말소리로 분절함을 의미한다.

음소 자각(phonemic awareness): 낱말에 있는 말소리를 인지할 수 있는 능력(음운론적 자각(phonological awareness) 참조)

음운론적 자각(phonological awareness): 어떤 낱말에서 음소와 관련한 말소리, 어떤 낱말에서 음절과 음절 안에서 음절의 부분들을 인지할 수 있는 학습자들의 일반적인 능력

훑어보기(previewing): 학생들이 읽기를 준비하고 덩잇글의 핵심적인 특징을 확인하기 위하여 읽게 될 덩잇글을 훑어보는 읽기 전 활동. 이와 같은 방식으로 학생들은 덩잇글에서 발견하게 될 어떤 정보와 그 정보가 구성되는 방법에 대해 스스로 예상을 한다.

유사 낱말 확인(pseudoword identification): 일반적으로 어떤 언어의 비-단어를 검토하고 그 언어의 음운 규칙을 활용하여 발음할 수 있는 능력이나 비-단어 낱말을 보고 (어휘 결정 과제에서) 그 형식이 낱말이 아님을 나타내는 단추를 누를 수 있는 능력

질적인 분석(qualitative analysis): 질적 자료에 대한 분석인데 자료는 셈이 되지

---

3) word per minute의 약자인데 1분에 읽는 낱말의 수를 나타낸다. 읽기뿐만 아니라 말하기에서도 이와 같은 단위를 쓴다. 여기서 100wpm은 일 분 안에 100개의 낱말을 읽는 속도라는 의미이다.

않는다(예를 들면, 학생 면담이 있음). 그러나 주목할 만한 유형을 발견하고 통찰을 얻기 위해 검토할 수 있다. 양적이지 않은 방식으로 자료를 해석하는 일과 일반적으로 관련이 있으며 입말 기록에 초점을 맞추고 응답에서 흥미로운 유형들에 주목을 한다. 때때로 기술적인 양적 자료(quantitative data)들이 포함되기도 한다.

질적인 자료(qualitative data): 어떤 품질이나 특성에 관련되는 자료들(양적 자료(quantitative data) 참조)

양적인 분석(quantitative analysis): 양적인 자료(읽기 속도, 배운 낱말들의 수, 읽은 지면의 수와 같은 수치 자료)에 대한 분석. 그 자료들은 여러 가지 방식으로 셈을 할 수 있고, 범주화되며 비교될 수 있다. 양적인 분석은 일반적으로 어떤 유형의 통계적 검증이 끼어든다.

양적인 자료(quantitative data): 셈할 수 있고, 측정되며 양으로 표현될 수 있는 자료(질적인 자료(qualitative data) 참조)

읽고-듣기(rauding): 읽기(reading)와 듣고 이해하기(auding)라는 두 낱말의 결합에서 나온 용어. 적합한 덩잇글이나 문장들을 읽고 들으면서 마주치는 생각들의 대부분을 이해하는 상황이 자주 일어날 때를 가리킨다. 읽고-듣기는 줄글을 읽거나 들을 때 일반적으로 같은 이해 처리가 관련되며 읽으면서 들을 때 최대한으로 효율적인 처리 속도로 수행된다는 생각에 초점을 맞추었다(Carver, 1997: 6).

소리 내어 읽기(read-alouds): 교사가 학생들에게 소리 내어 읽고 학생들이 따라 읽거나 교사를 따라 학생들이 묵독하는 교실수업 절차

독자들의 극장(readers' theatre): 초점이 어떤 덩잇글에 대한 극적인 해석에 있는 읽기 수행. 공연하는 사람은 학생들의 앞에 각본을 들고 서서 이야기를 소리 내어 읽으며 억양과 강세를 활용하여 자신이 맡은 부분을 해석한다. 이를 옹호하는 사람들은 준비에서 다시 읽고 적절한 구절 풀이가 중요한 역할을 하기 때문에 대체로 읽기 유창성 연습에 독자들의 극장을 활용하도록 교사들을 독려한다.

읽기 효율성(reading efficiency): 일반적인 독해의 본질로 간주되는 능력으로

일반적으로 빠르게 읽을 수 있는 능력(해득과 처리의 속도)과 정확성 기술 (해득과 이해 기술) 사이의 상호작용으로 이해되고 있는 능력

읽기 길잡이(reading-guide): 읽기 과제가 제시되기 전에 학생들에게 내어 주는 연습문제. 이는 학생들이 읽을거리를 대충 훑어보고 취해야 될 단계와 읽을 거리를 이해하기 위해 사용되어야 하는 전략에 대해 시범을 보인다. 학생들 에게 한두 개의 읽기 전 과제, 뒤따르는 읽는 도중 과제 몇 개를 제시한다. 모든 과제들은 내어 준 덩잇글에 맞추어져 있다.

읽기 처리(reading process): 작업 기억(working memory) 안에서 일어나며 장기 기억을 끌어들이는 인지적 조작(개념 1.7도 참조)

정보를 통합하기 위한 읽기(reading to integrate information): 배우기 위한 읽기 (reading to learn)에서와 같이 이해에 대한 세부적인 수준을 필요로 하는 읽기 목적. 여기에는 또한 선택 정보에 대한 상대적인 중요성에 대한 결정 과 여러 원천으로부터 나온 정보의 재구성이 필요하다. 어떤 정보가 어떻게 통합되어야 하는가를 독자가 결정할 수 있도록 읽고 있는 정보에 대한 비판 적인 평가가 필요하다.

배우기 위한 읽기(reading to learn): 읽기의 목적. 배우기 위한 읽기 과제들은 일반적으로 학생들이 덩잇글로부터 배워야 하고 자신의 지식 기반과 연결 해야 하는 학업 환경이나 전문 직업 환경의 속성이다.

정보를 찾기 위한 읽기(reading to search): 문장의 최소 의미를 지니고 있는 구절 이나 낱말이 목표로 하는 정보 영역에 정확하게 있는지 결정하기 위해 훑어 본 결과를 조합하는 읽기의 목적

회상 측정(recall measure): 회상 과제(recall task) 참조

회상 과제(recall task): 덩잇글을 읽고 난 뒤에 독자로 하여금 덩잇글로부터 나온 정보를 말하거나, 쓰거나 형식을 갖춘 길잡이 혹은 개요를 완성하게 함으로써 재구성하도록 하는 과제

회귀 모형(regression model): 측정 값(종속 변수)과 다른 변수들 사이에 최상의 적합성을 찾아내는 통계 절차. 잘 들어맞는 다른 변수들은 핵심적인 (종속 변수) 측정값의 '예측 요인'으로 지정된다. 예측 요소들은 핵심적인 종속

변수 측정에서 발견할 수 있는 변이의 비확률 (겹치는) 양에 대한 중요한 요인이다. 중요한 예측 요인들의 독립적인 기여도가 이 방법을 통해 측정 가능하다.

다시 읽기(rereading): 학생들이 어떤 단락이나 덩잇글을 다시 읽는 활동. 다시 읽기에는 새로운 정보에 대한 탐색, 이해를 고치려는 노력, 읽고 난 뒤 활동의 마무리, 유창성 발달을 위한 연습 문제가 관련될 수 있다.

수사적 얼개(rhetoric frame): 필자가 설명문을 제시하기 위해 활용하며 적절한 정보를 학습하기 위해 독자들이 정신으로 구성하는 구성의 유형. 있을 수 있는 얼개에는 원인-결과의 관계, 분류, 비교와 대조, 선조적인 연쇄, 문제와 해결 관계가 포함된다(수사적 구성(rhetorical organization) 참조).

수사적 구성(rhetorical organization): 정보가 분석, 원인과 결과, 분류, 비교와 대조, 뜻매김, 치밀하지 않은 묘사나 문제-해결로 제시되는, 설명문과 논설문에서 사용되는 구성의 유형

발판 대어 주기(scaffolding): 초급 학습자의 학습을 촉진하기 위한 뒷받침과 관련되는 가르침의 전략. 이 개념은 비고츠키의 사회문화 이론과 '근접 발달 영역'이라는 개념에 기원을 두고 있다. 학습자들이 지식과 기술, 자신감을 습득함에 따라 뒷받침은 없어진다(그리고 학습자의 새로운 요구를 보완하기 위한 다른 형태의 뒷받침으로 대체될 수 있다).

훑어보기(scan): 독자가 특정한 정보 조작이나 특정의 낱말을 빠르게 찾아보기 위한 읽기의 특성화된 유형(건너뛰기(skim) 참조)

각본(script): 교사가 사용하게 될 정확한 낱말을 밝혀놓은 단원 수업 계획의 일부. 때로 단원에서 학생들에게 소리 내어 읽어 주는 동안 전략적인 행위를 시범으로 보여 주는 곳에서 사용된다.

자기 점검 보고(self-report): 응답자들이 하는 것이나 아는 것(예를 들면, 주마다 얼마나 많이 읽는지)을 알려줄 기회. 자기 보고에서 나온 성보틀은 짐짐표, 현지 조사, 설문지, 면담 등등의 형태로 모을 수 있다.

의미론적 자질 분석(semantic feature analysis): 어떤 주제나 개념과 어떤 용어를 관련지을 때 필요로 하는 어휘 학습 방법. 예컨대 학생들에게 그 낱말이

어떤 속성(예를 들면, 유기체적인지, 자연적인지, 오염을 시키는지, 청정한지)을 지니는가에 따라 다양한 에너지 관련 용어(열 에너지, 핵 에너지, 수력전기 에너지, 태양 에너지, 바람)들을 범주화하도록 요구할 수 있다.

의미론적 명제 형성(semantic proposition formation): 기본적인 절 수준의 의미 단위로 낱말 의미와 구조 정보를 결합하는 처리(예시는 개념 1.6 참조)

공유 분산(shared variance): 두 측정값 사이에 공유되는 통계적 분산에 바탕을 둔 두 개의 측정값에 겹치는 (백분율로 표현되는) 양. 이는 피어슨 상관(correlation)(피어슨 상관 계수의 제곱)을 두 변수들 사이의 관계에 대해 더 해석이 가능한 근사값을 제공하는 수치 변수로 변환한다. 예컨대 어휘 점수와 독해 점수 사이의 공유 분산이 .55라면 어휘 검사에 대한 응답의 55%가 읽기 검사에 대한 응답이 겹친다.

일견 어휘(sight word): 전략의 필요 없이 순식간에 독자에 의해 자동적으로 인지되는 어휘 항목

독자의 해석에 의한 상황 모형(situation model of reader interpretation): 독자 자신의 목표, 예상, 감정, 배경 지식(background knowledge)에 기대어 덩잇글로부터 나온 정보에 대한 독자의 다듬어진 해석

기술(skill): 조합이나 사용에서 비교적 자동적인 언어 처리 능력(예를 들면, 여러 의미에서 정확한 의미 선택하기, 의미론적 명제 형성(semantic proposition formation), 어려운 덩잇글에 대하여 읽기 속도를 늦추기가 있음)

골라 읽기(skim): 덩잇글에 대한 일반적인 이해를 위하여, 어떤 단락의 요약을 위하여 독자가 재빨리 읽어 나가는 읽기의 특별한 유형. 그 과정에는 일반적으로 덩잇글 부분들에 대하여 전략적으로 건너뛰며 읽기와 핵심적인 부분 읽기가 관련된다(훑어보기(scan) 참조)

SQ3R: 그 글자들이 붙들고 있는 다섯 단계 읽기 전략. 훑어보기(Skim), 질문하기(Question), 읽기(Read), 회상하기(Recite)와 복습하기(Review)를 나타낸다. 공부 기법으로 매우 인기가 있었지단 그 기법에 대한 조사연구에서는 다른 선택내용들과 비교를 했을 때 유의한 학습 효과로 이어지지 않음을 보여 주었다.

SSR: 지속적인 묵독(sustained silent reading) 참조

전략(strategies): 의식적인 되살핌과 사용이 잠재적으로 완결되지 않은 능력들 (예를 들면, 읽기를 위한 목적 설정, 잘못된 이해를 고치기 위해 단계를 밟아나가기, 어떤 덩잇글에 대한 미리 훑어보기가 있음). 추가적인 본보기들은 개념 1.2 참조

구조화된 방정식 모형(structural equation modelling): 어떤 변수에 대한 영향을 보여 주며 동시에 다른 여러 변수들을 제거하기 위해 사용되는 통계 기법으로 변수 묶음들에서 가정된 관계들의 강도와 특성을 보여 준다. 여러 변수들의 관계를 밝히고 모든 다른 변수들과 관계를 독립적으로 보여 주는 발전된 절차이다. 이 절차는 또한 오차 분산을 제거하는데 이런 절차에 따라 밝혀진 관계들이 좀 더 참일 가능성을 높인다.

지속적인 묵독(sustained silent reading): 교사와 학생들이 자신들이 선택한 읽을거리를 읽는 동안 묵독에 전념하는 교실수업 시간이다. 아무런 평가나 가르침, 해석이 없이 정기적으로 SSR 주기가 나타난다. 또한 DEAR(모든 것을 물리고 읽음: Drop Everything And Read)도 참조할 것.

통사적 분석(syntactic parsing): 기본적인 문법 정보를 절 수준의 의미를 뒷받침하도록 뽑아내기 위해 구문의 더 큰 단위로서 낱말을 이해하고 처리할 수 있는 능력

독해에 따른 덩잇글 모형(text model of reading comprehension): 중심 생각과 뒷받침 개념을 제시하는 덩잇글로부터 개념의 조정에 관련된 기본적이고 높은 수준의 이해처리

덩잇글 구조(text structure): 덩잇글 정보와 필자의 의도를 표시하는 언어 자질들(예를 들면, 새로운 정보 대 이미 제시된 정보, 단락 나누기, 연쇄 표지, 전환 구절과 문장, 수사적 유형에 대한 신호가 있음)

덩잇글 구조에 대한 자각(text structure awareness): 덩잇글 정보가 구성되는 방식과 이 구성에 대한 실마리를 제공하는 신호에 대한 의식적인 자각. 훌륭한 독자는 덩잇글 구조에 대한 자각을 독해를 위해 활용한다.

시간이 정해진 읽기(timed reading): 학생들이 자신들의 읽기에 대하여 시간(분

당 낱말의 수)을 재고 이해 점수를 셈하는 읽기 속도 향상 활동. 그 목표는 시간에 걸쳐 읽기 속도와 이해를 향상시키는 것이다.

하향식 모형(top-down models): 독자는 덩잇글 정보에 대하여 일련의 기대를 지니고 가정한 기대를 확정하거나 기각하기 위하여 충분한 정보가 제시된 지면이나 사례들을 찾기 위해 시선을 돌리는 사람이라고 특성을 밝히는 읽기에 대한 은유적 기술

교육 연구(training study): 일군의 참여자들에게 어떤 기술이나 과제 묶음에 대한 교육에 관련되는 조사연구

거래 모형(transactional model): 읽기에 대한 구성주의자 모형(constructionist models of reading) 참조

전략 상호작용 가르침(Transactional Strategies Instruction): 학생들이 (개별 전략들의 학습자가 되기보다는) 전략적인 독자가 되도록 이끄는 읽기 가르침 접근법

전이(transfer): 제2 언어 과제에서 제1 언어 지식(예를 들면, 음운 지식, 통사 지식, 전략에 대한 지식이 있음)의 활용

처치(treatment): 통제 집단(control group)이 아니라 실험 집단에 제시되는 연습, 가르침이나 자료들

처치 집단(treatment group): 조사연구자의 처치(treatment)의 영향을 받는 학생들의 집단

작업 기억(working memory): 인지에서 기억 처리의 능동적인 구성요소. 용량에서 제한되어 있으며 비교적 짧은 기간 동안 활성화된 정보를 유지하고 이해를 구성하기 위해 정보를 통합하고 처리한다. 두뇌 기능의 독립적인 부분이 아니라 현재 활성화된 정보의 연결망으로 특정의 순간에 활용되는 정보 연결망과 관련된 처리이다.

작업 기억 활성화(working memory activation): (전기적으로 그리고 화학적으로 두뇌에서) 충분히 흥분된 정보가 인지 처리에서, 능동적으로 활용되는 정보로 이뤄진 작업 연결망의 일부가 되는 처리

참고문헌

Adlof, S. M., Catts, H. W. and Little, T. D(2006), Should the simple view of reading include a fluency component?, *Reading and Writing* 19, pp. 933~ 958.

Aebersold, J. A. and Field, M. L.(1997), *From reader to reading teacher: Issues and strategies for second language classrooms*, New York: Cambridge University Press.

Afflerbach, P., Pearson, P. D. and Paris, S.(2008), Skills and strategies: Their differences, their relationships, and why it matters, In K. Mokhtari and R. Sheorey(eds.), *Reading strategies of first- and second-language learners: See how they read*, Norwood, MA: Christopher-Gordon, pp. 11~24.

Alderson, C.(1993), The relationship between grammar and reading in an English for academic purposes test battery, In D. Douglas and C. Chapelle(eds.), *A new decade of language testing research*, Washington, DC: TESOL, pp. 203~214.

Alderson, C.(2000), *Assessing reading*, New York: Cambridge University Press.

Alessi, S. and Dwyer, A.(2008), Vocabulary assistance before and during reading, *Reading in a Foreign Language* 20, pp. 246~263.

Alexander, P. and Jetton, T. L.(2000), Learning from text: A multidimensional and developmental perspective, In M. Kamil, P. Mosenthal, P. D. Pearson and R. Barr(eds.), *Handbook of reading research* Vol. III, New York: Longman, pp. 285~310.

Al-Homoud, F. and Schmitt, N.(2009), Extensive reading and a challenging environment: A comparison of extensive and intensive reading approaches in Saudi Arabia, *Language Teaching Research* 13, pp. 383~401.

Allwright, D. and Hanks, J.(2009), *The developing language learner: An introduction to exploratory practice*, New York: Palgrave Macmillan.

Anderson, J. R.(1995), *Cognitive psychology and its implications*(4th edn.), New York: W. H. Freeman.

Anderson, N. J.(1991), Individual differences in strategy use in second language reading and testing, *Modern Language Journal* 75, pp. 460~472.

Anderson, N. J.(1999), *Exploring second language reading: Issues and strategies*, Boston, MA: Heinle & Heinle.

Anderson, N. J.(2007~2008), *ACTIVE skills for reading*(2nd edn.), Vols 5, Boston: Thompson Heinle.

Anderson, N. J.(2008a), *ACTIVE skills for reading: Book 4*(2nd edn.), Boston: Thompson Heinle.

Anderson, N. J.(2008b), *Practical English language teaching: Reading*, New York: McGraw-Hill.

Anderson, N. J.(2009), ACTIVE reading: The research base for a pedagogical approach in the reading classroom, In Z. H. Han and N. J. Anderson(eds.), *Second language reading research and instruction: Crossing the boundaries*, Ann Arbor, MI: University of Michigan Press, pp. 117~143.

August, D. and Shanahan, T.(eds.)(2006), *Developing literacy in second language learners*, Mahwah, NJ: Lawrence Erlbaum.

Baddeley, A.(2007), *Working memory, thought, and action*, New York: Oxford University Press.

Baddeley, A., Eysenck, M. W. and Anderson, M. C.(2009), *Memory*, New York: Psychology Press.

Bailey, K. M.(2001), Action research, teacher research, and classroom research in language teaching, In M. Celce-Murcia ed., *Teaching English as a second or foreign language*(3rd edn.), Boston, MA: Heinle & Heinle, pp. 489~498.

Baker, L.(2002), Metacognition in comprehension instruction, In C. Block and M. Pressley(eds.), *Comprehension instruction: Research-based best practices*, New York: Guilford Press, pp. 77~ 95.

Baker, L.(2008), Metacognitive development in reading: Contributors and consequences, In K. Mohktari and R. Sheorey(eds.), *Reading strategies of first- and second-language learners*, Norwood, MA: Christopher-Gordon, pp. 25~42.

Baker, L. and Beall, L. C.(2009), Metacognitive processes and reading comprehension, In S. E. Israel and G. G. Duffy(eds.), *Handbook of research on reading comprehension*, New York: Routledge, pp. 373~388.

Bamford, J. and Day, R. R.(eds.)(2002), *Extensive reading activities for teaching language*, Cambridge: Cambridge University Press.

Baumann, J. and Duffy-Hester, A.(2000), Making sense of classroom worlds: Methodology in teacher research, In M. Kamil, P. Mosenthal, P. D. Pearson and R. Barr(eds.), *Handbook of reading research* Vol. 3, Mahwah, NJ: Lawrence Erlbaum, pp. 77~98.

Baumann, J. and Kame'enui, E.(eds.)(2004), *Vocabulary instruction: Research to practice*, New York: Guilford Press.

Beck, I. L. and McKeown, M. G.(2001), Inviting students into the pursuit of meaning, *Educational Psychology Review* 13, pp. 225~241.

Beck, I. L. and McKeown, M. G.(2006), *Improving comprehension with Questioning the Author: A fresh and expanded view of a powerful approach*, New York: Scholastic.

Beck, I. L., McKeown, M. G., Hamilton, R. and Kucan, L.(1997), *Questioning the Author: An approach for enhancing student engagement with text*,

Newark, DE: International Reading Association.

Beck, I. L., McKeown, M. G. and Kucan, L.(2002), *Bringing words to life: Robust vocabulary instruction*, New York: Guilford Press.

Beck, I. L., McKeown, M. G. and Kucan, L.(2008), *Creating robust vocabulary: Frequently asked questions and extended examples*, New York: Guilford Press.

Bennett, M. B.(2003), From practice to preaching: Helping content area teachers teach comprehension, *Voices from the Middle* 11, pp. 31~34.

Bernhardt, E.(2000), Second language reading as a case study of reading scholarship in the twentieth century. In M. Kamil, P. Mosenthal, P. D. Pearson and R. Barr(eds.), *Handbook of reading research*, Vol. 3, Mahwah, NJ: Lawrence Erlbaum, pp. 793~811.

Bernhardt, E.(2011), *Understanding advanced second-language reading*, New York: Routledge.

Bialystok, E.(2001), Metalinguistic aspects of bilingual processing, In M. McGroarty et al.(eds.), *Annual Review of Applied Linguistics* 21, New York: Cambridge University Press, pp. 169~181.

Bialystok, E.(2002), Acquisition of literacy in bilingual children: A framework for research, *Language Learning* 52, pp. 159~199.

Biber, D., Johansson, S., Leech, B., Conrad, S. and Finegan, E.(1999), *Longman grammar of spoken and written English*, New York: Longman.

Birch, B.(2007), *English L2 reading: Getting to the bottom*(2nd edn.), Mahwah, NJ: Lawrence Erlbaum.

Blachowicz, C. and Fisher, P.(2007), Best practices in vocabulary instruction, In L. Gambrell, L. Morrow and M. Pressley(eds.), *Best practices in literacy instruction*(3rd edn.), New York: Guilford Press, pp. 178~203.

Blachowicz, C. and Ogle, D.(2008), *Reading comprehension: Strategies for independent learners*(2nd edn.), New York: Guilford Press.

Black, P., Harrison, C., Lee, C., Marshall, B. and Wiliam, D.(2004), Working inside the black box: Assessment for learning in the classroom, *Phi Delta Kappan* 86, pp. 8~21.

Black, P. and Wiliam, D.(1998), Assessment and classroom learning, *Educational Assessment: Principles, Policy and Practice* 5, pp. 7~74.

Blevins, W.(2001), *Building fluency: Lessons and strategies for reading success*, New York: Scholastic.

Blevins, W.(2005), The importance of reading fluency and the English language learner, *The Language Teacher* 29, pp. 13~16.

Block, C. C. and Duffy, G. G.(2008), Research on teaching comprehension: Where we've been and where we're going, In C. C. Block and S. R. Parris(eds.), *Comprehension instruction: Research-based best practices*(2nd edn.), New York: Guilford Press, pp. 19~37.

Block, C. C. and Parris, S. R.(eds.)(2008), *Comprehension instruction: Research-based best practices*(2nd edn.), New York: Guilford Press.

Block, C. C. and Pressley, M.(eds.)(2002), *Comprehension instruction: Research-based best practices*, New York: Guilford Press.

Block, C. C. and Pressley, M.(2007), Best practices in teaching comprehension, In L. Gambrell, L. Morrow and M. Pressley(eds.), *Best practices in literacy instruction*(3rd edn.), New York: Guilford Press, pp. 220~242.

Borg, S.(2006a), Conditions for teacher research, *English Teaching Forum* 4(4), pp. 22~27.

Borg, S.(ed.)(2006b), *Language teacher research in Europe*, Alexandria, VA: TESOL.

Borg, S,(2009), English language teachers' conceptions of research, *Applied Linguistics* 30, pp. 358~388.

Breznitz, Z.(2006), *Fluency in reading*, Mahwah, NJ: Lawrence Erlbaum.

Burns, A.(1999), *Collaborative action research for English language teachers*, New York: Cambridge University Press.

Burns, A.(2005), Action research: An evolving paradigm?, *Language Teaching* 3(2), pp. 57~74.

Burns, A.(2009), Action research in second language teacher education, In A. Burns and J. C. Richards(eds.), *The Cambridge guide to second language teacher education*, New York: Cambridge University Press, pp. 289~297.

Burns, A.(2010), *Doing action research in English language teaching: A guide for practitioners*, New York: Routledge.

Burns, A. and Burton, J.(eds.)(2008), *Language teacher research in Australia and New Zealand*, Alexandria, VA: TESOL.

Byrne, B. and Fielding-Barnsley, R.(1989), Phonemic awareness and letter knowledge in the child's acquisition of the alphabetic principle, *Journal of Educational Psychology* 81, pp. 313~321.

Byrne, B. and Fielding-Barnsley, R.(1991), Evaluation of a program to teach phonemic awareness to young children, *Journal of Educational Psychology* 83, pp. 451~455.

Byrne, B. and Fielding-Barnsley, R.(1993), Evaluation of a program to teach phonemic awareness to young children: A 1-year follow-up, *Journal of Educational Psychology* 85, pp. 104~111.

Byrne, B. and Fielding-Barnsley, R.(1995), Evaluation of a program to teach phonemic awareness to young children: A 2- and 3-year follow-up and a new pre-school trial, *Journal of Educational Psychology* 87, pp. 488~503.

Calderon, M.(2007), *Teaching reading to English language learners, grades 6-12: A framework for improving achievement in the content areas*, Thousand Oaks, CA: Corwin Press.

Caravolas, M. and Bruck, M.(1993), The effect of oral and written language input on children's phonological awareness: A cross-linguistic study, *Journal of Experimental Child Psychology* 55, pp. 1~30.

Carrell, P. L.(1985), Facilitating ESL reading by teaching text structure, *TESOL Quarterly* 19, pp. 727~752.

Carrell, P. L., Pharis, B. and Liberto, J.(1989), Metacognitive strategy training for ESL reading, *TESOL Quarterly* 23, pp. 647~678.

Carver, R.(1992), Reading rate: Theory, research, and practical implications, *Journal of Reading* 36, pp. 84~95.

Carver, R.(1997), Reading for one second, one minute, or one year from the perspective of rauding theory, *Scientific Studies of Reading* 1, pp. 3~43.

Carver, R.(2000), *The causes of high and low reading achievement*, Mahwah, NJ: Lawrence Erlbaum.

Carver, R.(2003), The highly lawful relationships among pseudoword decoding, word identification, spelling, listening, and reading, *Scientific Studies of Reading* 7, pp. 127~154.

Chamot, A. U. and O'Malley, J. M.(1994), T*he CALLA handbook: Implementing the cognitive academic language learning approach*, Reading, MA: Addison-Wesley.

Chapelle, C. A. and Jamieson, J.(2008), *Tips for teaching with CALL: Practical approaches to computer-assisted language learning*, New York: Pearson Longman.

Chen, H.-C. and Graves, M. F.(1995), Effects of previewing and providing background knowledge on Taiwanese college students' comprehension of American short stories, *TESOL Quarterly* 29, pp. 663~686.

Clarke, M.(1980), The short circuit hypothesis of ESL reading: Or when language competence interferes with reading performance, *Modern Language Journal* 64, pp. 203~209.

Cohen, A.(1998), *Strategies in learning and using a second language*, New York: Longman.

Cohen, R.(2009(ed.), *Explorations in second language reading*, Alexandria, VA:

TESOL.

Coltheart, M.(2005), Modeling reading: The dual-route approach, In M. Snowling and C. Hulme(eds.), *The science of reading*, Malden, MA: Blackwell, pp. 6~23.

Connor, U., Nagelhout, E. and Rozycki, W. V.(eds.)(2008), *Contrastive rhetoric: Reaching to intercultural rhetoric*, Philadelphia: John Benjamins.

Cook, V.(2001), Using the first language in the classroom, *Canadian Modern Language Review* 57, pp. 402~423.

Cook, V.(2009), Developing links between second language acquisition and foreign language teaching, In K. Knapp and B. Seidlhofer with H. Widdowson(eds.), *Handbook of foreign language communication and learning*, New York: Mouton de Gruyter, pp. 139~161.

Cook, V. and Bassetti, B.(2005), An introduction to researching second language writing systems, In V. Cook and B. Bassetti(eds.), *Second language writing systems*, Buffalo, NY: Multilingual Matters, pp. 1~67.

Coombe, C. and Barlow, L.(eds.)(2007), *Language teacher research in the Middle East*, Alexandria, VA: TESOL.

Coxhead, A.(2000), A new academic word list, *TESOL Quarterly* 34, pp. 213~238.

Coxhead, A.(2006), *Essentials of teaching academic vocabulary*, Boston, MA: Houghton Mifflin.

Crawford, M.(2005), Adding variety to word recognition exercises, *English Teaching Forum* 4(2), pp. 36~41.

Crookes, G.(1993), Action research for second language teachers-going beyond teacher research, *Applied Linguistics* 1(2), pp. 130~144.

Cunningham, A.(2005), Vocabulary growth through independent reading and reading aloud to children, In E. Hiebert and M. Kamil(eds.), *Teaching and learning vocabulary*, Mahwah, NJ: Lawrence Erlbaum, pp. 45~68.

Davison, C. and Leung, C.(2009), Current issues in English language teacher-based assessment, *TESOL Quarterly* 43, pp. 393~415.

Day, R. R.(ed.)(1993), *New ways in teaching reading*, Alexandria, VA: TESOL.

Day, R. R. and Bamford, J.(1998), *Extensive reading in the second language classroom*, New York: Cambridge University Press.

Day, R. R. and Bamford, J.(2002), Top ten principles for teaching extensive reading, *Reading in a Foreign Language* 14, pp. 136~141.

Day, R. R. and Park, J.(2005), Developing reading comprehension questions, *Reading in a Foreign Language* 17, pp. 60~73.

DeKeyser, R.(ed.)(2007), *Practice in a second language*, New York: Cambridge University Press.

DeKeyser, R.(2009), Cognitive-psychological processes in second language learning, In M. Long and C. Doughty(eds.), *Handbook of language teaching*, Malden, MA: Blackwell, pp. 119~138.

Dornyei, Z.(2001), *Motivational strategies in the language classroom*, New York: Cambridge University Press.

Dornyei, Z. and Ushioda, E.(2010), *Teaching and researching motivation*(2nd edn.), New York: Longman Pearson.

Dowhower, S.(1987), Effects of repeated reading on second-grade transitional readers' fluency and comprehension, *Reading Research Quarterly* 22, pp. 389~406.

Dowhower, S.(1994), Repeated reading revisited: Research into practice, *Reading and Writing Quarterly* 10, pp. 343~358.

Duffy, G. G.(2002), The case for direct explanation of strategies, In C. Block and M. Pressley(eds.), *Comprehension instruction: Research-based best practices*, New York: Guilford Press, pp. 28~41.

Duke, N. K.(2000), 3.6 minutes per day: The scarcity of informational texts in first grade, *Reading Research Quarterly* 35, pp. 202~224.

Dymock, S. and Nicholson, T.(2007), T*eaching text structures: A key to nonfiction* *reading success*, New York: Scholastic.

Edge, J.(ed.)(2001), *Action research: Case studies in TESOL*, Alexandria, VA: TESOL.

Edge, J. and Richards, K.(eds.)(1993), *Teachers develop teachers' research: Papers on classroom research and teacher development*, Portsmouth, NH: Heinemann.

Elley, W.(2000), The potential of book floods for raising literacy levels, *International Journal of Education* 46, pp. 233~255.

Ellis, N.(1999), Cognitive approaches to SLA, In W. Grabe et al.(eds.), *Annual Review of Applied Linguistics* 19, New York: Cambridge University Press, pp. 22~42.

Enright, M., Grabe, W., Koda, K., Mosenthal, P. and Mulcahy-Ernt, P.(2000), *TOEFL 2000 reading framework: A working paper*, [TOEFL Monograph Series MS - 17.] Princeton, NJ: Educational Testing Service.

Eskey, D. E.(1988), Holding in the bottom: An interactive approach to the language problems of second language readers, In P. Carrell, J. Devine and D. Eskey(eds.), *Interactive approaches to second language reading*, Cambridge: Cambridge University Press, pp. 93~100.

Evans, N. W., Hartshorn, K. J. and Anderson, N. J.(2010), A principled approach to content-based materials development for reading, In N. Harwood ed., *English language teaching materials: Theory and practice*, Cambridge: Cambridge University Press, pp. 131~ 156.

Eyraud, K., Giles, G., Koenig, S. and Stoller, F. L.(2000), The word wall approach: Promoting L2 vocabulary learning, *English Teaching Forum* 3(3), pp. 2~11.

Fairbanks, C., Cooper, J., Masterson, L. and Webb, S.(2009), Culturally relevant pedagogy and reading comprehension, In S. Israel and G. Duffy(eds.), *Handbook of research on reading comprehension*, New York: Routledge, pp. 587~606.

Farrell, T. S. C.(ed.)(2006), *Language teacher research in Asia*, Alexandria, VA:

TESOL.

Farrell, T. S. C.(2007), *Reflective language teaching: From research to practice*, London: Continuum.

Farrell, T. S. C.(2008), *Teaching reading to English language learners: A reflective guide*, Thousand Oaks, CA: Corwin Press.

Farstrup, A. and Samuels, S.(eds.)(2002), *What research has to say about reading instruction*(3rd edn.), Newark, DE: International Reading Association.

Finegan, E.(2008), *Language: Its structure and use*(5th edn.), Boston: Thompson & Heinle.

Fitzgerald, J. and Graves, M. F.(2004), *Scaffolding reading experiences for English-language learners*, Norwood, MA: Christopher–Gordon.

Folse, K. S.(2004a), *Intermediate reading practices: Building reading and vocabulary skills*(3rd edn.), Ann Arbor, MI: University of Michigan Press.

Folse, K. S.(2004b), *Vocabulary myths: Applying second language research to classroom teaching*, Ann Arbor, MI: University of Michigan Press.

Folse, K. S.(2006), The effect of type of written exercise on L2 vocabulary retention, *TESOL Quarterly* 40, pp. 273~293.

Folse, K. S.(2008), Six vocabulary activities for the English language classroom, *English Teaching Forum* 4(3), pp. 12~20.

Fowle, C.(2002), Vocabulary notebooks: Implementation and outcomes, *ELT Journal* 56, pp. 380~388.

Freeman, D.(1998), *Doing teacher research: From inquiry to understanding*, Boston, MA: Heinle & Heinle.

Frost, R.(2005), Orthographic systems and skilled word recognition processes in reading, In M. Snowling and C. Hulme(eds.), *The science of reading*, Malden, MA: Blackwell, pp. 272~295.

Fry, E. B. and Kress, J. E.(2006), *The reading teacher's book of lists*(5th edn.), San Francisco, CA: John Wiley & Sons.

Fuchs, L., Fuchs, D., Hosp, M. and Jenkins, J.(2001), Oral reading fluency as an indicator of reading competence: A theoretical, empirical, and historical analysis, *Scientific Studies of Reading* 5, pp. 239~256.

Gardner, D.(2004), Vocabulary input through extensive reading: A comparison of words found in children's narratives and expository reading material, *Applied Linguistics* 25, pp. 1~37.

Garton, A. F. and Pratt, C.(2009), Cultural and developmental predispositions to literacy, In D. R. Olson and N. Torrance(eds.), *The Cambridge handbook of literacy*, New York: Cambridge University Press, pp. 501~17.

Gaskins, I. W. and Elliot, T.(1991), *Implementing cognitive strategy instruction across the school*, Brookline, MA: Brookline Books.

Gathercole, S. and Alloway, T.(2008), *Working memory and learning: A practical guide for teachers*, Thousand Oaks, CA: Sage.

Geva, E.(2008), Facets of multilingual awareness related to reading development in Hebrew: Evidence from monolingual and bilingual children, In K. Koda and A. Zehler(eds.), *Learning to read across languages*, New York: Routledge, pp. 154~187.

Geva, E. and Siegel, L.(2000), Orthographic and cognitive factors in the concurrent development of basic reading skills in two languages, *Reading and Writing* 12, pp. 1~30.

Geva, E., Wade-Woolley, L. and Shany, M.(1997), Development of reading efficiency in first and second language, *Scientific Studies of Reading* (2), pp. 119~144.

Gibson, S.(2008), Reading aloud: A useful learning tool?, *ELT Journal* 62, pp. 29~36.

Goldenberg, C., Rueda, R. and August, D.(2006), Synthesis: Sociocultural contexts and literacy development, In D. August and T. Shanahan(eds.), *Developing literacy in second language learning*, Mahwah, NJ: Lawrence Erlbaum, pp. 249~267.

Goldman, S. R. and Rakestraw, J. A., Jr(2000), Structural aspects of constructing meaning from text, In M. Kamil, P. Mosenthal, P. D. Pearson and R. Barr(eds.), *Handbook of reading research* Vol. III, New York: Longman, pp. 311~335.

Goodman, K.(1986), *What's whole in whole language*, Portsmouth, NH: Heinemann.

Goodman, K.(1996), *On reading*, Portsmouth, NH: Heinemann.

Gorsuch, G. and Taguchi, E.(2008), Repeated reading for developing reading fluency and reading comprehension: The case of EFL learners in Vietnam, *System* 36, pp. 253~278.

Gough, P., Hoover, W. and Peterson, C.(1996), Some observations on a simple view of reading, In C. Cornoldi and J. Oakhill(eds.), *Reading comprehension difficulties*, Mahwah, NJ: Lawrence Erlbaum, pp. 1~13.

Gough, P. and Wren, S.(1999), Constructing meaning: The role of decoding, In J. Oakhill and R. Beard(eds.), *Reading development and the teaching of reading*, Malden, MA: Blackwell, pp. 59~78.

Grabe, W.(2005), The role of grammar in reading comprehension, In J. Frodesen and C. Holton(eds.), *The power of context in language teaching and learning*, Boston: Heinle & Heinle, pp. 268~282.

Grabe, W.(2008), Good ideas for teaching reading, Plenary address at annual TESOL convention, New York.

Grabe, W.(2009), *Reading in a second language: Moving from theory to practice*, New York: Cambridge University Press.

Grabe, W.(2010), Fluency in reading: Thirty-five years later, *Reading in a Foreign Language* 22, pp. 71~83.

Graves, M. F.(ed.),(2009), *Essential readings on vocabulary instruction*, Newark, DE: International Reading Association.

Graves, M. F., Juel, C. and Graves, B. B.(2006), *Teaching reading in the 21st century*(4th edn.), Boston, MA: Allyn & Bacon.

Green, J.(2003), *The word wall: Teaching vocabulary through immersion*(2nd edn.), Don Mills, Ont.: Pippin.

Griffin, G. F. and Harley, T. A.(1996), List learning of second language vocabulary, *Applied Psycholinguistics* 17, pp. 443~460.

Guthrie, J. T.(ed.),(2008), *Engaging adolescents in reading*, Thousand Oaks, CA: Corwin Press.

Guthrie, J. T. and Greaney, V.(1991), Literacy acts. In R. Barr, M. L. Kamil, P. Mosenthal and P. David Pearson(eds.), *Handbook of reading research* Vol. II, New York: Longman, pp. 68~96.

Guthrie, J. T. and Humenick, N.(2004), Motivating students to read: Evidence for classroom practices that increase reading motivation and achievement, In P. McCardle and V. Chhabra(eds.), *The voice of evidence in reading research*, Baltimore: Paul H. Brookes, pp. 329~354.

Guthrie, J. T. and Kirsch, I.(1987), Literacy as multidimensional: Locating information in text and reading comprehension, *Journal of Educational Psychology* 79, pp. 220~228.

Guthrie, J. T., McRae, A. and Klauda, S. L.(2007), Contributions of Concept-Oriented Reading Instruction to knowledge about interventions for motivations in reading, *Educational Psychologist* 42, pp. 237~250.

Guthrie, J. T. and Wigfield, A.(2000), Engagement and motivation in reading, In M. Kamil, P. Mosenthal, P. D. Pearson and R. Barr(eds.), *Handbook of reading research* Vol. III, Mahwah, NJ: Lawrence Erlbaum, pp. 403~422.

Guthrie, J. T., Wigfield, A., Barbosa, P., Perencevich, K. C., Taboada, A., Davis, M. H., Scafiddi, N. T. and Tonks, S.(2004), Increasing reading comprehension and engagement through Concept-Oriented Reading Instruction, *Journal of Educational Psychology* 96, pp. 403~423.

Guthrie, J. T., Wigfield, A. and Perencevich, K. C.(eds.),(2004), *Motivating reading comprehension: Concept-Oriented Reading Instruction*, Mahwah, NJ: Lawrence Erlbaum.

Hadley, G.(ed.),(2006), *Action research in action*, [RELC Portfolio Series 8.] Singapore: SEAMEO.

Haeri, N.(2009), The elephant in the room: Language and literacy in the Arab world, In D. R. Olson and N. Torrance(eds.), *The Cambridge handbook of literacy*, New York: Cambridge University Press, pp. 418~430.

Han, Z.-H. and Anderson, N. J.(eds.),(2009), *Second language reading research and instruction: Crossing the boundaries*, Ann Arbor, MI: University of Michigan Press.

Hanley, J. R., Tzeng, O. and Huang, H. S.(1999), Learning to read Chinese, In M. Harris and G. Hatano(eds.), *Learning to read and write: A cross-linguistic perspective*, Cambridge: Cambridge University Press, pp. 173~195.

Harm, M. and Seidenberg, M.(2004), Computing the meanings of words in reading: Cooperative division of labor between visual and phonological processes, *Psychological Review* 111, pp. 662~720.

Harris, M. and Hatano, G.(1999a), Introduction: A cross-linguistic perspective on learning to read and write, In M. Harris and G. Hatano(eds.), *Learning to read and write: A cross-linguistic perspective*, Cambridge: Cambridge University Press, pp. 1~9.

Hart, B. and Risley, T. R.(1995), *Meaningful differences in the everyday experience of young American children*, Baltimore, MD: Paul H. Brookes.

Hart, B. and Risley, T. R.(1999), *The social world of children learning to talk*, Baltimore, MD: Paul H. Brookes.

Hart, B. and Risley, T. R.(2003), The early catastrophe: The 30 million word gap by age 3, *American Educator*, Retrieved from www.aft.org/newspubs/ periodicals/ae/subject.cfm

Hartmann, R. R. K.(2001), *Teaching and researching lexicography*, London: Longman.

Hayman, A.(1999), Action research: A tool for improving practice in EFL classrooms, *The Language Teacher Online, Retrieved from* www.jalt-publications.org/tlt/articles/1999/12/hayman

Hedgcock, J. S. and Ferris, D. R.(2009), *Teaching readers of English: Students, texts, and contexts*, New York: Routledge.

Hess, N.(1991), *Headstarts: One hundred original pre-text activities*, Harlow, UK: Longman.

Hill, D. R.(2008), Graded readers in English, *ELT Journal* 62, pp. 184~204.

Hoover, W. and Gough, P.(1990), The simple view of reading, *Reading and Writing* 2, pp. 127~160.

Horst, M.(2005), Learning L2 vocabulary through extensive reading: A measurement study, *Canadian Modern Language Review* 61, pp. 355~382.

Horst, M.(2009), Developing definitional vocabulary knowledge and lexical access speed through extensive reading, In Z. H. Han and N. J. Anderson(eds.), *Second language reading research and instruction: Crossing the boundaries*, Ann Arbor, MI: University of Michigan Press, pp. 40~64.

Horst, M., Cobb, T. and Nicolae, I.(2005), Expanding academic vocabulary with a collaborative on-line database, *Language Learning and Technology* 9, pp. 90~110.

Hudson, T.(1982), The effects of induced schemata on the 'short circuit' in L2 reading: Non-decoding factors in L2 reading performance, *Language Learning* 32, pp. 1~31.

Hudson, T.(2007), *Teaching second language reading*, New York: Oxford University Press.

Hyland, K. and Tse, P.(2007), Is there an 'academic vocabulary'?, *TESOL Quarterly* 41, pp. 235~253.

Israel, S. E. and Duffy, G. G.(eds.),(2009), *Handbook of research on reading comprehension*, New York: Routledge.

Iwahori, Y.(2008), Developing reading fluency: A study of extensive reading in EFL, *Reading in a Foreign Language* 20, pp. 70~91.

Jacobs, G. M., Dufon, P. and Fong, C. H.(1994), L1 and L2 vocabulary glosses in L2 reading passages: Their effectiveness for increasing comprehension and vocabulary knowledge, *Journal of Research in Reading* 17, pp. 19~28.

Janzen, J.(1996), Teaching strategic reading, *TESOL Journal* (1), pp. 6~9.

Janzen, J.(2001), Strategic reading on a sustained content theme, In J. Murphy and P. Byrd(eds.), *Understanding the courses we teach: Local perspectives on English language teaching*, Ann Arbor, MI: University of Michigan Press, pp. 369~389.

Janzen, J.(2007), Preparing teachers of second language reading, *TESOL Quarterly* 41, pp. 707~729.

Jeffries, L. and Mikulecky, B. S.(2009a), *Basic reading power 1: Extensive reading, vocabulary building, comprehension skills, thinking skills*(3rd edn.), New York: Pearson Longman.

Jeffries, L. and Mikulecky, B. S.(2009b), *Basic reading power 2: Extensive reading, vocabulary building, comprehension skills, reading faster*(4th edn.), New York: Pearson Longman.

Jeon, E. H.(2009), *Effects of repeated reading on L2 reading fluency and comprehension*, Unpublished doctoral dissertation, Northern Arizona University, Flagstaff.

Jiang, X. and Grabe, W.(2007), Graphic organizers in reading instruction: Research findings and issues, *Reading in a Foreign Language* 19, pp. 34~55.

Jiang, X. and Grabe, W.(2009), Building reading abilities with graphic organizers, In R. Cohen(ed.), *Explorations in second language reading*, Alexandria, VA: TESOL, pp. 25~42.

Kaplan, R. B.(2005), Contrastive rhetoric, In E. Hinkel(ed.), *Handbook of applied linguistics*, Mahwah, NJ: Lawrence Erlbaum, pp. 375~391.

Kern, R.(1994), The role of mental translation in L2 reading, *Studies in Second Language Acquisition* 16, pp. 441~461.

Kern, R.(2000), *Literacy and language teaching*, New York: Oxford University Press.

Khalifa, H. and Weir, C. J.(2009), *Examining reading: Research and practice in assessing second language reading* [Studies in Language Testing 29], Cambridge: Cambridge University Press.

Kintsch, W.(1998), *Comprehension: A framework for cognition*, New York: Cambridge University Press.

Kintsch, W. and Rawson, K.(2005), Comprehension, In M. Snowling and C. Hulme(eds.), *The science of reading*, Malden, MA: Blackwell, pp. 209~226.

Kirby, J. R. and Savage, R. S.(2008), Can the simple view deal with the complexities of reading?, *Literacy* 42, pp. 75~82.

Klauda, S. L. and Guthrie, J. T.(2008), Relationships of three components of reading fluency to reading comprehension, *Journal of Educational Psychology* 100, pp. 310~321.

Klingner, J. and Vaughn, S.(2000), The helping behaviors of fifth graders while using collaborative strategic reading during ESL content classes, *TESOL Quarterly* 34, pp. 69~98.

Klingner, J. and Vaughn, S.(2004), Strategies for struggling second-language readers, In T. Jetton and J. Dole(eds.), *Adolescent literacy research and practice*, New York: Guilford Press, pp. 183~209.

Klingner, J., Vaughn, S., Arguelles, M., Hughes, M. and Leftwich, S.(2004), Collaborative Strategic Reading: 'Real-world lessons from classroom teachers', *Remedial and Special Education* 25, pp. 291~302.

Knight, S.(1994), Dictionary use while reading: The effects on comprehension and vocabulary acquisition for students of different verbal abilities, *Modern Language Journal* 94, pp. 285~299.

Ko, M. H.(2005), Glosses, comprehension, and strategy use, *Reading in a Foreign Language* 17, pp. 125~143.

Koda, K.(2000), Cross-linguistic variations in L2 morphological awareness, *Applied Psycholinguistics* 21, pp. 297~320.

Koda, K.(2005), *Insights into second language reading*, New York: Cambridge University Press.

Koda, K(2007), Reading and language learning: Crosslinguistic constraints on second language reading development, *Language Learning Supplement* 57, pp. 1~44.

Koda, K.(2008), Impacts of prior literacy experience on second language learning to read, In K. Koda and A. Zehler(eds.), *Learning to read across languages*, New York: Routledge, pp. 68~96.

Koda, K. and Reddy, P.(2008), Cross-linguistic transfer in second language reading, *Language Teaching* 41, pp. 497~508.

Koda, K. and Zehler, A.(eds.),(2008), *Learning to read across languages*, New York: Routledge.

Komiyama, R.(2009a), CAR: A means for motivating students to read, *English Teaching Forum* 4(3), pp. 32~37.

Komiyama, R.(2009b), *Second language reading motivation of adult English-for-academicpurposes students*, Unpublished doctoral dissertation, Northern Arizona University, Flagstaff.

Kuhn, M. R. and Rasinski, T.(2007), Best practices in fluency instruction, In L. Gambrell, L. Morrow and M. Pressley(eds.), *Best practices in literacy instruction*(3rd edn), New York: Guilford Press, pp. 204~219.

Kuhn, M. R. and Schwanenflugel, P. J.(eds.),(2008), *Fluency in the classroom*, New York: Guilford Press.

Kuhn, M. R., Schwanenflugel, P. J. and Meisinger, E. B.(2010), Aligning theory and assessment of reading fluency: Automaticity, prosody, and definitions of fluency, *Reading Research Quarterly* 45, pp. 230~251.

Kuhn, M. R., Schwanenflugel, P. J., Morris, R. D., Morrow, L. M., Woo, D. G., Meisinger, E. B., Sevcik, R. A., Bradley, B. A. and Stahl, S. A.(2006), Teaching children to become fluent and automatic readers, *Journal of Literacy Research* 38, pp. 357~387.

Laufer, B.(1997), The lexical plight in second language reading: Words you don't know, words you think you know, and words you can't guess, In J. Coady and T. Huckin(eds.), *Second language vocabulary acquisition*, New York: Cambridge University Press, pp. 20~34.

Laufer, B.(2009), Second language vocabulary acquisition from language input and from form-focused activities, *Language Teaching* 42, pp. 341~354.

Laufer, B. and Girsai, N.(2008), Form-focused instruction in second language vocabulary learning: A case for contrastive analysis and translation, *Applied Linguistics* 29, pp. 694~716.

Laufer, B. and Ravenhorst-Kalovski, G. C.(2010), Lexical threshold revisited: Lexical text coverage, learners' vocabulary size and reading comprehension, *Reading in a Foreign Language* 22, pp. 15~30.

Laverick, C.(2002), B-D-A strategy: Reinventing the wheel can be a good thing, *Journal of Adolescent and Adult Literacy* 46, pp. 144~147.

Leki, I.(1992), *Understanding ESL writers: A guide for teachers*, Portsmouth, NH: Heinemann.

Leow, R. P.(2009), Modifying the L2 reading text for improved comprehension and acquisition: Does it work?, In Z. H. Han and N. J. Anderson(eds.), *Second language reading research and instruction: Crossing the boundaries*, Ann Arbor, MI: University of Michigan Press, pp. 83~100.

Li, S. and Munby, H.(1996), Metacognitive strategies in second language academic reading: A qualitative investigation, *English for Specific Purposes* 15, pp. 199~216.

Lightbown, P.(1992), Can they do it themselves? A comprehension-based ESL course for young children, In R. Courchene, J. St. John, C. Therien and J. Glidden(eds.), *Comprehension-based language teaching: Current trends*, Ottawa: University of Ottawa Press, pp. 353~370.

Linderholm, T. and van den Broek, P.(2002), The effects of reading purpose and working memory capacity on the processing of expository text, *Journal of Educational Psychology* 94, pp. 778~784.

Lundberg, I.(1999), Learning to read in Scandinavia. In M. Harris and G. Hatano(eds.), *Learning to read and write: A cross-linguistic perspective*, New York: Cambridge University Press, pp. 157~ 172.

Luppescu, S. and Day, R.(1993), Reading, dictionaries, and vocabulary learning, *Language Learning* 43, pp. 263~287.

Macalister, J.(2008), Implementing extensive reading in an EAP programme, *ELT Journal* 62, pp. 248~256.

Macaro, E. and Erler, L.(2008), Raising the achievement of young-beginner readers of French through strategy instruction, *Applied Linguistics* 29, pp. 90~119.

Makalela, L.(ed.),(2009), *Language teacher research in Africa*, Alexandria, VA: TESOL.

Malloy, J. A. and Gambrell, L. B.(2008), New insights on motivation in the literacy classroom, In C. C. Block and S. R. Parris(eds.), *Comprehension instruction: Researchbased best practices*(2nd edn.), New York: Guilford Press, pp. 226~238.

Malloy, J. A., Marinak, B. A. and Gambrell, L. B.(eds.),(2010), *Essential readings on motivation*, Newark, DE: International Reading Association.

Mann, S.(1999), Opening the insider's eye: Starting action research, *The Language Teacher Online*, Retrieved from http://wrap.warwick.ac.uk/3235/

Martinez, M., Roser, N. L. and Strecker, S.(1998), 'I never thought I could be a star': A Readers Theater ticket to fluency, *The Reading Teacher* 52, pp. 326~334.

Mayer, R.(2009), *Multimedia learning*(2nd edn.), New York: Cambridge University Press.

McCardle, P. and Chhabra, V.(eds.),(2004), *The voice of evidence in reading research*, Baltimore: Paul H. Brookes.

McCardle, P., Chhabra, V. and Kapinus, B.(2008), *Reading research in action: A teacher's guide for student success*, Baltimore: Paul H. Brookes.

McCrostie, J.(2007), Examining learner vocabulary notebooks, *ELT Journal* 61, pp. 246~255.

McEntire, J. and Williams, J.(2009), *Making connections intermediate: A strategic approach to academic reading*, New York: Cambridge University Press.

McGarrell, H. M.(ed.),(2007), *Language teacher research in the Americas*, Alexandria, VA: TESOL.

McKenna, M. C., Kear, D. J. and Ellsworth, R. A.(1995), Children's attitudes toward reading: A national survey, *Reading Research Quarterly* 30, pp. 934~ 956.

McKenna, M. C. and Robinson, R. D.(2008), *Teaching through text: Reading and writing in the content areas*, Boston: Allyn & Bacon.

McKeown, M. G. and Beck, I. L.(2004), Transforming knowledge into professional development resources: Six teachers implement a model of teaching for understanding text, *The Elementary School Journal* 104, pp. 391~408.

Meyer, B. J. F. and Poon, L. W.(2001), Effects of structure strategy training and signaling on recall of texts, *Journal of Educational Psychology* 93, pp. 141~159.

Mikulecky, B. S. and Jeffries, L.(2004), *More reading power 1: Reading for pleasure, comprehension skills, thinking skills, reading faster*(2nd edn.), New York: Pearson Longman.

Mikulecky, B. S. and Jeffries, L.(2007), *Advanced reading power: Extensive reading, vocabulary building, comprehension skills, reading faster*, New York: Pearson Longman.

Mohan, B.(1986), *Language and content*, Reading, MA: Addison–Wesley.

Mokhtari, K. and Sheorey, R.(eds.),(2008a), *Reading strategies of first- and second-language learners: See how they read*, Norwood, MA: Christopher–Gordon.

Mokhtari, K. and Sheorey, R.(2008b), Summary, implications, and future directions, In K. Mokhtari and R. Sheorey(eds.), *Reading strategies of first- and second-language learners: See how they read*, Norwood, MA: Christopher–Gordon, pp. 215~228.

Mokhtari, K., Sheorey, R. and Reichard, C.(2008), Measuring the reading strategies of first- and second-language readers, In K. Mokhtari and R. Sheorey(eds.), *Reading strategies of first- and second-language learners: See how they read*, Norwood, MA: Christopher–Gordon, pp. 43~65.

Moskal, M. K. and Blachowicz, C.(2006), *Partnering for fluency*, New York: Guilford Press.

Muljani, D., Koda, K. and Moates, D. R.(1998), The development of word recognition in a second language, *Applied Psycholinguistics* 19, pp. 99~113.

Nagy, W., Berninger, V. W. and Abbott, R. D.(2006), Contributions of morphology beyond phonology to literacy outcomes of upper elementary and middle-school students, *Journal of Educational Psychology* 98, pp. 134~147.

Nagy, W., Garcia, G., Durguno ̃glu, A. and Hancin-Bhatt, B.(1993), Spanish-nglish bilingual students' use of cognates in English reading, *Journal of Reading Behavior* 25, pp. 241~259.

Nagy, W. and Scott, J.(2000), Vocabulary processes, In M. Kamil, P. Mosenthal, P. D. Pearson and R. Barr(eds.), *Handbook of reading research* Vol. III, New York: Longman, pp. 269~284.

Nation, I. S. P.(2001), *Learning vocabulary in another language*, New York: Cambridge University Press.

Nation, I. S. P.(2006), How large a vocabulary is needed for reading and listening?, *Canadian Modern Language Review* 63, pp. 59~82.

Nation, I. S. P.(2008), *Teaching vocabulary: Strategies and techniques*, Boston, MA: Heinle Cengage Learning.

Nation, I. S. P.(2009), *Teaching ESL/EFL reading and writing*, New York: Routledge.

Nation, P. and Malarcher, C.(2007), *Reading for speed and fluency*(Books 1-4), Seoul: Compass Publishing.

NICHD Early Child Care Research Network(2005), Pathways to reading: The role of oral language in the transition to reading, *Developmental Psychology* 41, pp. 428~442.

Nicholson, T.(2000), The flashcard strikes back, In T. V. Rasinski et al.(eds.), *Teaching word recognition, spelling, and vocabulary: Strategies from The Reading Teacher*, Newark, DE: International Reading Association, pp. 37~44.

Nolen, A. L. and Vander Putten, J.(2007), Action research in education: Addressing gaps in ethical principles and practices, *Educational Researcher* 35, pp. 401~407.

Nunan, D.(1993), Action research in language education, In J. Edge and K. Richards(eds.), *Teachers develop teachers' research: Papers on classroom research and teacher development*, Oxford: Heinemann, pp. 39~50.

Nuttall, C.(2005), *Teaching reading skills in a foreign language*(3rd edn.), Oxford, UK: Heinemann.

Ogbu, J. U. and Simmons, H. D.(1998), Voluntary and involuntary minorities: A cultural-ecological theory of school performance with some implications for education, *Anthropology and Education Quarterly* 29, pp. 155~188.

Ogle, D. and Blachowicz, C.(2002), Beyond literature circles: Helping students comprehend informational texts, In C. Block and M. Pressley(eds.), *Comprehension instruction: Research-based best practices*, New York:

Guilford Press, pp. 259~274.

On your mark: Reading fluency practice and assessment(Grade 1-8), (n.d.), Carmel, CA: Hampton-Brown.

Opitz, M. F.(2007), *Don't speed. Read! 12 steps to smart and sensible fluency instruction*, New York: Scholastic.

Ozgungor, S. and Guthrie, J. T.(2004), Interactions among elaborative interrogation, knowledge, and interest in the process of constructing knowledge from text, *Journal of Educational Psychology* 96, pp. 437~443.

Paivio, A.(1986), *Mental representations*, New York: Oxford University Press.

Paivio, A.(2007), *Mind and its evolution: A dual coding theoretical approach*, Mahwah, NJ: Lawrence Erlbaum.

Pakenham, K. J.(2004), *Making connections: A strategic approach to academic reading*(2nd edn.), New York: Cambridge University Press.

Pearl, N.(2007), *Book crush: For kids and teens-recommended reading for every mood, moment, and interest*, Seattle, WA: Sasquatch Books.

Pearson, P. D.(2009), The roots of reading comprehension, In S. E. Israel and G. G. Duffy(eds.), *Handbook of research on reading comprehension*, New York: Routledge, pp. 3~31.

Pearson, P. D. and Fielding, L.(1991), Comprehension instruction, In R. Barr, M. L. Kamil, P. Mosenthal and P. D. Pearson(eds.), *Handbook of reading research* Vol. II, New York: Longman, pp. 815~860.

Perfetti, C.(1999), Comprehending written language: A blueprint for the reader, In C. Brown and P. Hagoort(eds.), *Neurocognition of language*, Oxford: Oxford University Press, pp. 167~208.

Perfetti, C. and Dunlap, S.(2008), Learning to read: General principles and writing system variations, In K. Koda and A. Zehler(eds.), *Learning to read across languages*, New York: Routledge, pp. 13~38.

Perfetti, C., Landi, N. and Oakhill, J.(2005), The acquisition of reading comprehension skill, In M. Snowling and C. Hulme(eds.), *The science of reading*, Malden, MA: Blackwell, pp. 209~226.

Perfetti, C., Rouet, J. -F. and Britt, M. A.(1999), Toward a theory of documents representation. In H. van Oostendorp and S. Goldman(eds.), *The construction of mental representations during reading*, Mahwah, NJ: Lawrence Erlbaum, pp. 99~122.

Perfetti, C. Van Dyke, J. and Hart, L.(2001), The psycholinguistics of basic literacy, *Annual Review of Applied Linguistics* 21, pp. 127~149.

Peters, E.(2007), Manipulating L2 learners' online dictionary use and its effect on L2 word retention, *Language Learning and Technology* 11, pp. 36~58.

Pichette, F., Segalowitz, N. and Connors, K.(2003), Impact of maintaining L1 reading skills on L2 reading skill development in adults: Evidence from speakers of Serbo-Croatian learning French, *Modern Language Journal* 87, pp. 391~403.

Pickering, S.(ed.),(2006), *Working memory in education*, Burlington, MA: Academic Press.

Pigada, M. and Schmitt, N.(2006), Vocabulary acquisition from extensive reading: A case study, *Reading in a Foreign Language* 18, pp. 1~28.

Plaut, D. C.(2005), Connectionist approaches to reading, In M. Snowling and C. Hulme(eds.), *The science of reading*, Malden, MA: Blackwell, pp. 24~38.

Pressley, M.(2002), Metacognition and self-regulated comprehension, In A. Farstrup and S. Samuels(eds.), *What research has to say about reading instruction*, Newark, NJ: International Reading Association, pp. 291~309.

Pressley, M.(2006), *Reading instruction that works*(3rd edn.), New York: Guilford Press.

Pressley, M., Billman, A., Perry, K., Reffitt, K. and Reynolds, J.(eds.),(2007), *Shaping literacy achievement*, New York: Guilford Press.

Pressley, M., Dolezal, S., Raphael, L., Mohan, L., Roehrig, A. and Bogner, K.(2003),

Motivating primary-grade students, New York: Guilford Press.

Pressley, M. and Gaskins, I. W.(2006), Metacognitively competent reading is constructively responsive reading comprehension: How can such reading be developed in students?, *Metacognition and Learning* 1, pp. 99~113.

Pressley, M., Gaskins, I. W., Solic, K. and Collins, S.(2006), A portrait of Benchmark School: How a school produces high achievement in students who previously failed, *Journal of Educational Psychology* 98, pp. 282~306.

Pressley, M. and Harris, S. R.(2006), Cognitive strategies instruction: From basic research to classroom instruction, In P. Alexander and P. Winne(eds.), *Handbook of educational psychology*(2nd edn), Mahwah, NJ: Lawrence Erlbaum, pp. 265~286.

Pressley, M., Raphael, L., Gallagher, J. D. and DiBella, J.(2004), Providence-St. Mel School: How a school that works for African-American students works, *Journal of Educational Psychology* 96, pp. 216~235.

Pressley, M. and Woloshyn, V.(1995), *Cognitive strategy instruction that really improves children's academic performance*(2nd edn.), Cambridge, MA: Brookline Books.

Prichard, C.(2008), Evaluating L2 readers' vocabulary strategies and dictionary use, *Reading in a Foreign Language* 20, pp. 216~231.

Prince, P.(1996), Second language vocabulary learning: The role of context versus translation as a function of proficiency, *Modern Language Journal* 80, pp. 478~493.

Proctor, R. and Dutta, A.(1995), *Skill acquisition and human performance*, Thousand Oaks, CA: Sage.

Pulido, D. and Hambrick, D. Z.(2008), The virtuous circle: Modeling individual differences in L2 reading and vocabulary development, *Reading in a Foreign Language* 20, pp. 164~190.

Raphael, T. E., George, M., Weber, C. M. and Nies, A.(2009), Approach to teaching reading comprehension, In S. E. Israel and G. G. Duffy(eds.), *Handbook of research on reading comprehension*, New York: Routledge, pp. 449~469.

Rasinski, T. V.(2003), *The fluent reader: Oral reading strategies for building word recognition, fluency, and comprehension*, New York: Scholastic Books.

Rasinski, T. V.(ed.),(2009), *Essential readings on fluency*, Newark, DE: International Reading Association.

Rasinski, T. V., Blachowicz, C. and Lems, K.(eds.),(2006), *Fluency instruction: Researchbased best practices*, New York: Guilford Press.

Rasinski, T. V. and Padak, N. D.(2001), *From phonics to fluency: Effective teaching of decoding and reading fluency in elementary school*, New York: Pearson Education.

Rasinski, T. V., Padak, N. D., Linek, W. and Sturtevant, E.(1994), Effects of fluency development on urban second-grade readers, *Journal of Educational Research* 87, pp. 158~165.

Readence, J. E., Bean, T. W. and Baldwin, R. S.(2004), *Content area literacy: An integrated approach*(8th edn.), Dubuque, IA: Kendall/Hunt.

Renandya, W. A. and Jacobs, G. M.(2002), Extensive reading: Why aren't we all doing it?, In J. C. Richards and W. A. Renandya(eds.), *Methodology in language teaching: An anthology of current practice*, New York: Cambridge University Press, pp. 295~302.

Richards, J. C. and Eckstut-Didier, S.(2003-004), *Strategic reading 1~3: Building effective reading skills*, New York: Cambridge University Press.

Richards, J. C. and Farrell, T. S. C.(2005), *Professional development for language teachers: Strategies for teacher learning*, New York: Cambridge University Press.

Richards, J. C. and Lockhart, C.(1994), *Reflective teaching in second language classrooms*, New York: Cambridge University Press.

Robinson, P.(2003), Attention and memory during SLA, In C. J. Doughty and M. H. Long(eds.), *The handbook of second language acquisition*, Malden, MA: Blackwell.

Rodrigo, V., Greenberg, D., Burke, V., Hall, R., Berry, A., Brinck, T., Joseph, H. and Oby, M.(2007), Implementing an extensive reading program and library for adult literacy learners, *Reading in a Foreign Language* 19, pp. 106~119.

Rosen, N. and Stoller, F. L.(1994), *Javier arrives in the US: A text for developing readers*, New York: Longman Pearson.

Rott, S.(1999), The effects of exposure frequency on intermediate language learners' incidental vocabulary acquisition and retention through reading, *Studies in Second Language Acquisition* 21, pp. 589~619.

Rott, S.(2007), The effect of frequency of input-enhancements on word learning and text comprehension, *Language Learning* 57, pp. 165~199.

Rueda, R., Velasco, A. and Lim, H. J.(2008), Comprehension instruction for English learners, In C. C. Block and S. R. Parris(eds.), *Comprehension instruction: Researchbased best practices*(2nd edn.), New York: Guilford Press, pp. 294~305.

Sadoski, M.(2004), *Conceptual foundations of teaching reading*, New York: Guilford Press.

Sadoski, M.(2009), Dual coding theory: Reading comprehension and beyond, In C. Block and S. R. Parris(eds.), *Comprehension instruction: Research-based best practices*, New York: Guilford Press, pp. 38~49.

Sadoski, M. and Paivio, A.(2001), *Imagery and text*, Mahwah, NJ: Lawrence Erlbaum.

Sadoski, M. and Paivio, A.(2007), Toward a unified theory of reading, *Scientific Studies of Reading* 11, pp. 337~356.

Samuels, S. and Farstrup, A.(eds.)(2006), *What research has to say about fluency instruction*, Newark, DE: International Reading Association.

Samway, K. D., Whang, G. and Pippitt, M.(1995), *Buddy reading: Cross-age tutoring in a multicultural school*, Portsmouth, NH: Heinemann.

Schmitt, N.(2000), *Vocabulary in language teaching*, New York: Cambridge University Press.

Schmitt, N.(2008), Instructed second language vocabulary learning, *Language Teaching Research* 12, pp. 329~363.

Schmitt, N.(2010), *Researching vocabulary: A vocabulary research manual*, Basingstoke, UK: Palgrave Macmillan.

Schmitt, N., Jiang, X. and Grabe, W.(2011), The percentage of words known in a text and reading comprehension, *Modern Language Journal*.

Schmitt, D. and Schmitt, N.(1995), Vocabulary notebooks: Theoretical underpinnings and practical suggestions, *ELT Journal* 49, pp. 133~143.

Schmitt, D. and Schmitt, N.(2005), *Focus on vocabulary: Mastering the academic word list*, New York: Longman.

Schoonen, R., Hulstijn, J. and Bossers, B.(1998), Metacognitive and language-specific knowledge of native and foreign language reading comprehension: An empirical study among Dutch students in grades 6, 8, and 10, *Language Learning* 48, pp. 71~106.

Schunk, D.(2000), *Learning theories: An educational perspective*(3rd edn.), Upper Saddle River, NJ: Merrill.

Schunk, D. and Zimmerman, B.(2006), Competence and control beliefs: Distinguishing the means and the ends, In P. Alexander and P. Winne(eds.), *Handbook of educational psychology*(2nd edn.), Mahwah, NJ: Lawrence Erlbaum, pp. 349~367.

Schwanenflugel, P. J. and Ruston, H.(2008), Becoming a fluent reader: From theory to practice, In M. Kuhn and P. J. Schwanenflugel(eds.), *Fluency in the classroom*, New York: Guilford Press, pp. 1~16.

Scott, V. and de la Fuente, J.(2008), What's the problem? L2 learners' use of the L1 during consciousness-raising, form-focused tasks, *Modern Language Journal* 92, pp. 100~13.

Segalowitz, N.(2000), Automaticity and attentional skill in fluent performance, In H. Riggenbach(ed.), *Perspectives on fluency*, Ann Arbor, MI: University of Michigan Press, pp. 200~219.

Seidenberg, M. and McClelland, J.(1989), A distributed, developmental model of word recognition, *Psychological Review* 96, pp. 523~568.

Senechal, M., Ouellette, G. and Rodney, D.(2006), The misunderstood giant: On the predictive role of early vocabulary to future reading, In D. Dickinson and S. Neuman(eds.), *Handbook of early literacy development* Vol. 2, New York: Guilford Press, pp. 173~182.

Seng, G. and Hashim, F.(2006), Use of L1 in L2 reading comprehension among tertiary ESL learners, *Reading in a Foreign Language* 18, pp. 29~54.

Seymour, S. and Walsh, L.(2006), *Essentials of teaching academic reading*, Boston, MA: Houghton Mifflin.

Sinatra, R.(2003), *Word recognition and vocabulary understanding strategies for literacy success*, Norwood, MA: Christopher-Gordon.

Snow, C. E., Griffin, P. and Burns, S.(2005), *Knowledge to support the teaching of reading*, San Francisco: Jossey-Bass.

Snow, C. E., Porche, M. V., Tabors, P. O. and Harris, S. R.(2007), Closing the literacy achievement gap and promoting reading for learning: Two challenges, In *Is literacy enough? Pathways to academic success for adolescents*, Baltimore: Paul H. Brookes, pp. 9~25.

Snow, M. A., Met., M. and Genesee, F.(1989), A conceptual framework for the integration of language and content in second/foreign language instruction, *TESOL Quarterly* 23, pp. 201~217.

Snowling, M. and Hulme, C.(eds.)(2005), *The science of reading*, Malden, MA:

Blackwell.

Stahl, S. A.(1997), Instructional models in reading: An introduction, In S. A. Stahl and D. Hayes(eds.), *Instructional models in reading*, Mahwah, NJ: Lawrence Erlbaum, pp. 1~29.

Stahl, S. A. and Nagy, W.(2006), *Teaching word meanings*, Mahwah, NJ: Lawrence Erlbaum.

Stanovich, K.(2000), *Progress in understanding reading: Scientific foundations and new frontiers*, New York: Guilford Press.

Stanovich, K. and Stanovich, P.(1999), How research might inform the debate about early reading acquisition, In J. Oakhill and R. Beard(eds.), *Reading development and the teaching of reading*, Oxford: Blackwell, pp. 12~41.

Stoller, F. L.(1993), Developing word and phrase recognition exercises, In R. Day(ed.), *New ways in teaching reading*, Alexandria, VA: TESOL, pp. 230~233.

Stoller, F. L.(1994), Making the most of a newsmagazine passage for reading skills development, *English Teaching Forum* 32, pp. 2~7.

Stoller, F. L.(2008), Content-based instruction, In N. Van Deusen-Scholl and N. Hornberger(eds.), *Encyclopedia of language and education*(2nd edn.), Heidelberg, Germany: Springer, pp. 59~70.

Stoller, F. L. and Grabe, W.(1997), A six-Ts approach to content-based instruction, In M. A. Snow and D. Brinton(eds.), *The content-based classroom: Perspectives on integrating language and content*, New York: Addison-Wesley Longman, pp. 78~94.

Storch, S. and Whitehurst, G.(2002), Oral language and code-related precursors to reading: Evidence from a longitudinal structural model, *Developmental Psychology* 38, pp. 934~947.

Styles, E.(2006), *The psychology of attention*(2nd edn.), New York: Psychology Press.

Swan, E. A.(2003), *Concept-oriented reading instruction: Engaging classrooms, lifelong learners*, New York: Guilford Press.

Taboada, A. and Guthrie, J. T.(2006), Contributions of student questioning and prior knowledge to construction of knowledge from reading information text, *Journal of Literacy Research* 38, pp. 1~35.

Taboada, A., Tonks, S. M., Wigfield, A. and Guthrie, J. T.(2009), Effects of motivational and cognitive variables on reading comprehension, *Reading and Writing* 22, pp. 85~106.

Taglieber, L., Johnson. L. and Yarbrough, D.(1988), Effects of pre-reading activities on EFL reading by Brazilian college students, *TESOL Quarterly* 22, pp. 455~472.

Taguchi, E., Gorsuch, G. and Sasamoto, E.(2006), Developing second and foreign language reading fluency and its effect on comprehension: A missing link, *The Reading Matrix*(2), pp. 1~18.

Taguchi, E., Takayasu-Maass, M. and Gorsuch, G.(2004), Developing reading fluency in EFL: How assisted repeated reading and extensive reading affect fluency development, *Reading in a Foreign Language* 16, pp. 1~19.

Takase, A.(2007), Japanese high school students' motivation for extensive L2 reading, *Reading in a Foreign Language* 19, pp. 1~18.

Tanaka, H. and Stapleton, P.(2007), Increasing reading input in Japanese high school EFL classrooms: An empirical study exploring the efficacy of extensive reading, *The Reading Matrix*(1), pp. 115~126.

Taylor, A.(2006), Factors associated with glossing: Comments on Ko(2005), *Reading in a Foreign Language* 18, pp. 72~73.

Taylor, A., Stevens, J. and Asher, J. W.(2006), The effects of explicit reading strategy training on L2 reading comprehension, In J. Norris and L. Ortega(eds.), *Synthesizing research on language learning and teaching*, Philadelphia: John Benjamins, pp. 213~ 244.

Thornbury, S.(2002), *How to teach vocabulary*, Harlow, UK: Longman.

Tierney, R. J. and Readence, J. E.(2004), *Reading strategies and practices: A compendium*(6th edn.), Boston: Pearson.

Tomasello, M.(2003), *Constructing a language*, Cambridge, MA: Harvard University Press.

Trabasso, T. and Bouchard, E.(2002), Teaching readers how to comprehend texts strategically, In C. C. Block and M. Pressley(eds.), *Comprehension instruction: Research-based best practices*, New York: Guilford Press, pp. 176~200.

Underwood, T. and Pearson, P. D.(2004), Teaching struggling adolescent readers to comprehend what they read, In T. L. Jetton and J. A. Dole(eds.), *Adolescent literacy research and practice*, New York: Guilford Press, pp. 135~161.

Urquhart, S. and Weir, C.(1998), *Reading in a second language: Process, product and practice*, New York: Longman.

Vacca, R. and Vacca, J.(2008), *Content area reading: Literacy and learning across the curriculum*(9th edn.), New York: Allyn & Bacon.

Van Gelderen, A., Schoonen, R., de Glopper, K., Hulstijn, J., Simis, A., Snellings, P. and Stevenson, M.(2004), Linguistic knowledge, processing speed, and metacognitive knowledge in first- and second-language reading comprehension: A componential analysis, *Journal of Educational Psychology* 96, pp. 19~30.

Wagner, D.(2009), New technologies for adult literacy and international development, In D. R. Olson and N. Torrance(eds.), *The Cambridge handbook of literacy*, New York: Cambridge University Press, pp. 548~565.

Wallace, M. J.(1998), *Action research for language teachers*, New York: Cambridge University Press.

Wang, J. and Guthrie, J. T.(2004), Modeling the effects of intrinsic motivation, extrinsic motivation, amount of reading, and past reading achievement on text comprehension between US and Chinese students, *Reading Research Quarterly* 39, pp. 162~186.

Wang, M. and Koda, K.(2005), Commonalities and differences in word identification skills among learners of English as a second language, *Language Learning* 55, pp. 71~98.

Wang, M. and Koda, K.(2007), Commonalities and differences in word identification skills among learners of English as a second language, *Language Learning* 57, pp. 201~222.

Waring, R. and Takaki, M.(2003), At what rate do learners learn and retain new vocabulary from reading a graded reader?, *Reading in a Foreign Language* 15, pp. 130~163.

Webb, S.(2007), The effects of repetition on vocabulary knowledge, *Applied Linguistics* 28, pp. 46~65.

Webb, S.(2009), The effects of pre-learning vocabulary on reading comprehension and writing, *Canadian Modern Language Review* 65, pp. 441~470.

Wigfield, A. and Guthrie, J. T.(1997), Relations of children's motivation for reading to the amount and breadth of their reading, *Journal of Educational Psychology* 89, pp. 420~432.

Wigfield, A. and Guthrie, J. T.(2010), Concept-oriented reading instruction. In J. L. Meece and J. S. Eccles(eds.), *Handbook of research on schools, schooling, and human development*, New York: Routledge, pp. 463~477.

Wigfield, A., Guthrie, J. T., Perencevich, K. C., Taboada, A., Klauda, S. L., McRae, A. and Barbosa, P.(2008), Role of reading engagement in mediating effects of reading comprehension instruction on reading outcomes, *Psychology in the Schools* 45, pp. 432~445.

Wiliam, D.(2007/2008), Changing classroom practice, *Educational Leadership* 6(4), pp. 36~42.

Wiliam, D., Lee, C., Harrison, C. and Black, P.(2004), Teachers developing assessment for learning: Impact on student achievement, *Assessment in Education* 11, pp. 49~65.

Williams, J.(2007), Literacy in the curriculum: Integrating text structure and content area instruction, In D. McNamara(ed.), *Reading comprehension strategies*, New York: Lawrence Erlbaum, pp. 199~219.

Worthy, J. and Prater, K.(2002), 'I thought about it all night': Readers theater for reading fluency and motivation, *The Reading Teacher* 56, pp. 294~297.

Yamashita, J.(2002), Mutual compensation between L1 reading ability and L2 language proficiency in L2 reading comprehension, *Journal of Research in Reading* 25, pp. 81~95.

Yamashita, J.(2008), Extensive reading and development of different aspects of L2 proficiency, *System* 36, pp. 661~672.

Yoshii, M.(2006), L1 and L2 glosses: Their effects on incidental vocabulary learning, *Language Learning and Technology* 10, pp. 85~101.

Zimmerman, C. B.(2009), *Word knowledge: A vocabulary teacher's handbook*, New York: Oxford University Press.

찾아보기

지은이와 뒤친이 소개

지은이 ▬ 윌리엄 그레이브(William Grabe),
프레드리카 L. 스톨러(Fredrika L. Stoller)

윌리엄 그레이브(William Grabe)는 미국 애리조나 주의 플래그스태프 시에 있는 북부 애리조나 대학 응용 언어학부의 영예 교수(regents' professor)이다. 제2 언어로 읽기 가르침에 대한 수많은 책과 논문을 저술하였다. 1990년부터 2000년까지 『(미국의) 응용언어학 연감』을 편집하였다. 카플란(Robert B. Kaplan)과 함께 지은 『쓰기 이론과 실천 사례(Theory and Practice of Writing)』가 허선익 뒤침으로 2008년도에 출간되었다.

프레드리카 L. 스톨러(Fredrika L. Stoller)는 미국 애리조나 주의 플래 그스태프 시에 있는 북부 애리조나 대학 응용 언어학부의 교수이다. 제2 언어로 읽기 가르침, 제2 언어로 읽기교육과정, 교과내용 기반 맥락에서 읽기, 프로젝트 수업, 학업을 위한 글쓰기, 교사 계발에 대한 논문과 수많은 책을 저술하였다.

뒤친이 ▬ 허선익(許瑄益)

허선익(許瑄益)은 경남 소재 숭능학교 교사로서 20여 년 동안 국어교 육을 실천해 오고 있다. 또한 국어교육에서 문법과 의사소통 활동의 통합을 위한 연구에 힘쓰고 있다. 아울러 이들 연구의 실천을 위한 도구가 될 현장 연구방법의 연구에도 힘을 쏟고 있다. 2008년에 『쓰기 이론과 실천사례』(그레이브와 카플란 지음, 박이정)를 뒤치어 펴내었으며, 2013년에는 『국어교육을 위한 말하기의 기본 개념』(경진)을 지어서 펴내었다. 그리고 2014년 1월에는, 이 책과 함께 묶음 간행물 (Applied Linguistics in Action Research)에 있는 『듣기교육과 현장조사 연구』(글로벌컨텐츠)를 뒤쳐서 펴내었다.

언어교육 06

읽기교육과 현장조사연구
Teaching and Researching Reading

© 글로벌콘텐츠, 2014

1판 1쇄 인쇄__2014년 05월 20일
1판 1쇄 발행__2014년 05월 30일

지은이__윌리엄 그레이브·프레드리카 L. 스톨러
뒤친이__허선익
펴낸이__홍정표
펴낸곳__글로벌콘텐츠
      등록__제25100-2008-24호
      이메일__edit@gcbook.co.kr

공급처__(주)글로벌콘텐츠출판그룹
      대표__홍정표
      편집__김현열 노경민 김다솜 **디자인**__김미미 **기획·마케팅**__이용기 **경영지원**__안선영
      주소__서울특별시 강동구 천중로 196 정일빌딩 401호
      전화__02) 488-3280 **팩스**__02) 488-3281
      홈페이지__http://www.gcbook.co.kr

값 30,000원
ISBN 979-11-85650-12-8 93370

※ 이 도서의 국립중앙도서관 출판예정도서목록(CIP)은 서지정보유통지원시스템 홈페이지(http://seoji.nl.go.kr)와 국가자료공동
   목록시스템(http://www.nl.go.kr/kolisnet)에서 이용하실 수 있습니다. (CIP제어번호: CIP2014016423)